ミネルヴァ日本評伝選

地と民と語とは相分つべからず

金沢庄三郎

石川遼子著

ミネルヴァ書房

刊行の趣意

「学問は歴史に極まり候ことに候」とは、先哲荻生徂徠のことばである。歴史のなかにこそ人間の智恵は宿されている。人間の愚かさもそこにはあらわだ。この歴史を探り、歴史に学んでこそ、人間はようやくみずからの正体を知り、いくらかは賢くなることができる。新しい勇気を得て未来に向かうことができる。徂徠はそう言いたかったのだろう。

「ミネルヴァ日本評伝選」は、私たちの直接の先人について、この人間知を学びなおそうという試みである。日本列島の過去に生きた人々の言行を、深く、くわしく探って、そこに現代への批判を聴きとろうとする試みである。日本人ばかりではない。列島の歴史にかかわった多くの異国の人々の声にも耳を傾けよう。

先人たちの書き残した文章をそのひだにまで立ち入って読み、彼らの旅した跡をたどりなおし、彼らのなしとげた事業を広い文脈のなかで注意深く観察しなおす——そのとき、はじめて先人たちはいまの私たちのかたわらによみがえってくる。彼らのなまの声で歴史の智恵を、また人間であることのよろこびと苦しみを、私たちに伝えてくれもするだろう。

この「評伝選」のつらなりのなかから、列島の歴史はおのずからその複雑さと奥ゆきの深さをもって浮かび上がってくるはずだ。これを読むとき、私たちのなかに新たな自信と勇気が湧いてきて、その矜持と勇気をもって「グローバリゼーション」の世紀に立ち向かってゆくことができる——そのような「ミネルヴァ日本評伝選」にしたいと、私たちは願っている。

平成十五年（二〇〇三）九月

上横手雅敬
芳賀　徹

本郷曙町自宅玄関前にて（『日鮮同祖論』（再刊）に掲載）

（山本菊男氏提供）

弟・源之助（右）と
（山本菊男氏提供）

『辞林』刊行の頃（明治40年４月）（藤田三男編集事務所提供）
左から，金田一京助，後藤朝太郎，小倉進平，金沢，岩橋小弥太，折口信夫。

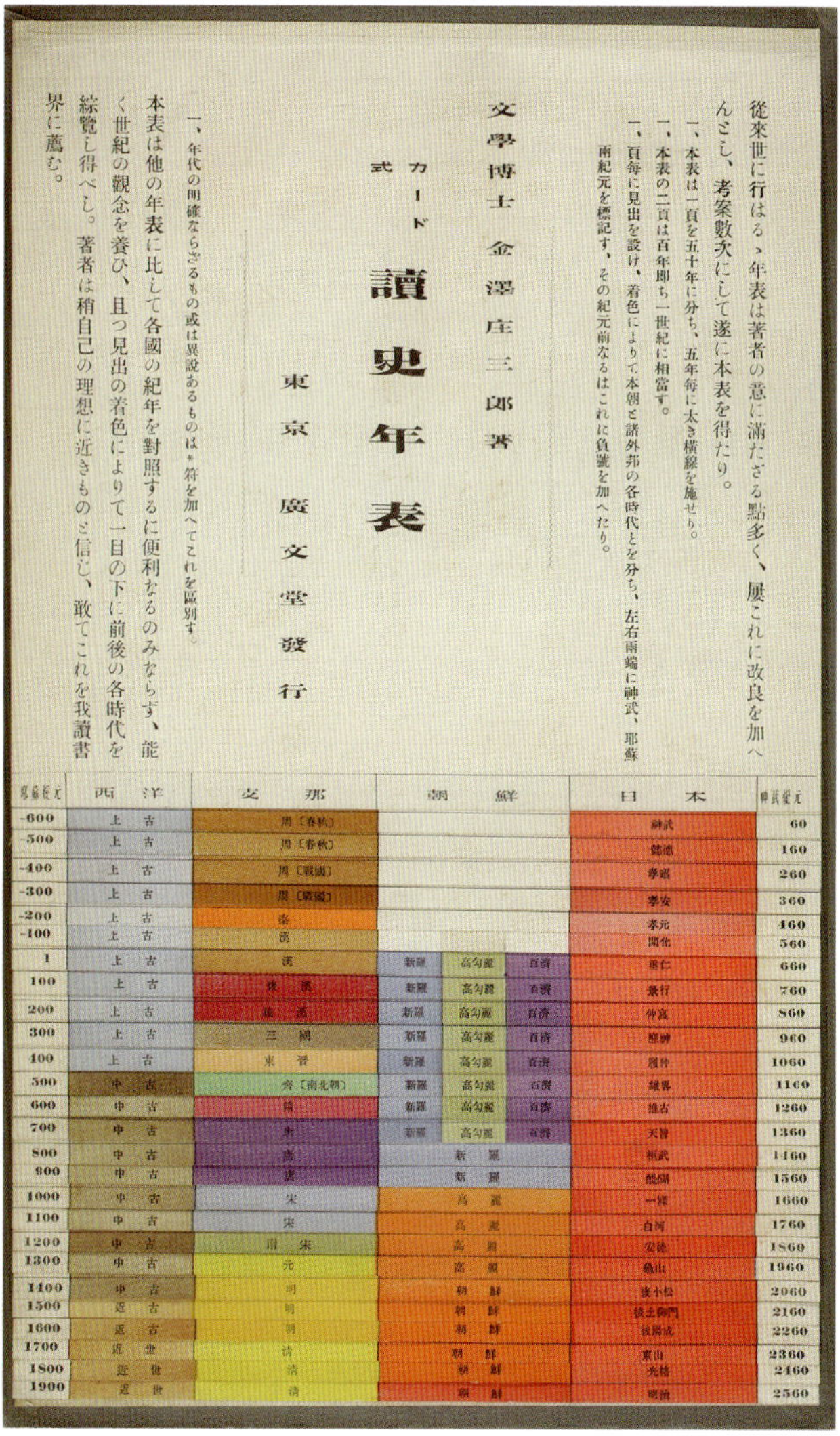

從來世に行はるゝ年表は著者の意に滿たざる點多く、屢これに改良を加へんとし、考案數次にして遂に本表を得たり。

一、本表は一頁を五十年に分ち、五年毎に太き横線を施せり。

一、本表の二頁は百年即ち一世紀に相當す。

一、頁毎に見出を設け、着色によりて本朝と諸外邦の各時代とを分ち、左右兩端に神武、耶蘇兩紀元を標記す、その紀元前なるはこれに負號を加へたり。

文學博士金澤庄三郎著

カード式

讀史年表

東京廣文堂發行

一、年代の明確ならざるもの或は異説あるものは*符を加へてこれを區別す。

本表は他の年表に比して各國の紀年を對照するに便利なるのみならず、能く世紀の觀念を養ひ、且つ見出の着色によりて一目の下に前後の各時代を綜覽し得べし。著者は稍自己の理想に近きものと信じ、敢てこれを我讀書界に薦む。

耶蘇紀元	西洋	支那	朝鮮	日本	神武紀元
-600	上古	周〔春秋〕		神武	60
-500	上古	周〔春秋〕		懿德	160
-400	上古	周〔戰國〕		孝昭	260
-300	上古	周〔戰國〕		孝安	360
-200	上古	秦		孝元	460
-100	上古	漢		開化	560
1	上古	漢	新羅 高勾麗 百濟	垂仁	660
100	上古	後漢	新羅 高勾麗 百濟	景行	760
200	上古	後漢	新羅 高勾麗 百濟	仲哀	860
300	上古	三國	新羅 高勾麗 百濟	應神	960
400	上古	東晉	新羅 高勾麗 百濟	履中	1060
500	中古	齊〔南北朝〕	新羅 高勾麗 百濟	雄略	1160
600	中古	隋	新羅 高勾麗 百濟	推古	1260
700	中古	唐	新羅 高勾麗 百濟	天智	1360
800	中古	唐	新羅	桓武	1460
900	中古	唐	新羅	醍醐	1560
1000	中古	宋	高麗	一條	1660
1100	中古	宋	高麗	白河	1760
1200	中古	南宋	高麗	安德	1860
1300	中古	元	高麗	龜山	1960
1400	中古	明	朝鮮	後小松	2060
1500	近古	明	朝鮮	後土御門	2160
1600	近古	明	朝鮮	後陽成	2260
1700	近世	清	朝鮮	東山	2360
1800	近世	清	朝鮮	光格	2460
1900	近世	清	朝鮮	明治	2560

金沢庄三郎著『カード式読史年表』(広文堂，大正２年)

金沢庄三郎・多喜夫妻と，成孝院24代住職・堀口宏龍（右）

（昭和26年頃）

新橋駅の一日駅長を務めた時，松樹素道（右）と

（『週刊女性』昭和35年11月号，より）（松樹素道氏提供）

はしがき

朝鮮語とハングルに傾倒し、日本語と朝鮮語が同系であるという確信に基づいて日本語と日本の文化を再考し、一方で国語辞書の編纂に情熱を絶やさなかった言語学者、金沢庄三郎《かなざわしょうざぶろう》（明治五～昭和四二、一八七二～一九六七）が、本書の主人公である。彼の名は、戦前には、書棚に並ぶ『広辞林』の背表紙に見かけられ、新聞・雑誌に登場することも多かった。しかし今や、彼の著書はほとんどの図書館の書庫に何十年も眠ったままであり、彼の名前に接することはほとんどない。その落差は、実に大きい。

日本と朝鮮の近代史に関心を持ち始めた私の脳裏にいつしか刻み込まれた金沢は、日鮮同祖論により時局に迎合して植民地支配を正当化し、朝鮮人を日本人化する同化政策を推進した、朝鮮半島の人々の怨念の的であり、日本人として恥ずべき、否定的な御用学者であった。それが、朝鮮植民地支配をめぐる問題における、学界・教育界・出版界・マスコミの大方の評価であった。

戦前に朝鮮語の教育がどのように行われていたか、私が興味を持ったのは、平成の時代に入って間もない一九九〇年代前半のことだった。その頃でも、朝鮮半島の人々と文化に触れる場は限られ、好感が持たれることも少なかった。大学の多くは、韓国語・朝鮮語を外国語科目に含めていなかった。映画「冬のソナタ」の魅力に端を発した「韓流」の席捲など、想像もできなかった頃である。私は、戦前の東京外国語学校の朝鮮語学科が昭和二年（一九二七）に廃止されたことを知り、その経緯を糸を手繰り寄せるようなやり方で調べていた。大正六年（一九一七）二月の新聞を繰っていたとき、「金沢博士引退——外国語学校の朝鮮語科廃止が原因だらうとの取沙汰」という見出しが私の目に飛び込んできた。朝鮮語学科の教授であった金沢が辞職するというのである。

「朝鮮語科の募集をせぬといふ一事は大反対である。寧《むし》ろ国家の為に益《ますます》奨励せねばならぬ」と、彼は記者の取材に答えていた。文部省は募集を中止しているが、その理由は「机上の空論」であると言う。同化主義者としての金沢像とは相容れないものを感じて、私は当惑を覚えながら、この記事を見つめていた。彼は、文部省に対して日本人の朝鮮語教育が必要であると主張した、新たな姿で立ち現われてきたのだった。これが、金沢に関心をもつようになったきっかけである。

そのうちに、朝鮮における言語政策に対して、「彼等数千年来の国語を禁ずると云ふことは、如何なる威力を以てするも行はれざること」であるといって朝鮮語を奪うことに反対し、「朝鮮人は矢張《やはり》朝鮮人なり、固《もと》より之を日本人化すると云ふことは急務なるも、歴史を滅し、性情を取り換へると言ふことは容易の業にあらず」と、同化が至難の業であると述べたことも分かってきた。

朝鮮語学科の廃止に反対し、朝鮮人から朝鮮語を奪うべきではないという金沢は、植民地支配の推進者にどう歓迎されたのだろうか。日本語と朝鮮語が同系の言語であり、日本人と朝鮮人が同祖であるという説は、朝鮮人に、また日本人に受け入れられたのだろうか。日鮮同祖論がなければ、日本の朝鮮支配はなかったのだろうか。私は、おぼろげながら、そういったことを考えるようになった。そして、彼が著した論文、単行本、雑誌記事などを読み、彼の親族の方々、大学で講義を受けた方々、同僚であった方々を訪ねた。このようにして、戦前も戦後も日本と朝鮮半島において大きな問題を投げかけてしまった金沢が、私の脳裏から離れなくなったのだった。それは多分、戦前をどうとらえればよいのか、戦前・戦中の言動を批判する戦後の私たちの歩みはどうだったのか、混乱していた私の心のどこかに響くものがあったからではないかと思う。

　戦前はもちろん戦後すぐの混乱も知らない私は、考えてみれば、皇国史観と大東亜戦争の勝利を信じて耐え抜いてきた人たちから教育を受けたのだが、戦前の残影というような教育を受けた記憶がほとんどない。中学校一年の時、ある先生が学校で暗記させられたと言って、歴代天皇の名前を神武天皇からそらんじてみせたことがあるが、遠い昔の思い出としてみんなで面白がったくらいである。大学に入ると、周囲はマルクス主義と社会主義国への共感が優勢で、その影響を受けないではいられなかった。しかし、バブル期の迷妄を経て、昭和天皇が亡くなり、東西ドイツが統一され、ソ連邦が崩壊したのだった。ごく小さな存在に過ぎない私も、半生の間に様々な価値の転換を余儀なくされてみると、単に戦前を別世界ととらえるわけにはいかなくなった。そして、時代の波がひとりの人間に覆いかぶさり、押し流す力は途方もなく大きいこと、しかし同時に、ひとりの人間が周囲の人々に与える力もまた決して小さくはなく、社会を動かす力があることを感じていたとき、金沢をめぐる問題は、さまよっていた私の心をつかむ、何か共通のものがあったのだろう。

金沢は、近代日本において現れるべくして現れた、同系論者・同祖論者であった。明治五年から昭和四二年まで、自分を包みこむ時代と環境のなかで揺れ動き、矛盾や短所も露わにしながら、なお自由に生き、発言しようとした。

彼が惹き起こした問題は、日本と朝鮮半島の関係における、通時的で本質的な問題なのではないだろうか。また同時に、彼を歓迎し、排斥し、批判してきた日本人を投影するものでもあり、そこに日本と朝鮮半島に生じる葛藤が表出しているのではないだろうか。

金沢の事績をまとめたものとして追悼論文があるが、単行本としての評伝は本書が初めての試みである。そして、弟子筋でもなく言語学者でもない力不足の私が執筆すること自体、彼の置かれた位置を如実に物語っている。彼は評伝を書かれるべき人である、不充分でも試みてみようとあえて決心したものの、彼が残した業績の大きさと、彼に与えられた批判の重さを考えると、何度も足元がぐらつく思いを禁じ得なかった。

この評伝を執筆するために必要な資料は、予想以上に得られなかった。彼が子孫に恵まれず、学問の継承者もなかったためか、他の被伝者に比べてかなり少ないと思う。そのためもあって、彼の文章を引用することが多いが、心をこめて淡々と書かれ、要を得た力強い文章であるので、私がまとめて言い換えるよりも、彼の肉声に触れていただけることになると思う。

また、第一章第3節、第三章第1～2節、第五章第3節は、朝鮮語の教育に関する記述がやや詳しくなるが、今なお一般にはあまり知られていないこともあり、朝鮮語をめぐって金沢の置かれた位置と環境を理解するために、一読をお願いする次第である。

なお、金沢庄三郎の「沢」は、本来は「澤」である。旧字体を固守した彼の抗議が聞こえてくるような気がするが、すでに弟子筋の方々の出版物でも新字体が用いられているので、逡巡はあったが、本書も「沢」を採用することにした。他の方々の姓名、大学名、地名なども同様である。また、失礼をかえりみず、文中のすべての方々の敬称を省略させていただいた。本文中、とりわけ引用文のなかで、今では読みにくい漢字については適宜振り仮名を施した。目障りになるかもしれないが、ご理解をいただきたい。

金沢庄三郎――地と民と語とは相分つべからず

目次

はしがき

第一章　誕生から第三高等中学校時代まで……1
——明治五〜二六年、二一歳まで——

1　ふるさと大阪……1
幼き日の思い出　瓦屋町　一商家の盛衰　明治五年には

2　大阪中学校・大学分校・第三高等中学校の時代……9
官立大阪中学校に入学する　改称を重ねる学校　大学分校で角帽を
第三高等中学校の生徒に　第三高等中学校の京都移転　寄宿舎生活
学生生活の断片　母が逝く　『壬辰会雑誌』に短歌を投稿
修学旅行と運動会　本科を卒業する

3　明治前期の朝鮮語……26
対馬と朝鮮語　厳原と草梁の語学所　国分象太郎と前間恭作
東京外国語学校の開校　朝鮮語学科の設置　生徒それぞれの道
東京外国語学校の廃止

第二章　帝国大学博言学科、大学院から韓国留学へ……39
——明治二六～三四年、二二～三〇歳——

1　博言学とその時代……39

博言学という学問　日本語の文法と博言学　アストンの来日と日本研究
「日本語と朝鮮語の比較研究」

2　帝国大学文科大学博言学科に入学する……46

ただ一つの帝国大学　文科大学の教授たち　博言学科の設置
二六年度入学生　久米邦武筆禍事件と同祖論

3　博言学科の教師と学生……54

チェンバレンとフローレンツ　上田万年の帰国　博言学科の学生たち
尊敬する人は新井白石と黒川真頼　アイヌ語研究で北海道へ
大学院へ進む　博言学は言語学に

4　アイヌ語研究から朝鮮語研究へ……65

『アイヌ語会話字典』の編纂　国学院での講義　同系に触れる人々
白鳥庫吉の同系論　翻訳と論文に取り組む　朝鮮語研究へ
沢井多喜と結婚する

5　大韓帝国に留学する……79

文部省東洋派遣留学生に　首都漢城で　朝鮮八道を巡る
『朝鮮月報』に投稿　『言語学雑誌』での消息

第三章　新外語設立され、韓語学科教授に
——明治三〇〜大正四年、二六〜四四歳—— ……87

1　朝鮮語学科のない時代 …………87
明治二〇年代の朝鮮語　東邦協会と殖民協会　西欧列強の東洋語研究

2　第八回帝国議会の清韓露語学校設置建議案 …………91
建議案の提出　堀越寛介の趣旨説明　「以てのほかのことである」

3　第九回帝国議会の外国語学校設立建議案 …………94
日清戦後経営と露・清・韓語　貴族院の審議　衆議院の審議
東京外国語学校の再興

4　韓語学科の設置 …………100
開校とともに　金沢を主任とする韓語学科　金沢と生徒たち
日露戦争と韓語　東京外国語学校韓国（朝鮮）校友会

x

目次

第四章 『辞林』と『日韓両国語同系論』の刊行 ……………… 109
  ——明治三四〜四四年、三〇〜四〇歳——

1 言語学者、教育者の道へ ……………………………………… 109
東京帝国大学言語学科の講師に　若くして文学博士に
国学院大学で教える　求められる存在に　沖縄での調査と講演
日韓比較文法の講義録　アストンに多くを負う
親子・姉妹、本家・分家、方言の関係

2 国語辞書『辞林』の編纂 ……………………………………… 124
欧米を旅する　『辞林』の誕生　『辞林四十四年版』へ　読書について
検印はチベット文字

3 「日韓両国語同系論」の登場 ………………………………… 133
論文として発表する　単行本として刊行する
「余において新意を発するにあらず」　日本人の同系論を提出
相互の同化は「天下の慶事」　白鳥庫吉が非同系論へ
朝鮮語の必要を訴える　論文を集めて『国語の研究』に
新村出が「関係は割合に疎遠」と　蔵書目録その一

4 韓国併合と朝鮮語 ……………………………………………… 148

xi

新聞・雑誌の取材があいつぐ　朝鮮語は方言として存続を
日本は兄、朝鮮は弟とも　一〇年ぶりの朝鮮訪問　漢城師範学校で講演
外国語学校に韓語科を置くこと　「外」に朝鮮語学科を置く
四度目の朝鮮訪問　朝鮮人はやはり朝鮮人なり

第五章　苦境をくぐって再起へ……167
——大正元～昭和二年、四一～五六歳——

1　暗雲が立ちこめる……167
友、阿部守太郎の遭難　比較研究による『日本文法新論』
学校用教科書の編纂　折口信夫に編纂を依頼　金沢の古代語解釈と折口
言語から古代文化の考察へ　理想に近いという年表
ウラジオストック、ハルビンから満州へ　白鳥庫吉が金沢を批判する
『日本外来語辞典』編纂の前後

2　朝鮮語学科の募集停止と金沢庄三郎の辞任……183
募集要項にない朝鮮語学科　東京外国語学校教授を辞任する
「募集をせぬという一事は大反対である」　東京帝国大学講師も辞任する
「そこに寂しくさしむかひ」　「金沢博士を除かんため」
朝鮮語部（文科・貿易科・拓殖科）に　『同源』という雑誌

目　次

「朝鮮語ハ外国語ニ非サルコト」　「地と民と語とは相分つべからず」
新たな職場で　『広辞林』を刊行する　今度こそはと外国語学習
3　朝鮮語学科、三校における設置と廃止 …… 206
天理外国語学校の朝鮮語部　京城帝国大学の朝鮮語学朝鮮文学専攻
東京外国語学校朝鮮語部の廃止　外国語中に列する理由なし
この頃の朝鮮語教育　父の長逝

第六章　『日鮮同祖論』の刊行 …… 221
——昭和三～二〇年、五七～七四歳——

1　「いくたびもかえさひおもひて」 …… 221
両語が双方に於て学習せられることを　携帯用の『小辞林』を編纂
『日鮮同祖論』を刊行する　一人でも多くの方々に
基礎としての序説～第五章　本題の第六章～第十章
様々な同祖論を代表する　「鮮」と「同祖」　「非難はもとより覚悟の前」
2　還暦の前後 …… 239
還暦を迎える　祝賀記念の出版と肖像画　蔵書目録その二
「日韓同源論などですまされなくなった」　『広辞林』新訂版を刊行する
国学院大学で　駒沢大学で　聖心女子学院で

3 戦時下に..252
寡作のなかの数編　「内鮮一体」に必要とされる　ハングルの真価値
戦時下の朝鮮語観　『言語に映じたる原人の思想』の再刊
『日鮮同祖論』の再刊　激励の会　信念は牢固として動かない
疎開生活が始まる

第七章　同祖論の飽くなき追求.....................273
　　　　——昭和二〇〜四二年、七四〜九六歳——

1 流浪から定住へ..................................273
永平寺で得度する　転々と移り住む　敗戦後の朝鮮語教育
服部四郎が批判する　「日本民族＝文化の源流と日本国家の形成」
座談会「日本語の系統について」　駒沢大学を辞任する
群馬県薄根村へ　終の棲家、東京別院長谷寺　鶴見女子短期大学で
教える楽しみ　あけぼの幼稚園の園長に

2 執筆への執念....................................290
『民主朝鮮』に寄稿する　「亜細亜研究叢書」の企画と刊行
蔵書目録その三　朝鮮学会に参加する　最後まで執拗に主張する
賛意を表し難い　『新版広辞林』

3　晩年の二、三の果報 …… 303
ラジオ番組で語る　紫綬褒章を授与される　「老夫婦の顔」
米寿を迎えて胸像と一日駅長　テレビにも出演する
勲三等瑞宝章祝賀会

4　金沢批判の開始と拡大 …… 309
朝鮮研究の葛藤と再出発　大阪外国語大学に朝鮮語学科設置
「日帝官学者たちの韓国史観」　日本でも日鮮同祖論批判が始まる
シンポジウム「日本の朝鮮語研究」　日鮮同祖論批判の継承と拡大
学問的真理と政治的関係

5　終　焉 …… 325
東京別院の日々　ウイスキー、葉巻、うな重
頑固に、いちずに、誇り高く　多喜夫人が逝く　弟源之助も逝く
生涯を終える　追悼記　永平寺に眠る

終　章　濯　足 …… 339
濯足と号する　濯足文庫　自未得度先度他　没後の批判
没後の復刻　韓国での批判　傾倒と加害と受難と

資料1　金沢庄三郎主要著作目次　351

資料2　関係資料　369

主要参考文献　375

金沢庄三郎著作目録　391

あとがき　421

金沢庄三郎略年譜　425

人名索引

図版写真一覧

伊原宇三郎筆「金沢庄三郎先生肖像」（金沢庄三郎『新羅の片仮字』金沢博士還暦祝賀会、昭和七年、より）……………………………………………………カバー写真

本郷曙町自宅玄関前にて（『日鮮同祖論』（再刊）（山本菊男氏提供）……口絵1頁

弟・源之助と（山本菊男氏提供）……………………………………………口絵2頁

『辞林』刊行の頃（明治四〇年四月）（藤田三男編集事務所提供）………口絵2頁

金沢庄三郎著『カード式読史年表』（広文堂、大正二年）…………………口絵3頁

金沢庄三郎・多喜夫妻と、成孝院二四代住職・堀口宏龍（『週刊女性』昭和二六年頃）……………………………………………………………………口絵4頁

新橋駅の一日駅長を務めたとき、松樹素道と（松樹素道氏提供）『週刊女性』昭和三五年一一月号、より）……………………………………………口絵4頁

関係系図………………………………………………………………………… xx

生まれた頃の大阪……………………………………………………………… 4

「大阪中学校全図」、大阪中学校（『文部省直轄大阪中学校一覧』明治一七年九月起、明治一八年止）……………………………………………………… 12

明治二六年本科卒業生（京都大学大学文書館蔵）…………………………… 24

国分象太郎（東京外国語学校朝鮮校友会『会報』第九号、より）………… 29

黒川真頼（『東京帝国大学』より）…… 59
「往年著者の款晤せしことあるピラトリ、アイヌの酋長ペンリー夫妻」
（『言語に映じたる原人の思想』大正九年、より）…… 61
神保小虎（『東京帝国大学』より）…… 62
外山正一（『東京帝国大学』より）…… 76
東京外国語学校新校舎（明治三六年一月）（『東京外国語大学史』資料編㈠、より）…… 101
本田存（『会報』第一二号、より）…… 102
趙重応（『会報』第九号、より）…… 103
宮崎道三郎（『東京帝国大学』より）…… 113
『夕刊フィラデルフィア』に掲載された金沢ら …… 126
『辞林』大扉 …… 129
金沢の検印 …… 132
東京外国語学校韓国校友会による歓迎会（東京外国語学校校友会『会報』第一一号、より）…… 156
阿部守太郎（金沢庄三郎『中学校用国語教科書』巻五、より）…… 168
当時の国学院大学（大正三年『卒業記念写真帖』より）…… 175
国学院大学で講義中の金沢（大正五年『卒業記念写真帖』より）…… 175
金沢の辞表（国立公文書館蔵）…… 185
『東京朝日新聞』紙上の移転通知と謝辞 …… 191
『広辞林』大扉 …… 204

図版写真一覧

旧天理外国語学校本館（『天理大学五十年誌』より）……208
昭和八年聖心女子学院卒業式（『聖心女子学院七〇年のあゆみ』より）……251
長谷寺内住居の見取り図（芦原田鶴子氏による）……285
鶴見女子短期大学での講義（昭和二九年末頃～三〇年初）（芦原田鶴子氏撮影・提供）……286
「老夫婦の顔」『主婦の友』昭和三四年五月号、より）（芦原田鶴子氏提供）……304
金沢庄三郎胸像（仏子泰夫作）（芦原田鶴子氏提供）……306
金沢夫妻の墓（永平寺境内）……338
金沢夫妻の墓（長谷寺境内）……338

関係系図

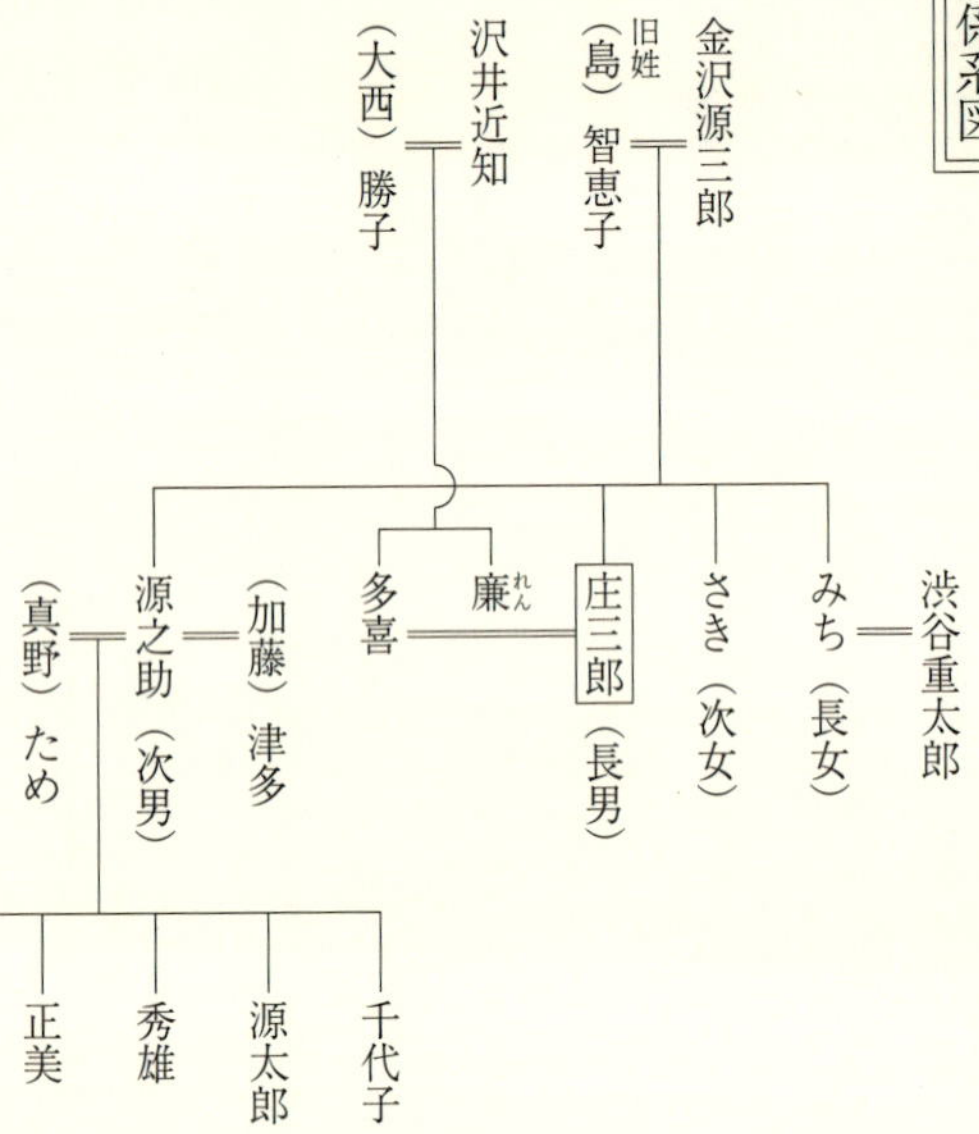

金沢家は大阪出身
沢井家は岡山出身

第一章　誕生から第三高等中学校時代まで

――明治五～二六年、二二歳まで――

1　ふるさと大阪

昭和二八年（一九五三）、朝日放送が毎夜一一時から各界の著名人を招き、「幼き日の思い出」を語らせた。当時八二歳の金沢庄三郎は、「瓦屋町《かわらやまち》」と題して次のように語っている。

幼き日の思い出

私は明治五年の正月、大阪の一商家に長男として生れました。家は南区瓦屋町一番町で、瓦屋町は読んで字の如く、子供の頃には、近辺にまだ瓦を焼く窯がありました。松屋町《まつやまち》通り九之助《くのすけ》橋を南へ行つた所、年寄りの方の記憶にはまだ残つていると思いますが、通称を『紙源』という米穀商で、松屋町の方には小売店があり、浜通りでは駄売店、河岸には米倉があつて、これは今も昔の俤《おもかげ》を存しております。正月生れ故幼名は正月の正を書いたが、戸籍面に庄屋の庄と誤られて、そのままになりました。初め二人が女子であつたため、特別に鍾愛せられたのでしたが、生来虚弱な上に、今いう小児麻痺にも罹り、とても成人はすまいと思われたほどで、無量寺のお灸をすえたり、箱根の山椒魚を取り寄せたり、乱視とは知らずに、柳谷の観音にお詣りをしたり、春さきに十三《じゅうそう》堤の摘草に連れられたり、なみなみならぬ心づくしを受けました。十三の十は、「ツツや二十歳」のツツで、十三と書いて、ツツミと訓むのが正しいのです。

それで、家の跡は弟に譲り、好きな学校へでもやつておけばと、五つの歳から大宝寺町の大宝寺小学校に通い始め、今手許に明治十一年四月十九日付の下等小学校第七級卒業の証書が保存してあります。当時はまだ寺子屋というのがあり、学校の帰り路に、そこに立寄つて、漢籍を習い、また珠算の稽古もしました。

（『小さな自画像』）

金沢庄三郎は、明治五年（一八七二）一月一三日、大阪の南大組《みなみおおくみ》南瓦屋町一番丁四三番地の米穀商の家に生まれた。明治改元（一八六八年九月八日）から三年半にもならない頃である。父は源三郎（天保一一～昭和二）、母は智恵子（弘化二～明治二三）で、長女のみち、次女のさき、そして長男の庄三郎、次男の源之助の順に生を受けた。智恵子は、やはり大阪の米穀商である島藤九郎の二女で、文久年間に源三郎に嫁した。智恵子の聡明さが親族の間で語り継がれており、庄三郎も終生母への感謝と敬愛の念をもちつづける。みちは結婚後早世したが、さきは七人の子供に恵まれた。源之助は庄三郎より二歳下で七年一一月六日生れ、虚弱で勉強が好きな兄に代わって米穀商を継ぐことになっていた。しかし二三年、庄三郎が一九歳のときに母智恵子が他界し、一家は大きな衝撃に見舞われた。「紙源」は、源三郎の代で倒産してしまう。

金沢は「正三郎」という表記を惜しみ、第三高等中学校時代まで用いている。のちの著作『日本文法論』（明治三六）のなかで、同音異義の語を区別する方法として、「正を正月の正、庄を庄屋の庄」とさりげなく例に挙げているが、彼はこれで気持の整理ができたかもしれない。誕生日については、履歴書類でも五月七日と記されているのを見かけるが、これも何か届けに事情があったのだろう。

右の文で大阪の地名「十三」について解説しているが、彼は何を書いても、このように言語研究の一端に触れずにはすまされない人であった。

瓦屋町

庄三郎が生まれてすぐ、南瓦屋町は瓦屋町と改名され、南大組は明治一二年に南区となる。

現在の大阪市中央区瓦屋町一丁目で、人形やおもちゃの問屋が並ぶ松屋町筋の西側である。九之助橋は今もその名をとどめており、その下を緩やかに流れる東横堀《ひがしよこぼり》川は、大阪城の外堀で、天正一三年（一五八五）に開削されたという。

大阪の経済、風俗や言葉の中心とされてきたのが、船場《せんば》と島之内《しまのうち》である。船場とは、東西を東横堀川と西横堀川に、南北を長堀川と土佐堀川の四つの川で囲まれた地域で、船場の南、道頓堀川までが島之内である。この島之内の東に東横堀川を挟んで隣接するのが、瓦屋町である。瓦に適した土が採れたので、幕府御用瓦師の寺島家のもとに、瓦製造と瓦ふきの職人や瓦仲士が住み、瓦土の荷揚げや

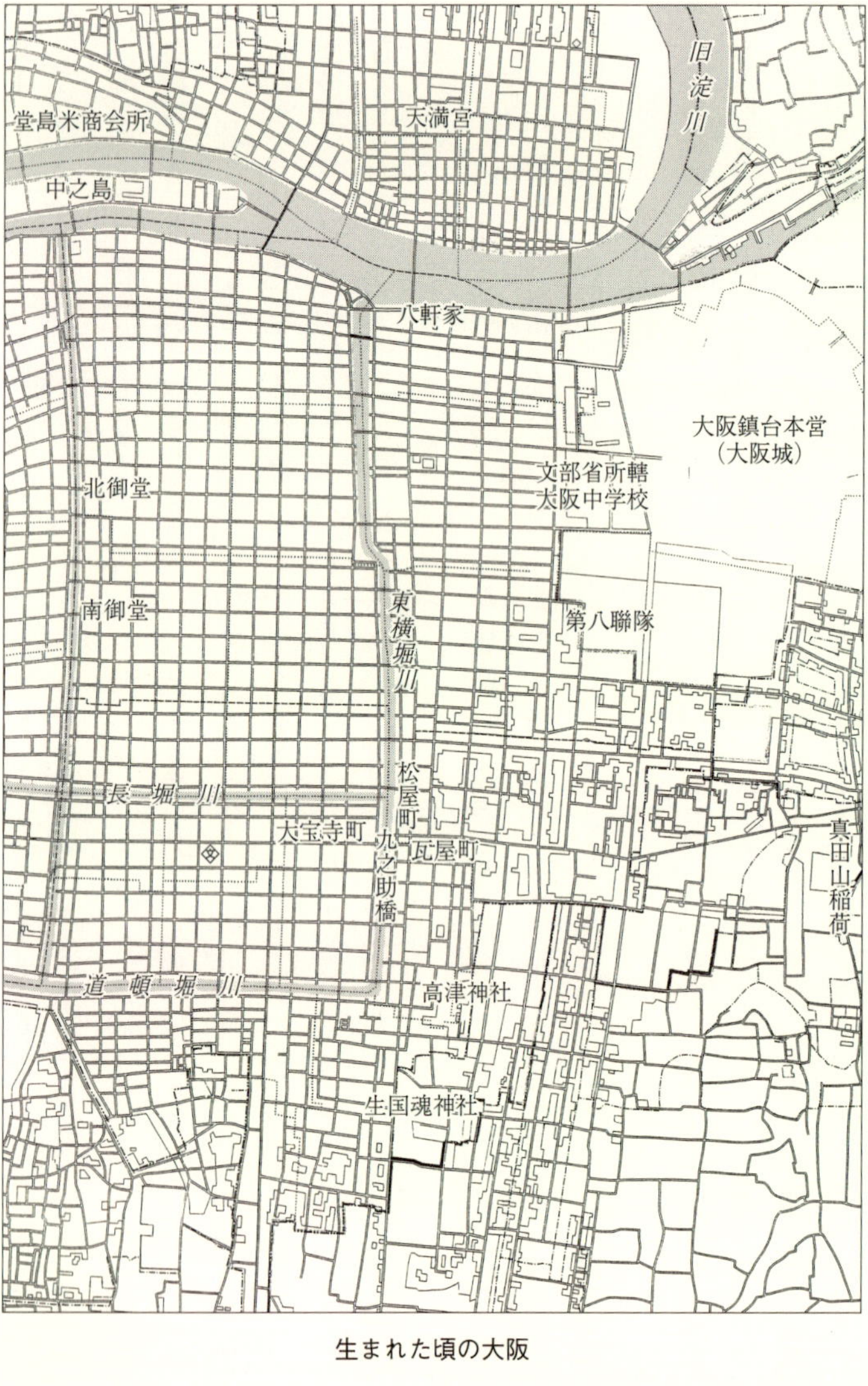
堂島米商会所
天満宮
旧淀川
中之島
八軒家
大阪鎮台本営
（大阪城）
文部省所轄
大阪中学校
北御堂
南御堂
東横堀川
第八聯隊
長堀川
松屋町
大宝寺町
九之助橋
瓦屋町
真田山稲荷
道頓堀川
高津神社
生国魂神社

生まれた頃の大阪

瓦の船積みで賑わっていた（『南区史』）。

九之助橋を渡ると大宝寺町の通りで、今歩いていけば心斎橋筋の大丸百貨店に至り、御堂筋へ出るが、その途中にある大阪市立南小学校が、旧大宝小学校である。明治五年五月に設置された南大組第十区小学校に始まり、一二年二月に改称して公立大宝小学校となった。半年を一級として、下等の八級から一級へ、次に上等の八級から一級へと進む課程で、読書・諳誦・習字・算術の科目があった（『南区史』）。庄三郎が大宝小学校で上等一級を終えるのは、明治一七年七月、一三歳のときである。

虚弱で小児麻痺にも罹った庄三郎は、「家に米俵運搬のため相撲取が何人か居て、学校の往復は相撲取におんぶしてなさったそうで」（加藤淑子「金沢先生と武島先生」）、「いわゆる〈おんば日傘〉の幼少時代」（渡辺三男「金沢庄三郎先生の人と学問」）を過ごした。病弱ながらも勉強に打ち込む長男を見て、両親は家業を継がせることをあきらめ、学問の道へ進ませる。

大阪の風情を色濃く残した町の商家に生まれた庄三郎は、二二歳から東京で暮らすが、終生大阪のことばから離れることがなかった。彼の関西風のアクセント、「こんど目は」（次回は）とか「ご互いに」（お互いに）などのことばが、戦後の東京の人々の耳に忘れがたく印象づけられている。

後年彼は、大阪市の高津《こうづ》神社の祭神が仁徳天皇ではなく、もともと朝鮮の神を祀《まつ》ったものであると語った時に、「余談にわたりますが、私はこの高津神社の氏子として生れたのであります。比売語曾《ひめこそ》の神は私の祖神であつて、自分は一商人の子として生れ、学界に身を投じて、然《しか》も余り人の手をつけない朝鮮の研究に、数十年従事して居るといふことは、この神様の御導きであつて、将来ともこの神の加護によつてどうか研究の目的を達したいと、かようにいのつて居る次第であります」と言い添えている（「内地に祀られた朝鮮の神」）。今も瓦屋町には、表札の傍らに高津神社役員などと記した札を架けた家がある。

一商家の盛衰

江戸時代に全国一の物資集散の地であった大阪は「天下の台所」といわれ、なかでも米の取引はその相場が全国に影響するほどであった。井原西鶴は、「一刻の間に五万貫目の立てり商ひも有る事なり、その米は蔵々に山を重ね、夕べの嵐朝の雨、日和を見合せ、雲の立ち所を考へ、夜の内の思ひ入れにて売る人有り買ふ人有り」（『日本永代蔵』巻一）と描いている。享保年間に米会所《こめかいしょ》は米取引所として認められ、繁栄をきわめたが、空米取引が始まると、米は相場の変動で利益を得る投機の対象となった。明治新政府は米市場を閉鎖するが、米穀商の運動により四年四月に堂島米会所が再建されて、再び隆盛へ向った。金沢はこの頃、仲買問屋といわれる米取引人の家に生まれたのである。

「紙源」について詳細はわからないが、四年一二月に大阪府へ「米商新加入」を願い出た堂島米商五八名のなかに、紙屋源助という名前もある（『堂島米会所記録』）。西鶴は、「商人あまた有る」なかに「紙屋」の名前も挙げている。

紙源の倒産は、親族の間では、源三郎が空米取引による相場に手を出して失敗したためとも、大酒のためとも伝えられている。ただ、倒産したあとも売掛金が入ってきたので、数年は困らなかったという。当時はどの学校でも経済的な理由による退学者が多かったが、庄三郎は何とか学業を継続し、卒業することができた。

　金沢家の墓地は、大阪市阿倍野区の市営南霊園のなかにある。三基のうち、大きな二基が「金沢源三郎之墓」と「金沢智恵子之墓」である。智恵子の墓石には源三郎が建てたと記され、両側面と背面に、智恵子が二男二女を手厚く育てて家業を助けたので家運はますます隆盛に向かったこと、庄三郎に学問の道を歩むよう勧めたことが刻まれている。源之助が建てたと記された「金沢家之墓」には、源之助夫妻とその子孫が埋葬されている。なお、庄三郎の墓は、福井県の曹洞宗《そうとうしゅう》大本山永平寺と永平寺東京別院長谷寺《ちょうこくじ》の墓地にあり、きわめて簡素な墓石の下に妻多喜とともに眠っている。

明治五年には

　金沢と同じ明治五年生まれの著名人に、作家の樋口一葉（〜明治二九）、島崎藤村（〜昭和一八）、政治家の幣原喜重郎《しではらきじゅうろう》（〜昭和二六）などがいる。一葉は二五歳で夭折したが、金沢は明治期、大正期、そして敗戦を経て昭和四二年まで、九六年の長寿を保った。

　明治五年における全国的な出来事のなかで、とくに金沢の生涯に関わることを拾ってみよう。

　一月、全国の三三一一万人余りの国民に対して戸籍調査が行われ、壬申戸籍が作成されて、身分が皇族・華族・士族・平民に分けられた。平民はもとの農・工・商にあたる。金沢が在籍した学校の要覧、『大阪中学校一覧』『第三高等中学校一覧』『帝国大学一覧』に記された生徒名には、「本貫族籍」として士族・平民などの身分が示されている。金沢は平民で、以前ならば「商」の出身である。

　二月、東京日日新聞が創刊される。福沢諭吉が『学問のすゝめ』初編を刊行し、一三年までに二〇万冊を数えて、国民の一六〇人に一人は読んだと福沢が自負したほどの売れ行きであった。

四月、開拓使仮学校（のち札幌農学校）が東京に開校される。

五月、釜山草梁《そうりょう》の倭館《わかん》の管轄が旧対馬藩から外務省へ移される。

七月、横浜で、イギリス人とアメリカ人の外交官・教師・技師を中心に日本アジア協会が誕生した。彼らは日本語を習得し、様々な分野の日本研究に携わる。Ｅ・Ｍ・サトウ、Ｊ・Ｃ・ヘボン、Ｗ・Ｅ・グリフィス、金沢に多大の影響を与えたＢ・Ｍ・チェンバレン、Ｗ・Ｇ・アストンなどが、精力的に研究を発表していく。日本人も、森有礼、中村正直、津田仙、嘉納治五郎などが加わった。

八月、文部省は「家に不学の人なからしめん事を期」し（「被仰出書」）、「学制」を発布して、全国で小学教育の普及に向かう。一方、前年に横浜から出航した岩倉具視遣外使節団が、この月イギリスに到着する。使節団を案内し通訳を務めたのは前述のアストンで、彼はこの年、横浜で『日本語文語文典』を刊行する。

九月、新橋・横浜間を一時間で結ぶ鉄道の開業式が挙行された。八八年後、国鉄（現在のＪＲ）の米寿記念に米寿の金沢が招かれる。琉球王国が琉球藩、国王尚泰《しょうたい》が藩王・華族とされた（琉球処分開始）。

一〇月、外務省が、長崎県対馬の厳原にある光清寺に、韓語学所を開設した。近代における官立の朝鮮語教育機関の嚆矢である。

一一月、神武天皇即位の年が紀元と定められた。徴兵の詔書が出された。

一二月、太陽暦が採用されて、二日が明治五年の大晦日となり、三日が六年一月一日となった。

2　大阪中学校・大学分校・第三高等中学校の時代

さて、大宝小学校を卒業した庄三郎は、上級学校へ進学する。「瓦屋町」は、次のように続いている。

官立大阪中学校に入学する

明治十七年十二歳の秋、その時始めて出来た高等小学へは進まないで試験を受けて、文部省直轄大阪中学校に入学しました。今はどうなったか、本町通りを谷町筋からお城の方に向つて大きな榎〔注：樟〕の見える所で、これがその後大学分校と改まつて、一時角帽を冠つたこともあり、また第三高等中学校となり、京都の吉田村に移つて、今日の京都大学の前身となりました。中学校とはいえ、全国唯一つの文部省経営のものでしたから、御雇外国教師が二人もおり、教科書は万国地理歴史、代数、幾何《きか》物理化学など、悉く原書でした。体操場も模範的なもので、「右向け前へ」を始めとし、号令はいつさい英語でした。勿論当時の陸軍でも、「止まれ」だけは、まだ独逸語「ハルト」を用いていました。八軒屋の上流に端艇の置場が設けられてありましたが、まだ「ボート」という言葉は用いられず、ポルトガル語で「バッテラ」と呼ばれていました。

八軒屋《はちけんや》は、江戸時代に九軒の飛脚問屋が詰めていたが、八軒になったときから起った地名である。

淀川を利用した京都・大阪間の水上交通の拠点で、その名前は今も、中之島の東端、大川（旧淀川）が土佐堀川と堂島川に分かれるところに残っている。徳川将軍の代が変わるたびに来日した朝鮮通信使も、対馬、壱岐、福岡、下関を経て瀬戸内海を東へ進み、大阪の川口から土佐堀川をさかのぼって八軒屋で上陸し、西本願寺別院に泊った。その八軒屋に、大阪中学校は明治一三年からバッテラ（ポルトガル語：bateira）の繋置場をもっていた。端艇競技（ボートレース）は明治一〇年代から学校の体育の一種目として普及し、大阪府の水上警察署も「バッテーラ競漕の運動会」を催していた。大阪で今も鯖ずしを「ばってら」というのは、このボートの形に由来する。

大阪中学校は、「忠孝彝倫《いりん》ノ道ヲ本トナシ中人以上ノ業務ニ就クカ為メ又ハ高等ノ学校ニ入ルカ為メニ必須ノ学科ヲ授クル所」（規則第一条）であった。四年間の初等中学科と二年間の高等中学科から成り、初等科が八級から一級へ、高等科が四級から一級へと進んだ。中等教育のありかたが模索された時代に、大阪中学校は「中学校教則大綱」（一四年）の実現をめざして「模範中学校」といわれ、西日本の各地だけでなく東日本からも生徒が集まってきた。

一七年七月四日付の生徒募集広告によると、九月三日の午前七時から、初等中学科第八級入学志望者に対して、修身（格言の解釈）、読書（近易の漢文）、作文（仮名交リ文）、算術（比例マテ）、歴史（本邦ノ大要）、地理（本邦及外国ノ大要）、博物（初歩）、物理（初歩）、図画（初歩）、習字（楷、行、草）の試験を実施するとされている（『朝日新聞』七月一二日）。この試験を経て金沢が入学した一七年九月、大阪中学校の生徒総数は二八四人、身分からいうと華族一人、士族一〇一人、平民一八二人で、大阪府出身者は一二五人であった。

改称を重ねる学校

大阪中学校という校名は、明治二年（一八六九）から次のように改称を重ねて、二七年にやっと定着する学校の、途上の一名称である。

（明治二年五月）舎密局《せいみ》→（三年一月）化学所→（三年五月）理学所→（三年一〇月）開成所（大阪府立洋学校を併せる）→（五年八月）第四大学区第一番中学→（六年四月一〇日）第三大学区第一番中学→（四月二三日）開明学校→（七年四月）大阪外国語学校→（七年一二月）大阪英語学校→（一二年四月）大阪専門学校→（一三年一二月）大阪中学校→（一八年七月）大学分校→（一九年四月）第三高等中学校→（二二年八月京都へ移転）→（二七年六月）第三高等学校

この慌しい改変について校長の折田彦市は、「専門学校小変シテ医学専修ノ校トナリ大変シテ中学校トナル」、「此間事務紛起応接暇アラス」と文部省に報告している（『日本帝国文部省第九年報』）。

今も、この記念碑が二つある。一つは中央区の谷町二丁目交差点の東南にある「大阪英語学校址」碑で、のちに大阪府が作った標示板には、ここが「中等・高等教育発祥の地」で、天満に開設した大阪府立洋学校にさかのぼるとある。もう一つは、谷町三丁目交差点から大阪城の方へ歩くと巨大な幹の樟が見えてくるが、その木陰にある「舎密局址」碑で、昭和一二年に第三高等学校同窓会が建てたものである。舎密局は理化学を教えた学校で、「せいみ」とは、化学を意味するオランダ語のセミー

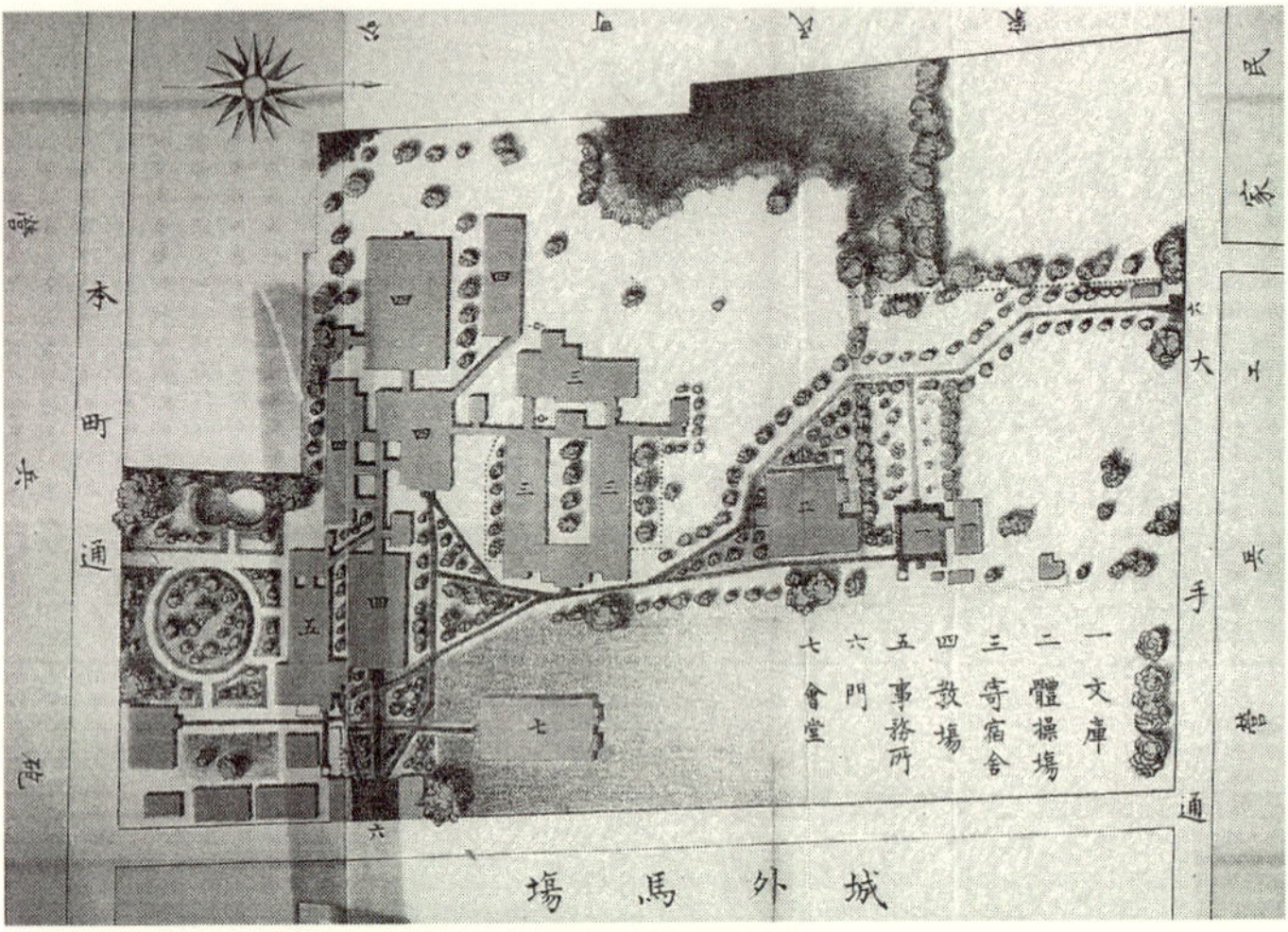

「大阪中学校全図」

大阪中学校
（『文部省直轄大阪中学校一覧』（明治17年９月起，明治18年止））

（Chemie、英語 Chemistry）であった。傍らにある胸像は、開校時教頭となり、化学を教えたオランダ人軍医K・W・ハラタマ（Koenraad Wolter Gratama、一八三一～八八）である。

大阪中学校の位置については、金沢が入学した年の『大阪中学校一覧』に、「大手前ノ町ト称スル所ニアリテ、斜ニ大阪城ノ西門ト相対ス　伝ヘ云フ、此地加藤清正ノ邸趾ナリト　正門頭ニ老松アリ西南隅ニ古樟アリ…其南ハ本町通ニ起リ、其北ハ大手通ニ抵リ、西ハ谷町ノ民家ニ接シ、東ハ即チ城西ノ馬場ナリ」と説明されている。

なお、大阪中学校という学校は、明治一〇年代の大阪にもうひとつあった。これも名称は変転するが、大阪府立の中学校である。混同されることがあるが、金沢が通った文部省直轄大阪中学校は現在の京都大学につながり、大阪府立大阪中学校は今の大阪府立北野高等学校につながるのである。

大学分校で角帽を

中学校の次の段階として、東京では明治一〇年（一八七七）に東京大学が創設されていた。大阪でも高等教育を期待する声が高まり、「模範中学校」といわれてきた大阪中学校が、その候補として論議されるようになる。一八年には文部省のなかで大阪大学部校と改称する案が出ており、大阪中学校の折田彦市校長は「関西大学創立次第概見」を文部省に上申する。

結局大阪中学校が、予備科と別課予備科から成る「大学分校」となって再発足する。しかし、それは東京大学の分校という意味ではなかったし、同列とされた東京大学予備門との格差も大きかった。それでも、金沢も「角帽を冠つた」という大学分校は、同学年の博多久吉が関西に一筋の「光明が現れた」（博多「追憶随記」）というほどの存在であった。ところが、この大学分校という名称も、わずか一〇カ月後に第三高等中学校と改称される。結局、金沢は次のような学科・学年に在籍したのである。

大阪中学校で　初等中学科第八級・第七級（一七年九月～一八年八月）

大学分校で　別課予備科第二級（一八年九月～一九年八月）

第三高等中学校で　別課第一級（一九年九月～二〇年八月）→別課予科（二〇年九月～二一年八月）→予科第三級（二一年九月～二二年八月）→予科第二級（二二年九月～二三年八月）→予科第一級（二三年九月～二四年八月）→本科一部第一年級文科志望（二四年九月～二五年八月）→同第二年級文科志望（二五年九月～二六年七月）

第三高等中学校の生徒に

明治一八年（一八八五）一二月、内閣制度が創設され、伊藤博文総理大臣のもとで森有礼が初代文部大臣に就任する。そして、一九年三月二日、森は帝国大学令を公布し、従来の東京大学を改組して帝国大学を創設した。続いて四月一〇日、師範学校令・小学校令・中学校令・諸学校通則を公布し、自ら策定した教育構想の実現に向かう。

中学校は、高等中学校と尋常中学校の二種に分けられた。森によると、高等中学校は、「官吏ナレハ高等官、商業者ナレハ理事者、学者ナレハ学術専攻者ノ如キ、社会多数ノ思想ヲ左右スルニ足ルヘキモノヲ養成スル所」であった（明治二十年六月宮城県庁における説示）。そして四月二九日、東京大学予備門が第一高等中学校、大阪の大学分校が第三高等中学校と改称される。予科三年と本科二年の合計五年の課程で、予科に入る学力が不十分な者のために二年間の別課予科が設けられた。

　第三高等中学校の生徒となった金沢は、順調に進級できてはいない。この頃の試験の合否は六〇点以上が及第で、一科目でも三〇点未満であれば落第させられた。二〇年一一月の『朝日新聞』の記事を見ると、別科第一級八一人のうち、及第者四六人、仮及第者七人、落第者一四人、欠席者一四人である。金沢は、二〇年七月の試験に落第して別課予科にとどめられ、翌年七月の試験に合格した。落第の悲哀が功を奏したのか、次第に成績が良くなり、卒業する頃にはかなり上位に達している。

　一年間の学校生活は、一学年が九月一一日に始まり、二月一五日まで前学期、二月一六日から九月一〇日までが後学期であった。冬期休業が一二月二五日から一月七日まで、夏期休業が七月一一日から九月一〇日まで、そのほかの休日は、秋季皇霊祭（今の秋分の日）、神嘗祭《かんなめさい》（一〇月一七日）、天長節（明治天皇誕生日、一一月三日）、新嘗祭《にいなめさい》（今の勤労感謝の日）、孝明天皇祭（一月三〇日）、紀元節（今の建国の日、二月一一日）、春季皇霊祭（今の春分の日）、神武天皇祭（四月三日）であった。

第三高等中学校の京都移転

舎密局以来第三高等中学校まで学校は大阪城の西にあったが、すでに大阪専門学校の時代から移転が検討されていた。一八年秋から、折田校長が新しい校地を見学に行っている。

　一九年一一月二二日、京都府会が第三高等中学校誘致のため、一〇万円を寄付する議案を可決する。同月三〇日、高等中学校の経費を負担する区域が全国で五区に分けられ（文部省告示第三号）、関西は四国・中国地方と共に第三区となって、設置場所は京都と定められた。

一二月、森文部大臣は大手前の土地と建物を陸軍省に譲って移転費に充てることを閣議にはかり、自ら京都の候補地を検分して、愛宕郡吉田村に決定した。建設工事は二二年（一八八九）の四月にほぼ終わり、八月一日、第三高等中学校は大阪を引き払って吉田町（二一年六月に町となる）の新校舎へ移転した。金沢も、実家を離れて京都へ移る。九月一一日に開講式が挙行された。

大阪は、第三高等中学校に対して京都ほど熱心ではなく、執着しなかった。そのため大阪はしばらく高等教育の場を失うことになる。京都では明治三二年に京都帝国大学が創立されるが、大阪高等学校創立が大正一〇年、大阪帝国大学の創立は昭和六年である。

移転を進めた森は、二二年二月一一日、大日本帝国憲法発布の式典の直前に暗殺され、吉田町の新校舎を目にすることができなかった。合理的な思考に基づいて政策を立て、素早く実行に移した彼の言動は、理解されにくく、不快感をもたれたことが少なくない。二〇年一一月に大阪の第三高等中学校を視察して、すべての授業を見学しているが、生徒たちは森に対して好意的ではなかった。田岡嶺雲、喜田貞吉《さだきち》、姉崎正治《まさはる》、幣原坦《しではらひろし》などの回想は、森が暗殺されたことに哀悼の念は薄く、むしろ森が亡くなったために授業料の値上げが撤回されて安堵したことを隠していない。金沢も、「全体我国の人は言語を余り軽く考へ過ぎる弊がある。ずっと前のことではあるが、日本の国語を英語に改めやうなどゝいふ途轍《とてつ》もない考を起して、外国の学者に忠告せられたといふ、余り面白くもない事実がある」（「朝鮮に於ける国語問題」『歴史地理』明治四三）と、森の教育策に苦言を呈したことがある。

寄宿舎生活

生徒が様々な地域から入学してきた大阪中学校には、寄宿舎が設置されていた。一五歳以下の生徒のための「幼年舎」と一五歳以上の生徒を対象とした「青年舎」があり、金沢は幼年舎から寄宿舎生活を経験している。

大阪時代の寄宿舎は木造の二階建で、学校の北側にあった。北が青年舎、南が幼年舎で、二棟は西の玄関と東の舎監室で結ばれていた。舎監室の東に食堂があり、全員が集まる場であった。各室は八畳か十畳の畳敷で、二〜四人が入っていた（幣原坦「三高寮話」）。

一週間の食事の献立は、朝食が「味噌汁（上味噌）」四回と「醬油汁」三回、昼食は一日おきに「煮シメ」と「牛肉或ハ魚肉」、夕食は「煮シメ（野菜モノ）之類」と決められていた。米は上白米で、漬物とお茶が添えられた。生徒たちが好まない古漬けや、たこ・いか・貝類などの不消化物は避けている（「官立大阪中学校寄宿舎賄方命令書」）。

寄宿舎の生徒たちは、朝には大阪城の向こうの生駒山から日が昇り、夕刻には大阪湾、六甲山に没するのを眺めた。「学校は少し高台にあったので市中を見晴らした。津村の本願寺の屋根が家並の中に聳え、その先に大阪府庁（大阪人は政府と呼んでいた）があり、その先に三軒家の紡績の煙突があるだけであった」（姉崎正治『わが生涯』）。一八年（一八八五）には六月から豪雨が続き、河川の堤防が決壊して氾濫し、大阪府一帯が水浸しになったが、高台にあった大阪中学校は難を逃れている。

京都移転後は、西洋風の部屋となり、四〜五人が一室に入った。「急傾斜の屋根の高い建物で、天井が法外に高く、甚だ不愉快な家であった。階下の自習室は十二人一室に机をならべ、階上の寝室は床を高くして、上は畳で、その上に日本風の夜具を用いた。冬になると寝に入る前に暖をとる為に角力をやった。それが段々さわぎになり、終には寄宿舎の百鬼夜行を演じた」（姉崎前掲書）という。

学生生活の断片

第三高等中学校で金沢が籍をおいた本科一部乙種（文科志望）の学科は、次のようなものであった。

第一年　国語・漢文・第一外国語（英語）・第二外国語（独語または仏語）・地理・歴史・数学・地質及鉱物・物理・哲学・体操

第二年　国語・漢文・第一外国語（英語）・第二外国語（独語または仏語）・羅甸《ラテン》語・歴史・化学・天文・理財学・体操

金沢は一三歳の少年から二二歳の青年に至る九年間の学校生活を大阪と京都で過ごしたが、彼自身がその思い出を書きとめたものは、「瓦屋町」だけである。のちに新聞記者が彼に取材して、「学生時代から大の旅行好きでよくノコノコ地方に出かけたものだが、或時は今の阿部外務参事官などと僅かに三円を懐にして洗ひ晒しの浴衣を着て京都辺を遊び廻つたこともある。又九州に出かけた時、豊後の山中で宿つた家の老夫婦が我が子も及ばぬやうに歓待し着物の洗濯までして呉れたと云ふので尚ほ其親切を喜んで居る」と記している（『読売新聞』明治四三年一月一五日）。阿部外務参事官とは、後述するが、大正二年に暗殺される阿部守《もり》太郎《たろう》のことである。

二二年には大日本帝国憲法が発布され、二三年、「教育ニ関スル勅語」の謄本が配布された。二三年一一月二九日には、帝国議会開院式を祝して全校生徒で京都市内を行進している。

生徒たちにとりわけ鮮明な記憶を残したのは、二四年（一八九一）五月一一日、来日したロシアの皇太子ニコライが巡査津田三蔵に切りつけられた、大津事件であった。憂慮した明治天皇が自ら京都へ赴いて皇太子を見舞ったので、第三高等中学校では、校長と各級の代表者が、雑誌『国華』数冊を見舞の品として、京都ホテルへ赴いた。生徒たちは外で整列して待っていたが、それは「すまないという精神を表したもので、誠に身心の誠を尽したものであった」（姉崎前掲書）という。天皇が京都駅から発つ時には生徒が三百人以上も見送りに集まり、あとで、来なかった校長を詰問して陳謝させたという。金沢も後年、若い人々と酒を酌み交わした時、しばしばこの事件のことを語っている。

卒業生たちは概して、大阪中学校で過ごした日々を愛すべき時代ととらえている。一六年に土佐の共立学校から入学してきた田岡佐代治（嶺雲、文芸批評家、明治三〜大正元）は、「一生を通じて、真に何の屈託もなく心の底より笑ひ得た時代は、僅かに大阪留学の足掛三年の間に過ぎなかつた」と追懐している（田岡嶺雲「数奇伝」）。

徳島中学校の喜田貞吉（歴史家、明治四〜昭和一四）は、二〇年一二月に第三高等中学校の臨時募集を知って、藤田豊八、林森太郎、三木猪太郎など八名で大阪に向かい、受験する。のちに「日鮮両民族同源論」などを執筆し、戦後に金沢と同様に日鮮同祖論者として批判される喜田である。少年喜田にとっては、「蒸気船」も「岡蒸気」も、英語で書かれた試験問題も蒟蒻版《こんにゃくばん》刷も、さらに英会話の試験を行った西洋人も、見るのも聞くのも初めてであった。仮入学を許された喜田は金沢と同学年になる。「生徒は全国からの各階級の集まりで…「郷中者」の、「百姓」のと侮辱を与えられることもない」、「なんだか将来が明るくなったような気持」であった。

「桑原隲蔵《じつぞう》君などが先棒で、自分を時間潰しの質問掛に押し立てる。そのおだてに乗って自分は善い気持になり、盛んに時間の空費政策を実行した」、「空咳の一つもして、一日分金四銭也の薬を寄宿舎詰の校医君に貰えば、欠席静養の証明書が頂戴出来た」ので、嫌いな体操や発火演習は「たいてい仮病を使って失敬した」（喜田『六十年の回顧』）と述懐する。

田岡は、「西南の役に『又も敗たか八連隊』と謳はれた如く近畿の者は概して柔弱であつた」から、「吾等の非力なるを以てしても、意気を以て彼等を圧するに足りた」という。近畿の者、それは、大阪の金沢や幣原坦・喜重郎、京都の姉崎正治や有吉忠一、兵庫の下岡忠治などのことだろうか。

母が逝く

金沢の母智恵子は、明治二三年（一八九〇）に病に罹り、快復することなく、九月一三日に四六歳で他界する。金沢一九歳、第三高等中学校の予科第一級に在学中であった。後年、八二歳の金沢は「夭死せられ」たと表現し、「それより後は具《つぶ》さに辛酸を嘗《な》めました」と告白している（二五頁）。誰にとってもそうであるように、母の死は無念であり、喪失感が大きかったのであろう。四〇年、三六歳で欧米の旅に出かけた時、贈呈のために持参したドイツ語の著作に、母への献呈の辞を記している（一二七頁）。

智恵子の墓碑に記された長い碑文は、智恵子の二十年忌にあたる明治四二年二月に刻まれたもので、智恵子が子どもたちの天性を見抜き、庄三郎には米穀商を継がせないで文学の道へ進ませたことを記している。彼女は庄三郎に、必ず大学に進んで卒業するようにと言い残してこの世を去ったのだった。「学に志しめた母」に対して消えることのない敬慕の念を、八二歳の金沢は、「瓦屋町」の最後に満腔の思いをこめて綴っている（二一五頁）。

『壬辰会雑誌』に短歌を投稿

明治二五年（壬辰、一八九二）、二月の紀元節の日、第三高等中学校の教師と生徒、退職者や卒業生によって、「壬辰会」が発足した。校長の折田は、発会の趣旨が「文武諸般の技芸を攻究錬磨し我校の気風を養成する」ことにあり、その気風とは「一旦緩急あらば義勇公に奉ず（「教育勅語」）と云ふの気風、即ち忠君愛国の気風」であると述べている（第一号）。演説討論部、雑誌部、撃剣柔道部、陸上運動部、ベースボール部、水上運動部の七部が設けられた。

翌三月、雑誌部が、服部宇之吉や幣原喜重郎を理事に、山崎直方や笹川種郎を編集委員として、月刊の『壬辰会雑誌』を発行する。論説・文苑・校報・会報などのほか、卒業式の祝辞や生徒の答辞、帝国大学で誰がどの学科に進むかを載せ、運動会の模様を詳細に報告している。論説は教官や卒業生の執筆が多いが、第一号には金沢と同学年の阿部守太郎の「帝国大学ハ官吏養成所ニアラズ」、有吉忠一の「日本国将来ノ形勢」、姉崎正治の「幼稚園ノ教育ニ於ケル位置」など、積極的な投稿もある。

金沢の名前が見えるのは、創作の場、「文苑」である。喜田、有吉、阿部、林森太郎、佐々政一、などとともに、花咲舎という短歌の同好会に属していた。のちの著作のなかでも、文法を説明するときの例文に短歌を引用することが多い。「文苑」に載った彼の短歌は、次のようなものである。そして彼は、本来両親が考えていた「正三郎」を用いている。

虫　世の中のあはれさいとゝおほゆなり虫の音しけき秋のゆふくれ

故社員中谷若葉君を悼む　おもひきやいと愛たしと見し歌の君か形見となりぬへしとは

（第七号、二五年一一月）

秋山　うすく濃く峰の木末の色付きてにしき織りなす秋のやま〳〵

（第八号、二五年一二月）

寄世祝　はに安の池のみきはのさゝ波はしつけき御代のしるしなりけり

春風春水一時来　今日よりはみきはの氷とけそめてそで寒からぬ春風そふく

（第十号、二六年二月）

修学旅行と運動会

第三高等中学校では、遠足や修学旅行がたびたび行われた。物見遊山ではなく、兵式行軍、兵式操練、実地演習、空砲発射などの言葉が使われているように、厳格な訓練であった。近くでは、御香宮《ごこうのみや》で夜営し、桃山で発火練習をしたこともある。

大阪時代の二一年三月三一日から春休みを利用した五泊六日の修学旅行は、奈良・月ヶ瀬・笠置へ出かけているが、「九十九名ヲ軍隊ニ挺シ一個中隊ニ編成」されていた。卒業する年の二六年三月下旬の兵式修学旅行は四泊五日で、全教職員と全生徒が参加し、草津から上野を通って月ヶ瀬を訪れ、笠置経由で帰途についた。当時の学生数は約六百人であったから、かなり目立ったことだろう。

大学分校の時から四月に行われた陸上運動会も、当初から盛大なものであった。大阪で最後となる運動会は新聞に、「例年よりも一層盛にするつもりなれば、特別招待員の外無慮四千人の参観を許すに就き、為めに桟敷をも設け、本科第二年生（法科）は模擬コフヒイ《コーヒー》店を出して客を饗し、同第二年生（法科工科）は軽気球、予科第一第二級生は花火数十発、同第三級生補充生は球灯五千個を夫々已に寄付し、仍《なお》構内の桜花方《まさ》に爛熳たる中に名高き黄金桜も目下綻《ほころ》び始めしとのことなれば、定めし一段の景気を添ふるなるべし」と報じられた（『朝日新聞』二二年四月二〇日）。

京都では、さらに大がかりな行事となる。競技種目は、徒歩競争、二人三脚、幅跳、綱引き、玉拾などのほか、片脚、袋脚、竿跳、袋跳、相撲、クリケット、弓術、剣舞などがあり、その間に行進、奏楽、軽気球五個が入り、花火三発が上げられた。最後に楽隊が「ラ・マルセーユ」を吹奏し、皆で「君が代」を唱和して散会となる。新聞報道も詳しく、観客数は二万人を超えたという。

『壬辰会雑誌』は熱戦の様子を詳しく伝えているが、金沢の名前が見えるのは、卒業を三カ月後に控えた第二号（二六年四月）である。特別賞を得た生徒の名前が挙がっているのだが、そのなかに「片脚一丁　金沢正三郎」とある。片脚で約百メートルを競う種目であろう。小児麻痺のために片脚が細かったが、丈夫な方の脚を生かして懸命に跳び続けたのだろう。

本科を卒業する

明治二六年（一八九三）七月一〇日、二二歳の金沢は本科を卒業する。卒業証書授与式が、午前九時から雨天体操場で行われた。本科卒業生七〇人と法学部卒業生一四人に卒業証書が授与され、折田校長の演説、本科卒業生総代の阿部守太郎と法学部卒業生総代

明治26年本科卒業生（京都大学大学文書館蔵）
（４列目右から４人目が金沢）

の田中昌太郎の答辞、法学部教授薩埵《さった》正《まさ》邦《くに》の演説が続いた。折田校長は、卒業生が辿ってきた一〇年に近い学校生活の歴史を略述し、進学する帝国大学の各分科大学を紹介して、最後に、「諸子ノ未来ハ多望ナリ、然《しか》リト雖《いえど》モ多望ノ地必ズ繞《めぐ》スニ困難ノ障壁ヲ以テス　諸子豈ニ之ヲ排除スルノ勇気ナクシテ可ナランヤ　諺ニ曰ク困苦ノ夕ニハ安楽ノ晨《あした》アリ　諸子夫《そ》レ旃ヲ勉メヨ」と励ました。薩埵正邦は、最近の学生は「国家の為に学問を為すと云へる精神に乏しくして専ら自己糊口の為メニ学問ヲ為ス者」が多くなり、国家のために実に憂うべきことであると述べており（『壬辰会雑誌』一五）、若人に対する年長者の批判はいつも変わらないようである。式が終わると、茶菓の饗応があって、一一時頃にすべてが終了した。

帝国大学で専攻する学科は、すでに決まっていた。法科大学の法律学科へ有吉忠一や三木猪太郎、政治学科へ阿部守太郎、文科大学の哲学科へ姉崎正治や下田次郎、国文学科へ林森太郎や佐々政一、漢学科へ桑原隲蔵、国史科へ笹川種郎と喜田貞吉、そして博言学科へ金沢が進学する。

後年、博言学を選んだことについて金沢は、「私は国語研究を専攻しようと思って、大学に入学したのです」と語っている（『毎日新報』昭和一九年八月五日）。いったい日本語はどのような言語なのか、周囲の言語とどのような関係があるのかという問題に、強く心を捉えられていたのである。当時の文科大学に和文学科はあったが、国語に関わる問題を追求するのは博言学科であった。

「瓦屋町」は、次のように終わる。

> 明治二十六年、高等学校卒業の後、上京して、帝国大学文科大学博言学科に入学、二十九年業を負えて大学院に進み、明治三十五年論文を提出して、文学博士の学位を授与せられました。同学の友人は多く物故した中に、私は八十二齢の今日まで、健かに働くことができ、北は北海道から南は琉球諸島、大陸では満蒙、朝鮮、シベリア、それから欧米諸国までかけめぐつて、席暖まるに暇もないという有様です。ただ私をして学に志しめた母は、私のまだ中学も出ない十九の歳の秋に夭死せられ、それより後は具《つぶ》さに辛酸を嘗《な》めました。今「幼時の思い出」をと請わるるままに、私の頭に浮び出すものは、この懐しい「母親」と、生れ故郷の「大阪」の外には何物もありません。

3　明治前期の朝鮮語

金沢庄三郎にとって、朝鮮語は発想の源であり、研究の基礎であった。「比較研究を充分精しく続けて行つたならば、両国語間の動詞の関係は勿論のこと、国語単独のうえからいつても、非常に有益な結果を得る」（「活用に関する私見の一節」）からで、最終的には「我国語の淵源を科学的に究めんと」（「日韓両国語同系論」）するためであった。朝鮮語の教養を基盤として、「大教育家、大実業家を養成し、大国語学者、大歴史家を作りたい」、したがって、「せめて高等学校及び各種の実業学校位には韓語の一科を設けて、大に奨励してもらひたい」（「韓国の教育について」）と述べている。

対馬と朝鮮語

明治の初期まで朝鮮語の通詞（通訳）を育成して対朝鮮外交を担ってきたのは、玄界灘に浮かぶ対馬、対岸の釜山まで約五〇キロの国境の島であった。白村江の戦い（天智二、六六三）で日本と百済が大敗した後、対馬には防人が置かれた。その後元寇における戦場となり、高麗王朝と朝鮮王朝の時代には倭寇の根拠地として「対馬征伐」を受け、豊臣秀吉の「朝鮮征伐」では前線基地とされて領主宗《そう》義智《よしとし》は先陣を命じられている。

金沢は、昭和三〇年（八四歳）に「対馬」（『親和』一六）という短い論考を書いている。『古事記』に津島、『日本書紀』に対馬島、『万葉集』に対馬と記されているが、難波津から韓国へ航する船が必ず泊したところであるから、津島が正字であるという。また、『日本書紀』では「潮の沫の凝りて成れるものなり」と軽く扱っているが、『古事記』では「亦の名は天之狭手依比売《あめのさでよりひめ》と謂ふ」と「国魂ノ神名」を挙げており、この「狭」が「襲」に通じる我国最古の地名であると持論を展開している。

「山険しく深林多く、道路は禽鹿の径の如し…良田なく、海物を食して自活し、船に乗りて南北に市糴す」（『魏志倭人伝』）と書かれたように、稲作の困難な対馬は糴《かいよね》（米を買う）しなければならなかった。したがって、対馬にとって朝鮮は、米穀をはじめとする食糧を依拠せざるを得ない、存亡に関わる国であり、朝鮮語の通詞の養成は常に重要な課題であった。朝鮮語通詞は、主として「六十人」商人と呼ばれた商家が代々引き受けてきた。府中（明治二年から厳原《いずはら》）で教育したのち、釜山の草梁《そうりょう》にある倭館に送って朝鮮語を磨いた。大通詞・本通詞・稽古通詞・五人通詞が朝鮮との交渉に臨み、薩摩藩や長州藩にも迎えられる。文禄・慶長の役に従軍通詞は約六〇人に上り、江戸時代に朝鮮通信使を迎えた時も約五〇人を動員できたという（田代和生「対馬藩の朝鮮語通詞」）。

日本人と朝鮮人の交渉の過程では摩擦や蔑視が生じたが、雨森芳洲《あめのもりほうしゅう》（寛文八～宝暦五）は、習慣・風俗・礼儀の違いが誤解と不和を生み出していると考えた。交渉においては「第一、人情事勢を知り候事」、「互に欺かず争わず、真実を以て交わり候」（『交隣提醒』）事が根本で、日本の自慢ばかりせず、人柄もよく才覚もあり義理をわきまえた通詞が重要であると説いている。

では、金沢が朝鮮語研究に踏み出すまで、明治維新後の朝鮮語教育はどのように行われていたのか。日朝関係が、明治新政府の国書を朝鮮が拒否した書契問題に始まって、征韓論争、江華島事件、日朝修好条規、甲申政変と緊張が高まるなかで、日本は相手国の言語にどう対処したのだろうか。

厳原と草梁の語学所

明治維新後、朝鮮との外交は東京の外務省朝鮮事務課が管轄することになり、釜山の草梁にあった倭館が外務省の公館とされた。しかし、交渉に不可欠な朝鮮語の通訳は、やはり対馬で養成することになる。五年（一八七二）八月二五日、「朝鮮語学所ヲ厳原ニ設ケ広瀬直行ニ教導ヲ命ス」（『太政類典』第四編）という正院の決定が降り、一〇月二五日、厳原の港に近い光清寺に韓語学所が開設されて、本堂で教育が始まった。稽古通詞に加えて、初心者の士族の子弟も入校したという。

授業は午前八時から午後三時まで、午前中に「語学」と「句読」、午後に「編文」と「会話」を教えた。教師は外務省に所属する広瀬直行、住永友輔（辰妥）、荒川金助（徳滋）、東田喜三郎（伊良）などが担当し、教科書は芳洲が編纂した『交隣須知』や『隣語大方』などを用いた。外務省の指示で、教師も生徒も、朝鮮の漂流民などの送還にもあたっている。

しかし、まもなく教授法や生徒の生活に問題が生じ、釜山の草梁にある日本の公館への移転が検討される。六年七月九日、対馬の朝鮮語学所を廃止して草梁公館で学ばせるという外務省の上申が認められ、生徒一〇名を草梁に送ることとなり、八月二日、韓語学所は廃止された。そして一〇月、浅山顕蔵、吉副喜八郎、阿比留《あびる》祐作、吉村平四郎、中村庄次郎など一〇人の稽古通詞が厳原から乗船し、北端の鰐《わに》浦を経て釜山に到着した（具良根「明治日本の韓語教育と韓国への留学生派遣」）。教師は、釜山領事館員の荒川、東田、浦瀬裕、住永琇三、中野許太郎と、朝鮮人金守喜であった。

浦瀬はのちに『交隣須知』四巻を校正増補して外務省から出版し（一四年）、『訂正隣語大方』三冊も刊行する（一五年）。語学所の教科書は、『交隣須知』や『隣語大方』のほか、交渉用の会話をまとめた冊子や、「常談（人事篇・売買篇・古語篇）」というものを用い、「崔忠伝・林慶業伝・淑香伝・春香伝・玉嬌梨・壬辰録」などで朝鮮の風習を学んだ（大曲美太郎「釜山港日本居留地に於ける朝鮮語教育」）。しかし草梁公館の語学所も、教育を維持することは難しかった。一部の生徒は生活が困窮して対馬へ帰ってしまい、残った生徒と入学生でしばらく存続したが、その後の経過は明らかではない。

厳原と草梁で学んだ生徒たちは、その後の日朝関係の舞台に少なからず登場する。明治九年二月、江華島で日朝修好条規が締結された時、教師たちに生徒の浅山、阿比留、中村、吉村も随行し、同年五月、修信使金綺秀一行八二名が日本を訪れた時も、語学力に従って一行のそれぞれの官位に配属された（田保橋潔「丙子修信使とその意義」）。そして、彼らは東京における朝鮮語の教育にも関わっていく。

国分象太郎
（東京外国語学校朝鮮校友会『会報』第9号，より）

国分象太郎と前間恭作

朝鮮半島における日朝間の交渉において、また韓国併合後にも、通訳として力を発揮した人々に対馬出身者が多い。そのなかでも、国分《こくぶ》象太郎《しょうたろう》（文久三〜大正一〇）と前間恭作（慶応四〜昭和一七）は、ともに外務省で養成され、政治的に最も緊張をはらんだ場で、伊藤博文ら高官と高宗や大臣との通訳を務めたが、韓国併合後は全く異なった道を歩んだ。

国分は朝鮮総督府人事局長、中枢院書記官長を経て、李王職の事務官となる。併合により韓国皇帝が李王と称されることになり、「王族及公族ノ家務ヲ掌ル」機関が李王職であった。国分は大正六年に次官に就任し、李王（純宗）の東上、李王世子（皇太子李垠）と梨本宮方子の婚約、李太王（高宗）の死去、そして全土に広がった三・一独立運動、李王世子の婚儀など、相次ぐ難題に対処した。

一方、前間の生涯は、イギリス外交官の研究者、W・G・アストン（→第二章第1節）を想起させる。数々の重要な通訳を経て韓国併合直後に朝鮮総督府通訳官となるが、ここで彼は官吏生活に終止符を打って東京へ移り、以後三〇年余りを在野で朝鮮語研究ひとすじに邁進する。「言語に対する感覚、言わば勘の鋭さは、アカデミックな学者をはるかに凌駕する」（『前間恭作著作集』）と評された。

金沢は韓国留学時代に南山の景勝の地、朴宮内にあった前間の住居からごく近いところに住み、ともに『朝鮮月報』の投稿者となる（→第二章第5節）。朝鮮研究と朝鮮本の蒐集に情熱を傾けていた前間から、金沢は多くを学んだことだろう。一方、国分は朝鮮総督府の諺文《げんぶん》綴《てい》字《じ》法《ほう》委員として、あるいは東京外国語学校韓国校友会会長として、金沢と席を共にする機会をもつことになる。

東京外国語学校の開校

厳原と釜山の朝鮮語学所が存続しえなくなると、朝鮮語の教育を引き継いだのは、やはり外交上朝鮮語を必要とするようになった首都東京で、明治六年（一八七三）に開校した東京外国語学校である。

東京外国語学校は、徳川幕府の英・仏・独・露語の研究機関であった蕃書《ばんしょ》調《しらべ》所《しょ》に遡る。蕃書調所は明治二年に開成所と改称され、さらに大学南校、南校、第一大学区第一番中学校、開成学校と頻繁に校名を変えていった。そして六年四月、開成学校の生徒は、語学力が進んだ専門学生徒とまだ不充分な語学生徒に分けられる。専門学生徒が学ぶところは「外国教師ニテ教授スル高尚ナル学校」（「学制二編追加」第一九〇章）で、東京開成学校と称され、東京医学校と合併して一〇年に東京大学となる。一方、語学生徒が属した英・仏・独語学科は、六年八月、外務省の独・露・漢語学所を合併し、改めて東京外国語学校として開校した。専門学校で外国人教師の講義が分かる程度まで外国語を習得させる一方、外交や貿易に必要な通弁（通訳）を志す者も受け入れた（同第一九四・一九五章）。

しかし早くも、翌七年一二月、開校された東京英語学校へ英語学科が移され、四語学科となった。そして一三年三月、朝鮮語学科が設置されて、再び五学科となる。

ところで、東京外国語学校という名称については、少し説明する必要がある。ここで紹介している明治六年開校の学校は、後述するが、一八年に東京商業学校に吸収合併されてしまう。そして明治三〇年、高等商業学校（もと東京商業学校）の附属として東京外国語学校が再興され、二年後に独立して、現在の東京外国語大学につながるのである。『東京外国語大学史』（平成一一、一九九九）が「独立百周年（建学百二十六年）記念」という副題をもっているのは、このような経緯によるものだが、両者の区別が紛らわしいため、前者を「旧外語」、後者を「新外語」と呼ぶことが、関係者のあいだで通例となってきた。本書もこれに従うことがある。朝鮮語（韓語）学科は、旧外語にも新外語にも設置された。金沢庄三郎は、明治三三年、新外語の韓語学科の教授に任じられるのである。

朝鮮語学科の設置

明治九年の日朝修好条規に基づいて一三年五月に元山が開港され、同年末には漢城（今のソウル）に日本公使館を開設することになっていた。外務省は「朝鮮語学之儀ハ目今必需ト思考」し、一三年（一八八〇）三月二三日、東京外国語学校に朝鮮語学科を設けるよう太政大臣三条実美に上申し、認可される（「朝鮮語学之一科設置之儀上申」『太政類典』第四編）。

朝鮮語学科の定員は二五名で、生徒の多くは朝鮮に関係する各省から、官費給費生として派遣された。外務省から掛下勇、川上立一郎、国分象太郎、塩川一太郎、高雄謙三など一〇名、陸軍省から大友歌次など二名、海軍省から福田芳之助など五名、東京外国語学校所属（文部省）給費生および自費生が浅井魁一、麻生次太郎、鮎貝《あゆかい》房之進、大木安之助、斎藤勇三など一二名、合計二九名であった。生徒は対馬を含む長崎県出身者のほか、全国に広がった。外務省給費生はすでに朝鮮語で実務についており、むしろ高等普通教育の不足を補うことが要請されていた。

朝鮮語の課程は、「諺文」（ハングル）の「習字」から始まり、『交隣須知』、『隣語大方』、『淑香伝稗史』、『大雲夢』、『謝氏南征記』、四書五経諺解などが挙げられている。しかし、「朝鮮語学ハ毎課妥当ノ教科書ヲ獲ルニ由ナシ、故ニ此教科細目ノ如キハ目下仮定ノモノニ係ル」という状態であった（『東京外国語学校一覧』一三年度）。

教師は、日本人の阿比留祐作と住永琇三、朝鮮人の孫鵬九と李樹廷であった。阿比留と住永は、対馬で代々朝鮮語通詞をつとめる家に生まれた。文禄・慶長の役では阿比留家は石田三成の、住永家は伊達政宗の従軍通詞となり、江戸時代に来日した朝鮮通信使にも随行した（田代和生「対馬藩の朝鮮語通詞」)。阿比留はすでにみたように草梁で学び、日朝修好条規締結の際にも、修信使の日本訪問でも通弁を務めた。住永も修信使の迎接にあたり、のちに高等商業学校で教える。阿比留は最初の一年間であったが、住永は外務省御用掛を兼務しながら、一四年から一八年まで教壇に立った。

朝鮮人教師の採用は一四年に認可され（『太政類典』明治一四年四月二一日）、滞日中の孫鵬九が一五年三月から翌一六年八月まで教える。孫は、一四年四月に朝鮮国視察員として来日した朴正陽・趙準永使節団の随員であったが、東京大学医学部に入学を希望して留まり、日本語を学んでいた。

次に、李樹廷が一六年八月から一八年一〇月まで雇用される（『帝国文部省第十一年報』）。李は、一五年九月に来日した朴泳孝使節団の随員であった。『朝鮮日本善隣互話　巻之一』（明治一七）を著して、授業にも用いたという。朝鮮の地理・民族・制度・法律・政事・道学・文芸・史乗・物産・器具の章を設け、日本人の質問に朝鮮人が答えるという形式で朝鮮を紹介したものである。また、『康熙字典』にならって刊行された『明治字典』（大成館、明治一八〜二二）の韓音訓表記を担当した。李は津田仙（天保八〜明治四一、津田梅子の父）から農学を学び、キリスト教に感銘して洗礼を受けていた。一八年には『新約聖書』マルコ伝の朝鮮語訳を横浜で刊行し、H・G・アンダーウッドやH・G・アッペンゼラーなどアメリカ人宣教師に朝鮮語を教えて朝鮮伝道に協力する。一九年五月、李は朝鮮政府の命令により帰国するが、到着後逮捕され、処刑されたという（任展恵『日本における朝鮮人の文学の歴史』、金泰俊「十九世紀末の韓日文化交流」、高崎宗司『津田仙評伝』）。

生徒それぞれの道

生徒のなかでもすでに朝鮮語がかなりできた外務省給費生の高雄、川上、国分、塩川らは、卒業をまたずに退学し、公使館などの職場に戻っている。一八年七月十日、朝鮮語学科に在籍していた一六名の生徒中、斎藤・麻生・大木・鮎貝・掛下・大友の六名に卒業証書が授与された。残る十名の生徒たちは、次項に述べるように九月に東京外国語学校が合併されるなかで、高等商業学校に編入学し、あるいは他の道を選択していった。彼らの道は様々だが、結局ほとんどが朝鮮半島に赴いて、外務省関係、統監府、朝鮮総督府とその関係機関、地方の役所などで職を得る。そして、朝鮮語との関わりや、同窓会である校友会を通じて、金沢との関係も生まれる。

国分はすでに触れたので（二九頁）、そのほか数人を紹介しておこう。鮎貝房之進（元治元〜昭和二一、落合直文の弟）は、二七年、国分・大木・塩川に誘われて与謝野鉄幹とともに京城に移り、乙未義塾を設立して日本語を教えたが、朝鮮王妃殺害事件（二八年一〇月）にも関係したという（鮎貝「回顧談」）。四二年から六年間、東洋協会専門学校で朝鮮事情を教え、その後研究生活に入った。古美術をはじめとする朝鮮文化史の研究成果を『雑攷』全九輯にまとめ、昭和六年から自費出版した。

塩川一太郎は、領事館、公使館、統監府、朝鮮総督府で通訳官となる。四四年から、朝鮮総督府による『朝鮮語辞典』編纂の主任となり、朝鮮語調査会議にも携わった。三・一独立運動（大正八）の直後、朝鮮の統治について意見書を書いている。千余年来用いてきた言語や習慣を捨てさせるような施策は歓迎されるはずがない、日本の法律規則をそのまま移入せず、言論の自由を保障し、高等教育を施すこと、役人に朝鮮人を多数採用することを提言した（みすず書房『現代史資料』二六）。

海軍主計少監となった福田芳之助は、『新羅史』や『神代の研究』（大正二）を刊行している。『国学院雑誌』で「日本の古語と朝鮮語との比較に就て」（五―一四）を書いて白鳥庫吉「日本の古語と朝鮮語との比較」（四―四～一二）を批判したほか、「紀年弁疑」、「韓史に於ける神功皇后征韓年代考」なども執筆した。また、写真師となった卒業生もいる。浅井魁一（慶応二～大正一四）は洋画家浅井忠の従弟で、二〇年から小川一真写真工場に入って写真術を学んだ。日清戦争で『時事新報』の戦況画報隊として忠とともに従軍し、忠は魁一が撮影した写真をもとに、のちに時間をかけて戦争画を完成する。日露戦争でも大本営写真班に属して、乃木希典が率いる第三軍に従った。乃木とステッセルとの会談を撮影したのも魁一である（前川公秀「もうひとりの浅井」、同「写真家　浅井魁一と日清戦況写真帖」）。

東京外国語学校の廃止

朝鮮語の学科が首都で官立の学校に設置されたことは、日朝関係史上大きな意義があった。しかし、東京外国語学校自体が、教育の再編によって姿を消してしまうことになる。

同校が廃止の方向に向かうのは、一七年三月、附属高等商業学校が設置された頃からである。文部省は、各府県の商業学校の模範となり、教員を養成するための高等商業学校が必要と考えたが、経費削減の必要から、語学も普通学も備えた東京外国語学校の附属として設置したのであった。

ところが同月、東京府立の商法講習所が農商務省の直轄学校となり、東京商業学校と改称される。商法講習所は、欧米における商業の重要性を認識した森有礼が、同様に商業教育の必要を主張していた福沢諭吉の協力を得て、明治八年に私立の学校として設立したものである。森は、一七年三月に駐英大使を辞して帰国し、五月から文部省御用掛となる。

一八年（一八八五）五月、東京商業学校が文部省へ移管され、文部省の管轄下に商業学校が二校存在する状態になった。八月、東京外国語学校の仏語科と独語科が東京大学予備門に移される。そして九月二一日、「管理上及経済上ノ便宜ヲ図リ」（九月七日文部省上申書）、東京商業学校は、東京外国語学校の露語・漢語・朝鮮語三学科と附属高等商業学校を合併し、語学部及び高等部と改称した。外国語学校関係者の衝撃と怒りは大きかったが、もはやどうすることもできなかった。さらに五カ月後の一九年二月二五日、高等部と語学部が廃止されるに及び、東京外国語学校は跡形もなく消えてしまったのであった。朝鮮語学科の存続は、一三年に設置されてから六年に満たない。

朝鮮語学科は、専門学を教えるために設置されたのではない。政治的外交的必要性から、通弁の養成のために設置されたのであった。廃止の事情を説明するものとして、文部卿大木喬任《たかとう》が両校の合併の前に記したと思われる覚え書がある（「外国語学校存廃ノコト」）。それによると、二個の商業学校が同府同省にあるのは、体面上からも経済上からも不都合で、合併は猶予すべきではない。外国語学校は大学等に進むための外国語教育を目的としていたが、今や「其性質ヲ変ジ」、商業教育が主となり、仏・独語学科も大学予備門へ移すことになった。そして、「露語漢語朝鮮語ノ如キ商業上ニ用フルニ非ンバ更ニ他ニ要用ヲ見ザルモノニシテ益々語学ハ商業ニ附属スルノ科業タルニ外ナラザルニ至ルベシ」、したがって、「東京外国語学校ノ名ヲ廃スルハ今日ニ在リテ止ム可ラザルモノナルベシ」と記されている。

朝鮮語は、今や商業以外には必要がなく、商業に付随するものであった。朝鮮との外交における必要性も、考慮されていない。森や大木にとって、外国語は生徒個人の熱意と努力によって獲得されるものであり、各省庁の中で調達すべきものであった。焦眉の問題は、従来下位にあった「商」の位置を欧米なみに引き上げることであり、その範囲で森は合理的に判断し、迅速に実行したのだった。同年一〇月、東京商業学校は高等商業学校と改称する。さらに、東京高等商業学校（三五年）、東京商科大学（大正九）と改称し、戦後は一橋大学となって今日に至っている。

一九年二月、旧東京外国語学校の朝鮮語学科は廃止された。三月、創立された帝国大学の文科大学に博言学科が設置され、チェンバレンが朝鮮語も講義していく（第二章）。四月、金沢庄三郎は第三高等中学校という新たな教育制度における学校の生徒となった。そして、同校を卒業する二六年、金沢は、日本語と周囲の言語を研究するために、帝国大学の博言学科に進むことに決める。

第二章　帝国大学博言学科、大学院から韓国留学へ

——明治二六～三四年、二二～三〇歳——

1　博言学とその時代

博言学という学問

金沢が選んだ博言学《はくげんがく》、のちに言語学と改訳される学問は、当時どう把握されていたのか。明治二三年（一八九〇）一月、博言学研究のためドイツへの留学を控えた上田万年《かずとし》（慶応三～昭和一二）は、「博言学とは英の「フィロヽヂー」独の「スプラッハウィッセンシャフト」の事にして広く各国の国語を蒐集し、之を比較し、之を分類して、能く其の間の原因結果を確め、遂には言語の起源言語の種類言語の階級規則等を講究するものなり」（「欧米人の日本言語学に対する事跡の一二」）と説明している。この上田が、帰国後金沢を指導するのだが、当時西欧では、インド・ヨーロッパ諸言語（印欧語）の系統関係を明らかにするために、音韻規則の発見に向かって盛んに論争が行われ、ドイツを中心に大学で比較言語学の講座が増加を辿っていた。この比較言語学

の始まりは、イギリス人ウィリアム・ジョーンズ（William Jones, 一七四六〜九四）が一七八六年にカルカッタで行った講演「インド人について」である。

イギリスの植民地であったインドで裁判官となったジョーンズは、古代インド語のサンスクリットを学び、インドを多面的に研究して、アジア協会を設立したほどであった。ジョーンズは、サンスクリットがギリシャ語よりも完全で、ラテン語よりも豊富で、そのいずれにもまして精巧であり、しかもこの三言語は文法的に偶然とは思えない顕著な類似をもっている、したがって、もはや存在しない、ある共通の源となる言語から発したとしか思えない、と発表したのである（風間喜代三『言語学の誕生』）。この仮説は強い抵抗も受けたが、次第に研究者の関心を集め、急速に拡大し深化した。

比較言語学は、日本語と英語のような系統が異なる二言語を比較するのではなく、親族関係にあると考えられる二言語、例えばフランス語とスペイン語の共通点と相違点を分析し、両者の「共通の源」あるいは「親」にあたるラテン語を研究し、さらにラテン語と類縁の言語に及び、それらの「共通祖語」に辿りつこうとする。各言語の相関関係を明らかにしてゆくのだが、言語の歴史は人間と文化の歴史である以上、民族の形成や文化の伝播と変容に関わる学問となる。明治維新後の日本では、日本語の位置と独自性を明らかにすることが喫緊の課題となり、その解明が博言学に期待される。

日本語の文法と博言学

少し遡るが、英語のPhilology、ドイツ語のSprachwissenshaftが「博言学」という訳語に定着するのは、明治一三年（一八八〇）、東京学士会院における議論のなかでのこととされている。東京学士会院は、一二年一月に教育学術に関する政府の諮問・建議機関として設立され、加藤弘之・西周《にしあまね》・中村正直・森有礼・黒川真頼《まより》などが会して議論を闘わせた。欧米並みに日本語の文法書や辞書を編纂することが要請されるなかで、一三年二月、加藤（当時東京大学綜理）が提出した議案に、「西洋近来博言学《ヒロヽヂー》ノ一科盛ニ開ケ遠ク人類言語ノ淵源ヨリ凡地球上文野諸人種ノ言語ノ起源沿革及ヒ其種類性質等ニ至ル迄概シテ探討索求スルヲ旨トス」（『東京学士会院雑誌』二—二）と、博言学が定義されている。加藤は、西欧の博言学者によれば日本語は中国語とは種類を異にし、満州・蒙古・朝鮮の言語と根源を同じくするというから、まず欧州に学生を派遣して博言学を研究させ、帰国後に日本語の文法を確定するのがよいと提案した。

しかし、翌三月、会長の西周が強く反対意見を述べる（同誌二—二）。西は留学先のオランダで言語学者J・J・ホフマンに会ったこともあり、かなり博言学に通じていたようだ。フィロロジーは人類学や古代史に関連するもので、日本語の淵源を探究するためなら、朝鮮満州等の諸語を研究すべきであり、元山やウラジオストックで通商を進めて学術的にも交流し、言語を学べばよい、博言学は科学というほどのものでなく、日本文法の確立において切実なものではない、と西は主張した。六月、加藤の議案に対する賛否が問われると、賛成して起立する者はいなかった。ただし、のちに加藤は帝国大学総長になると、二三年、大学院生の上田万年を博言学研究のためドイツへ留学させるのである。

この一三年、旧外語に朝鮮語学科が設置されたが、博言学との関係は表立ってはみられない。ここで、以上の議論の前年に駐日英国領事館のアストンが日本語と朝鮮語の同系を述べた論文に触れたい。

W・G・アストン
（横浜開港資料館蔵）

アストンの来日と日本研究

金沢が日本語と朝鮮語の比較研究において、もっとも具体的に学ぶことができた研究者は、J・J・ホフマン（Johann Joseph Hoffman, 一八〇五〜七八）、W・G・アストン（William George Aston, 一八四一〜一九一一）、B・H・チェンバレン（Basil Hall Chamberlain, 一八五〇〜一九三五）であった。とりわけ、アストンが明治一二年（一八七九）にロンドンの王立アジア協会の紀要に発表した論文「日本語と朝鮮語の比較研究」（"A Comparative study of the Japanese and Korean Languages"）である。金沢は、韓国留学中の明治三三年に、次のようにアストンを讃えている。

千八百七十九年当時兵庫の英国副領事たりしアストン君コンパラチーブ、スタデイ、オブ、ゼ、ジヤパニース、エンド、コリアン、ランゲエージス（日本語と朝鮮語との比較研究）を公にす、氏はもと東京英国公使館、日本語通訳官を勤めたる人にして「日本俗語文法」の著者として其名夙《つと》に顕はる、本著に於ては日韓両国語の類似を科学的に研究し、所論見るべきところ多し、比較研究の側よりいへば、今日に至るまで氏の説に越ゆるものあるを聞かず、当時氏いまだ朝鮮の地を踏まざるにこの著ありしは感服の外なきなり

（「朝鮮に関する西人の研究」）

北アイルランドに生まれたアストンは、ベルファストの大学で古典語と言語学を学んだ。一八六四年（元治元）、外交官試験に合格し、日本語見習通訳として一一月に横浜に上陸した。江戸の英国公使館でH・S・パークスのもとで対日外交に当りながら、国学者の堀秀成（文政一一～明治二〇）について日本語を学んだ。堀は日本語の音義を根本として音韻、五十音図、文法、文章を研究し、学習院の語学教授に任じられて、来日欧米人に対する日本語教授を嘱託されていた。

明治二年に『日本語口語小文典』を著したアストンは、五年、すなわち金沢が生まれた年に『日本語文語文典』を刊行して、日本語は琉球語とかなり共通の語を有し、朝鮮語と文法の構造がよく似ていると指摘している。六年には、日本アジア協会に入会した。

アストンが本格的に朝鮮語研究を始めたのは九年頃からで、外務省の宮本小一から贈られた、釜山の日本語学校で筆写された対訳形式の冊子を用い、朝野と名乗っていた朝鮮の開化派僧侶李東仁の教えを受けた。一一年三月に日本アジア協会で「秀吉の朝鮮侵略」について発表したあと、翌一二年一〇月まで長期休暇をとってイギリスに帰り、「日本語と朝鮮語の比較研究」を発表した。

アストンが初めて朝鮮の土を踏むのは一六年三月である。翌一七年、朝鮮臨時総領事に任命されて漢城（現在のソウル）に着任するが、一二月四日、郵政局の落成記念の宴会に招かれ、金玉均ら開化派が起した甲申政変に遭遇している。二一年六月、日本アジア協会の会長に就任するが、翌年一一月、最終的に日本を離れる。その後まもなく外交官を退職して日本研究に邁進し、『英訳日本紀』（明治二九）、『英文日本文学史』（明治三二）、『神道——神々の道』（明治三八）等を送り出した。

「日本語と朝鮮語の比較研究」

アストンの「日本語と朝鮮語の比較研究」は、第一章で音韻体系、第二章で文法の機能、第三章で文法的手順を考察している。両国語に共通すると考えた単語を約一〇〇語提示し、語順の同一に注目して、「直説法の動詞または形容詞は、最後に位置する」、「疑問詞は動詞の後に置かれる」、「前置詞は名詞の後に置かれる」、「動詞の直接目的語は動詞の直前に置かれる」、「従属節は主節に先行する」等を挙げた。インド・ヨーロッパ語においては数詞の共通性が同系の条件だが、日本語と朝鮮語に共通性がないのは、それぞれが独立した発達過程に入った時にまだ数詞の体系がなかったのではないかと推察した。金沢が最も依拠した論文であるので、アストンが最後に記した要約を紹介しておきたい。

要約　I

日本語と朝鮮語の音韻体系は、かなり異なっている。日本語には五個の母音があるが、朝鮮語では九個である。朝鮮語には、日本語にない有気子音がある。音節は、朝鮮語では子音で終ることがあるが、日本語ではそのようなことはない。一方、どちらの言語も単音節言語ではなく、母音調和の規則がない。両言語は、rとlに対応するものはひとつであり、この文字ではじまる単語はない。中国語の単語の日本語と朝鮮語におけるかたちは、両言語の文字対応を発見する手段をもたらしてくれる。もっとも注目すべきは、日本語のhまたはfは朝鮮語ではpであり、朝鮮語のhは日本語のgであり、朝鮮語の末尾のlは日本語ではtsu、chi、shi、suのいずれかであることだ。かなりの数にのぼる語根が、この二つの言語において一致する。

Ⅱ

日本民族と朝鮮民族は、概念の無人称性という特徴をもち、それは両民族が生んだ天才のどの作品にもみられる。文法においては、人称・性・数の無視、動詞 have の欠如、代名詞と数詞、受身の発達の不完全さに示されている。両言語の文法に顕著なのは、同じ語で名詞、副詞、形容詞が区別されることの規則性であり、動詞に付加される、いわゆる法の接尾辞とよばれるものの豊かさである。

Ⅲ

日本語と朝鮮語は、文法的用法としてはもっぱら接尾辞と位置に依拠し、接頭辞や接頭母音、母音交替や重複を排除する。接尾辞はふつう簡単に語根と区別でき、また相互に区別できる。しかし、時には文法的分析を拒むほど緊密にからみあっている。話の別の部分として用いられている時、同じ語を区別するために用いられる語尾のなかに類似をたどることができる。

名詞の文法は、日本語と朝鮮語において性質が一致し、主要な違いはすでに指摘した音韻体系における違いによるものである。代名詞は、期待していたほどには注目すべき類似点は認められない。両言語において、代名詞は come、go、dwell、be 等の動詞とむすびついているようである。

数詞は、両言語の発達の性質においてある類似をもっている。しかし、語形の類似はほとんどない。一つか二つは一致するが、これは数詞としてでなく、一般的語彙に属する単語としてである。

この特徴は、アーリア諸語〔インド・ヨーロッパ諸語〕の場合におけるほど重要なものではない。文における語の位置を支配する規則は、日本語と朝鮮語は同一である。これらの規則は中国語ほど厳格ではないが、アーリア諸語よりは厳格である。

日本語と朝鮮語のあいだに真の意味での関係が存在することは、疑いがない。しかし、その程度を測ることは、決して容易ではない。アーリア諸語に適用される規則は、ここではほとんど役にたってくれない。アーリア諸語における我々の経験にしたがえば、共通の数詞をもたない二言語が、同じところに分類されることはまずない。しかし、文における語の位置にかかわる精巧な規則において、日本語と朝鮮語の一致は、実に近い姻戚関係を示唆するのである。我々は、すべてを考慮したうえで、たぶん両言語をアーリア諸語のなかでもっとも遠くでつながっている言語と同じような近縁関係にあるとみなしてよいであろう。（後略）

2　帝国大学文科大学博言学科に入学する

ただ一つの帝国大学

明治二六年（一八九三）九月、二二歳の金沢は、東京の本郷にある帝国大学の文科大学に入学する。一九年に創設された時、日本で唯一の大学であったので、単に帝国大学と称されていた。三〇年六月、京都に二番目の帝国大学が生まれて、東京帝国大学と改称する。

「帝国大学ハ国家ノ須要ニ応スル学術技芸ヲ教授シ及其蘊奥ヲ攻究スルヲ以テ目的トス」るもので、（「帝国大学令」第一条）、修業年限は三年、法科・医科・工科・文科・理科の分科大学と大学院で構成されていた。帝国大学は、一八年一二月に文部大臣になった森有礼（弘化四～明治二二）の構想を反映して、近代国家日本を築き、支えていく学問と文化を追究すべき場であった。一九年度の文科大学の学生数は学生一二名・選科生徒一一名、合計二三名に過ぎない。

帝国大学の前身である東京大学は文学部に哲学科・和文学科・漢文学科を置いていたが、文科大学は創立時にこの三学科に加えて博言学科を設置した。二〇年に史学科〔注：西洋史学〕、英文学科、独逸文学科、二一年に臨時編年史編纂掛、二二年に国史科、二三年に仏蘭西文学科が設けられる。またその後、和文学科は国文学科、漢文学科は漢学科、博言学科は言語学科と改称される。

文科大学の教授たち

金沢が入学した二六年九月の、文科大学の講義科目と担当者をみておこう。

博言学は、ドイツ留学中の上田に代わってフローレンツと神田が担当していた。語学以外の外国人教師たちは、L・リース（Ludwig Riess, 一八六一～一九二八）がベルリン大学、K・A・フローレンツ（Karl Adolf Florenz, 一八六五～一九三九）がライプチヒ大学、R・ケーベル（Raphael Koeber, 一八四八～一九二三）がハイデルベルク大学の出身というように、その時代の教育界のドイツ志向を反映している。

教授・外国人教師によるもの（（　）内は担当者）

社会学（外山正一）　国語学・国文学・国史（物集高見、栗田寛、黒川眞頼）　漢学・支那《しな》語（島田重礼、竹添進一郎）　史学（ルートヴィヒ・リース）　心理学・倫理学・論理学（元良勇次郎、中島力造）　哲学・哲学史（井上哲次郎、ラファエル・フォン・ケーベル）　史学・地理学（坪井九馬三）　独逸《ドイツ》語・独逸文学（カール・アドルフ・フローレンツ）　仏蘭西《フランス》語・仏蘭西文学（エミール・エック）　英語・英文学（オーガスタス・ウッド）　博言学（上田万年（留学中）、カール・アドルフ・フローレンツ）

助教授によるもの

国史・法制史（三上参次）　国文学（高津鍬三郎）

講師によるもの

法制史（小中村清矩）　博言学（神田乃武）　印度哲学（村上専精）　漢学・支那語（張滋昉）漢文学・支那歴史（田中義成）　イタリア語（エミリオ・ビンダー）　史学（箕作元八）　支那歴史・支那哲学・漢文学（和田萬吉）　漢学・支那語（宮島大八）　国語学・国文学・国史（飯田武郷）　漢学・支那語学（那珂通世）

（二六年度『帝国大学一覧』）

博言学科の設置

博言学科（のち言語学科）の主任として、次のような人々が学科を担当し、各科目の担当者を率いた。

B・H・チェンバレン（一九年四月～二三年九月）→K・A・フローレンツ（二二年四月（講師）～二六年四月（教師待遇）～大正三年六月）→神田乃武《かんだないぶ》（二六年九月～二七年四月）→上田万年（二七年七月～三一年一〇月）→芳賀矢一（三一年一二月～三二年五月）→高楠順次郎（三二年一〇月～三四年六月）→上田万年（三四年六月～三八年七月）→藤岡勝二（三八年七月～昭和八年三月）→小倉進平（昭和八年四月～一八年三月）→服部四郎（一八年三月～四四年三月）

博言学科の三年間の課程は、金沢が入学した二六年九月には次のとおりであった。

第一年　哲学概論　西洋哲学　史学　国文学　国語学　支那語　漢文学　羅甸《ラテン》語　英語　独逸語

第二年　西洋哲学史　心理学　史学　国文学　国語学　支那語　漢文学　比較博言学　音学及ローマンス語及びチュートニッキ語歴史　羅甸語　英語　独逸語　梵《ぼん》語（随意）

第三年　教育学　国文学　国語学　支那語　漢文学　比較博言学　希臘《ギリシャ》文法　羅甸語　独逸語　仏蘭西語・梵語（いずれか選択）

博言学は、二〇年に史学科（西洋史）の必修科目、二六年には国史科の必修科目となった。実際には必修科目と選択科目の区別があまりなく、各科の学生が共に受ける授業が多かったようである。二七年六月、上田万年がドイツ留学から帰国して教授となり、九月から講義した。したがって金沢は、この時から上田の指導を受ける。そして二八年九月、博言学の課程は次のように変更された。

第一年　博言学　国語学　支那語　羅甸語　希臘語　独逸語　仏蘭西語　人類学

第二年　博言学　声音学　ローマンス語及チュートニッキ語比較文法　国語学　支那語
　　　羅甸語　独逸語　梵語　希臘語（随意）

第三年　印度欧羅巴《インド・ヨーロッパ》語比較文法　博言学演習　支那語　朝鮮語　羅甸語　梵語　教育学
　　　アイノ語（随意）

従来に比べてすべて言語学にかかわる科目となり、新たに朝鮮語とアイヌ語が設けられた。金沢は三五年二月から講師として朝鮮語を担当し、三七年からアイヌ語も担当する。

二六年度入学生

文科大学の二六年度の入学者は創設以来最も多く、学生総数が七三名から一一四名と増加した。この年度は金沢のほか、言語学科の小川尚義《ひさよし》、哲学科の建部《たけべ》遯《とん》吾《ご》・桑木厳翼《げんよく》・姉崎正治《まさはる》（嘲風）・高山林次郎（樗牛《ちょぎゅう》）・下田次郎、漢学科の桑原隲藏《じつぞう》、国史科の内田銀蔵・喜田貞吉《さだきち》・黒板勝美・笹川種郎（臨風）、史学科の幸田《こうだ》成友《しげとも》・原勝郎、国文学科の大町芳衛（桂月）・佐々政一（醒雪《せいせつ》）など、のちに何かと話題を提供する人々の名前が並んでいる。

九月一一日、竣工まもない図書館の閲覧室で始業式が行われた。下旬に宣誓式があり、総長と各分科大学長の前に入学生が一人ずつ進み出て、宣誓書に署名した。

授業は、就任したばかりのケーベルが一五日に始めたのが早い方で、多くは九月末からであった。当時、教官は研究室がなく、講義が終わればすぐに帰宅したという。

学生たちは常に「インキ瓶・ペン軸・ペン・西洋紙中判のノート」あるいは「墨池《ぼくち》・毛筆・半紙判藍《あい》罫紙」を携帯し、講義を話されるとおりに筆記した。しかし、授業は必ずしも満足すべきものではなかった。ほとんどの授業が単に伝えるだけで、科目構成には統一性も相互の連絡もないと思われた（幸田成友『凡人の半生』）。一一年に和文学科を卒業した上田万年も、日本人の教授たちの「批評的」でなく「訓詁的」な授業に満足できなかった。一方、「西洋人から日本文法の講義をきく、これは全く国辱だとさえ考えた」のだが、「哲学ではフェノロサ、国語ではチェンバレンといふやうな教授が来て、その説く所を聞けば、吾々にはすべてが敬服の的となった」（「国語学の草創期」）という。リースが授業に学生の発表を採り入れたのはよい訓練になったが、リースの英語はドイツ訛りで、試験も英語であったので、かなり苦痛を感じた学生たちは講義の草稿を借りてきて、活版印刷して配布した。

卒業論文はまだなかったが、最終学年には力を込めた論文を書くほか、小論文も二、三書くことになっていたので、「死物狂」で勉強したという（幸田前掲書）。図書館では朝早くから座席取りをして、一つのテーブルに四人がスタンドを囲んで座った。三年生になると、制服を着用していれば書庫に自由に入って読むことができた。

金沢は笹川と姉崎と三人で西片町に四円で家を借り、自炊生活を始めた（『読売新聞』四三年一月一五日）。

久米邦武筆禍事件と同祖論

金沢が入学する前年、文科大学は学問的試練に遭遇していた。金沢の後年の研究に深く関わる問題である。二五年一月、国史科教授久米邦武の論文「神道ハ祭天ノ古俗」(『史学会雑誌』二四年一〇～一二月)に田口卯吉が共感し、自ら発行する『史海』に転載して、神道と国学の関係者に挑戦的な態度を示したため、彼らから厳しく攻撃されたのである。「仮令事《たとえこと》真なるも、苟も君国に害ありて利なきものは、之を講究せざるを以て学者の本分とす」べきであった(「国家の大事を暴露する者の不忠不義を論ず」『国光』二五年二月)。結局、掲載した二誌は発行停止となり、久米は発言を取り消し、三月には辞職する。その後も非難は止まず、国学者の下田義天類は、久米が「名ヲ史学ノ研究ニ借リテ、誇然皇室ニ不敬ヲ働キタリ、彼太祖ノ霊徳ヲ殺シタル、三種ノ神器ヲ軽侮シタル、皇統ヲ外国人遠征ノ結果トシタル」ことは、「皇室ノ尊厳ヲ冒スモノ」であるのに、雑誌の発行が禁じられて免職されただけであると、事件の処理にも不満を表明した(「田口卯吉氏ノ告ヲ読ミ併て祭典論ヲ弁ス」)。

久米の過ちとして列挙された項目のひとつに、朝鮮との同祖関係があった。「我皇室ハ朝鮮人ノ分流ナリ、新羅人ノ支流ナリト論断スルモノハ、明カニ皇室ヲ卑賤ノ地位ニ導カントスルモノナリ」と下田は論難している。また、久米が星野恒の「牽強付会」の論を後楯にしているので、他日星野を責めるつもりであるとも述べた。星野は「本邦ノ人種言語ニ付鄙考《ひこう》ヲ述テ世ノ真心愛国者ニ質《ただ》ス」(『史学会雑誌』二三年一〇月)と題する論文で、「日韓交渉ノ件ヲ査セシニ、二国ハモト一域ニシテ他境ニ非ス、其《その》全ク別国ニ変セシハ、天智天皇以後ニ始マルヲ見得タリ」と述べ、日本人は朝鮮人と同人種であることを忌避していると批判していた。日朝両国の人種言語の同一を言うと、国体を汚すもので愛国心がないと非難されるが、皇国に生まれて「誰カ愛国ノ心ナカラン、誰カ国体ヲ汚スヲ喜ハン」と反駁し、「断じて上世ハ日韓一域ナリ」と主張していたのである。

翌二六年四月、文部大臣井上毅が、久米と星野が担当していた史誌編纂事業の停止を命じ、廃止する。それは、井上が久米らの著書を覗いてみると、「帝室ノ御先祖ハ印度人ダトカ或ハ朝鮮と同種ダトカ、トンデモナイコトヲ書イテアル」からで、「ソレ故余ハ修史局ヲ打チ破ツタノデアル」と、井上は強い反感を表している（『井上毅伝』史料編二巻）。

久米の援護者がいなかったわけではない。『読売新聞』記者になったばかりの吉田東伍が二五年三月の紙上に、「和韓は一家一国、同様の親しみあるを証明せんと欲する者」として支持した。「知識を世界に求めんには外籍に拠り国書の非を正すことあらん」と久米の批判的精神を肯定し、「近時ロッス、アストン、グリフス等の朝鮮に於ける講究も、みな其の関係の著明なるを證せり」と述べている。史学会と『史学会雑誌』発足により、日朝の皇室あるいは人種の同祖関係について忌憚なく論ずることができた一方で、それに対する拒絶もまた、きわめて烈しいものがあったのである。

3　博言学科の教師と学生

チェンバレンとフローレンツ

博言学科の最初の教師は、英国人のバジル・ホール・チェンバレン（Basil Hall Chamberlain, 一八五〇～一九三五）である。明治六年、二三歳で横浜に上陸したチェンバレンは、海軍兵学寮等の英語教師となり、日本語と日本文化に魅かれて研究の道へ入り、日本アジア協会にも入会した。一九年、森有礼と外山正一に請われて、博言学科と和文学科の外国人教師となる。講義について、「日本語ノ変例及往古ヨリ現今ニ至ル和歌ノ方式全般」から導入して「語原論、動詞基原、語尾ノ性質、屈曲、及言語ノ組立」に進み、「日本語ト外国語間ノ異同ノ点ヲ指摘シ…自国ノ沿革及組織ニ略々《ほぼ》通ジタル後、博言学ノ原理即チ博言学科ノ基礎ヲ説明シ、徐《おもむろ》ニ比較博言学ノ研修ニ導クヲ勉メタリ」（『東京大学百年史』部局史一第二編第五章）と報告している。

二〇年に選科生として入学した岡倉由三郎（のちに英語学者、天心の弟、明治元～昭和一一）によると、「朝鮮語と日本語との構造上の類似が、いかにも深い事実を、先生は僕等に、理論と実際の両方面から示して…朝鮮語より更に近い関係のことばとして、琉球語を示され、それが日本語の姉妹語か但しは一つの方言かの問題についても、僕等に考慮の餉を与えられた」（『英語青年』七三―二）のであった。

チェンバレンは在職四年で病気を理由に辞任する。彼が最終的に日本を離れるのは、韓国併合の翌年（一九一一）、六〇歳の時であるが、その間、英訳『古事記』に始まる日本語、日本文学、琉球語、アイヌ語の研究で論文・著書を次々と発表し、『日本事物誌』(一八九〇)は今も刊行されている。

金沢は、チェンバレンの後任となったフローレンツから、「比較博言学」、「音学及ローマンス語チュートニッキ〔ゲルマン〕語歴史」の講義を受けることになる。フローレンツはライプチヒ大学とベルリン大学で言語学を研究し、ベルリンの東洋語学校で、留学中の井上哲次郎(哲学者、安政二〜昭和一九)から日本語を学んだ。明治二一年に来日し、ドイツ東洋文化研究協会(ＯＡＧ)に入会して、研究発表の場とする。二三年に史学会に入会し、『帝国文学』(二八年創刊)の同人にもなった。三二年、『日本書紀』神代の巻注釈に関わる論文で、外国人として初めて文学博士の学位を得る。純文学のほか、洒落や警句など口承的な分野にも関心を示した。『日本文学史』などを執筆し、日本文学のドイツ語訳も刊行した。約二五年間、文科大学で博言学、ドイツ語・ドイツ文学、梵語を教え、ドイツに帰国後はハンブルク植民学院(今のハンブルク大学)の日本学の最初の教授となった。

Ｋ・Ａ・フローレンツ
(『東京帝国大学』より)

上田万年の帰国

明治二三年からベルリン大学でガベレンツらに学んだ上田万年が、二七年六月に帰国する。二八歳の上田は博言学講座の教授に任じられ、金沢の指導教官となった。その積極的な発言と行動で、たちまち言語学・国語学・教育の学界と行政に強い影響を与えていく。

二七年八月に日清戦争が勃発し、勝利に沸く一〇月、上田は「国語と国家と」と題する講演で聴衆を感動させる。「日本国民が協同の運動をなし得るは主としてその忠君愛国の大和魂と、この一国一般の言語とを有つ、大和民族あるに拠りてなり」、そして、「日本語は日本人の精神的血液なりといひつべし。日本の国体は、この精神的血液にて主として維持せられ」、偉大な国民は「自国語を愛し、理の上より其保護改良に従事し、而して後此上に確固たる国家教育を敷設す」ると述べ、その適例としてドイツを挙げる。一九世紀の初頭に敗戦に喘いだドイツでフィヒテが「ドイツ国民に告ぐ」を講演し、国語が民族を作ること、教育によって祖国愛を育成する必要を説いたことが、上田の念頭にあったのだろうか。日本が戦争に勝利を重ねるなかで、「如《い》何《か》に支那、朝鮮の人民が、薄弱なる国民的感情を有するかを見よ。如何に我日本の人民が、偉大の事業を容易に計画するいさましき元気に富むかを見よ。而して、彼れに於ける其《その》野蛮、其無気力、此れに於ける此愛国心、此《この》智略、此胆勇は、共に各自の歴史及び慣習が産み出したる結果と見做《みな》さざるべからず」と、清国と朝鮮に対する日本の優越性を誇っている。一一月には「言語学者としての新井白石」を講演し、情熱に満ちた語り口で新村出ら多くの学生を国語学の道へ誘った。二八年、これらを含めた論文集『国語のため』を刊行し、その巻頭に「国語は国家の藩屏《はんぺい》なり　国語は国民の慈母なり」を掲げた。

上田の授業を記録したものとして、明治二九年度・三〇年度の講義を聴いた新村出のノートがある（『言語学』新村出筆録）。金沢が卒業した年の翌年にあたるので、金沢もほぼ同じ講義を聴いたことだろう。上田は、「我ガ大学言語学ノ講座ハ、之等 Oriental Philology ヲ研究シ、日本語ノ位地ヲ定ム

ル side ニアリ。」と述べている。「朝鮮語トノ関係」として、否定の아니（a-ni）を日本語の「不、豈」と比較し、아참（a-tscham）と「朝」、eu-tzei と「いつ」、kat-si と「笠」、kai-oul と「川」を比較している。そして、「両国ハ元ト certain X ヨリ移リシガ故ニ似タルカ。或ハ日本カラ彼ヘユキシモノカ。彼ガ此ニ伝ヘシモノカ」と、両国語の伝播の過程にも注意を向けている。

　上田は博言学科教授のほか、文部省専門学務局長、国語調査委員会委員長、国語学講座担任、文科大学学長、神宮皇学館長、貴族院議員、国学院大学長を歴任し、終生文部省と言語学界に大きな影響力をもった。金沢の一年後輩の保科孝一（国語学者、明治五～昭和三〇）によると、「先生は学者的政治家であり、また政治家的学者で」あったと評し、「講義を聴いて居ると、その時間時間で、何か力強い示唆か印象が与えられて、自然に研究心が奮起るのが例で」あったという（「故上田先生を語る」）。金田一京助も、上田の「一刀両断」的で「無造作」な研究方法を批判しながらも、「情熱的なししくと不退転のお態度に魅了されて、ついにその大さん下にはせ参じるようになった」（『言語学五十年』）。国語系統の研究を志していた八杉貞利（ロシア語学者、明治九～昭和四二）も、「君は宜しく隣邦露西亜の言語研究に向ひたまへ」と言われて一八〇度の転向をした。上田は多忙をきわめ、休講が多かったが、学生には適宜指導を行って、圧倒的な信頼を得ていたと八杉は語っている（「思ひ出のまゝに」）。

　金沢も上田の指導のもとにアイヌ語を研究し、上田が所蔵していたA・ダルメステテールとA・セイスの著書を翻訳し（→本章第4節）、論文を発表する。金沢に対する上田の期待も大きかったであろう。しかし、二人はいつまでも師弟として良好な関係を保ったわけではないようだ。言語観と朝鮮観の違いは些細なものではなく、金沢は上田の期待以上に我が道を進むのである。

博言学科の学生たち

博言学科の学生数は常に僅かで、明治年間の卒業生は毎年一～四名、合計三二名に過ぎない。金沢に関係のある人々を卒業年順に挙げると、二八年に榊亮三郎・河口隆太郎、二九年に金沢と小川尚義、三〇年に藤岡勝二・猪狩幸之助、三二年に新村出・岡野久胤、三三年に八杉貞利・渡辺良・矢野道雄、三九年に橋本進吉・小倉進平・伊波普猷、四〇年に後藤朝太郎・金田一京助、四一年に神保格・荻原藤吉（井泉水）、四二年に市河三喜・田中秀央・前田太郎などである。

このほか、岡倉由三郎などが在籍した「選科」という、一科目または数科目を選んで入学し、六年間在学できる制度があった。選科生の数は本科生の五分の一位に達したが、学生でなく生徒と呼ばれ、学生が着用すべきとされた制服制帽を着用できなかった。

学生たちは、ひとりの研究者として論文を発表し、著書も刊行していくものと期待された。「言語学科は、ラテン語、ギリシア語、梵語といった古典の語学が必修で、毎日その下調べに追われて、暇がないのです」という金田一京助は、当時の学生の関心について、「話し合ってみると、どの人もみんな日本語のための言語学だったのです。日本語の起源はどうか。世界のどこに、日本語と同じもとから分かれた言語が話されているか。日本語がこの島へ来る前に、どっちのほうで話されたことばか。この問題をみんな共通にもっていたのです。」と語っている（金田一「私の歩いて来た道」）。十年前に入学した金沢も、まさしくそうであった。そして、上田の指導のもとに、学生たちの研究対象が決まっていく。榊は梵語、小川は台湾語、金沢はアイヌ語（のち朝鮮語）、小倉は朝鮮語、藤岡・新村・橋本は国語、八杉はロシア語、伊波は琉球語、後藤は漢語、金田一はアイヌ語というように、日本の言語学研究が分担された。

尊敬する人は新井白石と黒川真頼

戦後、金沢が七十代のことだが、尊敬する学者を尋ねられ、新井白石（明暦三～享保一〇）と黒川真頼《まより》（文政一二～明治三九）を挙げている（堀口慶哉氏談）。

「『我国上古のこと猶誣《し》ふべからざるもの、世の人のいひつぎ語り嗣ぎし所の語言の間にもあるなり、上古の語言の有りし儘に猶今も伝はれるは、歌詞と地名との二つなり、ここを以て今により古を考ふるに、自から其徴とするに足れるものあるなり』といふ新井白石の語は、壮年時代の私に多大の感銘を与へた。爾来これを標語として、古代の研究に邁進し」てきたと、金沢は告白している。そして、「尊む所はひとへに其辞にありて、異朝の如く其尊む所文字にあるにあらず」（白石『国郡名考』）、すなわち、古代の史料を読むには漢字ではなく、ことばに注目すべきであるという白石に、「名言といふべきである」と讃辞を贈っている（金沢『地名の研究』）。『日鮮同祖論』においても、「流石に大歴史家の着眼点には敬服に値するものが多い」と賞賛した。個々の問題の解釈については、白石が「狭の国・伊讃の郷」を東国に求めたのに対して、「反対に西方熊襲及び新羅国曾尸茂梨方面にあり」と異論

黒川真頼
（『東京帝国大学』より）

を唱えているが、白石の古代研究に対する姿勢と発想に深く心を打たれていたのである。

黒川真頼は、明治一二年から東京大学の講師であったが、金沢が入学した二六年に文科大学の教授となり、「国語学、国文学、国史第三講座」を担任した。その研究は日本の芸術全般、文学、言語、制度、有職など広範囲にわたり、『黒川真頼全集』（全六巻、明治四三〜四四）が残されている。学生に対しても礼儀正しく、おだやかな振る舞いであったという。教科書や講義案を包んだ風呂敷包を抱え、「膝を越える長いフロックコートを老軀《く》短身に纏《まと》い、薬瓶を携えて教場へ来られ」、『古事記』のなかにある「随分露骨な文字や文章」を「平然と説明し、そうして聴く者に赤い顔をさせぬところが黒川先生の独壇場」であったという（幸田前掲書）。学生が聴いていようといまいと講義を進め、寝ている学生に「終わりましたよ」と声をかけて教室を出ていった。廊下には質問したい学生がずらりと並んでいたが、一つひとつていねいに答えたという。国学院でもみなが授業を待ちかね、講師も傍聴していた（『国学院雑誌』一二一―一〇）。権威や厳格さによらない、学問の深さと人間的な大きさが、金沢の心に教師の理想的な姿をとどめたのであろうか。

アイヌ語研究で北海道へ

金沢は、「文科の二年生のとき、アイヌ語取調のため、大学から北海道へ派遣せられたことがある。ちやうど日清戦争の頃で、私は札幌の旅館で李鴻章の下関遭難のことを聞いたのを覚えてゐる」（『日鮮同祖論』まへがき）という。アイヌ語を教えたのは、理科大学助教授の神保小虎（慶応三〜大正一三）であった。神保は明治一六年に東京大学理学部に入って地質学を学び、二〇年に帝国大学理科大学を卒業する。北海道の各地でアイヌ人に接してアイヌ語を学び、地質を調査した。二五年から二年間ドイツに留学し、帰国して理科大学の助教授となり、文科大学でもアイヌ語を教え始めた。金沢は北海道日高の平取《びらとり》村と二風谷《にぶたに》村を訪れて、アイヌ語の調査に携わった。そして二九年五月、博言学科卒業を前にして、金沢の名前が学術雑誌に初めて登場する。「ばちぇら氏創成アイヌ語学ノ一斑」（『東洋学芸雑誌』一七六～一七八）である。著者名のところに、「理科大学助教授神保小虎講演・博言学科第三年生金沢庄三郎筆記」とある。神保の講義を、金沢が筆録したものであろう。

「ばちぇら氏」とは、宣教師としてアイヌ民族への布教を志したイギリス人、ジョン・バチェラー（John Batchelor，一八五四～一九四四）である。明治一〇年に函館に上陸したバチェラーは、日本語とアイヌ語を学び、その成果を日本アジア協会で発表する。その研究に注目したチェンバレンが、明治二〇年、『文科大学紀要』第一号に自身の「アイヌ研究からみた日本の言語、神話、地名」とともに、バチェラーの "An Ainu Grammar"（「アイヌ語文法」）を掲載した。これにアイヌ語彙を併せたものが、『蝦和英三対辞書　完』（北海道庁蔵版、

「往年著者の款晤せしことあるピラトリ，アイヌの酋長ペンリー夫妻」
（『言語に映じたる原人の思想』（大正9）巻頭より）

神保小虎
（『東京帝国大学』より）

明治二二）である。チェンバレンも金田一京助も絶賛した、このバチェラーの辞書について、のちに知里真志保（明治四二～昭和三六）が「欠陥で出来ている」「まったく好い加減なもの」であると痛烈に批判しているが（知里『アイヌ語入門』）、開拓者には初歩的な間違いも免れないものであろう。金沢のアイヌ語力も、適確に判断できるほどではなかったと想像される。彼は「アイヌ語ばちぇらー文典ノ大意」と題して文法も記述しているが、文字通り大意である。英語のまま残されているところも多いのは、まだ適切な訳語を決定できなかったのであろう。しかし、多くの間違いがあるにせよ、この辞書にしか出ていないなど、先駆的で画期的な意義はあるようだ（田村すず子「バチラーの辞典について」）。

同年の末、神保小虎の校閲を受けて、「蝦夷語方言藻汐草ノ校正」（『東京地学協会報告』一八―二）を発表する。「蝦夷語方言藻汐草」は、寛政四年に通弁上原熊次郎が著したもので、当時の辞書としてはこの書に及ぶものがなく、オーストリアのプフィツマイアー（August Pfizmaier, 一八〇八～八七）もこれに依拠していた。金沢が底本としたのは、第三高等中学校以来の同窓生である伊藤小三郎が古書渉猟中に得て、アイヌ語を研究している金沢に贈ったものであった。流布している二冊本であるが、もともとは一冊本であった（金田一京助解説『藻汐草』）。原書は、単語を天地・人物・支体・世事・口鼻耳目心・器材・鳥獣・草木・品目・助辞・熟語に分類し、上に日本語、下にアイヌ語をカタカナで記したもので、短文とユーカリも含まれていた。金沢は、この原文に加えて現行の発音をローマ字で表記したのだが、すべてではなく、「品目」の項までである。また、のちにバチェラーから、ローマ字表記の間違いを指摘されることになる（『アイヌ英和辞典及アイヌ語文典』第二版「序」、明治三八）。

のちに金沢は、この原書を還暦記念の『濯足庵蔵書六十一種』（昭和八）に収める。

大学院へ進む

明治二九年（一八九六）七月一〇日、金沢は文科大学を卒業する。「学士」となる卒業生は、文科大学で五〇人、帝国大学全体で三一三人であった。卒業証書は、三年間に取得した科目名、担当教官の職名・学位・勲等が記されて署名、押印され、さらに文科大学学長と総長が署名したものである。式が終わると、池の端で教官と卒業生が整列し、記念写真を撮影した。二九年度卒業生は「一種の栄称」であったと、のちに『大阪市史』の編纂で知られる幸田成友が語っているが（幸田前掲書）、その後の日本の社会で目立った存在となる人々が多かった（→五〇頁）。

九月、金沢は多くの同級生とともに、大学院の学生となる。「大学院学生ハ五カ年間研究ノ後指導教授ヲ経テ帝国大学総長ニ研究ノ状況ヲ具状シ且論文ヲ提出シテ学位試験ヲ請求スヘシ」（「大学院学生学位試験規程」第一条）とされている。金沢の場合、二九年一〇月に大学院に入学して韓国へ留学し、三四年の九月に帰国するまで、ちょうど五年間である。帰国後すぐに博士論文を提出することになっていたのだろう。ただ、毎年発行された『帝国大学一覧』には、大学院の学生の名前と研究題目が示されていたが、金沢は「アイヌ語学」とされ、韓国留学中も変わっていない。

博言学は言語学に

明治三〇年〈一八九七〉前後から、博言学は言語学と称される。金沢は三一年二月から『国学院雑誌』に「言語学一斑」を連載し、セイスの著書の翻訳書も「言語学」としている。

三一年一月頃から、博言学科学生の新村が学会立ち上げのために奔走し、二月、大学院生の藤岡の家で大学院生の金沢と猪狩、博言学科学生の新村、渡辺、八杉、岡野、矢野が創立相談会をもった。結局、博言学科の五人が準備にあたり、五月に言語学会が発足する（八杉『新縣居雑記』）。三三年二月、紀要として『言語学雑誌』が創刊された。そして同年六月、博言学科は言語学科と改称された。『言語学雑誌』創刊号の「序」に、文科大学学長の井上哲次郎は、「我日本人種は如何なる処より来たり、如何なる人種と親類なるか」、「此問題に関する解答は言語学によらざるべからず」と述べて、日本民族の起源と親族関係の究明を比較言語学に期待している。編集人は藤岡で、「雑報欄」や新刊紹介、投稿などは新村が担当した。しかし長くは続かず、三五年九月に第三巻第三号で終刊となる。

『言語学雑誌』はほぼ東京帝国大学言語学科の卒業生によるもので、当時の言語学界の認識と課題を反映している。言文一致論争が盛んななかで、第二号から「雑報」欄だけは口語体の文章を用いることに踏み切った。「雑報」の「日本語の普及」という項で、「我国語は膨張せざる可らず。今日流通の版図を以て満足すべきにあらず」と日本語の海外への拡大を鼓吹し、清国に対して「東洋の先進国たる日本の先づ取るべき方針は日本語の教授なり」と述べている。バチェラーのアイヌ語保存の功績を認めながらも、アイヌ民族は「既に忠良なる国民の一部である」から「早く其自語をすてゝ、国語に同化されるのが、彼等自身のためにも幸福であり、国語統一の上からは、無論かくならねばならず」という姿勢もみえる（一―六）。ロシアの東洋語研究もよく取り上げたが、三〇年にシベリア鉄道のウラジオストック・ハバロフスク間が開通して、日本に脅威を与えていたからである。

4　アイヌ語研究から朝鮮語研究へ

『アイヌ語会話字典』の編纂

明治三一年（一八九八）には、神保と金沢の共著で、『アイヌ語会話字典』（金港堂書籍）を刊行する。緑色のクロス製、一三センチ×一〇センチほどの小さな辞典である。左に日本語を五十音順に配列し、右にアイヌ語を示して、その単語に関連する語と会話を付した。発音を仮名で表わすのは議論のあるところだったが、とりあえず片仮名とローマ字を用いた。辞書としては不足の点が少なくないと断っており、アイヌ語研究者としての蓄積はまだ不充分であっただろうが、後年『辞林』『広辞林』『小辞林』を編纂する金沢の最初の辞書作りである。本書は昭和四八年に北海道出版企画センターによって復刻され、同六一年に改装新版が刊行されている。

神保が「序」のなかで、金沢が二八年から三〇年にかけて四回、通算一五〇日ほど北海道を訪れたことを紹介している。そして、アイヌは消滅の時期が遠くなく、アイヌ語は文科大学で随意科目とされているに過ぎないが、バチェラーの辞典や聖書訳に加えてこの会話字典が利用され、研究者が多く生まれるならば、上田万年が文科大学にアイヌ語を採り入れた意義があるだろうと述べている。

『アイヌ語会話字典』刊行の翌三一年三月、帝国議会で「北海道旧土人保護法案」が可決、公布され、四月から施行された。この法律は平成九年（一九九七）七月に廃止されるまで約百年間、アイヌ民族の心情を無視したまま、この名称で維持されてきた。公式的なアイヌ民族の呼称として、安政三年（一八五六）にそれまでの蝦夷人や夷人から「土人」を用いることにしたが、明治一一年に開拓使が「旧土人」を使用するよう達を出した。「北海道旧土人保護法案」の「旧土人」はそのような経緯を経たもので、「アイヌ」が用いられることはなかった。同法案は、減少を辿るアイヌ民族に対して医療や教育を援助して「保護」しようとしたが、本来の生業である狩猟から農耕への転換を奨励し、農業従事者には土地を下付しても相続以外の譲渡を認めず、小学校の設置は日本語による日本の風俗・習慣への同化を推進するものでもあった。

　金沢が明治四〇年に編纂刊行した『辞林』には「アイヌ」の項があり、「北海道旧土人の称、もと彼等の語にて人類の意なりしが、今はこれを以て其種族の名とす。」とあり、また「土人」は「其土地に生まれ住む人。土着の人。「蝦夷の――」。（土民）」と説明されている。もともと差別的な意味はなく、「土人」に対する優越感から次第に侮蔑を含むようになったと思われる。『辞林』増補版（四二年）でアイヌ人男性の挿絵を加えたが、これは金沢が文科大学時代に訪れた「ピラトリ、アイヌの酋長ペンリー夫妻」の写真（六一頁）から描いたものである。原写真はのちに、『言語に映じたる原人の思想』（大正九）の巻頭に掲げられる。

国学院での講義

大学院に入って間もない二九年一一月、二五歳の金沢は国学院の講師となる。後年名誉教授の称号を贈られる、国学院との関係の始まりである。国学院は、明治一五年に飯田町に創立された皇典講究所に、二三年、国学を研究するために設置された学校である。二七年一一月に『国学院雑誌』が創刊され、国学院関係者に限らず文科大学の教授たちも寄稿して、国語・国文・歴史を中心とする研究と論争の場になった。「その教授陣容の豊富さは、私の母校東京帝大のそれをすらはるかにしのぐものであった」と、金沢は晩年に回想している（『国学院大学学報』昭和三八年七月一日）。三七年に「専門学校令」による専門学校となり、三九年に私立国学院大学と改称、さらに大正八年に「大学令」による国学院大学となる。「多くの大学中、特に国体を中心として立つて居るのは本学のみである」と、のちに学長服部宇之吉（漢学者、慶応三～昭和一四）が述べている（「学長就任式挨拶」）。

教えることになった金沢は、神田神保町で教材を探し、一年生には「セブン・ブリチツチ・クラシツクス」と「文法」を、二年生はホーソンの『トゥワイス・トールド・テールズ』を教え、三年生の課外として声音学を担当した。教壇に立ってみると、金沢よりずっと年配の学生が多かった。「学生の方も心得たもので、若輩教師の私を半ばからかい、半ばかばう気持もあった」という。そのうちに講演を依頼されたので、国語学について話し、英語の教師と思っていた人々を驚かせた。この頃彼は、大日本英語学会の『英語中文典（金沢補訳）』を編纂している。

講師の収入により、やや高級な下宿に移ることができたし、困窮する実家の父へ仕送りすることもできるようになったのだが、三一年六月に韓国留学が決まり、出発直前の九月に辞職する。

同系に触れる人々

明治二〇年代に、日本語と朝鮮語の類似を指摘する論考が雑誌にいくつか現れる。二二年三月、大矢透（国語学者、嘉永三～昭和三）が「日本語ト朝鮮語トノ類似」（『東京人類学会雑誌』）を発表した。二頁だけの論考だが、藤貞幹《とうていかん》（享保一七～寛政九）が著した『衝口発《しょうこうはつ》』（天明元）が粗雑なため、朝鮮の『類合』と韓仏字典により単語を比較したという。両国語の類似点として、「第一、言葉ツヾキ同シ様ナル事　第二、言葉ノ形ト義ト相似タルモノ多カル事　第三、ラリルレロノ音ヲ語首ニ置カザル事　第四、濁音稀レナル事」を挙げた。第一の例として朝鮮語文の右に日本語訳をつけて、語順がまったく同じことを示した。第二については、雲―クラム、水―ムル、村―マアル、束―タバル、身―モム、渡る―ケンネタ、塩―スオなど約八〇例を挙げた。大矢は『国語遡源』（明治三二）、『仮名源流考』（明治四四）、『韻鏡考』（大正一三）などを著し、四二年に国語調査委員会委員になっている。

同年九月、高橋二郎が「朝鮮言語考」（『如蘭社話』巻十三）を発表した。これも五百字余りに過ぎないが、朝鮮人から単語を聞いて比較し、神―クシミ、雲―クルミ、鍬―クワチー、熊―コミ、雁―キリキ、木賊《とくさ》―ソクサイ、上―ウイ、乳―チェチー、甘―マシなどの類似に気づいたという。用言はかなり異なっているが、中古以来両国の交通が途絶えたときから、相違が大きくなったのだろうと推察し、将来もっと研究すれば発見するところ大きいであろうと述べている。

次に二五年、赤峰瀬一郎が『日韓英三国対話』（大阪・岡島宝文館）を刊行する。日本人が韓語と英語を、韓国人が日本語と英語を学ぶことを願い、年号も、和暦、朝鮮暦、西暦を並列した。欧米の会話書と『交隣須知』を参考にして、日本語は東京語、朝鮮語は京城語を採用した。対話編の最初に、「日韓言語之関係」と題して類似に触れている。人類学者等によると、日本から朝鮮半島、シベリア、欧露の南部からハンガリーに至る「一列帯」の諸民族は言語上の関係から同一の種族である、大和民族は最も進取の気象に富み、朝鮮民族は我々に最も近い親族で、「一、同音之詞多き事　二、文句ヲ成スニ目的格ニアル名詞ト動詞トガ保ツ位置之同一ナル事　三、形容詞ト動詞ガ同一之規則ニ因テ変活スル事、四、「テ」「ニ」「オ」「ハ」ノ種類ト用法トガ全ク同ジキ事」は、ラテン諸国の言語の類似のようなもので、偶然の一致とは考えられない。「民族ニ固有ナル詞」の類似として、上—ウ、～へ—～エ、～が—～ガ、～か（疑問文）—～カ（疑問文）、～よ（命令文）—～ヨ（命令文）、日—へ、母《おも》—オモ、牛—ウ、馬—マル、竹—テー、居る—イッタ、鍋—ナムビなどがある。日本語の「は」行音は上古にF音で、それが琉球では今も残っている。

赤峰は日・琉・韓の文章を対比して、「親族的関係ノ有る事一見シテ判然」であり、それが久しく遠き太古から起こったことは明らかだという。この「日韓言語之関係」を田口卯吉が目にして、『史海』二二号（二六年四月）に前半を転載した。久米事件（五二～五三頁）の直後である。この書について金沢は、赤峰が韓語に通じているとは思えないが、「さは云へ、かゝる書の出づるは喜ぶべき事なり」と記している（「朝鮮語典」、未完）。

以上はいずれも、アストンの論文が発表され、東京学士会院での論争を経て、帝国大学に博言学科が設置されたあとの論考であるが、両国語の類似に強く触発されての執筆であろう。

白鳥庫吉の同系論

ここで、東洋史学者の白鳥庫吉《しらとりくらきち》（慶応元～昭和一八）が日本語と朝鮮語が同系であると論じていたことに触れておこう。

文科大学史学科でL・リースから西洋史を学んだ白鳥は、明治二三年、卒業とともに学習院史学科の教授に迎えられた。学習院は弘化四年（一八四七）に京都に開校したが、明治一〇年に東京へ移り、一七年に宮内省直轄の官立学校となっていた。当時の院長は、第四代の三浦梧楼《ごろう》であった。三浦は、華族の教育には歴史が最も必要であると考え、授業時数を倍加して、東洋史の学科を設けた。ここに白鳥が赴任し、まず朝鮮史に取り組んだ。同三七年から東京帝国大学の教授を兼任し、戦前の歴史学界と教育界における巨大な存在である。

三浦が二八年に朝鮮へ公使として赴くと、公爵近衛篤麿《あつまろ》（文久三～明治三七、長男がのちの首相文麿）が院長となり、他界するまでその職を務める。白鳥は近衛を良き理解者として尊敬し、近衛邸の一画に住んだこともあった。次章で触れるが、近衛は二九年、新外語設立の建議に中心的な役割を果たすことになる。

白鳥は、二七年頃から朝鮮の古代地名や官名に関する研究で言語学的な分析を取り入れていた。三〇年、「日本書紀に見えたる韓語の解釈」（『史学雑誌』八―四・六・七）で、『日本書紀』に記載された韓語に注目し、曾尸茂梨―ソシモリ、河―ナレ、山―ムレ、倶知―クチ、島―セム、王―コニキシ、城―サシ、質―ムカハリ、母―オモなどの一致を指摘して、このような類似は「決して偶然の事と見るべからず。昔日両国言語の相近かりしこと、推して知るべきなり」、「此数語によりて日本人種上及び歴史上の一問題は決せられんとす」と述べた。同年八月、帝国教育会で「朝鮮人種に就きて」を講演し、両国の言語は同じ語順であり、「てにをは」がある、古代の朝鮮語と日本語とはよく類似し、古語におけるカ行が今はハ行であり、ヤ行・ラ行・ナ行が相通すると説いている。

翌三一年、白鳥は『国学院雑誌』に「日本語の古語と朝鮮語との比較」を九カ月にわたって連載し、日本語と朝鮮語との同系論をこころみた。両国語の類似点として、主格→目的格→動詞の語順、尊敬動詞（丁寧語）がある、ラ行から始まる語はない、濁音の符号がないことを指摘し、「相類似するもの二百余言を得た」という。そのなかには偶然の類似に属するものがあるかもしれないが、大部分は互に関係があることは、博言学者が必ず認めるであろう、「歴史及言語の示す所に拠れば、我国の一部と韓土とは嘗て殆ど一域を為しゝかと思はるゝものあり」、そして、「日本人の祖先は何処より来れるか、太古我国と外国との関係は如何になどと云ふ」重大なる疑問は、言語の比較によって解決されると述べた。集めた「二百余言」は、次のように示している。

一、韓語の頭首に母韻を加へて日本語と比較すべきもの　（朝）mat　（日）uma　味

二、漢語にp或はph音に響くものを国語h音にあてゝ比較すべきもの　pöl　hachi　蜂

三、韓語のt音を国語ts音にあてゝ比較すべきもの　tta　tsuchi　土

四、韓語s音に響くものの国語sh音にあてゝ比較すべきもの　sul　shiru　酒

五、韓語の i（或はy）を国語 r 音に引き直して比較すべきもの　pāi　para　腹
六、韓語 p 音を国語 m 音にあて丶比較すべきもの　nap　namari　鉛

そして、「東洋の絶島たる我日本国をして、世界大勢の範囲内に紹介したるものは実に此の朝鮮半島」であると述べて、心情的にも親近感を表明している。

なお、明治三〇年、日刊紙『時事新報』に、「虎南生」の署名で「博言学上の日本と朝鮮」と題する論文が掲載された（一月三一日（上）・二月四日（下））。「日韓人種の同祖なることを証明するは即ち朝鮮に対する保護上に於ける日本の優先権を明にする」と言って、両語の固有語で類似する例を挙げ、音韻の対応にも触れる。文の構造は、日韓両語は単語の位置が同じであり、名詞を動詞化し、形容詞化する方法も同じである。重要な単語と語順が非常に似ていることは、人種の親近性を示すものである、したがって、「日本帝国は朝鮮王国の保護上に付き清露二国より天然の優先権を有すること昭然たり」と朝鮮侵攻の権利を主張し、今後博言学と考古学・人類学が研究を深めて、日韓の親縁を証明するよう願うものであった。執筆者が誰なのか、推測の域を出ない。

翻訳と論文に取り組む

明治三〇年と三一年、金沢はアイヌ語研究と並行して、三人の言語学者、A・ダルメステーテル、M・ミュラー、A・セイスの著書を翻訳し、三編の論考を発表する。

金沢が二六歳で初めて刊行した『ことばのいのち』（明治三〇）は、フランス人のアルセーヌ・ダルメシュテーテル（Arsene Darmesteter, 一八四六〜八八）の著書 *"The life of words as the symbols of ideas"*（London, 1886）の編訳である。表紙に「文学士金沢庄三郎編」とあって、翻訳するだけでなく、西欧の言語学理論が理解されるように日本語の事例を挙げて説明している。ただし、ダルメステーテルは言語には生物と同様に誕生から死滅に至る生命現象があると主張しているが、それは「既に識者の採らざる所」であると読者に注意している。人類の精神を離れては言語の存在はありえない、その研究は史的科学であるべきだと批判したうえで、本書が意義の発達を論ずるもののなかでは有数の良書であると、翻訳の理由を語った。

三一年、イギリスの言語学者アーキバルド・セイス（Archibald Henry Sayce, オックスフォード大学教授、一八四六〜一九三三）の、一八七四年以来版を重ねた*"The Principles of Comparative Philology"*（London, 1892）を翻訳し、『言語学』（金港堂書籍）と題して刊行する。原書は上田万年が所蔵していたもので、上田との共訳である。西欧の語彙の翻訳が試行錯誤をたどった時代で、「まだ訳語の定まらざるもの多く、かれこれ意義の難渋なる節もある」ため、原文のままになっているものも少なくない。しかし、セイスから学んだものは大きく、金沢の言語観に根本的な影響を与えた。帝国大学の講義でも、セイスが「文典ノ研究ハ比較ヲハナレテハ絶対的ニイケナイ」と言ったことを紹介している。

「声音の類似のみを以て比較の基礎となす可からず」、「学術の真理は屢々文化の最も低き国民の言語の中に隠るゝ事」、「方言を比較調査するにあらずんば、真の語原を発見し、語の古形を定むる事能はざる場合多し」、「同族の国語を比較して研究するにあらずんば、到底科学的真理を得べからず、然らずんば其結果は凡俗の牽強付会に終らんのみ」、「万古不朽の言語に写されたる人間の思想及び行為の真価を、太古の人心に至るまで遡りて研究するものとす」等々が訳文にみえる。翻訳を通じて、セイスの言葉は自らの言葉となるほど深く沈潜したようである。

三一年二月から、『国学院雑誌』（四巻四～八号）にマックス・ミュラーの著書の翻訳の一部を「言語学一斑」と題して連載する。「マクス・ミュラー先生ハ独乙の人、後英国に帰化して、オックスフォード大学の教授たり。本書はもと氏がローヤルインステチューションのために講述せし所にして、爾来独仏等の語に翻訳せられ普ねく世に行はる。今其内より数節を選びてこゝに訳出す。」（「前置き」）と紹介している。六月で中止するのは韓国留学のためで、帰国後に再開する。

こうして金沢は、ヨーロッパで刊行された言語学の研究書を三種翻訳し、刊行した。言語学の日本への導入としての意義もあったが、彼自身が理解と考察を深める、絶好の機会となったのであった。

一方で『国学院雑誌』に、「外来語に就きて」・「国語に就きて思へる事ども」・「数詞の研究」を発表する。「外来語に就きて」は、二言語が接触すれば必ず言語の流通が起こり、自国にないものを補おうとして各地で外来語・借用語が生まれたことを、新井白石の『東雅』「総論」を引きながら、アイヌ語に入った日本語を例に挙げて説明した。また、借用語は文化の由来や移動の考察に役立つが、表面的な類似に惑わされる危険性があると忠告する。「国語に就きて思へる事ども」には、その後しばしば表明する立場を次のように述べている。

国語の定義に付きましては…これは我々が育て上げられた社会の言葉、即ち、我々を育て上げたところの人々が用ひて居る言葉で有ります。それ故に国語を愛すといふ考も…幼時の記憶、即ち我々の耳に残って居るところの父母の言葉より感情的におこるものといはなければなりませぬ。…真の国語は、今日我々の間に絶えず行はれて居るところのもので有るといふのであります。国語は国民の精神的生命を代表するもので…もし此言語を奪はれたあかつきには、他の事に於て如何に栄えやうとも其国はほろびたものといはなければなりませぬ。

朝鮮語研究へ

では、金沢の朝鮮語研究はどのようにして始まったのだろうか。後年、彼は次のように書いている。

私が朝鮮語の研究に志したのは随分旧いことで、明治二十六年上京して文科大学に入学したかたはら、神田の私学に教鞭を執つてゐたときのこと、壁間の東洋地図を眺める毎に、地理上から見てどうしても日鮮間には離し難い関係があるに違ないといふ感じを起したのが、そも〳〵の始である。その後、文科の二年生のとき、アイヌ語取調のため、大学から北海道へ派遣せられたことがある…東京へ帰つて、報告のため大学総長をお訪ねして、暫く控室に待つてゐたとき、ふと其部屋へお見えになつたのが、これも何かの御用で総長と談をしてお帰りがけの、時の文科大学長外山正一先生であつた。私は先生と直接お話をするのはこのときが始であつたが、なにくれとなく東洋語に就て私見を述べてゐるうちに、先生は私に将来東亜大陸に渡つて研究してはどうかと慫慂せられた。これが私をしていよ〳〵朝鮮語を研究するといふ決心を固めしめた大いなる動機となつたのである。明治二十九年に私は文科大学を卒業して、其翌々年外山先生が文部大臣で、其秘書官が高等学校以来の私の恩師である服部宇之吉先生であつたときに、私の韓国留学といふことが遂に実現せられて、当時まだ二十七歳の青年であつた私は多大なる希望を抱いて、渡韓したのである。

（『日鮮同祖論』「まへがき」）

外山正一
（『東京帝国大学』より）

金沢は日本と朝鮮との「離し難い関係」を直観的に感じたが、まず言語学一般とアイヌ語の研究に全力を傾けた。外山正一《とやままさかず》（嘉永元～明治三三、文学・社会学、東京帝大総長）との出会いが朝鮮語研究への転進の大きな契機となる。しかし外山は、金沢が韓国留学中の三三年に帰らぬ人となる。のちに金沢は、『日韓両国語同系論』（明治四三）の英文に外山への献呈の辞を記して感謝の意を表した。

一方、最晩年の九二歳の時、より現実的な外山の言葉と転進の動機を次のように語っている。

私は恩師のひとりである神保光太郎（小虎の間違いか）先生からアイヌ語の手ほどきを受け、それ以前からアイヌ語を終世の研究課題にしようと決心していた。ところがやはり恩師である東京帝国大学の外山正一学長から、アイヌ語ではとても飯はくえないといわれ、先生のすすめもあり朝鮮へ渡って比較言語学をやることになったのである。金田一君がアイヌ語の研究をはじめたのは、ずっと後のことだが、清貧に甘んじて今日の大業を成した彼の功績には蔭ながら深甚の敬意を表している。

（『国学院大学学報』昭和三八年七月一日）

衰亡しつつあるアイヌ語を生涯の研究対象にしようと考えたのだが、「くえない」研究に固執することはなかった。実家の倒産で「辛酸を嘗めた」（「瓦屋町」）金沢であった。金田一が貧窮のうちにアイヌ語研究を全うしたことは敬服に値し、九〇歳を超えても率直に賞賛すべき気持があったのだろう。朝鮮語の研究は、「くえない」ものではなかった。日清戦争で朝鮮をめぐって清国と争い、勝利した日本にとって、朝鮮を知ることは緊急の課題となっていた。次章で述べるように、二九年、帝国議会において東京外国語学校を再興して韓語学科を設置することを可決し、三〇年に開校するのである。金沢は、三一年一月から朝鮮語の研究を開始する。

沢井多喜と結婚する

明治三一年（一八九八）九月二二日、韓国留学の直前に、金沢は本郷区に婚姻を届出た。結婚式の日取りは分からないが、赤坂山王の星ヶ岡茶寮で披露宴を催している。

金沢と六八年間の結婚生活を共にすることになったのは、沢井多喜《たき》である。多喜は金沢より五歳下で、明治一〇年六月二二日に東京で生まれた。父の沢井近知《ちかとも》（修之、天保一三～大正三）は岡山藩の士族であったが、廃藩とともに上京し、京橋警察署長や水上警察署長を勤めたあと、旧岡山藩主池田家の家令になった。母は勝子、大西祝《はじめ》（哲学者、元治元〜明治三三）の叔母にあたる。

多喜は、明治一九年に華族女学校の下等小学校一級に入学した。華族女学校は華士族平民の女子を対象に、一八年一一月に開校した。士族・平民で入学が許されたのは、親が「資産を有し普通交際上中等以上の地位に在る者」であった。多喜の在学中の教師には、津田梅子・下田歌子・西村茂樹・アリス・ベーコンなどの名前が見える。本来は二九年七月に卒業の予定であったが、二八年に退学している。少女時代の写真に、「長目のおかっぱになさり、襞《ひだ》のたくさんあるウールのワンピースにベルトをしめ、たくさんボタンをかける皮靴を召してまるで小公子のよう」な姿があったという（加藤淑子「金沢先生と武島先生」）。華族女学校では、二一年六月から必ず洋服を着用することになっていた。育てられた家庭の雰囲気や文化は、金沢とはかなり異なったものであった。

華族女学校で、多喜は美しい才媛として評判の人であったという。金田一京助は、明治四〇年頃から『辞林』編纂のために金沢家に出入りしたが、「奥様が温厚貞淑、玉のような麗女で、出入する学生などは、その御やさしい御親切に浴して感激措かなかった」と称えている（「恩師金沢庄三郎先生」）。

今健在の人々の記憶にあるのは、七十代から八十代の多喜の姿であるが、皆一様に、彼女の上品さ、奥ゆかしさ、そして達筆を挙げる。物腰が天人のように物柔らかで、話好きではないが、寡黙でもなかったという。病弱で喘息の持病があったために、咽喉からゼーゼーと鳴る音が聞こえた。

多喜には、廉《れん》（康之、元治二〜明治二七）という一回り上の兄がいた。廉は一八年に東京大学理学部物理学科を卒業し、翌年大学院に進んで給費生となった。二〇年にアメリカへ留学して「テレホン」を学び、二一年、トーマス・エジソンの助手となる。その頃、日本の知人に宛てて、「エヂソン氏実験所ニ入ルノ栄ヲ得、日々同氏ノ研究ニ従事致居候　氏ノ経験工風ト思ヲ凝ラス力及ビ堪忍ニハ感服ノ外無之候　当時ハ蓄音機成就シ近日市場ニ出スベシ　今回改良ノ品ハ数年前ノ発明ニ罹カル品トハ音低ケレトモ明瞭ナリ　微妙ナル音声ヲモ聞キ得ヘシ」（五月一〇日付、『学士会月報』八）と書き送っている。

廉は逓信省から調査を委嘱されて、二三年にはヨーロッパも視察し、パリの万国博覧会ではエジソンが出品した品々の説明にあたった。だが、この間に病を発して帰国し、療養に入る。快復して東京電話交換局長となり、帝国大学工科大学の講師も兼ねたが、持病が再発して三〇歳で他界した。当時一八歳であった多喜は、いつまでも兄を追慕して、「今はただ夜毎の夢に相見てはせめてたのしく語るのみなる」、「みそとせとなりにけるかな今ははや無線電話もある世なりけり」など、しばしば短歌に思いを託した。多喜も虚弱ではあったが、八九年の長寿に恵まれる。

5　大韓帝国に留学する

文部省東洋派遣留学生に

江戸幕府は、幕末に欧米諸国と外交関係を結んで以来、万延元年（一八六〇）から慶応三年（一八六七）までに七回にわたり欧米へ留学生を派遣した。明治新政府はさらに欧米の文化・学問を早急に導入するため、官費留学の規則を制定して積極的に留学を推進する。当初は米国と英国に派遣されることが多かったが、一五年以降はドイツが優位を占めるようになった。東京大学では一六年から主としてドイツの学術を採用し、ドイツ書を購読させる方向を採っている。

朝鮮への留学は、外交的・実務的に朝鮮語を必要とする外務省から始まった。二四年に高島吾八、前間恭作、斎藤彦次郎、二七年に西惟徳、三〇年に藤波義貫と島雄五郎を派遣している（具良根「明治日本の韓語教育と韓国への留学生派遣」）。

金沢は三一年六月二八日、文部省の第一回東洋派遣留学生として、言語学研究のために大韓帝国（明治三〇年一〇月に国名改称）への留学を命じられた。七月一日付『朝日新聞』は、文部省が派遣する一一名の留学生と派遣先を紹介しているが、韓語学の金沢が韓国へ、商業学の関一がベルギーへ行くほかは、社会学の建部遯吾、数学の高木貞治、地理学の山崎直方など九名はドイツであった。七月六日、外務大臣大隈重信は在韓弁理公使加藤増雄にあてて、「文学士金沢庄三郎ヲ韓語学研究ノ為メ満三年間韓国へ官費留学相命シ候ニ付、同人其地へ到着ノ上ハ万事御配慮ヲ煩シ度旨《たきむね》　文部大臣ヨリ依頼致来候為、右可然《しかるべく》御取斗《とりはからい》相成度、此段申進候」と申し送っている（「文部省留学生関係雑件」）。

九月一五日の夕刻から、日本橋亀島町の偕楽園という中華料理店で、金沢の朝鮮留学送別会が催される。参加者は一〇人ばかりで、上田万年とカール・フローレンツが加わり、九時に散会した（八杉貞利『新県居雑記』）。そして一〇月、金沢は韓国へ旅立った。

「文部省外国留学生規程」（二五年）によると、その目的は「特ニ須要ノ学術技芸ヲ研究セシメンカ為」（第一条）であり、派遣されるのは文部省直轄学校の教官と卒業者であった。帰国後は、留学年数の二倍にあたる期間は文部大臣が指定する職務につくものとされていた。金沢の次に留学したのは、新外語の助教授であった本田存で、三六年七月から翌年三月まで留学するが、この時留学期間が七カ月に短縮されている。文部省から大韓帝国へ留学したのは、この二人だけであった。

首都漢城で

日清戦争終結後三年半、「当時まだ二十七歳の青年であった」金沢は、「多大なる希望を抱いて渡韓した」（『日鮮同祖論』）。

当時の両国間の交通は、今から思へば甚しく幼稚なもので、神戸から海路、門司・長崎・厳原を経て、先づ釜山、次に仁川、其処から漢江を遡つて、龍山から京城といふ順序で、これにざつと七日間を要したものである。私が最初に朝鮮の地を踏んだ釜山には、後に外務大臣をせられたことのある故伊集院彦吉男爵が領事としてゐられ、私がいよいよ船を離れた仁川の港には、今の子爵石井菊次郎閣下が領事で、其下に領事官補として、私が文部省直轄大阪中学校時代に私よりは一年の上級生として、同じ幼年舎に起居を共にしたことのある幣原喜重郎君、即ち今の幣原男爵閣下がゐられたのである。私の三年間の京城生活中の大部分、全権公使として今の男爵林権助閣下、領事として後に駐墺大使であつた秋月左都夫閣下がお出でになつた。

（『日鮮同祖論』）

漢城《かんじょう》（現在のソウル）で、「白紙のような気持ちで朝鮮語を勉強しました」と、金沢は七三歳のときに語っている（『毎日新報』昭和一九年八月五日）。「いつも笑い話にしているのですが、朝鮮語の先生からアヤオヨ（日本語のアイウエオ）を習いました」というのは、それまで勉強していないわけではなかったが、文字通り一から教えてもらったのであろう。また、このとき、「朝鮮語と日本語が同系の言語であると初めから決定してしまってはいけないと考えました」と、同系論に対して慎重であったことも語っている。

同時期の他の留学生も、日本公使館で朝鮮人を教師として学習を進めていた。すでに語学力があった前間恭作の場合、国分象太郎の世話で、兪炳文を教師として『興夫伝』を用いて始められたという（末松保和「前間先生小伝」）。金沢より一年前に外務省から派遣された藤波義貫も、日本公使館で閔《びん》先生から朝鮮語を学んだ。当時は、藤波が閔先生の家に行けば殺されるかもしれないと言うほど、「日本人を忌避した」時期であったという。三国干渉と王妃殺害事件のために、「排日の気勢は愈々盛んになり当時の日本代表者なり居留民は、只もう翼を収めて、国王や韓廷の御機嫌をそこねない様にし、露国の勢力に圧せらるゝが儘《まま》に隠忍して時局の転回期を待つ様な状態」で、藤波も時々往来で「倭《わ》奴《ど》々々と嘲弄して子供が瓦石を矢鱈《やたら》に投付けるのに閉口した」という（藤波「私が朝鮮語を学んだ頃」）。

このような時期から金沢は漢城にいたのだが、南山の西北麓、長坊の朴宮内と呼ばれる高台の奥の渓間にある、花樹亭という簡素な山荘に一時寄寓していた（末松前掲論文）。この花樹亭の周辺について、金沢は、「観光、疏風（遠足）と称して山野に散策を試むるもの常に多く、貴紳の別業（別荘）は一般の人士にとりても一種の公園たり、これ等の内有名なるものを挙くれば南山のみにても老人亭、花樹亭、紅葉亭等を数ふべく四季折々の観客絶ゆることなし」と描写している（『韓国の首都京城』）。風習の違いに、金沢も驚いたことがある。「両班《ヤンバン》の家を借て住つて、其《その》客間を書斎に兼用して居た処が、時々見も知らずの韓人が例の長煙管《きせる》を銜《くわ》へて咳払ひを為乍《しなが》らヌーツと這入《はい》つて来たことが一度か二度では無かつた」のである（『東京朝日新聞』明治四三年八月二八日）。この間に『三国史記』を買い求め、のちに『朝鮮書籍目録』（明治四四）に収めている。

漢城にはキリスト教を伝道する欧米人が滞在し、朝鮮研究にも携わっていた。三三年六月、英国王立アジア協会朝鮮支部が結成されて、『会報』も発行される。このとき、すでに朝鮮で伝道してきたH・B・ハルバルト（Homer Bezaleel Hulbert, 一八六三～一九四九）、H・N・アレン（Horace Newton Allen, 一八五八～一九三二）、H・G・アンダーウッド（Horace Grant Underwood, 一八五九～一九一六）などが出席し、アストン、グリフィスも名誉会員になっている。

「今度日本からきた某《ぼう》は大酒飲みじゃといわれた」と、金沢はのちに語っている（松樹素道氏談）。韓国人を驚かせるほどの酒量を誇ったことは、懐かしい留学生活における武勇談だったのだろう。

朝鮮八道を巡る

明治三一年一二月一三日、日本臨時代理公使日置益から韓国外部大臣朴斉純に、金沢や陸軍中尉など一三名の旧宮闕《きゅうけつ》拝観願い、すなわち景福宮や昌徳宮の見学が許可されるよう依頼する文書が送られた（『旧韓国外交文書』四）。

また、三三年一〇月一二日付で日本公使林権助から朴斉純に、金沢が一六日から京畿・忠清・全羅・慶尚・黄海・平安の各地を遊歴したいという希望に対して、護照〔旅行免状〕と各地方官宛の関文〔公文書〕が発給されるよう、依頼している（前掲書五）。この旅行中のことだろうか、一二月二八日付『読売新聞』は、「蒙古字の古碑」と題して、金沢が「江原道に在る蒙古字の巨大なる古碑を発見しこれを拓模して上田専門学務局長の許に送り越せりと」と報じている。

三四年にも、三月二二日付で、「帝国文部省留学生文学士金沢庄三郎儀、今般京畿・江原・咸鏡・平安及黄海等ノ地方旅行致候ニ付テ」、護照と関文が発給されるよう申請されている（前掲書五）。旅行好きの金沢は、朝鮮半島でも時間をかけて八道を巡ったのだった。

『朝鮮月報』に投稿

明治三二年九月、漢城で在韓日本人が「朝鮮会」を結成し、南山洞に朝鮮月報社を置いて『朝鮮月報』を発刊する。「学理上及実際上より韓国各般の事情を研究するを以て目的と」（規約第一条）するものであった。のちに前間恭作が、「まだ金沢庄三郎君なども居ったときです。幣原君の入城前です。同志で雑誌を印行しました」と回想している（桜井義之「韓国研究会のことども」）。

朝鮮会は委員を三名おき、原稿蒐集委員が金沢、編集委員が菊地謙譲（明治三〜昭和二八）、会計委員が信夫惇平（明治四〜昭和三七）であった。連絡先は、日本公使館の金沢とされている。会員に、国分象太郎・鮎貝房之進・塩川一太郎など旧外語の卒業生、前間恭作・西惟徳など外務省の職員、日本組合教会牧師の渡瀬常吉、探検家の笹森儀助、日本亡命中の朴泳考と共に朝鮮へ入った恒屋盛服、そして公使林権助、領事秋月左都夫など高官の名前が見える。『朝鮮月報』の刊行は第四号までで、第五号・第六号の合併号を七月に発行する予定はあったが、実現しなかったようだ。

原稿蒐集委員という立場もあったためか、金沢の投稿は全体で十三編と多い。その内容は、文字、書誌、朝鮮語、朝鮮文化、歴史、辞書というように、のちの研究の主要なテーマとなるものである。金沢の朝鮮語研究の嚆矢といえる「諺文の起源」は、「訓民正音」（ハングル）の成立過程に関するもので、第四号で加筆する。諺文は従来言われたように全部を梵字（サンスクリット）に依拠したのではなく、主として朝鮮語声音の比較研究によって発明され、その製作は世宗二十八年以前で、僧侶間に行われていたであろう、また、現在の綴字法は発明当時より退歩していると論じている。

「日韓小字彙」は、『アイヌ語会話字典』でガベレンツに倣った方法を用いて編集したもので、「ア」と「イ」の部だけ二百余りの単語と文を挙げた。第四号には、この「日韓小字彙」が「韓語文法」とともに東京で出版されることになったため、掲載を中止したと記している。

「朝鮮に関する西人の研究」は、欧米人の朝鮮研究の歩みを同時代まで辿ったものである。アストンに対する敬意はすでに触れたが、グリフィスについても「千八百八十二年「朝鮮」と題せる書を著して、其歴史風俗を詳述せり、氏は朝鮮に来りしことなしと雖ども、いふところ概ね実地に適合す、朝鮮全般に関する智識を得んとせば此書に若くものなかるべし」と讃えた。

『言語学雑誌』での消息

『朝鮮月報』が言語学会に寄贈されていたので、『言語学雑誌』第二号（三三年三月）に「諺文の起源」が転載され、「再び諺文の起源に就きて」は第六号（同年七月）で要点を紹介された。第三号に、「金沢庄三郎氏の近業」という記事がある。

> 一昨三一年韓国に留学し、現に京城に在つて朝鮮語を研究されてゐる金沢文学士の消息はその後たえて聞えなかつたが、昨冬以来の『朝鮮月報』上に於てその近業の公にされたのを見て、わが語学者は皆大に喜んだのである。固《もと》より研究の余力を以て起稿された小論文であるが、之を未知の人々に紹介するのは決して無用の業ではあるまい。それで、同誌第一号には前号の本誌に転載した「諺文の起源」、第二号には「朝鮮の俚諺」「朝鮮の書籍」があり、本年一月出版の第三号には承前の続稿の外「朝鮮に関する西人の研究」と題した書史（ビブリオグラフヰー）がある。これは朝鮮語学者にとつて有益なものである。明治三十年に岡倉由三郎氏『帝国文学』（第三巻第四）で「朝鮮語講究史」を紹介されたが、金沢氏のはもつと近代にわたつてをる。（後略）

留学中の三三年七月二日、金沢は東京外国語学校韓語学科の教授に任じられる。当時、上田万年が校長事務取扱として校長代理を務めていた。金沢が実際に教壇に立つのは一年以上あとになるが、これが「文部大臣が指定する職務」（「文部省外国留学生規程」）であったと考えられよう。三四年九月に帰国し、いよいよ朝鮮語を専攻する生徒たちに対して研究の成果を語っていくことになる。彼の人生における分岐点として重要な意味をもつ、この新外語と韓語学科について、次章で概観したい。

第三章　新外語設立され、韓語学科教授に

――明治三〇～大正四年、二六～四四歳――

1　朝鮮語学科のない時代

明治二〇年代の朝鮮語

旧外語を吸収した高等商業学校では、明治一九年（一八八六）一一月に語学部（旧外語の露・清・朝鮮語学科）を廃止したあと、外国語科目は英語のほか、選択科目として仏・独・伊・西・支那の各語を置いていたが、二六年に露語を追加する。そして二七年、日本が朝鮮に対する支配権を清国と争い、八月一日に宣戦を布告すると、一一月、朝鮮語が追加された。担当した教師は、旧外語で教えた住永琇三と外務省の山崎英夫であった。対馬の厳原に生れた山崎は、釜山と京城で研鑽を積み、二三年から東京の朝鮮公使館に勤めていた。

明治二〇年代は官立の学校に朝鮮語学科はなく、いわば朝鮮語教育の空白期であるが、日清戦争が日本の勝利のうちに進展するにつれて、二八年には、露・清・朝鮮語を教える学校の開校が新聞や雑

誌で報道されている。『国学院雑誌』は一月、「朝鮮語の流行」という見出しで、高等商業学校が語学に朝鮮語を加えたことや、慶応義塾の朝鮮語学校ほかいくつかの団体を紹介した。しかし、このような小規模の私立の学校は、長く存続した形跡が見えない。それは、経済的に保証された慶応義塾も例外ではなかった。

慶応義塾は、二七年一二月五日、東京府に朝鮮語学校の設立願を提出し、すぐに認可されて、二八年一月八日から授業を開始した。夜六時から八時までの間に朝鮮語の会話を一時間学ぶ、週五時間一年間の課程で、「口授及筆記」により進められた。教師は山崎英夫が採用され、慶応義塾に留学していた尹致昨、魚允迪、朴義秉が補助教員を務めた。定員は一〇〇名で、開設当初、一一〇余名が入学した。しかし、退学者が後を絶たず、五月には入学者もなくなり、七月末の生徒数は二六名となる。一一月に卒業写真を撮影しているが、福沢諭吉を中心に写っている生徒の数は、一九名である（『慶応義塾百年史』中巻前）。二九年の『東京府管内学事年報』に朝鮮語学校は「休校」と記されているが、このような成り行きは、おそらく福沢にとっても予想外のことであっただろう。なお、慶応義塾はすでに一四年に柳定秀と兪吉濬、一六年に徐載弼ほか六十名を留学生として受け入れており、二八年五月にも、朝鮮国学部衙門大臣との契約に基づいて一一四名の留学生が入学している。

東邦協会と殖民協会

明治二〇年代の政治家や学者、言論界の意識と行動を示すものに、東邦協会と殖民協会の設立がある。東邦協会は二三年一一月、副島種臣を監理者に福本誠、陸実（羯南）らを役員として創立された。会員に、近衛篤麿、品川弥二郎、三浦梧楼、伊藤博文、頭山満などのほか、清国公使の李経方と朝鮮公使の李鶴圭の名も見える。紀要『東邦協会報告』の「発行趣旨」は、日本人がチェンバレンから日本語を、バチェラーからアイヌ語を、フェノロサから日本美術を教えられたことを恥じ、「清韓の語を解するものは甚た少な」い状況を批判して、西欧に遅れずに近隣諸国の研究にとりかかるよう鼓舞するものであった。

一方、東邦協会の発足から三年後の二六年三月、殖民協会が組織される。発会の日には二百余名が集まり、近衛篤麿が仮議長を務めて、榎本武揚が会長に指名された。評議員二八名のなかに、井上角五郎、渡辺洪基、田口卯吉、佐々友房、三宅雄二郎などの名前がみえる。創立式で榎本武揚は、「殖民事業が我国家経済上に於て必要欠くべからざること」で、「真に天下の通論」であると述べている。翌四月から紀要『殖民協会報告』が刊行され、世界各地の殖民の状況、関連する法律、日本の進むべき道についての研究が掲載される。

明治二〇年代は、日本の歴史と文化に対する自信と誇りが、西欧の学問と文化にははるかに及ばないという劣等感と様々な場で相剋していた。そして、西欧列強の東洋侵略に伴う東洋研究と日本研究が、日本の政治家と知識人を刺激し、焦燥感を駆り立てていた。

西欧列強の東洋語研究

ここで、西欧における東洋研究の進展を垣間見ておこう。

イギリスでは、東インド会社がベンガルの統治権を獲得した一七六五年頃からアジア研究が始まった。比較言語学を生んだW・ジョーンズ（→第二章第一節）が、一七八四年にカルカッタ（現・コルカタ）でベンガル・アジア協会を組織している。一八二四年（文政七）、ロンドンに王立アジア協会が創立され、以後各地に支部が設置されていく。

フランスでは、一七九五年に東洋語学校を設置し、一八二二年、パリでアジア学会が設立される。一八六八年（明治元）に日本語講座を開設して、レオン・ド・ロニーが初代教授となった。一八七三年、ロニーが提唱してパリで第一回国際東洋学者会議が開かれる。ロニーの弟子のモーリス・クーラン（Maurice Courant, 一八六五〜一九三五）は文献三千八百部から成る朝鮮書誌 *Bibliographie Coreenne*（一八九五〜一九〇一）を著しており、これに感嘆した金沢は四〇年の外遊の際にクーランを訪問する。

ロシアのペテルブルク大学は、一八一九年の創立以来、東洋文学・東洋語部門を置いていた。一八九一年以来モスクワ・ウラジオストック間に建設を進めてきたシベリア鉄道が、一八九七年にほぼ完成する。一八九九年（明治三二）、ウラジオストックに東洋学院が開校し、日本語、支那・満州語、支那・蒙古語、朝鮮語の四学科を設置した。日本の『言語学雑誌』は、東洋学院講師の前田清嗣から情報を得て、「露国の東方経営と東洋学の将来」（一―九）、「露西亜大学の東洋語学科」（一―一〇）、「浦港東洋語学校の状況　付同校教授の辞書編纂」（二―一）など、紹介にかなりの紙面を割いている。

ドイツでは、一八七三年（明治六）にドイツ東洋文化協会（ＯＡＧ）が設立された。一八八七年一〇月、ベルリン東洋語学校が開校し、東京大学の教師であったルドルフ・ランゲ（一八五〇〜一九三三）が日本語科の初代教授となった。日本人の井上哲次郎や巌谷《いわや》小波《さざなみ》らが講師をつとめたが、その生徒の一人が、のちに来日して帝国大学でドイツ語と博言学を教える、Ｋ・フローレンツである。

以上のような西欧諸国における東洋語研究の進展が、新外語設立の建議の一理由となる。

2　第八回帝国議会の清韓露語学校設置建議案

建議案の提出

清国との講和が模索されていた明治二八年二月、金沢が帝国大学二年生の時だが、第八回帝国議会の衆議院で、無所属議員の堀越寛介（安政六〜大正五）が「清韓露語学校設置ニ関スル建議案」を提出した。埼玉県北埼玉郡川俣村（今の羽生市）に生まれた堀越は、二二年に東京専門学校（今の早稲田大学）を卒業して翌年衆議院議員に当選し、二七年九月の選挙にも無所属で当選していた。建議案は、賛成者として柏田盛文、尾崎行雄、高田早苗など三一名が名を連ねている。設置の理由は、次のとおりである。

> 我国曩《さ》キニ官立外国語学校アリ　清韓露ノ語学モ亦《また》英仏独ノ語学ト與《とも》ニ教授セシト雖《いえど》モ該校廃止ニ帰シテヨリ英仏独ノ語学ハ官私立諸学校ニ於テ教授スレトモ清韓露語学ニ至テハ殆ト教授スル所ナク　随《したがっ》テ此語ニ通スルモノ天下誠ニ少シ　然《しか》レトモ清韓露ノ三国ハ地勢上我国ト密接ノ関係アリ且ツ今回日清交戦ニ従事スルヲ以テ将来我国ト三国ノ国際ハ非常ニ頻繁ニ重大ノ関係ヲ有スルニ至ルヤ疑ナシ　随テ該三国ノ語学ニ通スルモノヲ養成スルノ必要　愈《いよいよ》迫ル…完全タル官立学校ヲ設置シテ完全ニ教授スルニアラサレハ完全ナル語学者ヲ養成輩出スルコト能《あた》ハス　況《いわ》ンヤ私立ノ如キ営利的学校ハ維持ヲ永遠ニ期スル能ハサルニ於テヲヤ　是レ本員等カ官立清韓露語学校設置ヲ希望ス

ル所以《ゆえん》ナリ
（国立国会図書館法令資料室第八回帝国議会資料、濁点はない）

三月一四日、堀越が演壇に登ると、議場から「簡単」という声が飛んだ。この建議の否決を見越して、演説は簡単に済ますよう催促したのである。堀越は、次のように説明する。

堀越寛介の趣旨説明

西比利亜《シベリア》鉄道が浦塩斯徳《ウラジオストック》に全通を致しまして、又彼《か》の朝鮮が平壌より京城を通じて鉄道を敷き、又支那の山海関の鉄道が段々露韓の方に連なるやうの場合に至りましたならば…此《この》四箇国の通商と云ふものは是より益々盛になる、通商を盛に致しまして商売上の所謂《いわゆる》勝を占めやうとするには、我邦に於て彼の三箇国の能《よ》く人情、風俗、国情、商情等を明《あきらか》にしなければならぬ、其《その》明にするには則ち彼の国の語と云ふものを――彼の国の語源と云ふものを能く知らなければならぬ

堀越は朝鮮について、「千難を排し万難を冒してからに、彼の独立を輔《たす》けた、…我邦が政治上社会上経済上皆十分に誘掖をしてやらなければならぬのは、我国人の任である、して見ますれば彼の国の所謂国語と云ふものは十分我国人が明にするの必要は固より明なる話である」、高等商業学校の中に露西亜語・支那語・朝鮮語の科目はあるが、「学んでも宜《よ》し学ばぬでも宜しと云ふ位で…全く実用に足りない」、「別に語学校を設けなければ十分なる目的を達することは出来ぬと本員は信じます」と述

べた。ところが、議員席から又も「簡単々々」と声が飛んだので、堀越は、「畏《かしこま》りました、もう少しどうぞ――」とやりすごして、「完全なる所の語学校を一つ国庫に置いて国家が之を拵《こしら》へ」る必要があると訴えた。そして、「どうか我邦の前途東洋の将来を御考下さいまして、本員の説に御賛成…」と言ったところで、小室重弘（愛知県選出、自由党）が、「大反対」と声を挙げている。

「以てのほかのことである」

堀越の演説が終わると討議に移ったが、議場から「採決々々」と声が上がり、もはや議論の余地はないという雰囲気であった。そのとき、堀越の演説中に「大反対」と叫んだ小室重弘が、「一応反対の理由を述べたい」と申し出て、次のように演説したのである。

> 諸君、私は斯《かく》の如き問題が此《この》議場に起ったことを悲しむのです、何となれば今日の時に当って外の国、もあらうに、朝鮮や支那の語学校を日本に作ると云ふことは、以ての外のことである、東洋の文明国を以て任ずる日本帝国は、日本語のみを以て…日本の語学を以て拡張して往かなければならぬ、諸君、豊太閤嘗《かつ》て言ったらう、韓人を従へるには及ばぬのである、韓語を能《よ》くすると云ふ必要はない、彼をして我邦の語を行はしめると云ふことを言ったのである、諸君、若《もし》も此の不自由であると云ふことであれば、翻訳は誰がやるのであるかと云ったならば、支那人や朝鮮人や其《その》者が日本語の翻訳をやるのが宜《よろ》しい、彼等をして日本の語学校を立てしむるが宜しいのであります、我邦は斯の如きものを持って来た例《ため》しはない、諸君、試に英国に往《い》って御覧なさい、英吉利《イギリス》の倫敦《ロンドン》の真中に波蘭土《ポーランド》の語学校があるか、又巴里《パリ》の真中に埃及《エジプト》の語学校が建って居ったことがあるか、吾々は斯

の如き問題は実に弁駁をするの価値はないのでございます。（後略）

秀吉の話は、頼山陽『日本外史』の徳川氏前記にある「吾がこの行、将に彼をして我が文を用いしめんとするのみ」というくだりを指しているのであろう。堀越は、「小室君は豊太閤の再生と思ふやうでございます」と返したが、ここで議長楠本が採決に入った。堀越に賛成して起立した議員は少数で、建議案は否決された（『帝国議会衆議院議事速記録』9）。秀吉の言葉を持ち出すなど、堀越は時代錯誤と思ったようだが、小室は本気であった。また事実、一〇年後から日本は韓国に日本語を普及していくのである。第八議会においては、清韓露語学校の設置は「以ての外のこと」であった。しかし、十カ月後、第九議会で新たな建議が試みられる。

3　第九回帝国議会の外国語学校設立建議案

日清戦後経営と露・清・韓語

第九回帝国議会が召集された明治二八年一二月は、「日清戦後経営」と呼ばれる時期の始まりにあたる。日本が大国である清国に勝利したのは、西欧の学問の導入と日本人の精神力によるもので、一躍東洋の盟主になったと自信と誇りを深める一方、三国干渉による遼東半島返還という屈辱が「臥薪嘗胆《がしんしょうたん》」という言葉で表現された。戦後経営は、西欧列強に対抗できる軍備の拡張と殖産興業を促進し、そのために教育の充実を図るものであった。議会開院式の勅語も総理大臣伊藤博文も、教育の必要に言及している。第九議会に提出された建議案も、清国償金の一部を市町村立小学校の基本金にあてる、国費で小学校修身教科用図書を編纂する、帝国図書館を設立するなど教育関連の議案が多く、外国語学校設立建議案もその一つである。

東京外国語学校の再興に中心的役割を果したのは、学習院のドイツ語の教授、大村仁太郎（文久三〜明治四〇）であった。大村は旧外語を卒業して母校の教員となったが、一九年の廃校後、学習院に移っていた。母校を失った旧外語の教官や卒業生たちが再興を期したのは自然な成り行きであるが、とりわけ大村は学校の規則や教育課程を作成し、有力者の援助を求めて奔走した。

大村に賛同して建議案の提出を実現させたのは、学習院の院長である近衛《このえ》篤麿《あつまろ》、国民協会副会頭の品川弥二郎、宮中顧問官で元帝国大学総長の加藤弘之、法学者で行政裁判所長官を務めた山脇玄であった。これらの人々に共通するものは、露・清・韓語ではなくドイツ語であり、留学と学問を通じたドイツ体験であった。加藤は万延元年（一八六〇）に蕃書調所へ入ってオランダ語と対訳してドイツ語を学んだ、日本人のドイツ語学習の嚆矢であり、萩で吉田松陰に学んだ品川（一八四三〜一九〇〇）は明治三年から九年までドイツに留学し、代理公使、ドイツ特命全権大使を務めた。山脇玄（一八四九〜一九一〇）も明治三年から解剖学でドイツに留学したが、政治・法律学に転向し、一〇年に帰国している。こういった人々が中心となって、明治一〇年代から日本の学術・教育のありかたをドイツに求め、独逸学協会を結成して『独逸学協会雑誌』を発行し、独逸学協会学校（現在の独協大学）を創立する。そして、以上の人々に加えて多数の華族の賛同を得て建議案の提出へ進めたのが、公爵近衛篤麿である。

近衛篤麿（文久三〜明治三七）は、五摂家《ごせっけ》の筆頭である近衛家の長男として京都に生まれた。祖父は孝明天皇の関白を務めた忠熙、長男が敗戦時の首相、文麿である。ライプチヒ大学で学位を得て二三年九月に帰国した近衛は、貴族院議員として次々と会派を組織し、対外硬派の盟主となる。「東洋は東洋の東洋なり」と主張し、中国と「手を携えて東洋保全の事に従う」ために三一年に東亜同文会を立ち上げ、さらに日本倶楽部《くらぶ》を設立し、前述した東邦協会と殖民協会も活躍の場であった。

一方で教育問題に関心が深く、二七年に学政（のち学制）研究会会長、二八年に学習院院長および大日本教育会会長、二九年に帝国教育会会長に就任する。学習院で、「皇室の藩屏《はんぺい》を以て任ずる所の華族」を従来の軍人としてだけでなく、外交官として教育しようとしたのは、資力も地位も備えた貴族だけが遂行できる職務であると考えたからであった。外国語学校の建議は、そうした彼の教育構想の一角にあって、東アジアの現状に対する強い危機意識から生まれたものであろう。ただ、それを具体的に知ることはむずかしい。彼は二八年二月一九日から詳細な日記を記したが、外国語学校設立建議の時期は欠落しているのである。

貴族院の審議

「外国語学校設立ニ関スル建議案」はまず貴族院で、二九年一月一六日の午前中に審議された。発議者は、華族議員の近衛篤麿と勅選議員の加藤弘之・山脇玄で、賛成者として名を連ねたのは、長谷《ながたに》信篤・岡部長職・井伊直安など公・侯・伯・子・男の爵位をもつ華族議員二二名、菊地大麓・平田東助など勅選議員一四名、梅原修平など多額納税者議員四名、合計四

○名であった。

建議案は、「征清ノ大捷ハ頓《とみ》ニ内治外交ノ繁忙ヲ促スニ至レリ…此時ニ際シ先ヅ要スルモノハ外国語ニ熟達スルノ士ナリ」、「政府ハ速ニ外国語学校ヲ創成シ英仏独露ヲ始メ伊太利《イタリア》西班牙《スペイン》支那《シナ》朝鮮等ノ語学生ヲ育成」するため、二九年度追加予算として提出するよう要望するものであった。その「理由」は、「条約改正実施ノ期ハ既ニ目前ニ迫リ、馬関条約ハ日清貿易ノ区域ヲ拡大シ、露国及朝鮮トノ関係ハ将来益繁密トナルヘク、西比利亜《シベリア》鉄道完成ノ期ハ頓ニ亜欧ノ関係ニ大変化ヲ生スヘク、台湾新ニ帝国ノ版図ニ入リテ西班牙ノ藩属地ト隣接スルコト、ナリ、又伊太利トノ交際ハ学術上及生産上ニ於テ漸《ようや》ク親密トナラサルヲ得サルヘシ」、このような状況で「外国語ヲ専務トシテ生徒ヲ育成スル学校ノ殆ト絶無ナルハ実ニ大欠典ト謂《い》ハサルヲ得ス」というものであった（国立国会図書館帝国議会資料、句読点を補った、濁点はない）。

登壇した加藤は、一八年に「必要がないと云ふ考であったと見えて外国語学校を廃して仕舞った」が、「独逸、墺地利《オーストリア》、仏蘭西等で東洋語学校を立て、日本、支那其《その》他波斯《ペルシャ》等の語学を皆やって生徒を養成して居るのであります。それと同じことで、こちらでは又西洋から隣国の語学を総て…語学に熟達する者を拵へると云ふことが必要で誠に急務である」から、一日も早く官立学校として設立するため、可決されるよう求めた。これに対して賛成意見が表明される一方、卒業生が就職できるのか、入学生徒が少なくても設置すべきであるのかといった問題が討議された。そして建議案の可否について採決したところ、賛成の起立者が多数で、建議案は政府に提出されることになったのである。

衆議院の審議

衆議院では、同じ一六日の午後に審議された。建議案の提出者は、柏田盛文ひとりである（「帝国議会衆議院記事摘要」）。第四高等学校長を経て、二五年に衆議院議員となった柏田は、第八議会で堀越寛介が建議したとき、賛成者三一人の筆頭者であった。同議会で、加藤弘之とともに「教育高等会議及地方教育会議を設くる建議案」を提出して可決に導いている。

演壇で柏田は、蕃書調所《ばんしょしらべしょ》から旧外語に至った過程、旧外語が合併され廃止された過程を語った。「極《ご》く必要をば感ずる所の今日に此学校のないと云ふのは実に遺憾千万なこと」であると述べ、語学が必要な場として、外務省の各公館、文部省、大蔵省、逓信《ていしん》省、陸海軍省のほか、諸企業、新聞・出版関係などを挙げている。西洋諸国の東洋研究にも言及し、朝鮮については次のように述べた。

> 朝鮮の独立は東洋の平和を永遠に維持するためには、極必要のものであると云ふことで、一昨年遂に宣戦の詔勅まで発せられて遂に清国の覇扼《はやく》を脱せしむることが出来ました、然らば今後朝鮮に於ては日本国が是をば保護誘掖して、益々文明に進めて行くと云ふことは大なる重荷を負ふたるものと見なければなりませぬ…言葉のわからぬ為に向ふへ行って随分朝鮮人をばひどい目に遭はせることがあると云ふことは往々聞いて居ります、若し言葉の分ったる者が其途にでも居ったならば、さう云ふことは免れたのであらうと思ふ

建議案は特別委員に付託するという提案が可決され、翌日、柏田を委員長として高田早苗や新井章

吾など九名が委員に指名された。同月二八日、柏田は特別委員会の意見として、「外国の語学だけは衰へたと云ふのは如何にも残念なことである…戦後非常な膨張をばなして、四方に雄飛しなければならぬ時に至っては、平和的の武器の製造としては極必要なものとして可決致しました」と報告した。議長が採決に入ると賛成者が多数となり、建議案は政府に提出されることになった。

東京外国語学校の再興

新外語が「外交官をも養成せんとし、領事、商人をも作らんとし、語学教師をも教育せんとし、また内地雑居の準備をもなさんとす」るのは容易なことではないと憂慮されたように（「時事寓感」『教育時論』四〇九）、その設立には様々な立場の建議者の様々な思惑が託されていたが、近衛篤麿に収れんされて建議案は可決に至ったといえよう。

設置学科は、当初は、「露清韓英仏独六箇国の言語」（「語学校設立旨趣書」）、あるいは、「露西亜語・支那語・朝鮮語・独逸語・仏蘭西語・英吉利語」（学科課程第一条）というように、露・清・韓語が先に置かれることが多かった。新外語の設立は、露・清・韓語が第一義的に考えられていたといえようが、設立されると、英語、仏語、独語、露語、西班牙語、清語、韓語の順に記された。

しかし、三〇年九月一一日、新東京外国語学校は、かつて合併吸収された高等商業学校の附属として開校され、旧外語関係者には愉快なものではなかった。三一年五月の同窓会の会合で、分離独立させることが確認されている。九月に開かれた高等教育会議でも、井上哲次郎・加藤弘之・沢柳政太郎が「外国語学校独立に関する建議案」を提出した。その結果、三二年四月四日、独立して東京外国語学校と改称し（勅令第一一六号）、伊語（イタリア語）を増設して八学科となる。修業年限三年の本科のほか、夜間で二年間の別科（のち専修科）、一年間の速成科、一科目あるいは数科目だけを学ぶ選科、官庁・陸海軍・学校・会社の委嘱に応じる委託生、卒業生を対象とした研究生の制度も置かれた。

校長は、朝鮮語学科に関わる時期に限ると、神田乃武（英語学、主事〜校長心得〜校長、開校〜三三年）→上田万年（校長事務取扱、三三年四月〜一一月）→高楠順次郎（梵語・仏教学、三三年一一月〜四一年七月）→尺秀三郎（ドイツ語学、校長代理、三七年二月〜三九年三月）→村上直次郎（日欧交渉史、四一年七月〜大正七年九月）→茨木清次郎（大正七年九月〜八年四月）→長屋順耳（英語学、大正八年四月〜昭和七年八月）であった。

4 韓語学科の設置

開校とともに

旧外語と違って、新外語では韓語学科が開校当初から設置された。学科名は、帝国議会における審議では「韓語」も「朝鮮語」も使用され、三〇年七月制定の「規則」では「朝鮮語」が用いられた。しかし、同年一〇月に朝鮮が国号を「大韓」と改称した時から、公式的には「韓語」が使用される。

初年度に韓語学科に入学したのは、六名に過ぎない。他学科は、英語・仏語がそれぞれ二八名、露語が一五名、清語が一三名、西語が六名であった。志願者数と入学者数は、巻末の資料2にみられるように日露戦争前後に激増し、三八年には在学者数が六〇名を超えているが、その後は次第に減少を辿る。明治三〇年から大正七年までの韓語（朝鮮語）学科本科は、受験者が三五三名、入学者が一三九名、卒業生が一三〇名である。退学者が多いのは、この頃、他校でも同じ状況であった。

学科目は、明治四三年度をみると、韓語が各学年とも一八時間で、英語が四時間、修身が一時間、国語漢文が二時間、体操が三時間である。そのほかに言語学、法学通論、経済学、国際法、教育学、地理歴史、民法・商法などが、いずれかの学年に配された。

東京外国語学校新校舎（明治36年１月）
（『東京外国語大学史』資料篇㈠より）

韓語学科では、朝鮮半島への修学旅行が実施された。四三年には、併合直前の七月一〇日に出発して下関・釜山を経て一三日に京城に到着する。二九日に京城を発して水原に二泊、大邱に一泊して八月三日に東京に到着するという、長期の旅行であった。翌四四年も七月二一日から八月一七日まで、京城に一五日、平壌に四日、大邱に四日、さらに開城と仁川にも立ち寄っている。各地をていねいに見学し、京城・平壌・大邱などの方言を比較する余裕もあった（『校友会雑誌』四三年一二月・四五年三月）。

金沢を主任とする韓語学科

巻末の資料2に示すように、設置当初の日本人の教師は、すでに触れてきた山崎英夫で、三三年一一月まで約三年半在職する。次に赴任した岡倉由三郎は、文科大学の選科を終えたあと、二四年六月に漢城に開設された日語学堂で二六年まで日本語を教えていた。韓語学科担任は一年間だけで、三五年度から英語科に移り、のちに英和辞書やラジオ講座など英語教育で有名になる。

その後、韓国留学を終えた金沢と、新外語韓語学科の第一期生である本田《ほんだ》存《ありや》（明治四～昭和三三）の二人が主として韓語学科を指導する体制となった。金沢が言語学的に日本語と比較しながら講義し、会話と通訳に堪能な本田が実務的な朝鮮語を担当したようである。金沢は、三五年度に言語学を兼任している。日本語と朝鮮語の同系を主張する言語学者が韓語学科教授であったことは、興味深いことであるが、彼はここに一六年間在職する。

本田存
（『会報』第12号，より）

本田は、群馬県館林に生まれ、小学校卒業後に上京して、近藤真琴の攻玉社に学んだ。攻玉社は中村敬宇の同人社、福沢諭吉の慶応義塾とともに東京の三大塾に数えられていた。近藤は軍人でありながら国語学者で、かなによる辞書『ことばのその』（明治一八）を著している。本田は、二一年に嘉納治五郎の講道館に入門し、新外語在学中に三段であった。卒業と同時に韓語学科の助教授になり、柔道部の初代部長でもある。また、嘉納の勧めで水泳を始めて上達し、水府流水泳道場の第四代家元となって、海軍兵学校の水泳の師範も務めた。東京高等師範学校で水泳の指導を受けた村上四男《よしお》（朝鮮史、大正三～平成一一）によると、老齢ながら本田の水泳術はすばらしかった。眼光鋭く、指導は実に厳しく、猛者《もさ》連中も小さくなっていたほど、恐い先生であったという。水泳の評価が記号のようなもので書かれていたため分からなかったが、後年それがハングルであることに気がついたという（村上『韓史余滴』、村上四男氏談）。

講師の山本恒太郎は、韓語学科の第三回卒業生（三五年）で、二年間研究生として学び、外務省に勤務しながら講師を務めた。退職後は外務省の翻訳官となる。

朝鮮人の教師としては、呉世昌、柳苾根、趙慶協、朴羽揚、延浚、徐基殷の名が見える。呉世昌（一八六四～一九五三）は、朝鮮政府の高官であったが、三〇年に文部省に招かれて来日し（『旧韓国外交文書』三）、新外語の教師となった。三・一独立運動（大正八）時に天道教代表の一人として「独立宣言書」に署名する。書家として有名であり、新聞界でも活躍した。尹致旿は、甲申政変後に来日して慶応義塾で学び、同校の朝鮮語学校で教えたが、一三年後に帰国して、大韓帝国で学務局長、韓国併合後は中枢院参議になる。有名な政治家・教育者の尹致昊（一八六五～一九四五）の従弟である。趙慶協は本名が趙重応（一八六〇～一九一九）で、国事犯となって日本に亡命していたが、三一年一月から嘱託教師となった（『明治三一年公文雑纂』二一）。前年一二月発行の同窓会『会報』に、教師親睦会で山崎英夫の朝鮮語の演説を趙が日本語に通訳する場面があるので、三一年から教えて

趙重応
（『会報』第9号，より）

いたのかもしれない。三九年に特赦で帰国して農商工部大臣となり、併合後は朝鮮総督府中枢院顧問、のち子爵となる。

柳苾根は朝鮮人としてもっとも長期間にわたって朝鮮語を教え、日本人が著した朝鮮語の教科書や参考書の校訂に携わった。大正五年三月に教授に任じられたが、翌六年四月に休職を命じられる。まもなく朝鮮へ戻り、諺文綴字法制定の委員など朝鮮語学の専門家として教育行政に関わっていく。

金沢と生徒たち

韓語（朝鮮語）学科の卒業生の多くが朝鮮半島へ向かい、朝鮮総督府や諸官庁、京城府庁、地方の役所、あるいは商業関係の仕事についた。総督府などで通訳官となった人々は、朝鮮語の教科書、朝鮮に関する参考書も著している。藤戸計太『韓語独習誌第一巻』・『最新朝鮮地理』・『朝鮮金融経済研究叢書』、近藤信一『韓語正規』、斎藤助昇『新選正則日鮮会話』、西村真太郎『朝鮮の俤』・『日鮮会話精通』、清水兵三「現代朝鮮洞里名の研究」、山本正誠『朝鮮語研究』・『朝鮮語会話』（西村と共著）・『新々朝鮮語会話』（大正一〇）などである。

金沢は朝鮮語を理解できる生徒たちを前にして、日本語と朝鮮語を比較し、自身の言語観、朝鮮語観、同系論、植民地朝鮮における朝鮮語と日本語の問題について講義し、かつて留学体験から得た韓国の文化、風土、習慣などについても語ったであろう。生徒たちがのちに書く文章に、金沢からの影響が色濃く表れている。「彼等に日本語の使用を強ふるよりは先づ我より進んで朝鮮語を学ぶことに候…言語の廃滅などいふ事は世人の想像するが如くしかく容易なるものに非ず」といった口吻は、金沢の代弁ともいえよう。これは奥山仙三が書いたものだが、彼はその著『語法会話　朝鮮語大成』

（昭和三）の巻頭に、「このさゝやかなる努力のあとを恩師金沢庄三郎博士の座右に捧ぐ」と記している。島田一郎も、「帝国主義は国家の必要よりせる大方針」であり、朝鮮人を「無窮の皇化に浴せしむる」ことが使命であるとしながら、植民地の「言語風俗習慣は幾千年の星霜を経て発達したるものにして…言語の如きは殊に此を重んぜざるべからず。何となれば、一国の言語は一国の生命なれば也。一国の言語滅すれば一国の生命永久に滅ぶ」（「我等が意気を見ずや」『校友会雑誌』大正五）と述べており、金沢の言語観の影響を見ることができる。

なお、三八年頃から東京外国語学校で、携帯に便利な朝鮮語の辞書が編纂されていたようだ。約一年間で編纂を終えたが、ハングルの活字製造と植字に困難をきわめ、校正も時間がかかった。千頁余りの原稿が五年たっても百頁位しかできていないが、学校側は完成をめざして励んでいるという（『教育時論』四三年一〇月）。朝鮮語辞書であれば、金沢をはじめとして朝鮮語学科の教師たち、あるいは生徒たちも編纂に関わったはずだが、刊行に至っていないようだ。

日露戦争と韓語

明治三七年の新年が明けてまもなく、陸海軍から「韓語に通ずるもの五六名を得たし」という連絡が学校に届いた（『東京外国語学校校友会雑誌』明治三八）。ロシアに対する宣戦布告の一カ月前である。緊急の要請にすぐには応じられず、郷里に戻っている生徒たちに電報で連絡をとって間に合わせたという。一月下旬にも「某師団より露清韓各語共数十名の通訳を依頼」され、開戦の数日前には運動場が補充兵の炊事場にあてられた。二月以後は卒業生も通訳を命じられ、彼らが新調の軍服で出入りするのが日常的になった。三月二三日、露・清・韓語学科の卒業試験を繰り上げ、生徒を卒業させて要請に応じた。六月、陸軍省が韓語通訳の試験委員を委嘱してきたので、学校は金沢を指名している。

三八年に入ると二年生も通訳となり、一年生は実習生として各地の捕虜収容所に送られた。また、捕虜情報局の委嘱に応じて学校内に捕虜の書面数千通を翻訳する特別室を設け、教師も生徒も翻訳に邁進したという。五月二九日にバルチック艦隊全滅の報告を受けて、翌日、職員・生徒一同が講堂に集まり、海戦祝捷会を催した。三八年度の卒業式は、二月、六月、七月と三回行われ、卒業生が戦場へ送り出された。入学者についても、露・清・韓語学科の募集を三カ月以上繰り上げ、四月に入学試験を行った。この戦争で、学校から陸海軍通訳として派遣された者は二〇〇余名に上ったという。

しかし、戦争は死を伴うものである。露・清・韓語の通訳官を務めた教官一人と卒業生六人が、戦場に斃れた。韓語科は、三五年卒業生の小野雄志を失った。学校は、三九年二月三日、築地本願寺で東京外国語学校出身通訳官戦死者追弔会を催し、約四〇〇名が列席した。尺《せき》秀三郎校長代理は、弔辞を読み上げながら何度も嗚咽し、ことばにならなかったという。ついで、露語科主任鈴木於菟平、清語科主任宮島大八、韓語科主任の金沢が弔文を読み上げた。

新外語は、日清戦争においてとりわけ露・清・韓語の通訳に不足した反省とその後の情勢の見通しから再興されたのであった。日露戦争においては全校を挙げて要請に応え、帝国議会における設立の建議は、その目的を十分に果たしたということになろう。

東京外国語学校韓国（朝鮮）校友会

明治四一年二月一〇日、漢城の南山にある巴城館で、旧外語と新外語に在籍した教師と生徒、さらに「縁故のある」人々により、東京外国語学校韓国校友会が発足する。日本人と韓国人で構成された会員は、懇親を深めて韓国事情を研究することを目的とした。旧外語の国分象太郎が会長に、新外語の藤戸計太などが幹事になった。

同年九月、『会報』が創刊されている。四五年の第一二号まで継続し、大会や茶話会での講演、研究発表、文芸作品を掲載し、会員の消息を伝えた。金沢も、「朝鮮に於ける国語」「朝鮮語に関する意見」など論考数編を寄稿している。

韓国併合後は朝鮮校友会と改称するが、その頃の会員は二百余名で、朝鮮人が三三名であった。新旧外語の教師であった孫鵬九、尹致昕、呉世昌、趙重応（趙慶協）、柳苾根のほか、「縁故のある」人々として、李完用、李会九、李人植、鄭万朝、愈吉濬、李桓九など、韓国の主だった政治家や文化人の名がみえる。

春秋の大会や茶話会が、巴城館・和楽園・日本人商業会議所・日本人倶楽部・五松亭・八景園などで催され、日本語と朝鮮語を共用して、研究発表が行われた。四三年一二月に金沢の来朝歓迎会（第四章第4節）、四四年七月に前間恭作の渡欧送別会が催された。

第四章　『辞林』と『日韓両国語同系論』の刊行

——明治三四〜四四年、三〇〜四一歳——

1　言語学者、教育者の道へ

東京帝国大学言語学科の講師に

新外語で講義を始めてから半年後の明治三五年（一九〇二）二月、金沢庄三郎は東京帝国大学文科大学言語学科の講師に任じられる。担当する朝鮮語は、第三年の必修の科目とされていたが、言語学科の学生数は数名に過ぎず、国語学・史学など他学科の学生も受講した。『言語学雑誌』（六月）は、「金沢文学士の新講義」と題して、金沢が日本語と朝鮮語の比較文典を講じることになり、「学生の聴講するもの毎回無慮百数十名　これ我が言語学界に東洋語比較研究の端緒を開いたものである」と紹介している。日本語の系統論に対する関心の高さを示すものであろう。

三七年度から、アイヌ語も担当する。この年に博言学科に入学したのは金田一京助一人だったが、まもなく学年を問わず一緒に受講できるようになったので、一年上の橋本進吉・小倉進平・伊波普猷・後藤朝太郎とともに、金沢の「アイヌ語」・「朝鮮語初歩」・「日韓比較文法」を三年間聴講する。金田一は金沢に頼まれて、講義のとおりに筆記し、その日の夕方自宅に届けたという。「先生のお話は、一語一語、めいせきに、片言半句のそつのない、筆記をするとそのまま達意の名文章だった」（金田一『国語学論考』（序））と回想している。幸いに明治年間の「日韓比較文法」の講義は亀田次郎によって筆録されたものが残っているので、後述する。なお、アイヌ語の講師は、大正二年度から金田一京助に代わる。

若くして文学博士に

三五年六月一一日、三一歳の金沢は、博士会に提出した「日韓両国語比較論」「日韓語動詞論」の二論文により、文学博士の学位を授与される。

『言語学雑誌』（八月）は、「金沢文学博士」と題して、「両篇共に日本語と朝鮮語との声音語法に亘りて詳論し、動詞論に於いては傍ら琉球語動詞の構造用法等を参照して、日本語と朝鮮語とは同一系統の言語なることを断定せられたのである。実に氏の研究に依りて、初めて東洋語比較研究に一大燭光を認めたので、延いては我が国語系統問題の解決に少なからぬ裨益を與へられたと信ずるのである」と記した。

博士号の授与は二〇年五月の「学位令」によるもので、文学博士に限ると、二一年五月の加藤弘之・重野安繹・外山正一・黒川真頼ら一〇名をはじめとして、二四年に星野恒・井上哲次郎ら四名、二九年に井上円了、三二年に大槻文彦・上田万年・坪内雄蔵（逍遙）ら一四名、三三年に白鳥庫吉・

大西祝・高楠順次郎の三名、三四年に西村茂樹・三宅米吉ら九名に授与された。三五年は、金沢と高山林次郎（樗牛）、建部遯吾、桑木厳翼、姉崎正治（嘲風）、横井時冬、服部宇之吉、内田銀蔵、瀬川秀雄、原勝郎の一〇名で、四三歳の横井と三六歳の服部のほかは、金沢とほぼ同じ年齢の若い人々である。

こうして、金沢は東京外国語学校韓語学科、東京帝国大学、国学院を教育と研究の拠点とし、文学博士の学位も得て、希望に満ちた順風の時代を迎えた。前人未到の独自の世界を切り開こうという意欲にあふれる三十代が始まった。

国学院大学で教える

韓国留学のために辞した国学院の講義は、帰国後に再開する。三六年度の国語国文科の三年級で「語学史」を担当し、秋には研究科の指導講師も嘱託された。

三七年（一九〇四）に入学した岩橋小弥太（国語学、のち国学院大学名誉教授、明治一八～昭和五三）は、外国語科目に韓語があったので希望したが、一人だけのため、数名に達するまで開講が遅れた。「先生は金沢先生と本田存先生で、金沢先生には朝鮮語の他に言語学の講義も聴いた」という（岩橋「明治の思い出」）。岩橋は、折口信夫《おりくちしのぶ》（国文学、歌人、明治二〇～昭和二八）、武田祐吉（国文学、明治一九～昭和三三）などとともに大阪の天王寺中学校を卒業して国学院に進んでいたが、以来長く金沢に師事し、また助けることになる。のちに「朝鮮語研究の沿革」（『民族の歴史』六―一、大正一〇）や、ハングルについての論考もある（『歴史地理』三三―三～五）。岩橋と折口は、四〇年四月に金沢が編纂した『辞林』の最後の校正を手伝っている。折口は、四〇年に予科を卒業して本科国文科に進んでいた。金沢に朝鮮語を習い、また東京外国語学校で蒙古語も学んだという（「年譜」『折口信夫全集』）。

のちに折口は恩師三矢《みつや》重松《しげまつ》（国学院大学教授、国語国文学、明治四〜大正一三）に対する深い感謝と尊敬を述べるなかで、金沢からも「感化」を受けたことについて次のように触れている。

> 三矢重松先生から授かつた事は、一生感謝しつゞけても御礼が申しきれません。まづ人間にして貰ひました。私は学者であり、又歌人であることよりも、人間らしい考へや行ひが、少しでも出来るやうになつたことを喜んでゐます。次は金沢庄三郎先生です。学問の上において、三矢先生と、金沢先生との感化は、今考へても恐しいまでに、私に印象してゐます。（「去七尺状」『短歌研究』）

意味の不明確な『万葉集』の語を探究していた折口に「印象」されたのは、金沢が朝鮮語との比較から日本の古代語をとらえなおしたことだったのか、あるいはその学問的姿勢であったのか。

四〇年九月から金沢は、新設の本科で「日韓比較文法」を講義している。この年、樺太にアイヌ語の調査に行った金田一京助は、金沢から言語学の講義を譲られて教えることになるが、「当時の国学院は国学の淵叢で」、同僚から多くを学ぶことができたという。その豊かな指導者に恵まれた生徒のなかから、国語・国文学・国史の研究者が多数生まれた。金沢にとっても、岩橋、折口、武田のほか、東恩納寛惇、藤原勉、吉沢義則、今泉忠義、李家正文などに出会う場となった。のちに金沢が還暦を迎えると、国学院でこのような人々が中心となって祝賀会が催される。

　ところで、国学院に出勤した金沢の服装は、学生たちの記憶に長くとどめられるほど、奇抜で目立ったものであった。「宗匠頭巾《そうしょうずきん》、釣鐘マントという異様の服装は未だに印象深い」（『国学院大学学報』六六）と、当時の学生が回想している。宗匠頭巾は、俳諧や茶道の師匠がかぶった、縁がなく上が平らな頭巾であり、釣鐘マントは、学生や軍人が着用した釣鐘型の丈の長いマントである。自分が気に入れば他人の思惑を気にしない、彼の性格の一端が表れたものだろう。

求められる存在に

宮崎道三郎
（『東京帝国大学』より）

　金沢は、参加を要請される場が拡大していった。三六年（一九〇三）五月、国語調査委員会の委員となる。同委員会は前年三月に文部省に設置され、加藤弘之を委員長、上田万年・大槻文彦を主査として、嘉納治五郎・沢柳政太郎・前島密らが委員に、林泰輔・保科孝一・岡田正美が補助委員に選ばれていた。教科書、文字、音韻、言文一致、標準語、方言、仮名遣いなど懸案の諸問題を調査対象として、多くの報告書が出されたが、大正二年に廃止される。金沢は委員会から沖縄県に派遣され、琉球語の調査にあたっている。

　この頃、宮崎道三郎（東京帝大法科大学教授、安政二～昭和三）が、古代法への関心から日本語と朝鮮語の古代語に関する論文を執筆するにあたって、金沢に朝鮮語について意見を求めている。金沢の教示に対する謝意として、宮崎は契沖自筆の『色葉和難集』を届け、「阿闍梨《あじゃり》（契沖）は国語学之開山にして、殊に御郷里に関係ある人に候得者《そうらえば》、小生よりも学兄に於て御所持被下《くだされ》候方適当と相考へ候に付、進呈致候義に候」と記している（『濯足庵蔵書六十一種』）。宮崎は三六年八月から半年間韓国へ留学して研究を深め、「日本法制史ノ研究上ニ於ケル朝鮮語ノ価値」（『法学協会雑誌』二二―四・五、『史学雑誌』一五―七）、「日韓両国語の比較研究」（『史学雑誌』一七・一八巻）を執筆する。

三六年は秋に国語伝習所から文法の講義を依頼され、その講義録をもとに『日本文法論』を刊行する。多くは大槻文彦の『広日本文典』に依拠したが、語原と活用等については、「韓語との比較より出でたる」見解を示した。また、日本には神代文字が漢字以前にあったという説に対して、「皇国固有の文字なきを恥辱なりとする、一種の見解より出でたるものの如く、議論としては甚だ薄弱なり」と否定した。本書で動詞の活用形にあてた名称、「将然言（未然言ナドヤウニ云テモ可ナリ）・連用言・終止言・連体言・已然言・命令言」は、現在の用法の嚆矢となっている（『国語学研究辞典』「活用形」）。のちに福井久蔵は、吏道と万葉仮名・片仮名との関係、動詞形容詞の一元論、ラ行変格活用をすべての動詞の原型とする説、終止形は現在、連体形は未来、已然形は過去を示すこと、枕詞・掛結びの成立要因などの見解が、「大槻博士の文典に比し著しい新味がある」と評した（福井『国語学史』）。金沢は、九三歳の時に回想して、本書の一読をすすめたいと語っている（『国語学』六〇）。

この年、明治大学（明治一四年創立の明治法律学校を改称）が新設した高等予科の講師に招かれた（『明治大学百年史』第三巻通史編Ⅰ）。翌三七年九月、明治大学は中国・朝鮮人留学生を受け入れるために経緯学堂を開設するが、金沢はその評議員の一人となる。同年一二月一八日には科外講話で、「新井白石と其東雅」と題して講演した（『東京朝日新聞』同日付）。早稲田大学でも三八年一〇月から一年間、日本語文法を講義し、その講義録が『日本文法講義』（明治三九）となる。

中学生を対象とした雑誌に執筆することもあった。「日本語と外国語との関係」は、言語はその人種・国家の歴史と興亡を共にし、相互に移動することを述べたものだが、一商家にたとえて説明しており、実家が米穀商であったことを思い出させる。取引、本家と分家、出店、閉店、台帳、品切れといった商業用語を用いて、アイヌ語や英語に由来する単語、日本語と韓国語の相互の貸借、製造元不明の単語など、言語の諸現象を語った（『中学世界』七―一）。「朝鮮に幽囚せられたる和蘭人の話」は、オランダ人、ヘンドリック・ハメル（Hendrick Hamel, 一六三〇～九二）の『朝鮮幽囚記』の紹介で、八頁の分かりやすく楽しい読み物になっている（同誌八―一）。

沖縄での調査と講演

明治四二年の四月から五月にかけて、琉球語の調査のため、金沢は沖縄に滞在する。この時のノートには、四月二一日から五月九日までの調査記録がみえる（琉球大学図書館）。那覇、八重山、宮古などの方言を、活用形や敬語についてその地の人々から聞き取り、確認していったもので、午後九時頃に及ぶこともあった。そして、沖縄を離れる直前の五月一二日、沖縄教育会、那覇教育部会、私立教育会の主催により那覇尋常高等小学校で講演し、翌日も県立高等女学校で講演した。那覇尋常高等小学校での講演の要旨が、『沖縄毎日新聞』と『琉球新報』にいずれも数回に分けて掲載された。「博士はいと明瞭なる口調にて畧《ほ》ほ一時間計り」講演し、聴衆は約六百名で師範学校生徒が多く、「近頃になき盛会」であったという。金沢は、ほぼ次のような内容を沖縄の人々に語っている。

言語の調査方法として学術的研究と実際的研究がある。学者にとっては文明国も野蛮国も甲乙はない。言葉を去っては人間はなく、言葉によって上古のことを知ることができる。

言語は二つ以上を比較することで得ることが多く、比較言語学という学問がある。例えば沖縄のハブ、朝鮮のペム、内地のハモの比較である。動詞から名詞が作られることも重要である。

民族がどの方向から来たかという問題も、言語で知ることができる。朝鮮語のアリヒシカラ（前の方の韓）、日本語の「ひんがし」「にし」（いにし）、アイヌ語のモシリグシュ（陸の尻→西）から、朝鮮人は南を指し、日本人は東を指し、アイヌ人も東を指して移動したことがわかる。沖縄で北のことを「ニシ」というのは「イニシ」（過ぎ去った）と解され、沖縄の人々は九州から南を指して進んだのであり、正に大和民族の一部なのである。また、沖縄の人名と地名に「城《グスク》」が多いが、チェンバレンの「御宿」説には賛成できない、朝鮮語の「スキ・スクリ」、日本語の「シキ」と同じく、高い所にあって石の壁で取り囲まれた所をいい、城壁という意味である。これも沖縄人が大和民族であることを証する好材料である。また、内地の古語から転訛した琉球語として、ケ（長持）、マカイ（飯茶碗）、ハルン（まかる）、バンジョーガニ（番匠・大工）などが考えられる。

沖縄の言葉を調査して、内地語と同様なもの、日本語の方言であることを痛感したが、その分裂の激しいことに驚かされた。内地語の三〇〇年前の言葉が残っている一方、沖縄県内でも互いに通じないほど変化している。東京の普通語をやたらに奨励して方言をそっちのけにしているのは現実的ではなく、それよりも、訛りを少なくするよう注意されたい。

講演のあと、いろは屋で慰労会が催され、一四日、金沢は馬山丸で沖縄を離れた。

この講演から、伊波普猷（明治九～昭和二二）が「琉球人の祖先に就いて」の改稿版に、「グスク」が「シキ」と同じ意味であること、沖縄人が北の九州から南へ進んだことの二点を引用する。沖縄の浦添に生まれた伊波は、三五年から三九年まで東京帝国大学の言語学科在学中に金沢の講義を受けていたが、卒業とともに那覇に戻った。「琉球人の祖先に就いて」はもともと『琉球新報』三九年一二月五～九日に「沖縄人の祖先に就て」と題して掲載されたもので、これが四四年刊行の『古琉球』（沖縄公論社）に収められた時から、金沢の講演が引用されている。

日韓比較文法の講義録

金沢の講義録は次のように、①と②が国立国会図書館、③が駒沢大学濯足文庫に所蔵され、書誌事項が記されている。

①「日韓語比較文法」、亀田次郎写、明治三五年一二月～三六年五月の講義筆記。「文学士金沢庄三郎氏講述」。A5、一〇二枚

②「日韓語比較文法」、亀田次郎写、明治三九年九月～四〇年二月及び四〇年一〇月～四一年五月の講義筆記。「文学博士金沢庄三郎氏講述」。A5、三一九枚

③「日韓比較文法」、写、自筆稿本、三〇〇枚、二一cm、ノート

①は、『言語学雑誌』に書かれた「金沢文学士の新講義」であろう（一〇九頁）。それから四年後、二年間の講義の記録が②である。②と③は、②が文語体で③が口語体であるほかは、記述の順序や内容はほぼ同じである。

亀田次郎（明治九～昭和一九）は、三六年七月に東京帝国大学の国文学科を卒業し、国語研究室の助手を務めたあと、金沢の紹介で国学院の講師となった。のち、鹿児島高等学校、大阪外国語学校を経て、大正一四年から大谷大学の教授になる。国語学史にとりくむ一方で蒐集した蔵書は、のちに国立国会図書館に収められ、『亀田次郎旧蔵書目録』（昭和三五）が作られている。亀田は文科大学在学中、国語研究室に所蔵されていた鈴木朖《あきら》著『言語四種論』（文政九年刊）を筆写して他書と校合し、三七年九月に金沢に贈呈しており、これは昭和二年に駒沢大学文学部国文学研究室から発行される。後述する金沢の「日韓両国語同系論」も、亀田が丁寧に筆写したものが国会図書館にある。

講義録②は①を体系的に整理して、日朝両国の歴史的関係や朝鮮語研究史にも詳しく触れる。構成にも変化があり、①における動詞の自他、受身、可能、あるいは時制、否定、敬語法、「てにをは」が②では助辞論へ、「係結び」が文章法へ移っている。

文法用語の確定は、この時代にもなお流動的であった。英語がそのまま取り入れられることも多かったが、金沢も①から②へ、②から③へ、少しずつ英語を日本語に置き換えている。

この講義の中では従来の説に対する意見が処々に見られるが、同時代の学者では白鳥庫吉と上田万年に対する異論がある。諺文《げんぶん》（ハングル）の起源についての白鳥の主張（『史学雑誌』八―一）に対して、

「八思巴《パスパ》文字は一の動機となったであらうとは信ずるけれども、併し私は、諺文は直接にその字の形をSanskritから取り、そしてSanskritから借りた文字を基礎としてそれ以上は支那の韻鏡三十六字36（initial）字母を詳しく調べてその音韻の関係を文字の形の上にあらはしたものであると考へる」（③）と述べている。また形容詞の「しく」活用について、「上田博士ガ以前帝国文学ニ形容詞考トイフ題デ書カレタ事ガアル。「国語のため」ノ第二ニ載ツテ居ルガ遺憾ナガラ自分ノ考ハ全クソレト異ツテ居ル。」といい、「上田先生ハコノsiハ今日東北地方ノ方言デハ之ヲchiト云フ、ソノchiハモトkiダ。故にsiハkiダトイフ説デアラル、。私ハ之トハ別ニto doノsuダトイフ考デアル」と述べた。

アストンに多くを負う

金沢はヨーロッパの言語学者から知識を得、研究方法を学び、示唆を得たが、日本語に関してとりわけ多くを学んだのは、『日本文法』（*Japanische Spraakleer*, Leiden, 1867）を著したJ・J・ホフマン（Johann Joseph Hoffmann, 一八〇五〜七八）とW・G・アストンであった。ホフマンがハ行の古音がfであることに気づいた最初の人であること、動詞の活用の根源は四段活用で、その他の活用形は四段活用にaru（to be）、uru（to get）、suru（to do）などが結合してできた形であると述べたことに注目し、賛同している。そして、ホフマンを継承して詳細に朝鮮語と比較したアストンから多大の恩恵を受けた。

「AstonはKorean languageニ関シテ著述多シ　コレ諸所ニ参照セリ　予ノ此ノ研究ハ亦Astonニ負フ所多キナリ」と金沢は告白している（講義録①）。アストンの『日本口語文典』と『日本文語文典』は、「国学者の説をあまねく参照して作ったもので、外国人の著述中最も信用すべき」であり、

「名詞の格を表はす弖爾波の語原が動詞であるといふ事、動詞諸種の活用の本原は一に帰すといふ事、此古活用に最も近きものは四段活用なる事等は、いづれも氏が比較研究より得たる結果」であった(『日本文法講義』明治三九)。昭和二三年にも、「今日に至るまで、外人の著作として、本論文(「日本語と朝鮮語の比較研究」)に匹敵するものを見ず」と賛辞を送っている(『亜細亜研究に関する文献』)。

講義録にアストンへの批判がないわけではない。①では、アストンが両国語の動詞は文法構造が似ているが語彙は似ているものが少ないと述べたのに対して「余はこれに反対の意見を有す」、「従来の研究にては単に名詞のみの研究なれども元来名詞は往々転ずるものなるを以て殊に日韓の如き接近したる国に於ては尚然る事を認むるなり」と言い、③では、アストンが「猶未ダ十分ニ文法上ノ関係ヲ深ク研究スルトイフ所マデハ進ンデ居ラナイノデ、学者社会ニシテ一般ニコノ両国語ノ関係ヲ確認セシムル迄ニハ到ッテ居ナカッタ」と述べている。

アストンの「日本語と朝鮮語の比較研究」(明治一二)を批判的に読みこなすことがごく一部の研究者に限られる以上、アストン論文だけで同系論が日本で注目され、存在感をもつことは難しい。賛成・反対のいずれにしても、日本人が明確な回答を提出する必要があった。

金沢はアストンを徹底的に学んだが、博士論文提出時点では、まだその範囲にとどまっていた。講義録①の結論は、アストンが述べた結論の紹介で終わっている。そこからアストンの研究を深め、新たな分析と解釈を提出することが金沢の目標となり、長い苦闘が始まった。

講義録②③の結語は、①と違い、自分のことばで自分の研究を学生たちに語っている。

私は本講義ニ於イテ、単語ノ比較ハ止ムヲ得ザル場合ノ外ハコレヲ避ケ、文構造ノ事ヲ主トシタ積リデアル。講義トシテハ、dry ナモノデアッタカモ知レヌ。学術上ノ事ハ何デモ、明瞭ニナッタ事柄は不明ナ事柄ヨリハ甚《はなはだ》少イモノデアル。故ニ比較言語学モ一躍シテ多クノ効果ヲ挙ゲルワケニハ行カヌ。私ノ講義中ノ動詞形容詞両語ノ活用ノ一元《いちげん》ダッタトイフ事、又接尾語中ニ古イ弖尓波《てには》ノ存シテルトイフ事等ハ、比較研究ノ上カラ得タ所ノ結果デアッテ、一国語ノミノ研究カラデハ決シテ出来ナイ事デアル。

欧羅巴《ヨーロッパ》ノ言語学者中ニハ言語ノミヲ研究スル人モアルケレドモ、又歴史ト関係ヲ持タセテ、有史以前ノ状態ヲ調ベルノニハ言語ヲ措《お》キテ他ニ無シト為《な》シ、prehistory〔先史時代〕ノ事ヲ言語ニテ研究シ、Indo germanisch ノ Urheimat〔インド・ゲルマン語の父祖の地〕ノ事ヲ調査シ、Linguistisch Paleontologie〔言語学的古代史〕ヲ形成シタ。有名ナル Grimm ノ独乙《ドイツ》ノ歴史中ニ云ツテル事ガアル。〝余ハ言語ヲ調ベルノハ一手段トシテ古代ノ史跡ヲ調ベルニアルノダ〟ト。私自身モ亦《また》日韓両語ノ比較研究ヲシタガ、私モ亦コノ方針ヨリシテ尚 prehistory ノ事ヲ調査スルニアル。私ハ以上講義シタ所デ、大体日本と朝鮮トノ国語ノ比較研究ハ竟《お》ヘタ。尚皆サンモ今後ソノ研究ヲ積ンデ、今日尚コノ幼稚ナ発達階段《ママ》ニアル我ガ言語学界ノ開拓ヲシナケレバナラヌ。コレニ対シテハ、前途ナカナカマダ遼遠デアル。（③、文中句点と振り仮名を補った）

親子・姉妹、本家・分家、方言の関係

ここで、金沢の同系論において重要な用語に触れておこう。二言語が同じ系統に属する場合に「親族関係」があるとされるが、その関係を「親子関係」あるいは「姉妹（兄弟）関係」と表わすことがある。ラテン語を「親」とすれば、フランス語とスペイン語は共に「子」であり、姉妹（兄弟）関係にある。また、相互に広い意味での方言の関係にあるともいえる。国語と方言のちがいは、その地域が国家を形成しているかどうかによる。金沢は講義録①で、「日本語ト朝鮮語トハ根元同一ニシテ両者ノ関係ハ恰モ方言的ノモノナリトス」と述べている。なお国語としての「方言」は、近いところでは吉田松陰が、「方言科を立てて荷蘭及び魯西亜・米利堅・英吉利諸国の書を講ずべし」（『幽囚録』）というように、外国語の意味で用いている。

「親子」「姉妹」「本家・分家」という用語は、言語の新旧関係や移動の様子を示すことができるが、場合によっては「子」、「妹」、「分家」にあたる言語は下位にあり、親・姉・本家から支配される側であるというような、上下関係や支配関係を持ち込まれ、政治的に利用されることにもなる。

三八年一月、金沢は日本倶楽部で「日本語と朝鮮語との関係」と題して講演する。日本倶楽部は三一年、主に近衛篤麿や岡部長職ら華族が組織した親睦組織であった。金沢は、「私の今晩申し上げることは只日本言語と朝鮮言語といふものが基本に於てひとつであるといふことだけでございまして、元《もと》此《この》日本語といふものは朝鮮から来たとかまた日本の言語が向ふに進んで往《い》つたものであるとか云ふ問題は、中々重大なことでありまして軽々しく論ずべきことでもなし、又調べを十分にしなければなりませぬ」と、親、姉あるいは本家といった言葉を避け、どちらが先であるかに触れていない。まだ

推測の域であり、聴講者の顔ぶれを意識すれば、躊躇されたのかもしれない。同じ頃、「日本語と朝鮮語とは学術上所謂同一語族に属すべきもので、最古に於て彼は我国の一方言であったと云つても敢て過言であるまいと思ふ」（「韓国の教育について」）と述べている。しかし、この講演の後の講義録②と③には次のように記されている。

私自身ノ考デハ日本語と朝鮮語トハ之ヲ sister language ト云ハウカ或ハ親子関係ノ国語トモ曰ヒタイ位ノ関係デアル。トイフ所以ハ朝鮮語ニハ語ノ古イ形ガ保タレテ居ル。曰ハゞ向フハ本家ノヤウナ関係ダ（③）

親子、姉妹、本家・分家、方言の確定は、相当に研究を深めなければならない問題である。それを踏まえたうえで、朝鮮語が日本語の姉、親、本家にあたるというのが、彼がほぼ確信するところであった。おそらく、帝国大学の講義では思うところを述べることができたが、時と場所により躊躇を余儀なくされたのではないだろうか。「朝鮮は弟、日本は兄」と題する論考も現れるのだが、このことは本章第4節で触れる。

2　国語辞書『辞林』の編纂

明治四〇年（一九〇七）、四月一五日から一〇月二日まで金沢は休職する。フランス、ドイツ、オランダ、ベルギー、イギリス、アメリカの六カ国を巡って九月一二日に帰国するまで、自費で五カ月の旅に出かけたのである。帝国大学出身者の多くが欧米に留学していたが、留学先が韓国であった金沢には、比較言語学の草創の地を訪ねることはかねての願いであったのだろう。また、帝国大学の教授となるには欧米留学の経験が条件とされていたことが、念頭にあったかもしれない。

欧米を旅する

当時日本からインド洋を経てヨーロッパへ達する航路はまだ日本の便がなく、横浜から上海へ行って、上海から外国船を利用していた。彼は横浜で、日本郵船が三六年に製造した安芸《あき》丸に乗船する。上海から、香港、サイゴン、シンガポール、コロンボ、アデン、スエズ、ポートサイド、アレキサンドリア、マルセーユに寄港して、ジェノバから鉄道でアルプスを越え、チューリッヒとミュンヘンにそれぞれ一泊し、ベルリンに到着した。旅の心得と感想を書きとめているが、風景にあまり触れないなかで、アルプスだけは「山水ノ奇絶実ニ愛ス可シ」と感動を記している（「洋乃灯」濯足文庫）。

初めての欧州航路では、何かと礼儀作法に配慮しなければならなかった。乗船するとすぐに、船長と事務長に名刺を差し出して近づきになる。食事時には洗顔し、頭髪、襟、袖口を改め、衣服にブラシをかける、夕食は黒のフロックコートかモーニングコートを着用しないと心苦しいなどと記している。また、コレラなどに罹らないよう飲食物に注意し、甲板で運動して、冷水浴や清拭《せいしき》を心がけた。靴は西洋人とかなり違うので持参する方がよいこと、日本手拭《てぬぐい》や寝筵《ねむしろ》が便利であることにも気づいた。

ドイツで彼の関心を引いたのは、出版業の発展であった。ライプチヒに出版業者が共同で建てた「ブフヘンデル、ハウスと云ふ印刷物の陳列場」があり、最近の出版物がすべて置いてあるので、国民はいつでも手にとって見ることができる。そこに「書籍店小僧《こぞう》養成所」が附設されており、書籍に関する訓練を受けた「小僧」が各書店に雇われていくので、店主にも客にも便利だと評している。

大学に行ってみると、教師の机に電話が置かれ、教室には自動的に温度を調節するスチームが設けてある。「小使」が室内を清掃し、聴講者数に応じて窓を開閉して快適に過ごせるよう管理していることも、日本と比べて驚くべきことであった。

パリでは、賞讃のほかない『朝鮮書誌』（*Bibliograhpie Coreenne*）を著した、パリ東洋語学校のモーリス・クーランに会って、同書の「*Supplement*（補遺）」を贈られている。

金沢がとりわけ感銘を受けた国は、アメリカである。「拝金主義」と思われたアメリカが、予想に反して、「富の蓄積を文学や美術にまわし、ひいては人格の養成に努めている」のであった。

次頁の写真は、四〇年五月二〇日付の『夕刊フィラデルフィア』（*The Evening Bulletin — Philadelphia*）に掲載されたものである（堀口慶哉氏提供）。「著名な日本人が当市を訪問中」、「ミカドの代理人たち、反米感情はないと言明」という見出しで、写真の解説は左から、東京大学東洋学教授という肩

『夕刊フィラデルフィア』に掲載された金沢（左端）ら

書きになっている金沢、貴族院議員・日本赤十字社副社長の男爵小沢武雄、東郷元帥の遠縁で日本赤十字社書紀の東郷昌武、衆議院議員・銀行家の内藤宇兵衛と紹介されている。一行は水曜日まで滞在し、その後ワシントンへ行って大統領に謁見する予定であるという。

帰国後まもなく、『読売新聞』（九月二八日付）が金沢に取材して、「欧米の学芸」と題する記事を掲載した。日本では学者が一種の字引か世間知らずの坊ちゃんと思われているが、ドイツでは軍人・政治家・実業家などと同程度に尊敬されているので、学者もよく勉強して新思想を注入していると語っている。もちろん、教訓も少なからずあった。欧州では「東洋の学問をする人々は何れも自国の学問に精通した人計《ばかり》である」ことを痛感する。日本に関して「種々な質問を欧米の学者から受けて冷や汗を流したることは度々《たび〱》であった」のだ（「私も度々冷汗をかいた」）。それまで書物と外国人教師、留学経験者を通じて欧米をとらえていた金沢がこの旅から得たものは、きわめて大きかった。上陸したとたんにそれまで考えていたことが変わるのだと、のちに外国に行くことの意義を熱く語っている（堀口慶哉氏談）。

この外遊に、金沢はドイツ語の論文『日本語と朝鮮語の文字に対するサンスクリットの影響につい

て』を持参したが、その巻頭に、

SEINER SELIGEN MUTTER
widmet diese bescheidene Abhandlung
als Zeichen innigster Liebe und kindlicher Dankbarkeit
（亡き母へ　心からの愛と感謝のしるしとしてこの小論をささげる）

と母への献呈の辞を記している。一八歳の時にこの世を去った母、学問の道へいざなってくれた懐かしい母に感謝し、虚弱であった彼が欧米に旅するまでに成長したことを伝えたかったのであろう。また、この論文が日本語ではなく、ドイツ語であったから記すことができたのかもしれない。

『辞林』の誕生

横浜の埠頭で出航を待つ安芸丸の船室で、金沢は国語辞書『辞林』の最終ページの校正を終える。そして、ロンドンで、三省堂書店が刊行して送ってきた『辞林』（四〇年四月二一日発行）を手にした（『広辞林』「緒言」）。

神田で書店三省堂を創業した亀井忠一（安政三～昭和一一）は、二一年に「ウエブスター氏新刊大辞書和訳字彙」を出版し、辞書と参考書の出版社としての基礎を築いていた。明治維新以降の国語辞書は、物集高見の『詞の林』（二一年）、大槻文彦が文部省御用掛として完成させた『言海』（二四年）、山田美妙の『日本大辞書』（二五年）、棚橋一郎らの『日本新辞林』（三〇年）、落合直文の『ことばの泉』（三一年）などが刊行されていた。「辞林」は辞書という意味をもっているが、金沢の編纂により、この「辞林」だけを書名とする国語辞書が生まれた。

『辞林』は、本文一六二七頁、中型（約一九cm×一三・五cm）の扱いやすい辞書として、現代語の収録の多さ、語釈の的確さ、編纂のていねいさ、百科項目を取り入れたことなどで高く評価され、その後の辞書編纂に大きな影響を与える。一般社会はもとより、学生・生徒に重宝な辞書として勧められた。その編纂に、金沢は韓国留学から帰国後ほどなくして情熱をこめて取り組んだが、もちろんひとりの力になるものではない。採録する単語の資料として既刊の辞書を参照したほか、毛利家で作成していた辞書の貼り込みを底本として利用できた（小林保民氏談）。その貼り込みとは、明治維新前に毛利家が藩校に学者を集めて三十数年も国語辞書の編纂にあたっていたときの厖大な稿本のことで、品川弥二郎を経て、すべてが三省堂編修所で辞書編纂を率いた斎藤精輔《せいすけ》（慶応四〜昭和一二）に委ねられた。のちの『日本百科大辞典』（後述）に役立てられるのだが、斎藤と金沢は三六年頃から親交があったので、『辞林』編纂にも利用できたのだった（斎藤『辞書生活五十年誌』）。

『辞林』の誕生にあたっては、足助《あすけ》直次郎という人も忘れてはならない。「凡例」の最後に、「本書の編纂に関しては足助直次郎氏終始予を助け刻苦精励克《よ》く其《その》業を完からしめたり、茲《ここ》に特記して謝意を表す。」と記しているが、この謝辞はのちの『広辞林』にも置かれている。齊藤精輔も、「足助直次郎氏の献身的努力に負う所また少なからざりきを付言せざるべからず」と言っており、足助の功績は、共編者とされてもよいほど大きなものであったようだ。足助と斎藤は同郷の親友で、斎藤が『漢和大字典』の編纂にあたって、当時読売新聞社に勤めていた足助を抜擢したという。足助は漢学者で、大村益次郎を研究し、『大村兵部大輔』（明治三五）を刊行していた。

また、四〇年初頭の最終校正の段階には、五人の学生が金沢の自宅の一室に詰め、校正作業を手伝った。東京帝国大学言語学科を前年に卒業した小倉進平、三年生の後藤朝太郎と金田一京助、国学院の大学部一年生の折口信夫と師範部三年生の岩橋小弥太である。

金沢は「緒言」で、「国語は思想交換の要具にして、辞書は国語の宝庫たり。故に其内容は直ちに以て其社会の発達を卜し、其文華の程度を窺ふ料とすべし」と書き出している。続けて、これまでの辞書は中古以降の語に詳しく、現代の生きた言葉が採用されていないが、自分は『辞林』の編纂に身を捧げ、改訂増補を怠らないつもりであると述べている。

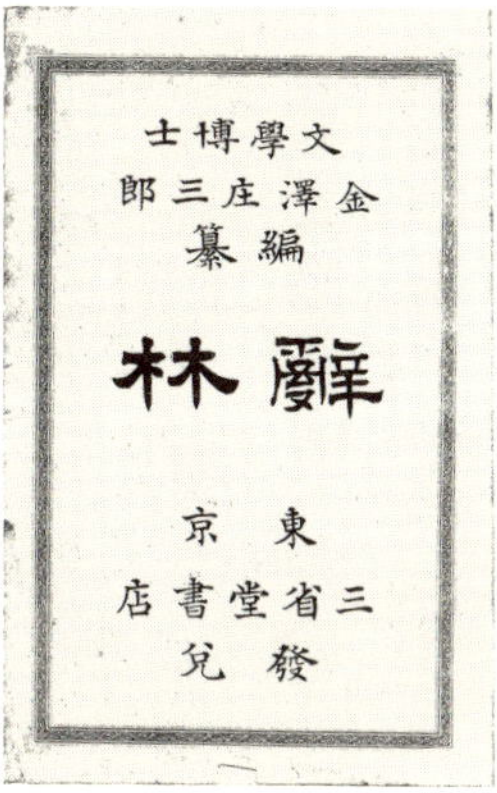

『辞林』大扉

『辞林』は五十音順に歴史的仮名遣いで見出し語を排列し、その下に標音的仮名遣いを片仮名で示している。外国語は片仮名で表記した。語源は、とりわけ朝鮮語に関わる解釈を示したい気持はあったが、少数意見であることを考慮して、のちの『広辞林』ほどには言及していない。「寺」の語釈に「刹の朝鮮音 Char の転か」と記した程度である。巻末に索引を二種、今の発音から歴史的仮名遣いを知るための発音索引（ちょう→てふ）と、漢字の画数から仮名遣いを知る字音索引を附した。

発刊に先だつ四月八日、『東京朝日新聞』は「模範的辞書の出版」と題し、『辞林』は古語を集めた従来の辞書と違い、金沢が六年をかけて現代社会の要求に応じて編纂し、「新熟語外来語は務めて最近のものまでを収集し古語雅語漢語は固より理化法政文芸等の学術語をも網羅し」ていると紹介した。

『辞林四十四年版』へ

四二年（一九〇九）一〇月、増補第二版が発行される。緒言で、「索引の全部を改め挿画を増訂すること数十個、説明の不足を補ひ、誤植を正すこと無慮八百余頁、聊《いささか》面目を新にすることを得た」と述べている。初版の語釈がところどころ変わり、挿絵も、「アーチ」からは取り去り、「アームストロング砲」や「アイヌ」の項に加えた。発音索引と字音索引のページ数も増えた。

その増補を経てもなお、「世運日新のさまを思へば、顧みて忸怩《じくじ》たらざるを得」ず、「更に改修の業を進め、今や全部に訂正を施し、不備の点を補ひ、新に難訓索引を加へ」（「緒言」）、四四年四月、『辞林四十四年版』が発行される。日本固有語も外来語も見出し語を入れ替えて、本文一六六一頁となった。まだ五十音順に慣れていない人のために、いろは順と五十音順の頁数を示した「しをり」をつけて便利を図った。難訓索引は、漢字の全画数と部首から歴史的仮名遣いを知って見出し語に到達するためのものである。

『読売新聞』（五月六日）は、「辞書といへば古語の掃溜《はきだめ》の様に考へられてゐた旧思想から脱却して、現代の活《い》きた言葉に接続したのは金沢博士の辞林が最初で」、近来もっとも満足した辞書であると推奨した。当時使われ始めた「空中飛行機」「透視」、外来語の「オペラ」「タオル」「ブレーキ」、競技用語の「アンパイヤ」「グローブ」「カーブ」、宗教上の「父」「ゾロアスター教」などが増補され、「襦袢」が外来語と明記されており、「口号」が「くちずさむ」であるとわかる難訓索引も便利であると紹介している。六月二日には、辞書編纂についての金沢の談話を載せている。今のような辞書の過渡的時代には、過去の遺産をもつ古語と、蒐集が困難な現代語をどう選定していくか、その判断が難しいこと、口語にはなるべく立ち入らなかったが、将来は口語を主とする時代も来るだろう、国家的事業であればよい辞書を編纂できるが、それまでは姑息の編纂を免れない、辞書というと完全無欠を期待されるので、多大の注意を払ったつもりである、と金沢は語っている。『辞林』は次第に一般社会に定着し、金沢は「辞林博士」と呼ばれるようになった。

　ここで、三省堂が四一年二月から刊行した浩瀚な『日本百科大辞典』にも触れておこう。編集責任者の斎藤精輔によれば、執筆者の高楠順次郎が急に洋行することになったので、三六年頃から親交があった金沢に依頼したという。分担者一覧に、金沢は「言語学・日本文法」の担当者と記されている。「オンムン」(諺文)、「てうせんご」(朝鮮語)、「体言」などを執筆し、「言語」や「言語学」などは金田一と連名になっている。しかし、『日本百科大辞典』はあまりにも大部で無理が重なり、三省堂の倒産を招く原因になった。斎藤を中心に日本百科大辞典完成会が結成され、金沢も学者出資者のひとりになっている。結局、最終の第一〇巻が刊行されるのは大正八年である。

読書について

　この頃、雑誌『成功』増刊号(三九年九月)が「現代読書法」を特集した。回答者のひとりとなった金沢は、青年学生の時期には数多くの本を読めばよいが、その後

金沢の検印

は能力が発達してくるので、有益なものだけを咀嚼玩味できるようになるという。帝国大学の哲学の授業でケーベル教授が、「新書を知らずとも耻《はじ》でない、有名な古人の著述を直接に読むがよいと語られたことがあるが、実に名言と思つてゐる」のだった。そして、良書をしっかり読んで自家薬籠中のものとし、「其を踏台として古人の言はない為《し》ないことを創建して学術界に一つでも生面を拓《ひら》いて貢献したいと思つて」いた。

「自分は読書するにはあたりが静かでないといかないから、一室を占めきつて書見する、何《ど》うもあたりに人が居たりなどすると意の如く出来ない」といっているが、これには多喜夫人がかなり苦労し、親戚の子どもたちが訪れても、うるさくならないように気遣っていた。

最後に記憶法を聞かれて、こう答えている。「読書百遍義自から通ずといへる如く、精力強く念に念を入れて読むで往けば、強固になつて来る…記憶法などといふズルイ考を起こさないで、精々と反復復習の功を積むのが第一義である。」

検印はチベット文字

今は廃止されているが、戦前から戦後しばらく、書籍の奥付には著者の検印が捺されていた。『辞林』によると「検査の証として捺す印」とある。金沢も何度押印したかしれないが、彼の検印は、すぐに読める人の少ない、珍しいものである。中央は「検印」だが、その周囲に彫られているのは、チベット（西藏）文字である。上が「カ」、下が「ナ」、右が「サ」、左が「ワ」で、あいだに唐草《からくさ》模様をちりばめている（堀口慶哉氏談、インターネット「金沢庄三郎の検印」)。

チベット文字は、金沢が諺文（ハングル）の起源や五十音図の成立について研究する過程で、関心をもった文字である。五十音図が日本固有のものではなく、すでに悉曇《しったん》学者が認めているようにインド式で、デヴァナーガリの排列順によって並べたものであることを諸所に述べているが、『日本文法新論』（大正元）で、「直接に梵《ぼん》字の組織を写した西蔵文字も、また「韻鏡」を経て間接にその影響を受けて居る朝鮮の諺文も、排列の順序は我五十音図と同一である」と述べて、梵字（デヴァナーガリ）排列図、五十音図、西蔵文字排列図、諺文を並べて示した。

この検印は、いつから用いるようになったのだろうか。三六年の『日本文法論』には、ごく普通の小判型の認印が押印されている。その後しばらくは、執筆しても検印を要することがなく、四〇年の『辞林』にこの検印が現われる。記念すべき仕事である『辞林』のために、熟慮を重ねて作ったのだろうか。この検印は、戦後の「亜細亜研究叢書」に至るまで、終生用いられる。

3　「日韓両国語同系論」の登場

論文として発表する

金沢庄三郎の著作のうち、『日鮮同祖論』とともに代表作とされる『日韓両国語同系論』は、まず論文として四二年（一九〇九）七月、『東洋協会調査部学術報告　第一冊』に掲載された。末尾に（明治四十一年十二月稿）と記している。

東洋協会は、三一年四月に創立された台湾協会を、四〇年二月、「従来台湾の為めに致したる所の本意を開展して之を満韓に及ぼさんと」（「趣意」）して改称したもので、白鳥庫吉が三八年に立ち上げた亜細亜《アジア》学会も合流した。調査部は、男爵平田東助を部長に博士一六名が評議委員となり、文学士四名が編纂委員になった。評議委員は工学の伊東忠太、法学の戸水寛人・宮崎道三郎、理学の小藤文次郎、文学の上田万年・白鳥庫吉・幣原坦・三宅米吉などで、金沢もそのひとりである。紀要の編纂委員は池内宏・浜田耕作・堀竹雄・後藤朝太郎であった。紀要「第一冊」には、金沢のほか、伊東忠太「満州の仏寺建築」、関野貞「韓国慶州に於ける新羅時代の遺蹟」、市村瓚次郎「清朝国号考」、幣原坦「間島国境問題」、羽田亨「蒙古駅伝考」が掲載されている。早くも三カ月後、一〇月の評議委員会で誌名を『東洋学報』と改称する。

「日韓両国語同系論」は、アストンの記念碑的な論文「日本語と朝鮮語の比較研究」（明治一二）から三〇年後に執筆された、日本人言語学者としての回答であった。英国人アストンが英国の雑誌に、外国語である極東の日本語と朝鮮語の同系について発表したことは、日本人にとって衝撃的ではあっても、一外国人の学説にとどまる可能性がある。しかし、古代から朝鮮と深い関わりを有する日本が韓国を保護国として支配するなかで、日本人が同系論を主張するとき、その反響はアストンの比ではない。日本人の金沢が研究を提出したことで、同系論は日本の学問の一部となって社会性をもち、学問を越えた感情的な反応も含めて、議論を引き起こすことになる。論文は、次のように始まる。

韓国の言語は、我日本帝国の言語と同し系統に属するもので、彼は我か一方言に過きぬ。丁度、琉球語の我帝国語に対すると同し関係て、西洋の例ていへは、一チュートン〔ゲルマン〕語族中の独《ド》逸《イツ》語と和蘭《オランダ》語、一ローマン語族中の仏蘭西《フランス》語と西班牙《スペイン》語と同し様なものである。此事は決して新しい事実でもなければ、珍しい考てもない。既に屢《しばしば》東西の学者の論したところて、又苟くも皇国の古典に眼を曝《さら》したもの丶、考へ到らさるを得ないことてある。〔原文には濁点がない〕

論文の題名そのものが著者の確信を示しているが、本文もはっきりと結論から述べている。続いて、古典に見られる両国の深い交渉、近代における外国人・日本人の同系論、日本人の東洋研究への冷淡さ、言語を研究する意義、韓国に関わる日本人が両国語の同系を知るべきであることを語っていく。

単行本として刊行する

論文発表後半年あまりの四三年（一九一〇）一月、三省堂書店から刊行された『日韓両国語同系論』は、日本語本文六〇ページ、英訳文四一ページ、一九センチ×一三センチ、厚さ一センチのごく小さな本である。「紙質は極めてよく、釘《（ママ）》装は甚だ美しい」と評されている（岩橋小弥太「『日韓両国語同系論』を読みて」）。

英文の方に、金沢に朝鮮語を研究するよう勧めた、故外山正一文科大学長への献呈の辞がある。

'TO THE MEMORY of DR. MASAKAZU TOYAMA
LATE PROFESSOR OF THE TOKYO IMPERIAL UNIVERSITY

THIS LITTLE BOOK is RESPECTFULLY DEDICATED'
（「故東京帝国大学教授外山正一博士の霊前に本書を捧ぐ」）

英訳を併記したのは、この研究成果を欧米に問うためであった。その甲斐あって、E・V・ツェンカー（Ernst v. Zenker, 一八六五〜一九四六）が『日本語の起源』（*Über den Ursprung der Japanischen Sprache*, Wien, 1913）で『日鮮古代地名の研究』とともに取り上げ、金沢が日本語と朝鮮語の親族関係の証明に成功したとして、主格の「い」の用法や助詞「かな」などを紹介している。

単行本では、文体を「〜なり」の文語体に変え、濁点をつけ、語句をわかりやすく修正した。両国語に共通する単語を一四例加えて、約一五〇例が提出されている。新たに序文を書き、その冒頭に、「これは、次の世代の学者たちによってもっと光をあてられるべき言語の一つである。極東の膠着語の比較文法があらわれる時がくるであろう」という、R・N・カスト（Robert Needham Cust, イギリスの東洋学者、一八二一〜一九〇九）の言葉を置いた。そして、次のように述べる。

> 著者が韓語の研究に志したるは、これと比較して我国語の淵源を科学的に究めんと欲するにありて、年来調査の結果は遠からずこれを日韓比較文法として発表すべし。
> 本篇の目的とする所は稍《やや》これと趣を異にし、及ぶべく通俗的に日韓両国語の類似点を列挙して其《その》同系に属せる国語なることを示さんと欲するにあり。これ著者が刻下の事情に照して此種の知識が日

韓両国人士間に必要欠くべからざるものにして、独り学術研究者の檀にすべき所にあらずと信ずればなり。故に学術的論文としては猶幾多の要求あるべきこと、著者の予め期する所なれども、執筆の由来前記の如くなれば、読者に於ても論旨の大局にのみ著眼せられんことを希《ねが》ふ。個々の点に於いては異論を免れざるべきも、卑見の根底は決して動かすべからず、たとへ不幸にして当代我説に与する人なくとも、後世必ず知己あらんとは著者常住の信念なり。

韓国が日本の保護国であるという状況のもとで、両国語が同系であることを両国民は必ず知っておくべきであるという信念から、一般社会人に広く伝えるのが刊行の目的であった。しかし、「後世必ず知己あらん」というように、同時代に理解されないであろうことも、覚悟のうえのことであった。

「余において新意を発するにあらず」

「日韓両国語の関係を論ずる者、古今東西決して乏しからず。肯《あえ》て余において新意を発するにあらずして、苟も皇国の古典に眼を曝したるもの、必ず想到すべき所なり」と、金沢は序説に述べている。星野恒が上世日韓が一域であったと言ったことを引き、「記紀」などの記述から古代は交通が頻繁で言語の不通は想像できないという。同系論は外国人のアストン、チェンバレンをはじめ、白鳥庫吉、宮崎道三郎がすでに述べており、自分が初めて主張したのではないことを強調したが、先行研究を提示しただけにはとどまらない印象も受ける。久米邦武や星野に対して神道家や井上毅の反発が激しかったことを忘れてはいなかっただろう（五二一～五二二頁）。

しかし、金沢が同系論者であることは博士論文で明らかになっており、『言語学雑誌』にも取り上げられていた。宮崎は朝鮮語について教示を求め、星野も自分が日韓両国語の同系を述べた上に「又金沢文学博士は日韓語同源論を著はして詳に之を論せられたれば、日韓言語の同系なるは、既に学者間の定説であつて、今更之を述る必要もない」（「歴史上より観たる日韓同域の復古と確定」）と言って、金沢の著作を評価し、歓迎している。歴史学者や法学者に加えて、言語学者による同系論が提出されたからであろう。金沢はアストンを継承し、改めて日本人として同系論を主張したのだが、その役割を担ったことで、朝鮮植民地支配において「新意を発する」立場に立ってしまったといえようか。

日本人の同系論を提出

アストン論文（四四～四六頁）は、日韓両語を欧米の言語と比較した時にきわだって異なる特徴に着目し、それが両国語に共通することを欧米の読者に対して説くものであった。日本語と韓語は、動詞が人称をもたない、性がほとんど意味がない、生物と無生物の区別がない、人称代名詞による区別がない、have にあたる動詞がない、受身が発達していないなど、欧米人にとって注目すべき点について説明している。しかし金沢はそういった特徴を日本人に改めて指摘することはなく、両国語における性・数の表わされ方、その共通性について述べた。

またアストンは両国語において、接尾辞（助詞）の働きが大きく、文章は位置（語順）に大きく依存すること、例えば動詞と形容詞が文の最後に位置し、前置詞（助詞）が名詞の後にくること、動詞の前に目的語がくることなどを欧米人に説明する必要があったが、金沢は、日韓両国人にとって違和感のない語順について詳しく共通性を述べることはない。「文章法上語句排列《はいれつ》の順序をはじめとし、特殊の成語に到るまで、類似の個処極めて多く、寧《むし》ろ根本的に組織の異なる点を指摘するに困《くるし》むばかりなり」と、類似の大きさを強調したまでである。しかし、それを詳細に分析してみせた方が、欧米の言語に触れた日本人のなかには、日韓両国語の共通性に眼を開かれる人々が少なくなかったかもしれない。しかし、金沢は日本人に単語の共通性を示すことを優先して同系語を示し、そのうえで語法上の類似として、用言から名詞や副詞が形成されること、助辞が共通にあることを指摘した。

当然のことながら、日本人である金沢は、ホフマンやアストンがそれとなく気づき、示唆したことを検討し、深めることができた。アストンは、名詞を重ねて複数が表わされること、語根が語尾変化や接尾辞によって名詞・形容詞・副詞・動詞の性質を帯びていくことに気づいていたが、金沢はこれを深めて、用言の名詞法（i語尾・mi語尾・ku語尾）、副詞法（連用言・く語尾）を強調している。また、「あり、（韓語）ir」という語が縦横無尽に働いて、受身・半過去・過去・自動詞他動詞・所相・使役などを形成していく様子を論じているが、これもホフマンやアストンが部分的ながら気づいていたものである。

音韻体系についても、日本語も朝鮮語も知らない欧米人に対して、アストンは母音と子音を体系的に説明し、対応関係を述べる必要があったが、金沢は省略している。また、アストンはハングル文字の形から、ㄷ（t）、ㄴ（n）、ㄹ（r）の音の近さに気づいているが、金沢は日本で古くから言われてきた「た・な・ら同等」として説明した。

同系語として挙げた単語は、アストンが約一〇〇語を挙げたのに対して、金沢は約一五〇語である。両者に共通するのは約五〇語で、同系と判断する観点は幾分異なっていたようだ。アストンと金沢に共通するのは、日本語：朝鮮語の順で示すと、chichi（乳）：chyot、goto（如）：kat、ha（者〔助詞のは〕）：pa、hato（鳩）：pitark、ihu（云ふ）：ip、kasa（笠）：kas,（欲）horu：para, kiru（切る）：khar, midsu（水）：mur, noru（宣）：nira、sima（島）：syom, take（竹）：tai、tsuba（唾）：chum, wada（海）：pata、uma（馬）：mar などである。

金沢が新たに提示した単語の例として、agi（こども）：aka、hamo（鱧）：paiam、hone（骨）：pyo、imo（妹）：am、ka（香）：kho（鼻）、kazu（数）：kaji（類）, ki（城）：ki、siki（城）：siki、kuhasi（美）：kop, manesi（普）：man（多）, namida（涙）：nunmur、nata（鉈）：nat、se（背）：su、tatsu（断）：tteut、tomo（友）：tongmo（伴）、konami（コナミ）：kheunomi、wase（早生）：oso、uhe（上）：u などがある。アストンが提示したが金沢が採らなかったものに、asaki（浅）：yus, hajimete（初）：piloso、hi（火）：peul, ke（毛）：kil, kimo（肝）：him（強）、kosi（腰）：huli, madzu（先）：mili, nagareru（流）：heul, niwoi（匂）：ne, shishi（鹿）：sasam, saji（匙）：sul, tataku（叩）：teutal, tsub-ame（つばめ）：chupi, tsukiru（尽）：chekeul（死）、wara（ワラ）：pheul などがある。

こうして、アストンは日本語と朝鮮語をインド・ヨーロッパ語の最も遠いところに位置する同系語ととらえたが、金沢はドイツ語とオランダ語のようにきわめて近い関係と考えたのである。

『日韓両国語同系論』に対して、その年四月の『国学院雑誌』（一六―四）で岩橋小弥太が書評を書いている。国語の研究において、関係ある言語との比較研究が必要であると前置きを述べて、従来の朝鮮語との比較研究が悉《ことごと》く単語の比較だけに終わったために危険であったが、金沢が初めて文法的な比較を試みたこと、また、単語の比較も多数の語が取り上げられたことを評価し、アストン論文は、「外人の研究であつてもとより博士のこの新著とは比べものにはならぬ」、文法上の比較が簡単であると評した。そのうえで、「いささか物足らぬのは、アストンに見えている文章法上の比較がこの書に見えてゐないことで、その上望蜀《ぼうしょく》をいへば、係結の法や枕詞比喩などの修辞上の事項をも説かれたらばさらに結構であったらう」と述べているが、これはおおむね妥当な批評であろう。

相互の同化は「天下の慶事」

巻末に金沢は、韓国語に対する日本人の態度を指摘し、この親族的言語に関心を払うよう訴える。そして両国民の同化が実現することを願うのだが、そのために戦後には批判の対象となる部分である。

最後に余の希望するところを述べんと欲す。従来我国民は東洋諸国語、就中《なかんずく》、親族的系統ある韓国語に対して、極めて冷淡なりき。此は学術的立脚地を離れて実際の事実上より見るも甚だ悲むべき現象なり。若し彼我《ひが》両国間に一層言語の疎通ありたらむには、過去の政治史上における幾多の暗黒面は竟《つい》に生ずることなかりしかも知るべからず。かの大院君の激怒に触れて、幾万の生霊を犠牲に供したる耶蘇《やそ》教徒殺戮事件も、実に仏国宣教師が韓国語敬語法の使用を謬《あやま》りたるに基因したるを知らば、蓋し思半《おもいなか》ばに過ぐるものあらむ。

然るに幸なる哉、日韓両国の言語は、その根本において同一なり。若し此間の消息を審《つまび》らかにせば、彼我国語の学習を容易ならしむること言を俟《ま》たず。斯《か》くして日韓両国民互に国語を了解して、

> 遂に古代における如く再び同化の実を挙ぐるに到らば、真に天下の慶事といふべきなり。余は上下挙つて尚一層の注意を言語の上に加へられむことを切望して止まざるなり。

韓国語に対する冷淡な態度は、一部の人々に限られることではなかった。したがって、国民が「上下挙つて」関心を払うよう勧めたのである。日本人は、韓国語が日本語と同系の言語であることを知れば、韓国・韓国語・韓国人に対して親近感を持つはずであり、保護国支配において益することが大きいであろうと、金沢はそこに同系論者としての社会的役割を見出したのであった。

古代におけるような同化が再び実現すれば「天下の慶事」であるというのは、はるかな未来に託した金沢の願望、あるいは夢であろう。それは、「彼我」「互に」という言葉に示されたように、双方における言語学習を通じての相互の同化であり、朝鮮人が日本に同化するという一方向ではなかった。

しかし、白村江の戦いや秀吉の侵攻が双方に遺した傷痕は深く、近代まで持ちこされて、相手に対する不信と侮蔑は払拭されていない。そして両者は帝国と保護国、支配・被支配の敵対的な関係に置かれ、同化はどちらにも歓迎されないであろう。金沢の同系論が受け入れられる余地はきわめて少なかったと思われる。それでも、そのような状況においても、あるいはそのような状況であるからこそ、「同系」という言葉は、日本の支配を納得させるためには有力であると考えられた。支配の口実あるいは標語としていつでも利用でき、その根拠は金沢の名前と著作を挙げることで足りた。ただし、その場合、金沢がいう「相互」の同化ではなく、朝鮮人が日本へ同化するという方向だけである。

さて、論文が載ったのは東洋協会学術調査部の紀要であったが、その中心にいた白鳥庫吉は、すでに三一年に「昔日両国言語の相近かりしこと」を述べていた（七〇～七二頁）。したがって、金沢も先行研究者の一人として白鳥を挙げている。しかし、金沢が論文を発表した頃、白鳥は同系論を放棄していたのである。金沢の同系論は、白鳥の同系論否定とともに登場したのだった。

白鳥庫吉が非同系論へ

白鳥庫吉は三四年（一九〇一）から二年半、学習院からヨーロッパへ派遣されて、各地で東洋史とアルタイ系諸語の研究に携わった。シベリア鉄道で帰国し、四カ月後に日露戦争が勃発する、そのような時期であった。三七年から東京帝国大学の史学科の教授を兼任する。

三〇年代初めに白鳥は、「朝鮮は我か隣国にして、而《しか》も我とは古より最も親密なる関係を有せる国」であり、日本を世界に紹介した国として好感を示していた。しかし三七年には、朝鮮半島代々の日本に対する政略は常に日本に反対して起り、大陸の有力なものに頼って日本を抑えようとしてきたと述べる。したがって、「友情を以て徳で導かんとするのは全く無駄である。日本が朝鮮に力を伸ばさうとするには、露西亜《ロシア》の勢力を払ふと同時に、日本人を多く朝鮮に送って、一方には学校を興《おこ》して日本の言語を朝鮮に拡げることや、他方には又経済上より日本の勢力を得、同時に政治上に日本の権力を樹立することの三つが併立せざれば、日本がいかに金を使っても、又他に如何様《いかよう》に苦心しても、到底朝鮮を従へることは出来ないで、結局目的を達せずして其《その》苦心は徒労に帰することであらう。」（「朝鮮の日本に対する歴史的政策」『世界』五、記者筆記）という。もはや、朝鮮に対する親近感は見えない。

四二年頃には、「韓国人士たるもの、須らく史上の例証に鑑み、…日本の保護に依頼するを志すべし。

韓国の国是《こくぜ》は実に茲《ここ》に存す」（「韓国の国是」）と述べている。

白鳥が三八年に亜細亜《アジア》学会を設立して四〇年に東洋協会に合流することはすでに触れたが（一三四頁）、四一年に南満州鉄道株式会社（満鉄、三九年創立）総裁の後藤新平に満鮮歴史地理調査部の設置を説いて実現させる。その主宰者として、池内宏、稲葉岩吉、津田左右吉、松井等らを擁して研究を進めていった。四二年一月、日本語と朝鮮語の関係について、白鳥ははっきりと転換を表明する。

> 余輩《よはい》も、嘗《かつ》て此《この》両国語の間には必ず緊切の関係あるべしと信ぜしが故に、多年二語の比較研究に従事し、以て一般の期待を満足せしむる程の結果を収めんと務めたりき。然るに、事実は予想と相反し、研究の歩武を進むるに従って、益々両語の関係疎濶《そかつ》にして、当初に期待したるが如き親密のものにあらざるを感ずるに至れり
>
> （「日・韓・アイヌ三国語の数詞に就いて」『史学雑誌』）

「親密のもの」でないのは、ヨーロッパの比較言語学で重視される数詞の共通性が見られないからであった。「国語の数詞が韓語及びアイヌ語の数詞に関係することなきは、我国民と此二国民との間に元来思想上の類似もなく、又此二国民と接触交通の親密ならざりしことを示すもの」で、日本語の数詞は世界の数詞に類例をみない特別のものであり、「国語の性質・所属及び国民の本源に関して更に新規の考察を要求するもの」であると、新たな立場を述べている。

金沢はこのような白鳥の転換を目前にしながら、四二年七月に論文を発表し、四三年一月に単行本

を刊行したのだった。およそ五年後、白鳥は金沢の同系論を批判する。

朝鮮語の必要を訴える

日本が韓国に統監府をおいた三八年（一九〇五）、金沢は雑誌『太陽』に「韓国の教育に就いて」を執筆し、朝鮮語の理解が日本の学問と文化のあらゆる方面で必要であると言って、高等教育における朝鮮語教育の必要を訴えた。四一年の「朝鮮語研究の急務」（『国学院雑誌』一四―一）でも、朝鮮が保護国となった以上、官吏が通訳を介して朝鮮人に接するようなことではいけないと忠告する。

将来は通訳官養成のために朝鮮語を教授する必要は勿論、これ以外に直接に朝鮮の行政、司法、教育などの局に当る者を養成するために法文科大学を始めとして、各種の高等専門学校において専門の学術を修めると同時に、朝鮮語の修養をなさしめるのが最も必要であると考へる。これがためには朝鮮政府なり統監府なりから貸費生を各種の学校に設けるなども一の案であらう。その他少くとも帝国図書館や帝国大学の図書館内には朝鮮の図書を集めて、特別に朝鮮研究者の便利を計り、奨励するの設備をして貰ひたい。

新聞にも朝鮮語研究の一端を載せる。四二年七月一七日付『読売新聞』の第一面に、「敷島《しきしま》考　謂《いわ》ゆる敷島は韓半島をも包合せりとの説」がある。「日本」を意味する「敷島」のシキとシマを考察したもので、シキはスキ、サカ、スカ、スガ、スクなどと変化し、シマも都城の意味で、スマ、スミ、サミ、シミなどと変化しており、城を意味する「キ」と同様に日韓に共通する古地名である、「佐気都志摩」はシキのシマ、すなわち都城の意味であろう、したがって、広義のシキシマは韓半島を包合しているといえ、上世日韓の同域であったことが、古代地名の研究からもわかると述べている。

論文を集めて『国語の研究』に

前項の論文も含めて、四三年の一二月、『国語の研究』を刊行する。韓国併合から三カ月、彼が大学院在学の三〇年以来発表してきた論文三三篇を加筆訂正して収録したほか、「東洋語比較研究資料」として朝鮮語・アイヌ語・琉球語・満州語の教本類一〇種を図版と共に紹介した。論文は巻末の資料1に示したように、日本語と朝鮮語の比較に基づいて日本語文法、語源、地名、文化、言語政策に関して考察したものである。

　巻頭においた「仮字の起原」は、明治三五年に『言語学雑誌』に掲載されたものの改訂で、片仮名の創成について従来いわれてきた説に対する再考である。吉備真備が唐に学んで片仮字を作り出したという説に対して、朝鮮の吏道《りとう》の略体が片仮名に酷似していることから、これに倣《なら》ったものではないか、伴信友など多くの学者が吏道が発達して諺文《げんぶん(ハングル)》となったと考えたのは間違っている、神道家が日本に神代《じんだい》文字という固有の文字があったというのも根拠がなく、なかでも日文《ひふみ》は諺文を輸入したものであると主張している。この問題は彼の念頭から去ることがなく、繰り返し考察されて、還暦記念に祝賀に集まった人々に贈る冊子も、『新羅の片仮字』（昭和七）である。

　本書はそれまでの研究の集成であるとともに、彼の最終目標である国語の研究の、「これからの仕事の序文の積」（序）であった。

新村出が「関係は割合に疎遠」と

四四年一月の雑誌『太陽』（一七―一）に、京都帝国大学言語学科の教授、新村出が「国語系統の問題」と題する論考で、金沢の同系論にも言及する。

日本語と朝鮮語との同系は、古くはアストン、近くは金沢博士の論証に由て定まつた様なものゝ、其関係は割合に疎遠であるらしく思はれる。同系といふ事は、争はれないが、隔離の度が割に大きく、親密の度が割に少いのは、多年政治上及地理上の分立に基くか、或は人種の混淆《こんこう》の結果であるか、何分未だ解決を得ない。両国語の関係は、独語と蘭語との関係、乃至《ないし》仏語と西語との関係よりも遥に遠く、今日の英語と独蘭両語との差よりも隔つて居るばかりでなく、或は希臘拉丁《ギリシャラテン》とケルト又はジャーマニック語派との差別よりも、近くは無ささうに見えるが、今後比較研究が益々進んだらば、もう少し近づいて来るに違ひない。…日本語が朝鮮語から出たものでも無ければ、又朝鮮語が日本語の一方言でも無く、各々此の日鮮根本語から分岐したと説くのが、適当と思ふが、然《しか》し或《あるい》は両国語が各対立して満蒙語と対峙すべき関係であつて、言はゞ日鮮満蒙土の数言語は兄弟分の間柄だと考ふべき時期が来ないとは云へない。

日本語と朝鮮語の親近の程度は、金沢とアストンが言うよりも、ずっと低いのではないかと新村は言う。きわめて慎重な表現で、同系を認めながらも、その親近の程度を遠近いずれにも可能性を示唆している。さらに、この問題の究明には、「各語族の事情に通じ、各語系諸分派の歴史に達することを第一の要務としなければならぬ」、しかし、「空想より出でたる奇論新説、尽《ことごと》く無用として棄去るにも及ばない」と、これも様々な方法の可能性を残した。

蔵書目録その一

師の上田万年がドイツ留学から持ち帰った書籍やチェンバレンから贈られた書籍を目にし、その翻訳を通じて多くを学んだ金沢は、原書の必要と意義を悟ったのであろう。それを所蔵するという魅力にもとらえられ、莫大な費用を稀観書の蒐集にあてることになる。彼は生涯に三度、蔵書目録を編纂する。最初に私費で作ったのが、『朝鮮書籍目録』である（巻末資料1）。四四年三月二八日、東京外国語学校の卒業式の日、蒐集した朝鮮書籍を一一〇種陳列して観覧に供したが、そのとき来場者に配布したものである（『東京朝日新聞』四四年三月三〇日）。「序」のなかで、四〇年の外遊の際、パリでクーランに会ったことにも触れている。

4　韓国併合と朝鮮語

新聞・雑誌の取材があいつぐ

四三年（一九一〇）八月二二日の韓国併合条約調印、二九日の公布という事態を迎えると、朝鮮を特集に組む雑誌が増え、新聞紙上にも学者の意見が次々と掲載される。金沢も、「新聞記者の包囲攻撃を受け忙殺されつゝあり」などと書かれたほどだった（『読売新聞』八月二五日）。彼が朝鮮を紹介する記事に、①「日本語と朝鮮語」（金沢文学博士談、『東京朝日新聞』八月二六日）、②「朝鮮の文学」（談、同紙八月二八・二九日）、③「朝鮮人の娯楽」（談、『読売新聞』八月二九日）がある。

①で金沢は、日韓合併が「別段に不思議なことではなく、我々研究者の立場から見れば誠に当然のことと思はれる」、素戔鳴《すさのお》尊や瓠公《ここう》の事績もあり、上古の交通が頻繁で言語の不通がなかったようだ、通訳のことが見えるのは両国の交通が疎遠になってからのことである、日韓両語はその根本が等しいので、研究すれば韓人に接するうえで大いに役立つであろうと述べている。ちなみに、この記事のすぐ下に、朝鮮人が横になって寝ている姿を撮影した写真があり、「韓国風俗（よぼの昼寝）」と説明されている。「よぼ」は、朝鮮人の意味で差別的に用いられてきたが、併合当時、紙上で用いることにためらいがなかったのだろう。『辞林』にはないが、『広辞林』の語釈に「一、老人などがよぼよぼしていること。また、その人、二、もと、朝鮮人を卑しんで呼んだ称」とある。

②では、諺文で書かれた歴史小説類が年末などに京城で物々交換されて下層社会の婦女子によく読まれている、両班《ヤンバン》の舎廊房《サランバン》（客間）は誰でも入れるので、音読していると黙って入って聞いていることがある、本を大切にし、売るときは人に知られないようにするなど、留学中の経験を語っている。また、形式を重んじることは日本人の想像以上で、そのために本来の精神が顧みられない欠点があるが、日本人は朝鮮人のこういった習癖を理解して善意に利用することが大切で、これを一挙に打破しうるなどと思うのは間違いである。朝鮮のことをもっと知るために、東京に朝鮮博物館ができればよいが、無理なら今の博物館・図書館を利用すべきであると述べている。

③では、室内遊戯が発達していて碁・将棋・双六《すごろく》のほか賭け事が多い、室外では団体で石を投げ合

う石戦、盆などに女性の踊りやぶらんこ遊びがあると紹介している。

朝鮮語は方言として存続を

次に、朝鮮における言語問題に関わる記事をみると、①「朝鮮教育根本問題　―合併後に於ける」（上・下）（『読売新聞』八月二六・二七日）、②「韓国の同化事業　先づ国語から始めよ」（『東京日日新聞』八月三〇日）、③「朝鮮に於ける国語問題」（『歴史地理』一一月三日）、④「朝鮮に於ける国語問題」（『読売新聞』一一月四日）、⑤「再び朝鮮に於ける国語問題に就いて」（『読売新聞』一一月二〇日）、⑥「余の朝鮮人教育意見」（『朝鮮』三五号、四四年一月）などがある。

①は、沖縄で生じた国語教育の問題を朝鮮で繰り返すことがないよう、圧制的な教育にならないよう忠告するものであった。併合は、「昔一所だつた者が再び元へ復した丈であるといふ観念を鼓吹して貰ひたい」、しかし、「朝鮮人に対し、少しも固有の国語を認めてやらずに遮二無二外国語を押付けて覚えさせようとしても無理である。全くの外国語ではなく遠い親類の間柄であるといふ事を教へて親しみを起させ、朝鮮語の法則によつて日本語を学び、之によつて次第に同化渾融する時を俟たねばならぬ」と言語政策への提言を述べている。

②では、同化事業として評価できるものに、漢城病院の設立、東本願寺派の事業家奥村五百子（一八四五～一九〇七）による不毛地の開墾や養蚕業の推進、日語学校の給費制度を挙げている。「元来日本と朝鮮は兄たり弟たる間柄」であるが、日本人はこれまで朝鮮を理解してこなかった、韓語の研究と韓語教師の養成が必要である、同化は簡単なことではない、「双方に言語の交通を図り互に肝胆相照して後に漸進主義を以て総ての社会的施設を為さねばならぬ」と結んでいる。

③『歴史地理』は併合記念の朝鮮特集号で、二〇人以上の学者による論文集である。その「発刊の辞」には、韓国併合は「我が古来の史的懸案を解決」したものであり、サンスクリットが欧州の言語と同系であるとの説が、「如何《いか》に英国の印度併合並に其統治及同化に甚大の便宜を与へたるか」と述べている。韓国併合を日本史上の快挙として称えるなかで、金沢の論調はやや違い、朝鮮での言語政策に苦言を呈するものであった。併合後の朝鮮で最も慎重に考慮すべき問題は、「一千万の民衆が邃《すい》古以来用ひ来つた朝鮮語を、如何にして帝国語と融合せしむるかといふこと」である、尋常教育は悉く日本語で行うべきだといわれているが、「左様《さよう》なことが出来るか出来ないか、少しは考へても貰ひたい。今日の沖縄県ですら、尋常一年に実際沖縄語でなければ教へられないのである」と忠告する。

金沢が小学校をすべて日本語で行うことに疑義を呈しているのは、教育界のそのような方針が諸所で伝えられていたからである。『教育時論』（九一九号、四三年一〇月）は、帝国教育会の朝鮮教育方針の原案がほぼ決まり、「日本語の普及を以て当面の急務とし全力を此事に注ぐ事」とし、その方法は、「日本語を以て官用語とする事」、「初等教育には諺文及漢文を廃して、日本語を以て教授する事」になったと報じた。四四年三月に『帝国教育』（三四四号）に掲載される「朝鮮教育の方針」はほぼこのとおりで、「初等教育ニ於テハ一切日本文ノ教科書ヲ用ヒ日本語ヲ以テ教授スベシ」とされる。このような朝鮮語軽視の姿勢を、金沢は③で次のように批判する。

> 或《ある》人々は学校の用語を日本語のみと限りさへすれば、二三十年の後には追々朝鮮語に代つて、半島

全土に国語の通用を見るべきかの様に考へて居るらしいが、これは甚しい誤解で、どんなにしたとて自然の天則に支配せらるゝ言語の発達を左右することは出来ぬ。朝鮮語自身の内に絶滅すべき原因を作らざる限り、何処《どこ》までも存続するのみか、下手をすると反て日本語の方が圧倒せられるかも知れぬ。

既に日鮮両語が併立する以上は、日本語の奨励に全力を尽すべきは勿論であるが、同時に朝鮮語に対しても十分注意を払はねばならぬ。家庭語としての朝鮮語、社交語としての日本語、この両者は何処までも睦じく相携へて進み、苟くも嫉妬・反目・偏見等忌まはしきことが其間に行はれてはならぬ。…日本人は、朝鮮人を真に了解しこれを撫育せんがためには、勉めて朝鮮語を学び、朝鮮人はまた自己の福利のために、進んで日本語を修めるやうになり、国土民衆と共に国語の併合も円満に行はれねばならぬ。要するに、朝鮮語は我帝国の一方言として帝国語の中に包合せらるべきものである。故に朝鮮に於ける教育語も、初等教育は朝鮮語を本位とし傍《かたわら》日本語の楷梯を課し、中等教育では日鮮語を並用し、専門教育に至つて初めて日本語本位となるのが、自然の順序であらうと思ふのである…。

（明治四十三年十月十一日稿）

さらに、「朝鮮には諺文といふアルファベット式の立派な標音文字がある」とハングルを称え、朝鮮における国語問題は、「互に他の言語を重んぜしめよ。帝国語を整理して適者の地位に立たしめよ」という二カ条に帰着すると、金沢は結んだ。

同名の論稿④は、③の文体を変えて加筆訂正したものである。これらの続編として書かれた⑤では、M・ミュラーの「言語は常に変化のなかにあり、何人もそれを作り出し、阻害することはできない」という言葉を引用し、朝鮮語の歴史的な重さを指摘して、「予は重ねて断言する。朝鮮語排斥を基礎とする日本語の普及策は必ず失敗に終るに違ひない」と強い口調で述べている。

日本語普及という政策のもとで、朝鮮語にどう対処するのか。金沢の提案は、朝鮮語を一地方語（一方言）、あるいは家庭語として位置づけることであった。それは、朝鮮語を国語から方言におとしめるのではなく、朝鮮の地で生まれ育って親から教えられた朝鮮語を用い続けるのは当然のこととする言語観による。「国語は国民の精神的生命を代表するもので」（第二章第4節）あった。

彼は、遠い将来両国が相互に同化することを夢みて、朝鮮語の排斥に反対し、日本人の朝鮮語学習の必要を力説したのだが、ほとんど理解されなかったことだろう。しかし、両言語の同系が植民地支配の弁明になると解される間、金沢は放逐されることにはならない。彼は基本的に両国民から歓迎されないにもかかわらず、場合によって必要とされる存在であった。

日本は兄、朝鮮は弟とも

右の②のなかに、「元来日本と朝鮮は兄たり弟たる間柄」という表現があった。日本を「兄」、朝鮮を「弟」としているのだが、同じ頃ほかにも、このように表現した記事がある。一〇月に雑誌『経済』朝鮮号（日本経済社、大阪）に掲載された、「朝鮮は弟日本は兄」（金沢庄三郎氏談）である。朝鮮における兄弟・出産・衣食・家屋・結婚・墓地について、日本との異同を簡単に説明した一頁だけの記事であるが、最初の「兄弟」のなかで、「元来日本と朝鮮とは血を別けた兄弟である。弟は久敷《ひさしく》放浪して行衛《ゆくえ》が解らなかつたが、其の後出遭《であっ》ても真の兄弟とは気がつかず、他人の様であつたのが、今度漸《ようや》く真の兄弟である事が了解せられた。昔語りをすれば明《あきらか》に親は一つである。人種も言語も風俗も習慣も悉く同一の系統を有して居る。」と述べている。

帝国大学の講義では、日本語と朝鮮語の関係を親子あるいは姉妹の関係にたとえ、朝鮮語が親または姉、あるいは本家と言いたいくらいであると語っていた。両国語が同系であるかどうかという問題とともに、どちらが親であるか、姉であるかという問題は、文化の伝播にかかわるので重要であるが、一方で子・妹に対する優越感を生み出すこともある。金沢は基本的に朝鮮が親または姉であろうと考えていたが、雑誌という不特定多数、あるいは日本全体を対象とする場では迎合的にこう表現する気になったのか、あるいは、はっきりと朝鮮を兄とすることに懸念がよぎったのか。新聞・雑誌の記事は多くの人々の目に入って記憶に残り、当然それが金沢の真意であるとみなされる。戦後には金沢が日本は本家で朝鮮は分家であると語ったということにもなり、批判を余儀なくされるのである。

第三高等中学校以来の同窓生である歴史家喜田貞吉も、「朝鮮人は我々大和民族と大体に於て区別が無いものである」と対等の立場も示しながら、「少なくも本家分家位の関係があるといふ事は、如何しても疑ふ事が出来ない」、「韓国の併合を見るに至つたのは、即ち時機到来して分家が本家に復帰した様なものである」と述べて、本家を日本とし、「日韓同種説は、実は韓国併合以後の朝鮮人を大和民族に結びつけ、之を同化融合せしむる上に最も有力なる鎹《かすがい》である」（「韓国併合と教育家の覚悟」）と言って、戦後にやはり金沢と同様に同祖論者として批判される。

一〇年ぶりの朝鮮訪問

明治四三年一二月、金沢は朝鮮を訪れる。朝鮮の学校における日本語と朝鮮語の教育の実情を視察するためであった。留学以来、一〇年ぶりの訪問である。

一〇日、東京外国語学校朝鮮校友会が歓迎会を催した。零下一〇度を下回る酷寒の日曜日の午後三時、旭町一丁目（南山の西側）にある万千閣の大広間に三五名が参会した。旧外語の国分象太郎、川上立一郎、鮎貝房之進、塩川一太郎、新外語の藤戸計太、天野雄之助、伊東四郎、速成科の田中徳太郎や、特別会員の中村健太郎、新外語の外国人教師であった趙重応（趙慶協）などの顔が見える。会長の国分が開会の挨拶を述べたあと、金沢が謝辞とともに朝鮮における国語問題について語った。その内容は、前月の『歴史地理』朝鮮号に発表した「朝鮮に於ける国語問題」とほぼ同じである（『東京外国語学校朝鮮校友会会報』一一）。

七時頃、記念写真を撮影し（次頁）、恒例の鍋食に移った。新旧の母校の思い出を語り、日本語と朝鮮語の比較に話が弾んだというのも、金沢が主賓であったからであろう（『朝鮮校友会会報』八号）。

漢城師範学校で講演

歓迎会から五日後の一五日、金沢は漢城師範学校で、教師を目指す生徒たちに「朝鮮語に関する意見」と題して講演する（『朝鮮校友会会報』第一〇号）。

言葉という不滅の記録を辿っていけば、古代の文化を知り、民族の移動の方向もわかる。朝鮮語で「米を買う」を「米を売る」ということから米が貨幣であることを知り、南が前を意味するから、朝鮮人は北から南へ向ったことになる。言葉の伝わり方がわかる例として、「蜜」「酒」「苫《とま》」「涙」「ソウル」などを引いて説明し、「日本語と朝鮮語との此関係を知ると否とは、朝鮮に対する我々の考に

東京外国語学校韓国校友会による歓迎会

（東京外国語学校朝鮮校友会『会報』第11号，より）

前列中央が金沢。向かって金沢の左に趙重応，塩川一太郎，右に川上立一郎，そのほか国分象太郎や鮎貝房之進も見える。

於て非常なる変化があるだらうと思ひます。朝鮮語を支那語の様に考へて居るのと、一つ源から出た離し難い兄弟の言葉であると云ふことを知って居るのとは非常な違だと考へます」と述べた。

　朝鮮語を日本語に置き換えていこうとする政策に言及し、「方言を用ひて居る人が学校に出て中央の標準語を学び、所《いわ》謂《ゆる》東京言葉を話すやうになつたとて、地方の言葉が滅びるといふものではありません。方言としてどこまでも生存し所謂標準語といふものが一方に社交上の言葉となるので御座います。朝鮮語の将来もこれと同様である、朝鮮に於ける社交語は勿論日本語でなくてはなりませんが、そのために朝鮮語を亡ぼすといふのは不可能のことであります」と、朝鮮語を廃する方針の不当性を説いた。そして、「普通教育に従事する日本の先生方にして、全く朝鮮語の知識を欠いて居る方が若しあつたならば、他に幾多の長所があつても、それは没却されて仕舞ふかと思ひます…他の方面は姑《しばら》く措《お》き教育上に於ては朝鮮語の不必要といふことを絶対に否認いたします。」（「朝鮮語に関する意見」『朝鮮校友会会報』一〇号）と、朝鮮における将来の教師たちに対して強い調子で述べている。

京城を後にして下関に到着すると、『読売新聞』の取材に会う。ここでも彼は、「日本語教育を完全にする為《た》めには少くも当分は朝鮮語を排斥せず、朝鮮人の教育に当る者も成る可く朝鮮語の素養ある者を要し、其他諸般の関係上寧ろ朝鮮語の奨励をなすべきものたるを切実に感じたり。是《これ》世人の注意を望む処なり」（同紙一二月二二日）と信念を繰り返した。帰京して『教育時論』の取材を受けた金沢は、教育家や政治家が学校において朝鮮語を不必要として実行に移しているが、「目的の為に足元を顧みざるの類なり、されど予は、国語を教授すべからずと説くものにあらず、特に朝鮮語を存置し、其応用により漸次国語の普及を計るを以て、寧ろ捷径なりとするものなり」と述べている（「朝鮮の語学」『教育時論』九二六）。

外国語学校に韓語科を置くこと

韓国併合条約公布から四カ月、東京外国語学校『校友会雑誌』（四三年一二月）の「韓語科便り」に、生徒SO生が次のように書いている（句読点をつけた）。

明治四十三年八月の末、大詔《たいしょう》一下して東洋禍乱の淵源たりし韓国は我帝国に併合せられ、鶏林《けいりん》八道の全部は茲《ここ》に帝国の版図に入れるは、誠に千載の快事に御座《ござ》候。而《し》かも我等は朝鮮語を学び、朝鮮なるものを常に研究致し居る丈け、此度の併合に対して刺戟を受けし事一入《ひとしお》に御座候。今後朝鮮開発上、当局の我等韓語に通ずる者に待つこと益々急なるべく、随《したが》つて此際吾人も自己の境遇を自覚し、全科生の責任の重且つ大なるを痛切に感ぜずんば非ず候

韓国併合を「千載の快事」と受け止めたSO生は、切実な思いで併合後の韓語学科生徒の役割を再確認し、責任に応えようとしているのだが、実は思いがけない議論が巻き起こっていた。

承る所に拠れば、我日本帝国の一部となれる以上、東京外国語学校内に韓語科を置くは頗る其当を得ざるものなりなど、かかる大人げなき議論を臆面もなく上下する方も之有る由に候が……朝鮮開拓てふ大職責を目前に控へたる我等は、そんな事を顧みて居る暇も之なかる可く候　外国語学校内に韓語科を置くの不都合ならば、外国の二字を除去せんのみ

新外語の設立当初から外交上商業上の必要性を認められて設置された韓語学科は、韓国が併合されると同時に、外国語ではないとされ、その存続が疑問視されることになったのである。併合後こそ韓語学科の意義は高まると考えていたSO生（奥山仙三か）は、このような考え方に憤り、次のように抗議する。教授の金沢が語り、書いた主張がよく浸透していることがわかる。

我等が個人として心掛く可きは、彼等朝鮮人を一等国民の一分子として内地人同様に尊敬を払て、彼等に対する迫害軽蔑の念を絶つことに候。斯《か》くせば彼等も始めて安堵し、彼我の間に横はれる忌はしき猜忌《さいき》偏見反目等の睹聞《とぶん》は立《たちどこ》ろに一掃せられ、彼は我に馴れ染むるに至るべく候。……次に心掛くべきは、彼等に日本語の使用を強ふるよりは、先づ我より進んで朝鮮語を学ぶことに候　斯くせば、彼等は自然日本語を学ぶに至るべし　然るに何ぞや　或は小学校生徒を教ふるに日本語を以てせんと主張し、或は朝鮮語全廃を企つる者あるに至つては、其知らざるの甚しきものにて、……言語の廃滅などいふ事は、世人の想像するが如くしかく容易なるものに非ず　先づ先づ不可能といふが適当に御座候……朝鮮語なども、自ら消滅の原因を造らざる限りは、外部よりの力などにては決して亡ぶ可きものに之有らず候　然るを妄《みだ》りに圧迫を加へて、之が廃滅など図る時は、其反動として反つて日本語が朝鮮語の為めに圧倒せらるゝが如きこと之有らむ　世人若し英国が印度に英語を普及せんとして失敗し、或は我国が琉球に日本語を教へんとして其結果の甚だ面白からざる等の事実に徴して見ば、蓋し思半ばに過ぐるもの之有るべく候

「外」に朝鮮語学科を置く

ＳＯ生の抗議からまもない四四年（一九一一）一月一九日、文部省令第三号により、東京外国語学校学則第二条が次のように変更された。

学科ハ分チテ英語学科、仏語学科、独語学科、露語学科、伊語学科、西語学科、清語学科

及韓語学科トス

←

学科ハ分チテ英語学科、仏語学科、独語学科、露語学科、伊語学科、西語学科、清語学科、蒙古語学科、暹羅語学科、馬来語学科、「ヒンドスタニー」語学科、及「タミール」語学科トス

前項ノ外朝鮮語学科ヲ置ク

変更後の開設学科は一二学科だが、そのなかに韓語学科はない。最後の条文から、朝鮮語学科と改称されて、一二学科の「外《ほか》」に置かれていることがわかる。ＳＯ生が憂慮したように学科の廃止には至らなかったが、このような措置がとられた。この措置自体は、金沢ら韓語学科関係者はやむを得ないものとして受け入れ、この位置づけに学科の存続の可能性を託したのではないだろうか。

四度目の朝鮮訪問

四四年六月、金沢は朝鮮総督府より朝鮮語に関する調査を嘱託された。そして四五年三月、出張として朝鮮を訪れる。彼にとって、四回目の訪問であった。

三月二〇日、地方学事視察として新義州の小学校を訪れて見学し、内地と同じ教科書を使用していることや、気候風土の異なる土地での理科や修身について学校側から詳しく聞いた。その後の講演で、「国が発展すればする丈《だ》け異なる人種と異なる言語を包容する訳《わけ》なり。今日に於ては台湾語朝鮮語など様々日本語となりしを以て、朝鮮も一の方言と考ふるを可とすべし」、なぜなら、言語は「必ずや保存し得るものにあらざる代り、又絶対に絶滅する能《あた》はず、故に朝鮮語も五十年百年は愚か数百年を

経るも消亡する事なかるべし」、したがって朝鮮語も「虐待敵視せざる様」にすべきであると語ったと、記者は伝えている（「朝鮮語の保存」『教育時論』九七二）。

三月二三日、総督寺内正毅から夕食に招かれ、朝鮮語について語った。寺内は日記に、「来京の金沢文学博士其他総督府ノ議補十余名ヲ招キ晩餐ヲ供シ一場ノ訓示ヲ与フ　夕食后読書会ノ会合ヲ催フシ金沢博士ノ朝鮮語ノ起源ニ就キ講話ヲ聞ク、会員ノ来会者少シ」（『寺内正毅日記』）と記している。

また、朝鮮人児童に日本語を教える教師たちに対して講演し、その原稿が総督府内務部学務局から『国語教授上参考すべき事項』となって刊行される。「言語即ち発音」であるから、国語の発音を正確に教えなければ、理解が不十分に終わる、国語と朝鮮語の変化の速度が違うために発音がかなり異なってしまったが、古い国語にあった発音が今朝鮮語に残っている、用言から名詞をつくる方法が朝鮮語にもある、数詞以外は語法がよく似ている、などと語っている。朝鮮人に難しい日本語の発音をどう教えればよいか提案し、国語の教師は朝鮮語を学んで両国語が同系であることをわきまえて教え方を工夫してほしいと希望した。

朝鮮総督府は四四年に普通学校用の諺文綴字法《げんぶんていじほう》の審議に入っていたが、総督府の嘱託であった金沢にも、九月までの会議の「報告原案」が渡された。金沢は日本語「ウ」段音の表記に関して意見を返し（「朝鮮語調査会議ノ決議ニ対スル意見」）、それが一〇月に会議で討議された。四五年四月、総督府は「普通学校用諺文綴字法」を制定する（三ツ井崇『朝鮮植民地支配と言語』）。

朝鮮人はやはり朝鮮人なり

金沢が韓国併合前後に何を語ったかをみてきたが、最後に、四四年一月に発表した論考を紹介したい。すでに述べたことと重複もあり、少し長いが、朝鮮・朝鮮人・朝鮮語に対する彼の見解がよく現れているので、全文を引用する。

余の朝鮮人教育意見

朝鮮人は其《その》遠き遠き過去に遡《さかのぼ》りて言はゞ日本人と同種族の者多きは今更《いまさら》言ふ迄も無き所なるが、建国の事情を異にし数千年来の歴史を異にし、風俗習慣性情を異にし、又智識人文の程度を異にし所謂《いわゆる》朝鮮人なる一種の種族を形成し、昨日迄韓国と云ふ一国を成し居りしを以て、之を直ちに日本人化すると云ふことは殆ど不可能の事にして、朝鮮人は矢張《やはり》朝鮮人なり、固《もと》より之を日本人化すると云ふことは急務なるも、歴史を滅し、性情を取り換へると言ふことは容易の業《わざ》にあらず、故に吾人は朝鮮人を日本の忠良なる臣民と化せざるべからざると同時に、朝鮮人は即ち朝鮮人なりと言ふことを忘るべからず、之を忘れては真の朝鮮人教育の目的は達せられざるなり、従ふて日本人教育其儘《そのまま》を此朝鮮人に施すと云ふことは全然不可能の事にして、朝鮮人教育に就ては即ち朝鮮人教育と云ふ特種の方針主義を立て以て朝鮮人教育の大本を定めざるべからず。

朝鮮の教育機関を日本の其れに倣《なら》ふて大中小其他各種専門学校を設くべしとの説を吐くものあるも、是れ又朝鮮の事情に通ぜざるもの丶空論にして、今日朝鮮人の多数は未だ新教育の恩沢に浴せざるなり、朝鮮八道に於て僅に六十余の公立小学校を有する如き今日の状態に於て、高等の学校を設くると云ふことは、全く狇猴《もっこう》の冠なり、故に今日の急務は先づ出来る丈多くの小学校を増設し普通教育の普及を図るが第一なり、各種高等の学校を設くることは漸《ぜん》を以てすべきなり、然して政治、法律、文学等に馳《は》するを制し、実業方面に向はしむると言ふを以て朝鮮教育の一大方針とせざるべからず。

日本にては朝鮮人教育には朝鮮語を全然廃して之に代ゆるに日本語を以てすべしとの議論を唱ふる教育家あるが、是れ思はざるの甚だしきものにして到底実際に行はるべき議論にあらず、朝鮮人に日本語の普及を図ると云ふことは固より必要なり、而《しか》も彼等数千年来の国語を禁ずると云ふことは、如何なる威力を以てするも行はれざることなり、由来朝鮮語と日本語とは語根を同ふし、日本の古語と朝鮮語とは殆ど区別を見出し難きもの多し、故に日本帝国の内に各地方語を許す如く朝鮮語は日本帝国内の一地方語と見做《みな》せば可なり、朝鮮教育に於ける標準語は固より日本語を以てし、中学以上は凡て日本語にて教育することにして可なるも、小学校にも全然日本語のみにて教授すると云ふことは果して実際に行はれ得べきものなるか頗《すこぶ》る疑問なり、故に小学校にては下級の方には朝鮮語にて教授し、日本語は一科目として教授し小学校卒業迄には日本語にて諸科目を教授するも差支《さしつかえ》無き様にすれば可なり、未だ日本語を解せざる幼童に向つて最初より日本語にて小学教育を行ふと云ふことは、事実不可能の事なり、今回京城に在る各普通学校及び其他の中学校高等学校を視察したるに、何れも日本語の成績善く、又日本人教師が日本語の発達に重きを置けるは喜ぶべきことなるも、未だ日本語を解する力無き生徒に向つて日本語にて各種の科目を教授しつゝあるを見て、余は斯《かく》の如くして果して善く教育の目的を達し得らるゝものなるかを疑へり、各普通学校中、余の敬服したる教授法を用ひつゝあるは僅に一校のみなり、余は朝鮮人の教育に就て我当局者は今少し真面目に親切なる研究を費さんことを切に望まざるを得ざるなり、従つて日本人教師に向つて遠き将来は知らず、今日の場合に於ては朝鮮人に日語を教授する前に於て、先づ自身に朝鮮語を学ばんことを希望せざるを得ざるなり、朝鮮語を解せざる日本教師が日本語を解せざる朝鮮学童の教育に従事して、善く其目的を達し得らるるとせば、寧ろ奇蹟と言はざるを得ざるなり。

　朝鮮人を教育するに、日本人を教育する如く、忠君愛国を其根本精神として之を説くべきかと言ふに就ては、何人も非常に苦心する所にして深く研究を要する問題なり、由来朝鮮人は此種の思想観念に薄き民なり、然るに今彼等が未だ日本の有難さを知らざる前に於て、忠君愛国を説くは却《かえつ》て危険の慮《おもんばかり》無きかを疑ふものなり、彼等朝鮮の子弟の脳底に彼等の大君は日本　天皇にして、彼等の死を以て愛すべきは日本帝国であると云ふ観念を深く刻み込むと云ふことは最も緊要なりと雖《いえど》も、余りに之を露骨に説かば却つて反感を招くの虞《おそれ》あるを以て、教員其人が心から朝鮮人を愛し、親切丁寧を以て誠意を彼等子弟の腹中に置かば、自然彼等は日本人を慕ひ、日本国を愛するの感情を起すならん、故に吾人は先づ彼等に日本を愛すべしと強ふるよりは、彼等をして自然に日本を愛する様に導くが最も策の得たるものと信ずるなり、故に朝鮮人に対しては広く智識を世界に求め、文明人と伍して耻《は》ぢざる様な完全なる文明人となることを奨励し、其間に無意識的に日本に同化せしむる方針を取るが最善の策かと信ずるなり、吾人は此意味を以て朝鮮の子弟には朝鮮特殊の教育勅語を新に下し賜ひ、以て彼等をして日本天皇の深き恵みを心から感謝して善良なる人間となり、善良なる日本臣民となることを励ます様にするが目下の急務かと信ずるものなり、猶《な》ほ大に論ずべきことあるも後日に譲ることゝすべし。

（『朝鮮』三五）

第五章　苦境をくぐって再起へ

――大正元～昭和二年、四一～五六歳――

1　暗雲が立ちこめる

友、阿部守太郎の遭難

明治天皇が四五年（一九一二）七月三〇日に他界し、嘉仁親王が皇位を継承して大正と改元されたとき、金沢は四一歳になっていた。明治の時代には、韓国に留学し、帰国して韓語学科の教授となり、博士の学位を得て、『辞林』と『日韓両国語同系論』で注目を集めるというように、懸命の努力が社会的な地位の上昇で報いられた。しかし、韓国が併合されて大正の時代に入ると、彼の周辺はにわかに陰りを帯びて、獲得よりも喪失、栄誉よりも挫折に遭遇する。本章は、そういった彼の凋落の過程を描くことになる。その始まりが、第三高等中学校時代の親友であった阿部守《もり》太郎《たろう》（一八七二～一九一三）の殺害事件である。

金沢が大分県の中津中学校を卒業した阿部と出会うのは、第三高等中学校の大阪時代である。二人は同い年で、父親の源三郎という名前も共通していた。共に二九年に卒業し、阿部は法科大学政治学科に進んだ。大蔵省を経て外務省に転じ、三八年から清国で内田康哉や伊集院彦吉のもとに日露戦後の諸問題に携わる。四五年、政務局長になって、満蒙問題について意見書を起草した。日本が満洲・蒙古を獲得すれば、「支那領土保全ノ主義」と衝突して英・米・仏・露各国の猜疑を深め、中国分割の端を開くうえ、日本の財政に甚大な困難をもたらすという見解であった。満蒙の領土への野心を捨て、専ら平和的な方法により経済的利権を図るべきである、そのために、「外交ハ総テ外務省ヲ以テ之ヲ統一」すべきであると主張した。これが、領土拡大を志向する勢力の反感を買うことになる。

阿部守太郎
（金沢庄三郎『中学校用国語教科書』巻五より）

大正二年の夏、漢口や南京で日本人監禁・殺害事件が起こると、政府の対応が軟弱であると非難され、それは伊集院や阿部の方針によるものと考えられた。九月五日、帰国した伊集院を新橋駅に出迎えた阿部は、赤坂の官邸に戻ったところで二人の青年に刺され、翌六日、四二歳で死去する（外務省編纂『日本外交年表竝主要文書』など）。六日に自宅に届いた「斬奸《ざんかん》状」には、「漸《ようや》ク贏《か》チ得タル満蒙ヲ捨テテ顧ミザル而耳《のみ》ナラズ…袁世凱《えんせいがい》ヲ助ケテ其雌梟《しきょう》ノ欲ヲ恣《ほしいまま》ニセシメ…阿部伊集院ノ徒民論ヲ無視シ帝国ヲシテ累卵ノ危キニ置キテ顧ミル所ナク…憂国ノ士座シテ之ヲ黙視スルニ忍ビズ　即チ立チテ奸賊ヲ斬リ国家ヲ万世ノ安キニ置キ以テ世道人心ヲ正サント欲ス」と書かれていた。

金沢は駆けつけて阿部を見舞い、公葬にも参列する。阿部殺害は、彼に対する同情よりも、外務省への抗議が強まるほど煽動的な結果を生み出した。阿部の従弟にあたる広池《ひろいけ》千《ち》九郎《くろう》（法学博士、広池学園創設者）の息子たちが、阿部のような外交官になる夢を放棄したほどであった。大正時代の幕開けに遭遇した思いがけない友の横死は、あたかも金沢のその後を予告するような出来事であった。

翌三年、金沢は弘道館から刊行する『中学校用国語教科書』の巻五のなかに、第三高等中学校の同級生、笹川臨風《りんぷう》が同窓会を代表して述べた弔辞「特命全権公使阿部守太郎君を弔す」を収める。

比較研究による『日本文法新論』

この事件の半年前になるが、大正元年一二月、金沢は『日本文法新論』（早稲田大学出版部）を刊行する。早稲田大学における講義録を底本として加筆訂正したもので、「序言」に「今日までにまだ比較研究といふものを試みた人がない。自分はこの忘れられた方面に微力を尽して見たいと志してから、たゞ思のみを馳せて、徒らに十とせあまりの月日を過した」と述べている。「新論」の意味は、一〇年前に著した『日本文法論』に対するものである。

「緒言」のなかで、国語の根源は各自の家庭である、国語はどの国でも神聖なものとされたが、他言語に対しては軽蔑してきたものである、しかし外国語を知る必要が生じるに従って文法学が始まった、日本語の文法を研究するにあたって、系統の違う西洋語の文法を規矩《きく》とするのは危険であるが、同一系統の言語と比較できれば新しい発見が可能になる、自分は同系の朝鮮語や沖縄方言との比較によって国語学界に一生面《せいめん》を開きたいと述べている。『日本文法論』とほぼ同じ章立てだが、一〇年を経た意味は大きく、朝鮮語との比較に基づいた考察が多くなり、言語観を深めた語り口である。東京外国語学校、東京帝国大学、国学院大学、早稲田大学における講義をもとに考察を繰り返し、博士論文、『日本文法論』、『日韓両国語同系論』などを経て到達した日本語文法論といえよう。一例だが、ホフマンが明治初年にハ行の古音について論じた、いわゆる「P音」問題について、『日本文法論』より詳しく論じている。のちに金沢は、「『日本文法新論』には活用その他多少新しい研究を試みたが、肝心のところは知られておらぬ」（『日鮮同祖論』）と述べて、本書が不遇であったと感じていた。

学校用教科書の編纂

日本語文法の研究を重ねてくると、中学校・女学校・師範学校など、学校用の教科書の編纂を依頼されるようになる。高等女学校用の『女子教育日本文法教本』（東京開成館）や中学校・師範学校用の『日本文法教本』（東京開成館）など、改訂もその後数度にわたって行う。

大正三年秋には、『中学校用国語教科書』一〇巻（弘道館）が刊行される。前述の阿部守太郎への弔辞を含むもので、過去および同時代の様々な分野の人々が著した文章によって、日本の文化と文学の読解力を養い、作文の向上を図ろうとした。金沢自身も、署名はないが、各巻に一、二の文章を書きおろしている。「伝家の重宝」「外来語」「宛て字と語原と」「言語の化石」「古代文化のあと」「歴史の意義」など、それまでの言語研究の一こまを生徒用にわかりやすく書き直したものである。

教科書編纂のひとつが、国学院で教えた折口信夫に任される。

折口信夫に編纂を依頼

折口が金沢から受けた「感化」についてはすでに触れたが（一一二頁）、続けて次のように語っている。

三矢先生金沢先生と謂《い》つた間がらですと、私は理も非も御座いません。直《ただち》に屈服いたすことでせう…師匠がお二人とも語学者でしたから、言語文法の研究は、決して疎《おろそ》かにはして参りませんでした…三矢先生や、金沢先生すらも、語学上の事で、啓蒙的な方面を私に説かうとなされた事もなく、安心して下さつて居りました。　（「去七尺状」）

国語文法に関して自他ともに認める力をもっていた折口に、金沢は国語教科書の編纂を依頼した。折口は、すでに正岡子規の根岸短歌会に参加して釈超空《しゃくちょうくう》の号を用いていたが、四三年七月に本科国文科を卒業して故郷の大阪に戻り、大阪府立今宮中学校の嘱託教員として国語科・漢文科・学級訓育を担当していた。その生徒たちに東京天文台長になる萩原雄祐や、画家の伊原宇三郎、建築家の鈴木金太郎などがおり、生涯にわたって折口に深い敬愛の情を抱く。金沢との関係では、還暦記念の祝賀行事の一つとして、伊原が金沢の肖像画を描くことになる。

大正三年四月、折口は金沢の仕事を手伝うため今宮中学校を辞職して上京し、本郷赤門前の喜福寺境内にある昌平館に下宿する。そして依頼された国語教科書一〇冊のために材料を集め、編纂を始めた。しかし、この仕事はまもなく辛い重荷と化してしまう。「三日目三日目《ママ》にはおづ〳〵と先生のまへに四課分か五課分かをさし出すといふ様な風で…一晩行くのがおくれるとすぐ明くる日は先生御自身で下宿へお出になりましたことも五回ばかりになりましたでせう…此ごろは時々晩にも来いといはれて客間のあの低い机にむかうてこつ〳〵と為事《しごと》をさせられることがあります。なまけ者のわたしにはこれだけ働いた経験はまだありませぬ…先生の奥様の御手助けもあつて一年二年はすみまして絵の相談にかゝりました」と、親友の武田祐吉に宛てて書いている（大正三年六月二日付書簡）。次第に「神経衰弱の徴候が著しくなつて」、冬には糖尿病にも罹ってしまった。

翌年から教師用参考書にとりかかるが、「骨を折るように苦しんで」、「焦慮と困憊《こんぱい》と不眠とのなかゝらはかない呪詛《じゅそ》も起つてまゐります　こんなよわい人間に仕事を任せられた先生がお気の毒です」（いずれも安藤英方宛）という状態であった。四年三月、ついに折口は、「無理に先生の為事を止さしていたゞいた」（「自家自註」）。金沢にも恩師上田と共訳・共編の経験があり、同じことを期待したのかもしれない。しかし、折口は疲労困憊してしまったのだった。

金沢の古代語解釈と折口

「恐しいまでに、私に印象してゐます」という金沢の感化は、どのようなものだったのだろうか。折口は、古代語の解釈について次のように金沢を引用している。

主格の「い」について折口は、「紀の関守い」の「「い」は主格を示すてにをはである。金沢先生はもつと分解的に、朝鮮語の方から面白い考へを出してゐられる、万葉・記・紀では肝腎な語であるから、心ある人は「日本文法新論」を読んで見るがよからう」という。また、「ともしさ」の「さ」について、「金沢庄三郎先生は琉球語の用言語尾「さん」から推して、形容詞の名詞法に「ある」から出た「る」語尾の接したものとしてゐられる。つまり形式からいふと「ともしさある」であるが、意は「ともし」と同様である」。さらに、「聞かくし好しも」について、「「く」の考へをはじめて出したのは、岡倉由三郎氏（言語学雑誌）で、氏は名詞語尾としてゐるが、金沢庄三郎先生は、其外にも副詞語尾としての職分があると説かれてゐる」（「万葉集短歌輪講」）。

『万葉集辞典』（大正八）では「かち（徒歩）」の解釈を、「乗り物に由らずに、陸路をぢかにあるくこと。陸地の融合で、馬より行く、船から行くの如く、陸地より行くと言うたのを、歩みの由る所を直に歩み方の名にしたのである。と金沢庄三郎博士は説いてゐられる。」

「大倭《やまと》には　むら山あれど　とりよろふ　天の香具山　登り立ち…」（舒明天皇）の「とりよろふ」は、皆甲鎧《よろいかぶと》で身を固めるという予備観念から説明しているが、「「よろふ」を以て「よろし（宜）」に通じるものと曾《かつ》て見られたことのある、金沢庄三郎先生の考へは、かう言ふ観点から見れば、殊に立ち優れて感ぜられる」（「万葉集講義（三）」）。

「日鮮同祖論」についても、折口は金沢を支持する。「日本の古語と近代の朝鮮語との対比を以てする日鮮語同祖の研究は、他の語族の事より見ても考へられない事だと、金沢博士の説を排撃する学者も多い。併《しか》し、其《それ》は言ふものが間違つてゐる。民間伝承としての特質を言語の上に考へることの出来ない常識論が、さう導いてゐるのである。」（「熟語構成法から観察した語源論の断簡」）と折口はいう。言語の伝わり方を重視した折口には、金沢への批判が常識を出ない、表面的なものだと思われたのだろう。ちなみにこの文章から、金沢の同系論がかなり「排撃」されていたこともわかるのである。

一方、折口の国学院や慶応義塾の講義では、金沢の説に対する疑問も表明されている（『折口信夫全集』ノート編）。薗韓神《そのからかみ》（金沢は「園韓神」）や曾《そ》富《ふ》利神《りのかみ》の解釈は、金沢の説によるならば見当がつき、朝鮮系統の神にちがいないと考える一方で、外国から入った学問はわかりにくいものが多く、金沢の言語学の書物も、「あげられている例も生きておらぬものであった」という。「かむなび」は、金沢が「神の樹という説をたてておられるが、信じられない」、自分は「神の山」と考える。また、「眉の上に蠒《まゆ》生《な》り」の解釈では、金沢は穀物の名とできた部分の類似を見たが、「神話の語源説に終っている。いつまでもこうした考え方は疑問であるが、眉の条だけは、そうかとも思える」。「がてら」と「がてり」は、この語の上と下にくる語の軽重が反対になると説いたが、自分はそうはっきりとした区別はないと思うと、折口はこのような異論も唱えている。

言語から古代文化の考察へ

明治四三年一月から、毎週水曜日、一二時半から一時間ずつ、国学院大学本科の科外講師として講義した「言語の研究と古代の文化」は、同年と大正二年に『国学院雑誌』に断続的に掲載していたが、さらに弘道館から単行本として刊行する。「先史時代の文化を研究するには、言語が最も有力な史料で」、民族の交渉、経済、民族心理、国民感情などを知ることができる、言語の外形が似ていても無関係であったり、借用していることもあり、借用したから事物がなかったと思うのも危険で、充分検討しなければならないが、本書は、ヨーロッパで比較言語学の発達により古代文化史研究が深まったことにならって、「日鮮両語の比較を基礎とし、主として言語の方面から上代文化の蹟《あと》を窺はうとする」ものであった。日本語が一五二頁、ドイツ語が四四頁で、日本語文は次の一〇章から成る（内容は一部のみ）。

序論：古代研究と言語、ヨーロッパの古代史研究、言語の問題性、ヘーンの説、日鮮両語の比較

当時の国学院大学
（大正３年『卒業記念写真帖』より）

国学院大学で講義中の金沢
（大正５年『卒業記念写真帖』より）

家族：夫婦、結婚、両親、オモ、ツマ、コナミ、ウハナリ、掠奪、女性の地位、奴婢、大家族制
家屋：穴居、石戸、石村、洞、クラ、シトミとトマ、住む、スクリ
都市：避難所、城塞、キ、シキ、スキ、サキ、フレ、コホリ、カラの類音を含む地名
飲食：肉食、穀物、狩猟、漁業、アヘ、ケ、食器、米、畑、アマ、シトキ、シル、チチ、ミソ
衣服：羽毛、ソ、モ、パッチ、アサ、カラムシ、ユフ、キヌ、ハタ
天地：ヒノタタシ、ヒノヨコシ、アリヒシ、ヒムカシ、ニシ、太陽、四季、年、時、太陰暦、昼、
　　月の名、新月、満月、雲、雨、風
禽獣：ケダモノ、家畜、牛、馬、豚、羊、兎、犬、猫、鼠、鳥、烏、虫のミ音
草木：キ、ケ、精霊信仰、森林、神社、モリ、ヒモロギ、ミモロ、カミナビ
金属：色、カネ、カタ、三韓の金銀、名剱、ナタ、サヒ、タチ、鉄器、ナマリ、タタラ

同系語の探究を通じて古代文化のありようを解明するという、金沢が目標とした研究の始まりであり、『日鮮同祖論』に至る過程の著作である。本書でも、彼は朝鮮語研究の必要を説く。

朝鮮に関する研究は、今日の場合最も肝要な事業の一でありながら、最も多く忘れられてゐるのは遺憾の至である。著者は年来日鮮両語の同系なることを主張して、言語の方面から根本関係の闡明《せんめい》に努力する一人である。惟《おも》ふにこの種の研究は今でこそあまり注意せられてゐないが、将来必ず実

社会の問題と密接の関係を持つべきことは、欧米の例に徴《ちょう》して明かである。本篇は言語の立場より瞥見《べっけん》したる日鮮古代文化のスケッチで、まだ研究と名づくべきほどのものでないが、我学術界としては新しき試の一つである。あゝ独り朝鮮のみとはいはず、満州蒙古を初め東亜の諸問題が言語の研究と相《あい》提携して進むのは、知らず、いづれの日であらうぞ。

（「序言」）

理想に近いという年表

金沢の著作のなかに、『カード式読史年表』（大正二、広文堂）という、ちょっと変わった作品がある（口絵参照）。「従来世に行はるゝ年表は著者の意に満たざる点多く、屢《しばしば》これに改良を加へんとし、考案数次にして遂に本表を得たり」、「他の年表に比して各国の紀年を対照するに便利なるのみならず、能《よ》く世紀の観念を養ひ、且つ見出の着色によりて一目の下に前後の各時代を綜覧し得べし。著者は稍《やや》自己の理想に近きものと信じ、敢てこれを我読書界に薦む」と自信のほどを語っている。

西暦は紀元前三〇〇〇年、和暦は神武紀元元年（西暦紀元前六六〇年）から始まり、発行時の大正二年（一九一三）までの年表である。表紙から見ると、一世紀ずつ長さをずらして作ってあるので、自分が見たい世紀に手をあてて、下から上へあげて開ける。たとえば1900のところを持ち上げて開くと、上の頁に一八〇一年から一八五〇年、下の頁に一八五一年から一九〇〇年までの一九世紀の百年が一瞥できる。年表の項目は西洋・支那・朝鮮・日本に分け、一七色を用いて区別した。

出版社は新聞に、「本表は金沢博士の創案に出で、博士が日夜読書の際その座右を離さざる秘巻なり…今や博士の書斎より出で、広く江湖に見えんとす」(『東京朝日新聞』大正二年一二月一一日)と広告した。歴史的・相対的な把握を追求して作成したのだが、挙げた事項が網羅的でなく、空白部分も多い。自分の関心のなかでのこだわりと執念の所産であろう。これに各自の関心ある事項を記入していけば、便利かもしれない。

ウラジオストック、ハルビンから満州へ

大正三年春、朝鮮総督府の嘱託として、ロシアのウラジオストックと満州各都市における朝鮮語と各地の言語の状況を視察する。三月一二日に東京を出発し、ウラジオストックからハルビン・長春・鉄嶺・大連・旅順・遼陽・奉天・撫順・京城を経て東京へ帰るという行程で、彼の計算によると三八八五マイルの旅であった。京城で講演を依頼され、次のように旅の雑感を述べている(「満州及び浦塩斯徳地方に於ける視察の一端」)。

訪れた地域が広かったので、言語は中国語・ロシア語・日本語・朝鮮語・蒙古語が混在し、貨幣も同様の状況にあり、警察や軍隊も、日本・中国・ロシアのそれぞれが駐屯していた。暦や標準時が異なり、鉄道の燃料は満鉄では石炭、ロシア領では薪というような違いが、金沢の印象に刻まれた。

ロシア領では警戒を極め、戒厳令下にあるような窮屈さを感じたが、ウラジオストックでは屋外はすべて写真撮影を禁じているにもかかわらず、軍港を見下ろす丘に日本人写真店が開業していたし、大邸宅の天井に電燈の引込線が露出し、松花江の大鉄橋の建設を設計の間違いで三度もやり直す話など、金沢はロシア人の大まかさを面白がっている。ロシア人は親しみやすい国民だと感じたが、それは、ウラジオストックやハルビン在留の日本人も同様に言っているという。

金沢にとって遺憾であったのは、各地の日本人が蒙古語・ロシア語など土地の言語を学ぼうとしていないことであった。そのために、有利な機会を逸しているという。朝鮮人はロシア人と同等には扱われていなかったし、中国人から蔑視を受けていたが、立派な小学校をつくって中程度の生活を営んでいた。中国人は安い賃金でよく働き、中国に持ち帰る金額はかなりのものであったという。金沢が見たところ、日本人は中国人に比べて労賃を高くとり、忠実・勤勉という点で劣っていた。

ウラジオストックで訪問すべきところは、東洋学院であった。すでに白鳥庫吉が二度訪れて蔵書に感嘆した、東洋学の研究と教育の場である。金沢も、東洋学院が「支那、朝鮮、満州、蒙古、西蔵《チベット》等の諸国語を基礎とし、歴史、地理、経済等の諸学科を教授し、其の附属図書東洋研究の資料たるべき古今東西の書籍を網羅し、附属の印刷所に於ては、教科書の印刷や、研究所の印刷を為し東洋研究上の遺漏なきを期して居る」のを確認する（「東洋の研究と京城大学」）。そして、著名なＰ・シュミット教授が、支那語音韻の研究で、「手・受・収の同語原なることを講述せられつるを聞き、著眼の凡ならざるに感じたることありき」と記している（『言語に映じたる原人の思想』大正九）。朝鮮語の「ip」（口）と日本語の「いふ」を同系とみた金沢にとっては、我が意を得た思いであったのだろう。

白鳥庫吉が金沢を批判する

白鳥庫吉が日本語と朝鮮語の同系を論じたことを第二章第４節で、それを自ら否定して非同系の立場に転換したことを第四章第３節で述べたが、金沢が『日韓両国語同系論』を刊行したあと、白鳥は次のように日本語の悠久さと唯一無二を述べている。

大和民族は此の島に於て生まれたものであって、歴史以上に非常にふるいものであると云ふ事を自分は信ずるのであります。……日本の言語は日本の周囲にある所の言語と全く其の類を異にするものであって、亜細亜は申す迄もなく、其他の大陸に於ても日本のやうな言語と云ふものは無い。

（「東洋史上より観たる日本国」、大正二）

そして大正三年、朝鮮語の研究は、比較研究によってその系統所属を論じたものは微々たるものに過ぎないといい、アストンと金沢を次のように批判した。

日本語に精通せる Aston 氏は国語と朝鮮語との間には文法上に於いて密接の類似ありと断定せられたれど、その理由を詳論せられざりしは遺憾なりき（*A Grammar of the Japanese Written Language*. 1877. ii)。又明治四十一年（四二年）に金沢博士は日韓両国語同系論を著はし、文法及び語根の上より両語の類似を証明せんと試みられたれど、論旨臆断《おくだん》に流るゝ所多く為《ため》に読者をして首肯せしむるに足らざりき（東洋協会報告書巻一、一五九～二〇五）。余輩《よはい》は前二氏の主張せらるゝが如く国語と朝鮮語との間に密接の類似ありとは思はず。

（「朝鮮語と Ural-Altai 語との比較研究」）

アストンの同系論の著作として「日本語と朝鮮語の比較研究」（一八七九）を挙げないで、アストンが「詳論」しなかったと言うのはよくわからないが、このようにして白鳥は、アストンと金沢の同系論を否定したのであった。「朝鮮語とUral-Altai語との比較研究」は、大正三年六月から五年一〇月まで断続的に七回、『東洋学報』に掲載された。第一回の始めに短い結論が置かれ、そのなかに右の批判がある。その後第七回まですべて、五九五語をフィノ・ウゴル語、サモエド語、モンゴール語、ツングース語、朝鮮語で提示するものであった。日本語がウラル・アルタイ語系に属すか否かは断言できないが、朝鮮語がこの語族に入るのは殆ど疑いを容れないと考えたのであろう。

『東洋学報』は、金沢が「日韓両国語同系論」を発表した『東洋協会学術調査部報告』（明治四二）が二号から改称されたものである。評議委員は、金沢もその一人であったが、彼の恩師を含む帝国大学の教授が多数を占めていた（第四章第3節）。そのなかで、かつて両国語の同系を日本史上の重大な問題としていた白鳥が、非同系論への転換をはっきりと表明したうえで、さらにアストンと金沢を否定しておく必要があると考えたのであり、それが学界にもたらした影響は小さくなかったであろう。

この大正三年春、白鳥は東宮御学問所《おがくもんじょ》の御用掛《ごようがかり》に任じられ、その後七年間教務主任と歴史の教授を務める。東宮御学問所は、皇太子裕仁親王（のちの昭和天皇）が五人の学友と寝食を共にしながら、大学教授などから倫理・地理・国語・漢文・理化学・美術など一三科目を学ぶ、「天皇の学校」であった。白鳥が担当したのは、国史、東洋史、西洋史で、国史は、神武天皇から明治天皇に至る歴代の天皇の称号を章名として、天皇の聖徳が記述されている（所功「解説」『国史』複製本）。白鳥は、相当な気遣いを伴うこの仕事に誠心誠意対処していたという。そのような緊張感のなかで書かれたのが、右の論文である。

翌四年、白鳥は、「国語と朝鮮語が単語に於いて類似のものがはなはだ少ないことも序でながら付け加へて置く。日本人と朝鮮人は大昔からかやうに違った言葉を使って居たとすれば、此の二国の人が近い親戚であるといふことは到底云はれない訳になる」（「言語上より観たる朝鮮人種」『人類学雑誌』三〇―八）と述べて、日本語と朝鮮語、日本人と朝鮮人が親族関係になりえないことを強調する。こうして、東京帝国大学のなかで、同系論と金沢はいよいよ後方へ退いていく。

『日本外来語辞典』編纂の前後

大正四年五月、三省堂書店から『日本外来語辞典』が刊行される。明治四〇年から編纂が始まり、四五年に三省堂が倒産したが、社主の亀井忠一と責任編修者の斎藤精輔が継続して刊行に至った。編者は上田万年（東京帝国大学文科大学長）、高楠順次郎（同教授）、白鳥庫吉（同教授）、村上直次郎（東京外国語学校長）と金沢（同教授）の五人だが、中田薫、宮崎道三郎、常盤井堯猷、松村任三なども執筆し、小倉進平、金田一京助、前田太郎が「前後分担、事文ノ叙次ヨリ見聞ノ採集ニ至ルマデ内容ノ充実ニ努力」した。

「外来語」は、一見してわかるものと、もはや外来語と意識されないものがあり、どう定義するか統一した見解に達しないまま、四八カ国語に由来する六八〇〇語が挙げられた。語釈の最後に、一人あるいは数人の執筆者の名前が記されている。たとえば、中田がA（吾）、Agata（県）、宮崎がArin-are-gawa（鴨緑江）、白鳥がAma（天）、Aruji（主）、金沢がAgi（小児）、Ainu（アイヌ）、Amaneshi（普・遍）、Ani（不・打消し）、Ari（有）、Fukube（瓢）、Kudara（百済）、Kuwa-shi（美）、Wase（早稲）などを一人で記述しているが、Atae（直）は中田と宮崎の二人が、Ba（場）やOmo（母）は金沢・松村・宮崎・白鳥の四人がそれぞれの語釈を記述している。

編纂が始まった頃、上田・白鳥・金沢は共に東洋協会学術調査部の評議委員であり、村上は東京外国語学校の校長に就任した。その後八年、すでに述べてきた金沢と白鳥の同系論をめぐる対立があり、村上には次節に述べるように金沢排除の動きがあったという噂が流れる。上田が金沢を支持することはなかったようである。この辞典が刊行された時には、金沢をめぐる人間関係は大きく変わっていた。

2　朝鮮語学科の募集停止と金沢庄三郎の辞任

募集要項にない朝鮮語学科

東京外国語学校の朝鮮語学科は、四四年一月から他の学科の「外《ほか》」に設置されていたが、本節と次節で、いくつかの段階を経てついに廃止に至る過程を述べよう。

巻末の朝鮮語学科生徒数を見ていただくと、大正二年度と大正五年度以降、朝鮮語学科には入学者がいない。募集されたが応募者がいなかったのか、それとも合格者がいなかったのか。そのいずれでもなく、二年一月二九日の『官報』に載った募集要項に、朝鮮語学科はなかったのである。翌三年一月と四年一月の『官報』では三〇人以内として募集し、志願者数も少なくなかった。しかし再び五年一月に募集はなく、翌六年一月にもない。つまり、二年度にいったん募集を中止し、五年度からずっと募集をしていない。したがって、朝鮮語学科の生徒総数は、五年度に一一名、六年度に四名となり、その四名が七年三月に卒業した。こうして、生徒は一人もいなくなったのである。

教官は、これも巻末の朝鮮語学科教師一覧のように、金沢と本田存、柳苾根を中心に、数名の日本人と朝鮮人の講師によって運営されてきた。しかし、生徒募集の停止とともに、教官の異動も行われる。まず大正四年度から、講師の山本恒太郎の名前が消える。そして次に述べるように、金沢が六年一月に辞任する。柳苾根は大正五年に教授となったが、六年四月一九日の文書で、「朝鮮語本科生徒募集中止ノ為本人ヲ要セサルニ至リシニ由ル」という理由で「休職」を命じられた（「任免録」国立公文書館）。その後は、速成科で大正一〇年度に二人、大正一一年度に四人の入学者を受け入れ、本田と徐基殷が講師を務めている。

こうして、生徒も教官もいなくなってしまうのだが、朝鮮語学科は廃止されていない。

東京外国語学校教授を辞任する

大正五年一二月、大晦日を前にして、四五歳の金沢は文部大臣に辞表を提出する（「任免索引大正六年」国立公文書館）。

辞表

私儀

近来神経衰弱症相募《あいつの》り劇務ニ不堪《たえず》候間恐惶《きょうく》ノ至ニ候得共《そうらえども》本官御免被仰付度《おおせつけられたく》医師診断書相添へ此段　奉　願《ねがいたてまつり》　候也

大正五年十二月二十五日　　東京外国語学校教授文学博士　金沢庄三郎

文部大臣岡田良平殿

診断書

病名　脳神経衰弱症
付記　明治三十三年朝鮮留学中盲腸炎ヲ病ミ頗《すこぶ》ル健康ヲ害シ爾来《じらい》体力頓《とみ》ニ衰ヘ静養スルコト月余　明治四十一年一月脳神経衰弱症ノ診断ニヨリ医療ヲ受クルモ一進一退更ニ軽快ヲ認メ得サリシトイフ　大正五年一月上旬ヨリ脳神経ノ作用ノ緩慢ヲ認メ食欲不進不眠症頭痛ヲ来シ近時ニ至リ其増悪ノ傾向著シク殊ニ視力並ニ思考力ノ減退ヲ来シ職務上甚タ苦痛ヲ感スルニ至リ愈々《いよいよ》病勢ヲ増進スルノ危険ヲ認ム　目下ノ状態ニ在テハ断然静養スルニアラスンハ徒《いたずら》ニ病勢ヲ増進シ遂ニ不治ノ根源ヲ来シ得ヘキ現症ト思考ス　右診断候也

大正五年十二月二十五日　東京市
小石川区林町四三　医学士　立柄俊毅

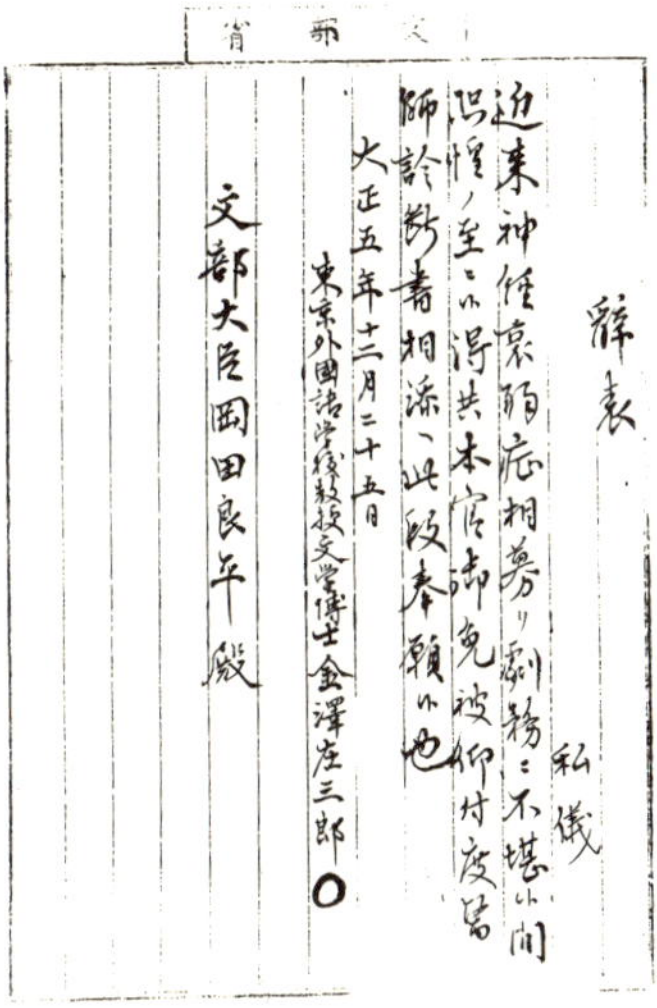
文部省

辞表

私儀
邇来神経衰弱症相募リ劇務ニ不堪候間
恐懼ノ至ニ候得共本官御免被仰付度醫
師診断書相添ヘ此段奉願候也

大正五年十二月二十五日
東京外國語學校教授文學博士　金澤庄三郎

文部大臣　岡田良平　殿

金沢の辞表（国立公文書館蔵）

四一年一月といえば、『辞林』刊行と外遊のあとで、「日韓両国語同系論」執筆前である。疲労から心身の不調はあったかもしれないし、後述するような村上学長による金沢排斥があったかもしれない。大正五年一月上旬は、五年度の朝鮮語学科が不募集と決定された頃で、相当の打撃を受けたであろうことは想像される。しかし一方で、後述するように、学校事務局や金沢家の女中は、「脳神経衰弱症」が大した病状ではなく、辞任の「表面の」理由とみていたようだ。

脳神経衰弱症は、前間恭作が朝鮮総督府を辞職するときの理由でもあったし、姉崎正治や夏目漱石の例もある。折口信夫も金沢に国語教科書の編纂を頼まれて、罹ってしまった。『辞林』四〇年版には「神経衰弱」の見出し語はないが、四四年版に「過労等によりて神経系統に衰弱を来たせる疾病、苦悶・懐疑を起し、屢《しばしば》眩暈《めまい》することあり」と説明されている。のちの『広辞林』(大正一四)では、「神経質の人あるいは精神の過労、感情が高ぶったりしたときに起る疾患。感情が発作的に高ぶりまたは激変して、怒りやすく悲観しやすく、きわめて苦労症となり、一般に根気がなくなり飽きっぽく、早く疲労し、自分で苦悩や煩いもだえることに堪えられず、ときにはめまいがすることもある」と詳しい。

年が明けて六年一月二十四日、金沢の辞職が文部大臣岡田良平から内閣総理大臣寺内正毅に伝えられ、寺内は二十九日に裁可した。金沢は同月三一日付で、「依願免本官」として辞職を聴許された。

「募集をせぬという
一事は大反対である」

そして二月五日の『東京朝日新聞』に、「私共儀此度病気静養の為京都府下愛宕郡上賀茂村に罷越《まかりこし》候事と相成《あいなり》来八日出立可致《いたすべく》候　乍略儀茲《略儀ながらここ》に以紙上《紙上を以て》御告別申上候　二月五日　金沢庄三郎　多喜」という挨拶が掲載された。

翌六日、同紙は「金沢博士引退——外国語学校の朝鮮語科廃止が原因だらうとの取沙汰」という見出しで、次のような記事を掲載した。

東京外国語学校では、来年度の朝鮮語科生徒を募集しない事に決まつた。恰度《ちょうど》其の矢先、明治三十四年来同語科主任であつた文学博士金沢庄三郎氏の辞任を見たので、同校では右に対する不平からであらうと専ら評判して居る。金沢博士は曰《いわ》く「私の今回の辞任は全く神経衰弱の為であつて不平等は全然ないのであるが、世間の誤解が面倒だから大急ぎで来る八日京都上賀茂村へ移転することにした。併し私に意見を述べよと云はるれば、無論朝鮮語科の募集をせぬという一事は大反対である。寧《むし》ろ国家の為に益《ますます》奨励せねばならぬ。朝鮮の実際を見ないとそんな迂遠の観察をして居るかも知らぬが、実際は何うであらう。朝鮮総督府の如きは此の語学試験に依つて官吏採用して居るし、多数の鮮人が入り込んで居る浦塩《ウラジオ》、ハルビン、布哇《ハワイ》、桑港《サンフランシスコ》、ロスアンゼルス諸市の各領事館には現に朝鮮語を話す外交官が置いてある。殊に朝鮮内地では裁判官、収税吏、店員、郡書記総てに亙つて此語を話さなければ不便のみならず、鮮人に非常な誤解を招く事になる。右の如き次第で需要も却々多く、今年卒業する八名も既に在学中から全部口が極《き》まつて居るのである。現に寺内首相の総督時代、伯も不必要説等は怪《け》しからぬと憤慨して居られた。私は文部当局が机上の空論のみを事とせず、朝鮮内地はもとより、四十万の鮮人を有する満州地方を実視して、同語科の復活を図られん事を望む。〔文中句点を補った〕

また、同日の『大阪朝日新聞』の欄外に、「金沢博士隠退」という記事がある。

東京外国語学校教授文学博士金沢庄三郎氏は、今般病気静養の為、京都府下の愛宕郡上賀茂村に隠退することを発表したので、同家を訪ふ。博士も夫人も外出中であつたが、女中は旦那様の御病気は神経衰弱と云ふことですが、薬を召し上るほどでもありませぬ。一月三十一日辞職を聴許せられたので、八日には京都に行かれる筈ですと語つたが、学校の方では、何んでも博士は昨年の暑中休暇の頃から家財を売つたり整理して居られたやうだが、辞職をされる準備だとは知らなかつた、今回の辞職の理由は病気と云ふことですが、夫は恐らく表面のことであつて、暫く閑地にあつて著述でもする積りだらうと思はれる。尚、帝大の方も辞職されたことであらうと説明して居た。（東京電話）

〔文中句点を補った〕

辞任は全く神経衰弱のためであるといいながら、金沢は朝鮮語科の募集停止について黙ってはいられず、大反対であると明言し、朝鮮と満州でいかに朝鮮語が必要であるかを語った。そして、日本人が朝鮮語を学ぶ学科を廃止することになれば、朝鮮に対する日本の姿勢が問われる、日本人は朝鮮を理解しようとしていないという「誤解を招く」ことになろうと、言うべきことは言ったのである。

外国語ではないという論理は、金沢にとっては現実的な必要性を無視した「机上の空論」であったが、その論理が大勢を占め、募集停止から学科廃止へ向かうこと、上田万年をはじめ誰からも援護されないことを金沢は悟ったのであろう。辞任しなければ転任の道があったかもしれないが、彼は決心を固めた。朝鮮語学科は研究と教育が直接に生かされ、精神的な拠り所を得る場であったが、金沢の主張はもはや時代の進展と齟齬《そご》を来たし、彼が去るほかなかったのである。

東京帝国大学講師も辞任する

東京外国語学校だけでなく、東京帝国大学の朝鮮語の講師も二月で辞任する。朝鮮語は文科大学言語学科の一科目であって、外国語として廃止されるものではなかったが、そこはもはや、彼が居るべき場ではなかったのだろう。そして、大正一二年から本田存《ありや》が講師となる。それは、金沢の辞職後、「学生で小遣いを出し合って、東京外国語学校の朝鮮語の先生」、「本田存さんと言って、水泳の達人であった方を雇って朝鮮語をやっていただいた」が、「三上先生が心配して、学生に講義料を持たせるのはかわいそうだ」ということで、本田は正式の講師になったという（「回顧談　大震災前後よもやま話」）。ところで、金沢の辞任について、次のような服部四郎の回想がある。

> 金沢博士の朝鮮語に関する講義が大正六年からなくなり、大正一二年度から本田存先生の「朝鮮語」が始まる。…曽《かつ》ての名通訳でいらっしゃったと伺ったが、朝鮮語の学問的研究家ではなかった。本田先生を東大の講師にお頼みになったのは、もちろん藤岡先生に違いないが、日本語と朝鮮語との親族関係は未証明なのにそれに関して独断的な意見を学生に押しつけられるのは困る、とのお考えに基づくものだと仄聞《そくぶん》したことがある。
>
> （服部「藤岡勝二先生に関する補説」）

金沢の朝鮮語の講義は、「国語ト朝鮮語トノ比較研究」や「日韓比較文法」という題目でなされており、その内容は第四章第一節でみたとおりである。

藤岡勝二は、博言学科で金沢より一学年下であった。明治三四年から三年間ドイツに留学し、三八年から言語学科の助教授、四三年に教授となった。服部四郎は昭和三年に英文科に入学したが、翌年言語学科に転科して藤岡に師事し、一八年に助教授、二五年に教授となる。

金沢が辞任した時、言語学科は藤岡が担当し、上田万年が文科大学の学長と国語学国文学教授を兼任していた。史学科は白鳥庫吉が教授であり、東京外国語学校校長の村上直次郎が講師を兼任していた。かつて金沢を指導し、様々な機会を与えてくれた上田は圧倒的な権力をもっていたが、もはや辞任をひきとめてくれる関係ではなかったのだろう。金沢も、いったん決めると妥協することのできない、頑固な性格であった。上田を不愉快にさせたことも何度かあったのではないか。朝鮮人と朝鮮語、言語と民族の問題、国家観の違いに加えて、金沢の言動が師弟の離反につながったのかもしれない。

こうして金沢は、三〇歳から四五歳までの一六年を過ごした東京外国語学校、そして東京帝国大学と訣別した。それ以後、彼が官立の学校に職を得ることはない。また戦後には、この辞任について誰にも語ろうとしなかった。

「そこに寂しくさしむかひ」

二月八日、金沢は多喜とともに東京をあとにする。翌九日の『東京朝日新聞』に、「私共出立の節は態々《わざ〳〵》御見送り被下難有奉存《下され有難く存じ奉り》候　不取敢以紙上《取りあえず紙上を以て》右御礼申上候　二月八日　金沢庄三郎　多喜」と謝辞を載せている。多喜とともに傷心の身を運んだのは、第三高等中学校の生徒として青春を過ごした地であった。そこはまた、多喜の兄廉《れん》が生まれた地であった。

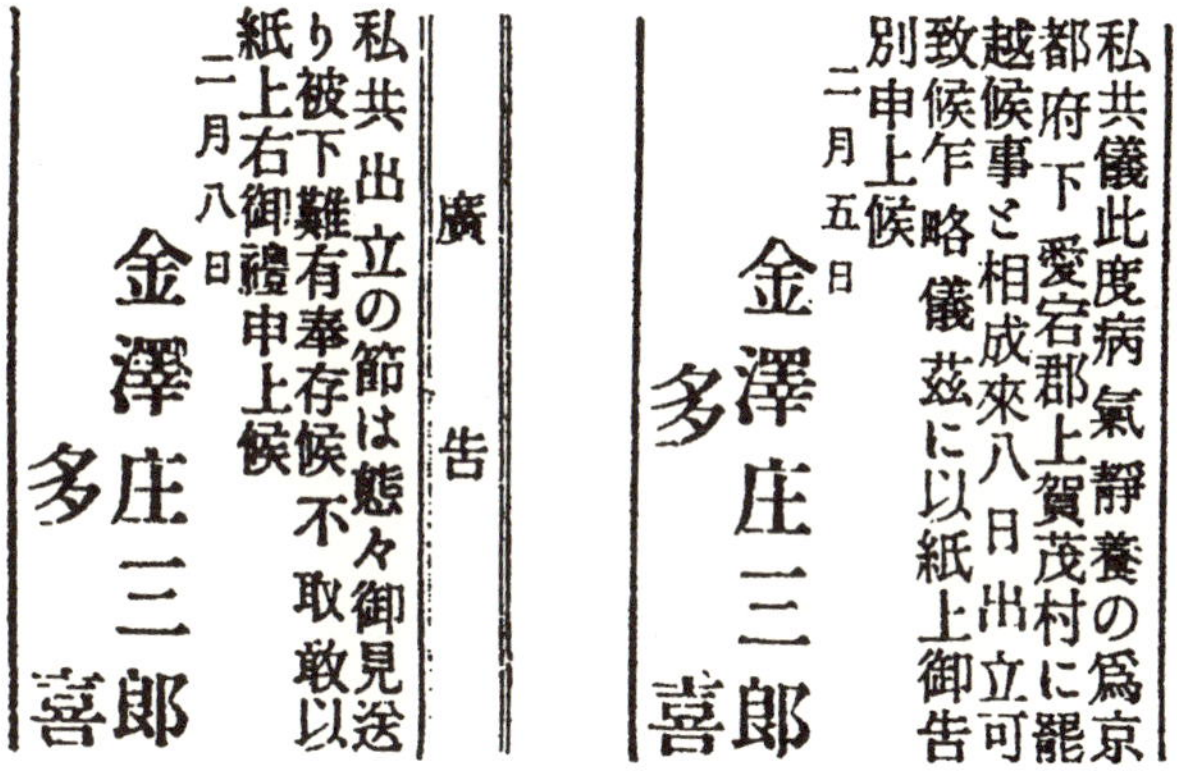
私共儀此度病氣靜養の爲京都府下愛宕郡上賀茂村に罷越候事と相成來八日出立可致候乍略儀茲に以紙上御告別申上候
二月五日
金澤庄三郎
多喜

廣告
私共出立の節は態々御見送り被下難有奉存候不取敢以紙上右御禮申上候
二月八日
金澤庄三郎
多喜

『東京朝日新聞』紙上の移転通知と謝辞
（右：大正6年2月5日付，左：同2月9日付）

金沢夫妻を新橋停車場に見送った折口信夫は、その心情を短歌八首にうたいあげ、翌月の『アララギ』に発表する。八首の最後に折口は、

そむき居し三年の心わびせまく来ればすべなし人こぞりをり

と詠んでいる。教科書編纂の仕事を途中で降り、期待を裏切ったことを詫びようと駅まで来たが、見送りの人々が多くて何も伝えられない。窓際に向かい合う夫妻を乗せた汽車は、しだいに遠ざかった。短歌は推敲を加えられ、次の五首が『自選歌集　海山のあひだ』（改造社、大正一四）に収められる。

新橋停車場　　金沢先生の、東京を去られた時

こがらしの凪《な》ぎにし後のあかるさや　ゆきとゞまらず。あすふぁるとの道

いさゝめの町のあるきに、並み来つゝ　相知らなくも、さびしかりけり
芝口の車馬のとよみの、昼たけて　け近く聞ゆ。この足もとに
高架線のぷらっとほうむ　長ながと、今日も冱《さ》えつゝ　昏《く》るゝなりけり
汽車のまど　そこにさびしく　さし対ひ　めをといませて　汽車遠ざかる

金沢はその年七月、「予は目下京都上加茂に病痾を養ひつゝある」と記している。毎日、上賀茂神社へ散歩に出かけていた。「境内は鬱蒼たる樹木二重に囲みて神厳自ら襟を正さしむ。樹木は恐らく幾千年を経つらん…之こそ真の神奈備《かんなび》ならん」と神社のたたずまいに感じ入った（「語学研究の趣味」）。

「金沢博士を除かんため」

金沢の辞任から一年の後、その辞任に関わる発言が新聞紙上にあらわれる。それは、東京外国語学校という校名を東京貿易殖民語学校に改称しようとした文部省に対する反対運動と、校長村上直次郎（慶応四～昭和四一）に対する排斥運動のなかでのことであった。

村上は、主に日本対外交渉史、キリシタン史に携わった学者である。明治二八年に帝国大学史学科を卒業後ヨーロッパに留学し、三三年に東京外国語学校教授、四一年に校長となった。その後台北帝国大学教授を経て、昭和二一年に上智大学総長となる。著書に『貿易史と平戸』『日本と比律賓《フィリピン》』、翻訳書に『出島蘭館日誌』（のち『長崎オランダ商館の日記』）などがあり、台湾史の編纂にも加わった。

大正六年一二月、校名改称の計画を知った教職員と生徒は驚愕し、村上校長と文部省に問いただすが、曖昧な答えしか返ってこなかった。ここから大きな反対運動がまき起こる。生徒大会が開かれ、

卒業生の応援も全国に拡がって、新聞でも報道された。年が改まると、校名存続期成同盟会が結成され、二月には村上の退任を求める不信任案が決議された。

校名改称は、寺内内閣の諮問機関である臨時教育会議（大正六年九月〜八年五月）において、学制改革を推進するなかで検討されていた。文部大臣岡田良平が腹案をまとめた「学制改革ニ関スル一般方針並ニソノ方法」のなかに、「大正七年度ニ於テ創立セントスル諸学校」として、「貿易殖民学校　一（東京外国語学校改造ノ見込）」と記されている（文部省『資料　臨時教育会議第一集』など）。

この問題は、全校教職員・生徒・卒業生が強く反対し続け、衆参両院で同校に関係する議員が追及して校名の存続を求めた結果、岡田文相は要望に充分尊敬を払って決定すると答弁し、その後校名改称が持ち出されることはなくなった。ところが一方で、村上校長に対する長年の不満と不信が表面化する。三月二八日の卒業式の直後に集会が開かれ、これを報じた二九日の『読売新聞』の記事に、辞任した金沢の名前が登場する。

東洋語学科生徒を中心としたる本年度卒業生約百二十名は、講堂に於て大会を催さんとし、学校側にては目出度《めでた》き日なれば会合は慎まれたしと是を禁止せんとせしも、生徒側は之を斥け、遂に席上村上校長が東洋各国語学科を沈滞せしむる事、就職以来十年間に於て尺《せき》幹事並に金沢博士を除外せんとする如き行動をとりたる事、今回の校名改称問題に当りてその無定見を表明したる事、其他数箇条の理由を以て村上氏排斥決議をなし、午後四時過ぎ散会したり　〔文中句点を補った〕

尺幹事とは、東京師範学校を卒業後ライプチヒ大学に留学し、新外語で校長代理を務めた尺秀三郎のことで、共立学舎を創始した尺振八の養子である。金沢と気が合って、鎌倉の尺の家で酒を飲み交わすことがあったという（尺次郎氏談）。

『大阪朝日新聞』も同日、「卒業式に校長排斥――外国語学校に靆《たなび》く暗雲」との見出しで報じ、外国語学校の委員が記者に説明するなかで、金沢に触れる。

> 由来我が校には赤門派と母校派の二派の閥があつて、村上校長は赤門派の傀儡《かいらい》として当然擁護せざるべからざる母校派を極力圧迫し、有らゆる権謀術数を弄し、扠は我が校より母校出身の教授を一掃し兼ねまじき勢にあり。例へば金沢博士を除かんため、博士の主任たる朝鮮語学科の生徒募集を廃止したり。その他我が校出身者の独特なる東洋諸国の語学者を漸次斥け、以て赤門派の勢力を拡大するに汲々として居るが如き、それである云々（東京電話）〔文中句読点を補った〕

帝国大学卒業の金沢を母校派とするような誤解はあるが、村上は一〇年も前から金沢を追い出そうとしており、そのために朝鮮語学科の募集を止めたと把握されている。明治四一年頃、「脳神経衰弱症」を病んだことが辞表に付した診断書に書かれていたが、朝鮮語教育の必要を説く金沢は、当時すでに排斥すべき存在となっていたのだろうか。このような記事は他にもあり、村上が一〇年前から気にいらない教官数名を排除してきたが、「金沢博士も反抗したから生ながら葬られた」とあからさまに表現している（『東京外国語学校同窓会会報』一）。しかし、それが事実としても、村上ひとりの恣意《しい》ではなく、東京外国語学校、東京帝国大学、文部省の有力者の中で了解されていたからできたことであろう。

記事に見る限り、外国語学校の生徒たちは金沢に対してかなり同情的である。彼らが学内の状況を正しく把握できるとは限らないが、朝鮮語学科の募集がなくなって生徒が減少し、教師の姿が消えていくのを目のあたりにしていた。三月二八日の卒業式では、最後の四名が卒業する。そのような事態に、他学科の生徒の同情が集まったとしても不思議ではない。

一方で、朝鮮語が併合により「外国語」ではなくなったということは話題になっていない。朝鮮語学科の廃止は、村上学長の独断によるものとされている。校友会の会誌にSO生が書いたこと、金沢が『朝日新聞』紙上で語ったことは、どのように受け止められていたのだろうか。

その後、村上校長は自ら辞職しようとはしなかったが、七年九月、文部省が更迭《こうてつ》を決める。村上は東京音楽学校の校長に、東京音楽学校長の茨木清次郎が東京外国語学校長に赴任して落着をみた。

朝鮮語部（文科・貿易科・拓殖科）に

殖民と貿易の教育を目指す方向は、なおも追求される。大正八年九月四日、文部省令により、東京外国語学校に次のような変更が行われた。

第二条　学科ハ分チテ英語部、仏語部、独語部、露語部、伊語部、西語部、葡《ポルトガル》語部、支那語部、朝鮮語部、蒙古語部、暹羅《シャム（タイ）》語部、馬来《マライ（マレー）》語部、ヒンドスタニー語部及タミール語部トシ各部ヲ

分チテ文科、貿易科、拓殖科トス　但シ部ニヨリテハ或科ヲ設ケサルコトアルヘシ

東京貿易殖民語学校への改称は撤回させることができたが、半年後にはこのように貿易科と拓殖科を置いて、教育内容の実質的な転換が行われた。教官と生徒がいない朝鮮語学科も、朝鮮語部と改称された。学科課程は、全員が朝鮮語・英語・修身・国語を学ぶほか、文科は歴史・経済・哲学・言語学・教育学・朝鮮文学史・地理・法学・体操、貿易科は経済・商業・商業実務・貿易事情・法律・体操、拓殖科は農業・測量及土木・殖民衛生・殖民政策・殖民地事情の科目が置かれた。

ここで気づくのは、朝鮮語部の位置づけが「前項ノ外」ではないことである。朝鮮は植民地で、朝鮮語が「外国語」でない状態は変わっていないが、他の外国語と並んで一四語のなかに含められた。そして、最後の一文がつけ加えられた。

大正八年は、二月八日に東京の神田で朝鮮人学生が独立宣言を可決し、三月一日には、日本人を震撼させた独立運動が朝鮮全土に起っている。思いがけない打撃を受けた朝鮮総督府と政府は鎮圧に向かったが、収束は容易なことではなかった。右の変更が行われたのは、三・一独立運動が起ってから半年、ようやく鎮静化の方向に向かい、文化政治が始まったばかりの時期である。

さらに半年後の九年三月一五日、『報知新聞』夕刊に、「日鮮人融合のため外国語学校で朝鮮語を復活　四月から授業を開始する」（傍線部は他の文字の四倍大）という見出しの記事が現れる（松田利彦氏提供）。本科ではないが、専修科で朝鮮語科の生徒を募集するというものである。

東京外国語学校の朝鮮語科は、他の語学科に比較して応募者が無いので、一昨年の同科本科卒業生を出したるを名残として一時同科生徒の募集をしない事に内規してあつたが、本年は再び同科の専修科生三十名を募集する事になつた。右に就て同校教授岡本正文氏は語る。「朝鮮語科の生徒募集を一時中止したのは、決して廃止したのではない。応募者が非常に少かつたからだが、之は要するに朝鮮語は併合で無用だと云ふ所から減つて来たのだが、昨年の様な騒動の起るのも、統治者と鮮人間の言語の不通と云ふ事が最大原因であり、又統治上から云つても鮮語は非常に必要なものだから、それで四月の新学期から二ケ年修業の専修科（夜学）を復活さしたのだ。三十人募集する所をやはり応募者が少くないので、更に追加募集をやる積りだ。本科も募集する積りであつたが、校舎が狭いので来年新校舎でも出来たら募集する事になるだらう。〔文中句読点を補った〕

岡本正文は支那語部の教授で生徒課参与であったが、朝鮮語学科の募集の停止と復活をどう説明すべきか、弁明に苦慮する様子が伝わってくる。三・一運動勃発の原因を言語の不通に帰し、統治上から朝鮮語は非常に必要なものだといい、外国語ではないという問題には触れない。結局、一〇年に専修科と速成科に三名が志願して二名が入学、一一年に志願者四名が全員入学しただけであった。

『同源』という雑誌

大正九年二月、京城日報社に置かれた同源社が、『同源』第一号を発行する。

発行の動機は、三・一独立運動によって、「朝鮮人が胸底に秘して外部に表明せざりし意思が端なくも尤も露骨に尤も無遠慮に告白し暴露」（「発行の序言」）されたからであった。

「百歩を譲つて日韓同祖と謂《い》ふこと能《あた》はざるまでも朝鮮民族に最も親近なるものは地球上唯一の日本民族」であることは否認できないので、「日韓両族の根源を研究し」、「上代以来日本と朝鮮との関係を調査」して、「朝鮮の知識階級に周知」させることを目的としたという。

鳥居龍蔵（明治三〜昭和二八、考古学・人類学）は、「我が内地の神々達は朝鮮を以て妣《はは》の国、根の堅《かた》洲国《すくに》とよびました」、「日鮮人の場合は同一民族であるから互に合併統一せらるゝのは正しきこと」であると述べ（「日鮮人は「同源」なり」）、鮎貝房之進は、「日韓素《も》と同源たりしことは、彼我歴史に明載しあるところ」であると述べている（「同本異末」）。第二号（四月）では小倉進平が、「日鮮両言語の同系に属するものなることは大体に於て誰しも認めねばならぬことであらう」、そのためにも方言分布の研究が必要であるが、朝鮮語の研究に対して「朝鮮に於ける内地人の共有せる不熱心と腑甲斐なさとを痛嘆せずには居られぬ」と嘆じた（「先づ朝鮮語の研究より」）。第三号（一二月）の喜田貞吉「日鮮両民族同源論梗概」は三八頁にわたり、翌年これが「日鮮両民族同源論」（『民族の歴史』一〇年七月）に発展する。「世界のあらゆる民族の中に於て、日鮮両民族は最も近い関係を有するもので」、「古く繁延した国津神中の主なるものも、後に之を抱擁した天津神も、更に其の古へに遡れば同一語系の民族であつて、それが共に朝鮮・満州方面に縁故を有し」ている。現代語が違いすぎるというが、琉球の「おもろ草紙」はもはや理解できず、日本内部でも三四百年前の違った地域では理解しあえない、「是と同じ様な事が邦語と及び是と同一起源を有する他民族の言語との間にも、必ず存在して居るに相違ない」と述べている。

同系論も朝鮮語教育も、したがって金沢も、もはやその存在意義を失ったかにみえたのだが、三・一独立運動の勃発はこのような雑誌も生み出し、同系論を前面に押し出すのである。

「朝鮮語ハ外国語ニ非サルコト」

朝鮮語が外国語であるのかどうなのか、官僚たちも判断にとまどった例がある。大正一〇年七月、司法書記官が内閣書記官に宛てて、裁判所構成法第八条第三項にある「外国語ノ通訳」のなかに朝鮮語が含まれると解してよいのかを問い合わせた。第三項が同年五月に「外国語ノ通訳ヲ要スル裁判所及検事局ニ通訳官ヲ置クコトヲ得」（法律第百一号）と改められたからである。

内閣書記官は、法制局へ問い合わせた。法制局書記官の回答は、「案スルニ朝鮮語ハ外国語ニ非サルコト文理上明瞭ナルノミナラス、前記規定制定ノ趣旨ハ朝鮮語ノ通訳ノ為ニモ高等官ヲ設置シ得ルコトヲ認メタルモノニ非スト解スルヲ相当トス」というものであった。したがって、内閣書記官は司法書記官に、「外国語ニハ朝鮮語ヲ包含セサルモノト存候」（七月二七日）と回答した。

関連して思い出されるのは、穂積重遠《ほづみしげとお》（明治一六～昭和二六、東京帝国大学法学部教授）の見解である。穂積は大正一四年に光州で民事裁判を視察し、「通訳裁判」について考える。ほとんどの朝鮮人は日本語ができないが、できる者でも法廷では朝鮮語を希望し、日本人の裁判官は朝鮮語を理解できないので、通訳を介する。ところが、穂積が見たところ、通訳は「語気と語勢」や「ニゴリ」、「ヨドミ」を「写し得て」いなかった。しかし裁判官にはそれらが大切な判断材料であるから、通訳裁判は裁判の本質に反する、と穂積は考える。裁判所構成法に「裁判所ニ於テハ日本語ヲ用ウ」（第一一五条）とあるが、この法律は朝鮮に適用されず、朝鮮総督府裁判所令には用語に関する制限はないので、朝鮮語で裁判することは何ら差障りはないと穂積は判断する。さらに、「朝鮮の政治其のものが「通訳政治」なのを遺憾とすべきではあるまいか」と、朝鮮支配のありように疑問を抱くのである。

「朝鮮に関係する内地人に取つては朝鮮語を学ぶことが殆ど必要と云いたい」、しかし、「東京外国語学校に朝鮮語科があつたが、日韓併合後廃止された。朝鮮語はもはや「外国」語たり得ないと云う理由なのか、朝鮮語の研究はもはや不要になつたとの理由なのか、いずれにせよ余り感心した理由ではない…それで果してよいものだろうか」と穂積は問う。彼も併合に反対しているわけではない。「日韓併合が全日本の而して全世界の幸福となる様にと云うことが、即ち僕自身の熱望」なのであり、そのうえでの意見である。穂積はさらに、「向うに日本語を覚えさせてこちらは骨折らずにと云うのは、少し虫がよすぎる。そこで僕は、朝鮮問題解決の一つの鍵は朝鮮語の勉強だと云いたい」という。そして内地の風俗・習慣・文物・制度が最善とはいえないし、それが朝鮮に適合するとはいえないのに、「内地延長主義」で押しつけようとしていることに反対する。朝鮮は、「九州とか北海道とか云ふのと同じ意味の朝鮮でなくてはならぬ」のである。このような感想を穂積は『中央公論』（大正一五年一〜二月）で発表したが、もはや何かを動かすものではなかった。

「地と民と語とは相分つべからず」

大正九年、金沢は『言語に映じたる原人の思想』（大鐙閣）を刊行する。辞任によって朝鮮語の教育から離れ、あらためてアイヌ研究に向かい合う気持が生まれたのかもしれない。巻頭に、「往年著者の款晤《かんご》〔親しく語ること〕せしことあるピラトリ、アイヌの酋長ペンリー夫妻」の写真（六一頁）を掲げた。序説に続き、アイヌ民族の宇宙観、生死観、人生観、異人種観、方位、家族、衣食、数詞について章を立て、アイヌ語を中心に梵語、英語、独語、仏語、露語に触れながら、比較文化史的考察を試みたものである。「跋語」でアイヌ語研究史を述べ、各国語別の索引もつけた。

アイヌ民族は、「自己と最も密接なる関係ある日本民族を呼ぶに「隣人」の語を以てせり」（第四章）と、アイヌ民族の日本人観を紹介している。アイヌ民族・アイヌ語の研究が必要なのは、新井白石に倣って（『蝦夷志』）、「上世を今に視るが如きものあるが故に、人文の発達を理解する上に於て、等しく須要なる手段」であると考えたからであった。そして、「文明といひ未開といひ野蛮といふ、畢竟《ひっきょう》人類進化史上の一齣《ひとこま》たるに過ぎず。今人の往古を顧みるが如く、後世の人のまた今の世を眺むるときあらん。要するに文野の別は比較的たるのみ」（序説）と、文明と野蛮を現在の発達程度による上下関係としてではなく、相対的にとらえようとした。最後に、琉球語、朝鮮語、台湾原住民の生《せい》蕃《ばん》語に対する政策について次のように述べる。

独りアイヌ語のみにあらず、琉球語に於て然《しか》り、朝鮮語に於て然り、生蕃語に於て然り。沖縄県を置きてより既に四十年、台湾を領有して茲《ここ》に二十有五年、朝鮮併合以来今や十年に垂《なんな》んとす。この間各地の方言土語に就き国家として幾何《いくばく》の考慮を費しゝことありや。吾人不幸にしてこれを聴くを得ず。それ地は人を生じ、人に言語具《そなわ》る。地と民と語とは相分《あいわか》つべからず。異俗異語の生民を包有するは大帝国の誇りにして、四民安堵の政はこれをその土言郷語の上に画せざるべからざるや必《ひっ》せり。徒《いたず》らに国語の統一を夢み、各地土着の言語を無視度外するの政策は国家の禍なり。

（大正八年十月七日稿）

本評伝『金沢庄三郎』の副書名とした「地と民と語とは相分つべからず」の出典は、これである。大日本帝国の真に帝国としての誇りは、領有する各地の各民族の言語に対して寛容を示すことにある、その土地（地）に生まれた人（民）が生まれた時から用いてきた言葉（語）、それを禁じて日本語に統一するような政策は採るべきではない。地と民と語は分ちがたく結びついているのである。「もし此言語を奪はれたあかつきには、他の事に於て如何に栄えやうとも其国はほろびたものといはなければなりませぬ」（七五頁）と、彼は確信してきたのであった。

校了の日を大正八年一〇月七日と記している。三・一独立運動の勃発と推移をみながら執筆されたものであろう。独立運動は、「地と民と語」を分ち、「無視度外」したことの結果であった。

本書について、喜田貞吉が『民族と歴史』（五巻一号）に書評を寄せた。「アイヌ研究者の少い今日、アイヌの原始的生活の正に滅び行かんとする今日、本書の出たのは学界の為に最も喜ばしいところである。特に言語学者としての著者が、其の方面からアイヌを観察せられた点は我等歴史的に民族的にアイヌを研究せんとする者に取つて、参考とすべきもの、甚だ多いのを感謝する。」と述べている。戦後「日鮮同祖論者」として共に批判される金沢と喜田は、第三高等中学校から帝国大学まで同学年であったが、その後にあまり交流のあとが見えないなかでの稀な言及である。

新たな職場で

朝鮮総督府の嘱託であった金沢は、朝鮮方言調査のため大正七年の三月二日から大邱、論山、木浦を経て京城に入っている。一週間滞在し、二〇日から平壌、鎮南浦を訪れ、二六日に京都へ帰路をとった。翌八年も、四月の一五日から二八日まで朝鮮を訪れている。九年一一月には、設置された臨時教科書調査委員会の委員となった。朝鮮人教育のための教科用図書の範囲、仮名遣い、言語文章、組織内容、朝鮮語及び漢文読本の編纂、歴史地理の編纂、農業教科書などについて審議するものであった。この委員会の答申により、大正一〇年三月、学務局に普通学校用諺文綴字法調査委員会が設置され、藤波義貫、田中徳太郎、魚允迪、玄櫶、柳苾根などとともに金沢も委員のひとりとなる（三ツ井崇『朝鮮植民地支配と言語』）。

そして関東大震災の直後の一二年秋、金沢は、二四歳から講師を勤めてきた国学院大学から国語学の教授として招かれる。国学院は、大正九年四月に大学令による大学に昇格し、大学部（道義・国史・国文の三学科）・予科・高等師範科・研究科を設けていた。折口信夫が恩師と仰ぐ三矢重松が一二年七月に他界し、その後任としての着任であった。職場を失った金沢に対する、国学院関係者の気遣いと好意によるものであろう。国語学を担当して「比較国語学本論」や「日本音韻学史」を、国文学演習で「アイヌ琉球朝鮮ノ語法研究」、「倭名抄《わみょうしょう》」、「説文《せつもん》」などを講義する。

『広辞林』を刊行する

大正一四年（一九二五）九月、発行以来一八年を経た『辞林』が大きく改訂され、『広辞林』として刊行される。『辞林』の改訂は金沢の念頭から去ることがなかったが、

『広辞林』大扉

「大正五年小閑を得てより後は専ら身をこの事業に委ね」（「緒言」）ることになったという。朝鮮語学科の募集が停止された後である。しかし、編纂の完了が近づいた大正一二年九月一日、関東大震災が起った。「一朝にして製版の全部を焼き尽され茲に一旦の頓挫を見るに至りしが、幸にして校正刷の一部分保存せらる丶ものありしため、更に勇を鼓して日夜努力の結果、遂に其業を完《まっと》う」することができたという。

『辞林』から『広辞林』の大きな改訂は、爽快を「さうくわい」から「そうかい」へ、蝶を「てふ」から「ちょう」へと、漢字音の仮名遣いを従来の歴史的字音仮名遣いから「写音的」仮名遣いに改めたことであった。見出し語の排列が変わるため、労力は少なくなかったが、「引くことに困難なる辞書を退けて、引き易き辞書を作り出」すためであった。ただし、写音的仮名遣いを採用したのは漢字語と外来語であって、「純粋の国語は歴史的仮名遣に拠れること勿論」である。「上」は「うへ」であり、「候」は「さふらふ、さぶらふ」であった。ただし、見出し語のすぐ下に、「ウエ」、「ソウロウ」と写音的仮名遣いを示した。

語源については、従来の説を採らず、「著者年来比較研究の結果に出づるもの多し、庶幾《こいねがわく》は学界に若干の生気を加ふるを得んか」（「凡例」）と、自ら考察してきたところを披歴する。「こなみ」（前妻）は「朝鮮語K'un-omi（大妻）と同系の語」、「くかだち」（探湯）は「朝鮮語にて、湯をkuk探をch'atといふ、恐らくはこれと同根の語なるべし」、「てら」（寺）は「刹の朝鮮音Chörの転か」、「へび」（蛇）は「朝鮮語Paiamと同系の語」、「まねし」（多し）は「朝鮮語Man「多」と同系の語」などと記述している。「うはなり」（後妻）などは、のちの『広辞林　新訂版』（昭和九）では「う」は上・後の義、「はなり」は朝鮮語Myonari「婦」と同系の語と記述するが、初版では触れていない。

新語や外来語、科学技術用語を豊富に収録したのは、『辞林』の方針と変わっていない。そして収録語数を増やすため、各ページの余白を少なくした。「凡例」の最後には、『辞林』と同様に、「足助直次郎氏終始予を助け拮据精励二十年一日の如く、克く其業を完からしめたり」と謝意を表した。

広辞林という書名については、三省堂書店側は多数が『大辞林』を主張したのだが、結局は金沢が自説を通したことになる。戦後のことだが、金沢は同書店の辞書課員であった小林保民に、書名は非常に大切だと言い、「『広辞林』は「コー」という開口音が「リ」という「ラ行」の「イ列音」で引き締める効果があり、最後がnで結ばれるから音韻上いいのだ」と熱心に説明したという（小林保民氏談）。『広辞林』は、刊行後二週間で再版となり、昭和三年に五〇版、同八年に一五〇版を数え、昭和戦前期の国語辞書のなかで圧倒的な地位を占めた。

今度こそはと外国語学習

博言学を専攻した金沢だが、とくに語学が得意であったのでもないようだ。第三高等中学校時代には英語やドイツ語がよくできたのだろうが、その後は苦労したようである。帝国大学時代に支那語を中途で投げ出してしまったが、やはり「支那語の必要を感じて半歳支那語学校に通ひしが、遂に失敗に帰せり」と明かしている。三度目の挑戦は明治四二年で、毎晩支那語学校に通学したが、三カ月で出張命令が降ってそのままになってしまった（「語学研究の趣味」『朝鮮教育研究会雑誌』二二）。

ロシア語も苦い経験がある。明治三四年の秋、韓国から帰国した直後に勉強し始めたが、続かなかった。大正三年春、「今度こそは」と誓い、昼は蒙古語を二時間、夜は露西亜語を二時間、「大勇猛心を以て」学び始めた。友人たちから、今度もまたすぐにやめるだろうとからかわれた。それでも二年間続いたのだが、大正五年、「不幸病気の為め官職を辞せしより」、そのままになってしまったという。

このように語学の勉強でいかに失敗を重ね、苦しんだかを告白しているのだが、しかし、言語は社会のあらゆる思想及び文物の写真の如きものであり、次第に興趣も湧いてくるという。そして、日本語と「兄弟若くは親類関係を有す」る朝鮮語に言及する。「民族相互の関係を知り、言ふべからざる興味を感ずるに至る。語学研究の趣味は是に至りて深大なりと言ふべし。予は諸君が尚益々朝鮮語の研究を試みられんことを切望して止まざる者なり」と。金沢の論考は、何を取り上げても、日本語と朝鮮語の同系を語り、朝鮮語の学習の必要性を説くことを忘れない。

3　朝鮮語学科、三校における設置と廃止

大正一四年（一九二五）から昭和二（一九二七）年のほぼ三年間に、朝鮮語の学科が一方で設置され、

一方で廃止された。まず奈良県の天理外国語学校に朝鮮語部が設置され、次に朝鮮の京城帝国大学に朝鮮語学朝鮮文学科が設置される。そして東京外国語学校の朝鮮語部が、省令により廃止されるのである。当時の朝鮮語をとりまく状況を表わし、また戦後の教育、朝鮮観にもつながる措置である。

天理外国語学校の朝鮮語部

天理外国語学校は、校名から推測されるように、天理教と密接な関係をもっている。天理教は、天保九年（一八三八）、今の奈良県天理市で中山みき（寛政一〇～明治二〇）が親神天理王命の啓示を受けて立教し、皆が「一れつきょうだい」として助け合い、「おしい、ほしい、にくい、かわい、うらみ、はらだち、よく、こうまん」の「八つの埃」を掃除し、「陽気ぐらし」を目指して生きるよう説いた。その教理と儀式に国家神道と相容れないところがあったために、政府と奈良県の監視や拘束が絶えず、一般から迫害を受けることもあったが、教団は拡大に努め、明治四一年に教派神道の一派として独立が認められると、教会数も信者数も激増を辿った。

天理教の海外布教は三〇年頃から国外に住む日本人を対象として行われていたが、大正一〇年（一九二一）、教会本部は、五年後の教祖四〇年（没後四〇年）祭を機に、外国人への布教と信者の拡大を目標とする。一三年一〇月、二代真柱中山正善（明治三八～昭和四二）が外国語学校の設立にとりかかり、一四年二月、奈良県は中山を校主とする男女共学の天理外国語学校を各種学校として認可した。設置の目的は、「天理教ノ海外布教ニ従事スベキ者ヲ養成スルヲ目的トシ主トシテ現代外国語ヲ教授スル」（学則第一条）ことであるが、設置語部は次のように規定されている。

旧天理外国語学校本館（『天理大学五十年誌』より）

> 本科ハ支那語部、蒙古語部、馬来語部、印度語部、西語部、英語部、露語部、仏語部、独語部、伊語部ノ十部ニ分ツ、但当分ノ内朝鮮語部ヲ置ク（同第四条）

「当分ノ内朝鮮語部ヲ置ク」という一文は、東京外国語学校における「前項ノ外朝鮮語学科ヲ置く」（明治四四）を想起させるものである。設置申請にあたって朝鮮語は外国語ではないと言われたため、「辛うじて「当分の内」という但書を入れて、朝鮮語を募集する事が認められた」と、のちに中山が回想している（『天理大学五十年誌』）。四月に天理中学校内の仮校舎で入学式を挙行し、一五年八月に鉄筋コンクリート造三階建ての新校舎が竣工した。九月、附属天理図書館が開館する。この校舎と図書館は、今も当時の姿を留めている。

朝鮮語部の位置づけは、昭和二年一二月、専門学校の認可を申請した時にも問題となった。学校が作成した学則第一条は、「本校ハ天理教教義、高等ナル学術並現代外国語ヲ教授シ海外布教師ヲ養成スルヲ目的トス」と書かれていたのだが、これでは認められなかったので、次のように修正する。

本校ハ天理教教義、高等ナル学術並現代朝鮮語及外国語ヲ教授シ主トシテ海外布教師ヲ養成スルヲ目的トス

（「学則・規則に関する許認可文書」国立公文書館）

次項に述べるように、この年三月に東京外国語学校の朝鮮語部が廃止されている。天理では、外国語に入れないで、「現代朝鮮語」という表現によって設置が可能になったのだが、そこには、天理教の朝鮮における布教に対する朝鮮総督府の期待があった。

朝鮮総督府は、三・一独立運動（大正八）においてキリスト教、天道教、仏教の指導者の役割が大きかったことを重視し、学務局に宗教課を新設した。そして、日本の諸宗教が朝鮮人に布教して信者を拡大することが、同化の推進において大きな力を発揮すると考えた。斎藤総督は、天理教の幹部に会った際、「内地人よりも朝鮮人の教化に力を尽くすように」と述べている（『みちのとも』一三年一一月）。天理教の海外布教という目標が、朝鮮総督府の窮境打開の策に合致することになったのである。

開校にあたって朝鮮語部の教授に迎えられたのは、京都帝国大学哲学科で学んでいた崔鉉培（一八九四～一九七〇）と、大阪外国語学校の満州語の講師であった渡部薫太郎である。のちに著名な言語学者となる崔の在職は、発足時の一年間である。そのほかに、開校の頃に李昌来、金相鳳、柳根錫、黄義東、昭和五年頃から盧泳昌、申健熙、昭和一〇年頃から柳津、石原六三、瀬戸山綱平、一五年頃から柳文夫、吉川万寿夫、清原吉洙、朴哲在、斎藤辰雄、沢田善朝が教壇に立っている。金相鳳は昭和一五年まで在職し、絵画と書に巧みなことが生徒たちの印象に残った。黄義東は、同志社中学校、

神戸高等商業学校を経て京都帝国大学でイギリス経済を学んでいたが、昭和一三年まで教える。京城帝国大学の朝鮮語学朝鮮文学専攻を四年に卒業した盧泳昌は、七年まで教えた。石原、瀬戸山、吉川、斎藤は卒業生である。

創立当時の本科募集生徒数は二五名で、のちに一〇名になるが、海外布教師を養成するという目的で定員を満たすことは難しかったし、中途退学も多かった。石原六三は、黄義東が教会に来ては朝鮮語を学ぶように盛んに勧めたので、決心したという（石原六三氏談）。七年卒業の若松実と八年卒業の吉川万寿雄は朝鮮語の研究を志し、京城帝国大学の朝鮮語学朝鮮文学専攻に進学する。

本科の卒業生は少ないが、夜間に六カ月学ぶ選科（のち専修科）が設けられ、主として天理教校別科生が入学した。天理教校は、明治三三年に創立された、中学校に準じる四年制の学校であった。昭和一五年三月までの選科修了者は三三六名に達している（『天理大学五十年誌』）。

学校では修学旅行が各語部別に実施され、朝鮮語部は三週間の日程で、下関から釜山に上陸し、朝鮮各地と満州を訪れ、大連から神戸に着くという行程であった（昭和三年度『校友会誌』）。

天理外国語学校ならではの試みは、朝鮮農村の中流の生活を再現した二八坪の朝鮮館で、九年一〇月に敷地の西北隅に落成した。朝鮮語部の生徒が宿泊に利用し、一般公開もされていたが、一九年九月に軍に接収され、撤去されたという（『天理外国語学校一覧』「沿革略」）。

戦後、朝鮮語部は、新制の天理大学で文学部の朝鮮文学朝鮮語学科として再出発する。その後一八年間、全国の大学で唯一の朝鮮語の学科であった。そして二五年、ここに朝鮮研究の学会、朝鮮学会が組織される。金沢庄三郎はその顧問に招かれ、研究を発表していく機会を得る。

京城帝国大学の朝鮮語学朝鮮文学専攻

金沢は、大正四年、「東洋の研究と京城大学」(『朝鮮及び満州』一一月号)と題する論説を書いている。前年に訪れたウラジオストックの東洋学院の充実ぶりを語り、日本の東洋研究が「露西亜に劣ると云ふに至つては実に遺憾千万のこと」で、官民共に協力して東洋研究に着手しなければ、後日必ず後悔するであろうと言う。そして、今後は朝鮮に大学を設立する必要がある、京城大学の設立を提案するが、すぐに実現できなくても、何か端緒を開いておく必要があるというものであった。すでに東京外国語学校の朝鮮語学科が存続を疑問視され、金沢自身が前年に白鳥から同系論を批判されて、朝鮮語研究の活路を朝鮮に求めたのかもしれないが、この提案も等閑に付されたようである。

植民地朝鮮における大学教育は、議論されてはいたが、時期尚早ではないか、反日の思想を育てるのではないか、朝鮮人卒業生に就職を保障できるのか等の観点から否定的な意見が多かった。その逡巡に終止符が打たれたのは、大正八年三月に独立運動が勃発したからである。八年八月一九日、「官制改革ノ詔書」が発布されて、「朕夙《つと》ニ朝鮮ノ康寧ヲ以テ念ト為シ其ノ民衆ヲ愛撫スルコト一視同仁　朕カ臣民トシテ秋毫ノ差異アルコトナク」と、日本人と朝鮮人の平等が謳《うた》われた。九月、第三代朝鮮総督に就任した斎藤実《まこと》は、「官民互ニ胸襟ヲ披《ひら》キテ協力一致朝鮮ノ文化ヲ向上セシメ文化的政治ノ基礎を確立し」(「諭告」)と、それまでの武断政治から文化政治への転換を強調した。しかし同時に、「不逞ノ言動ヲ為シ人心ヲ惑乱シ公安ヲ阻害スルカ如キ者」に対しては、「峻厳ノ刑罰ヲ以テシ寸毫モ仮借スル所ナカラムトス」（「諭告」九月一〇日）と言明している。そして、独立運動が再び起こることのないように、「親日人物ヲ多数ニ得ル」ことが焦眉の課題となった。「身命ヲ賭シテ之ニ当ラントスル中心的親日人物ヲ物色セシメ、更ニ其人物ヲシテ貴族、両班、儒生、富豪、実業家、教育家、宗教家等ニ各其階級及事情ニ従ツテ各種ノ親日的団体ヲ組織セシメ、之ニ相当ノ便宜ト援助トヲ与へて充分ニ活動セシムルコト」が緊急に要請される（「朝鮮民族運動対策案」）。朝鮮人の中に植民地支配を積極的に肯定する人々を作り出すことで、同化政策はむしろ徹底化されたといえよう。そのなかで、大学を設置し、知識人を親日化することが現実的な課題となった。

翌九年一月、白鳥庫吉《くらきち》・服部宇之吉・上田万年《かずとし》・建《たけ》部《べ》遯吾《とんご》が、京城と旅順または大連に大学を設立するよう建白書を提出する（『紺碧はるかに』）。一一年一月、枢密院会議で、大学も規定した第二次朝鮮教育令が全会一致で可決され、二月六日に公布された。一二年一一月、総督府に朝鮮帝国大学創設委員会が設けられ、一三年四月、枢密院で、予科と法文学部・医学部をおく京城帝国大学の設立が全会一致で可決された（「枢密院会議議事録」）。京城帝国大学は、東京（明治一九）、京都（明治三〇）、東北（明治四〇）、九州（明治四三）、北海道（大正七）に続く、六番目の帝国大学である。初代総長は、漢学者で文部行政にも携わり、「設置建白書」を提出した服部宇之吉であった。

法文学部に法学科・哲学科・史学科・文学科が置かれたのは、朝鮮人が法律・経済・哲学を志向する傾向が強いことを考慮したという。そして文学科のなかに、朝鮮語学朝鮮文学専攻、朝鮮史学専攻が二講座ずつ置かれた。一五年五月一日、東崇町（今の大学路）で法文学部と医学部の授業が開始された。なお同年一〇月、朝鮮王宮景福宮の前に朝鮮総督府の新庁舎が落成し、巨大で威圧的な姿を誇示する。前年には、南山に朝鮮神宮が創建されていた。

京城帝大の創立の背景には、朝鮮総督府が見過ごすことのできない動きがあった。一つは、アメリカ人宣教師たちが培材学堂、梨花学堂、儆新学堂、崇実学堂などを積極的に設立して朝鮮人を入学させ、大学部や専門学校の認可を申請していたことである。もう一つは、朝鮮人による朝鮮人のための民立大学の設立運動で、三・一独立運動後は特に活発になり、九年六月に朝鮮教育会が民立大学の設立を決議した。第二次朝鮮教育令で帝国大学の創立が発表されても、朝鮮人自らによる大学への希望は強く、一二年三月に民立大学期成会が結成され、募金活動も始まった。しかし、義捐金など内部で問題が起こり、援護してきた『東亜日報』も運動を批判するに至って、運動は衰退の一途を辿った（阿部洋「日本統治下朝鮮の高等教育」）。

朝鮮語朝鮮文学専攻の第一講座は、高橋亨（明治一一～昭和四二）が昭和一三年度の停年退官まで、「朝鮮思想史概説」、「朝鮮近代文学」、「朝鮮上代及中世文学」、「朝鮮の歌謡」、「朝鮮道学者の文学」などを講義した。第二講座は小倉進平（明治一五～昭和一九）が、昭和八年からは東京帝国大学言語学科教授を兼任しながら、昭和一八年度の停年退官まで、「朝鮮語学概論」、「朝鮮の漢字音」、「朝鮮語学史」、「諺文の歴史的研究」、「古書諺解及朝鮮方言の研究」、「朝鮮語の系統」などを講義した。河野六郎（大正元～平成一〇、東京教育大学名誉教授）は助手と講師を経て、一七年度から助教授となった。

朝鮮人の教官は、すべて講師である。権純九が「朝鮮歴代詩文選」「経書諺解」、魚允迪が「朝鮮礼俗史」「朝鮮式漢文講読」、鄭万朝が「朝鮮礼俗史」「朝鮮式漢文講読」「朝鮮詩文」、金重世と尹泰東が「朝鮮語」、金台俊が「朝鮮式漢文」を担当した（『青丘学叢』一～三〇）。

入学試験は国語（日本語）で行われ、漢文、古典文学、日本史が出題されたので、朝鮮人学生には負担が大きく、難関であった。昭和一六年度までに朝鮮語学朝鮮文学専攻を卒業した学生は二二名で、日本人は天理外国語学校出身の吉川万寿夫と若松実の二名だけである。京城の天理教宿舎から通学した若松は、朝鮮語が堪能でもないので朝鮮人に話しかけにくく、日本人学生と朝鮮人学生は授業が終わればなんとなく別れてしまい、授業のこと以外はあまり話をしなかったという（若松実氏談）。課外の活動も、水泳部は日本人だけ、蹴球（サッカー）部は朝鮮人だけというように分かれてしまった。

大学は異民族が相互に理解を深め合う場であったが、「内鮮共学の理想も、お互いのいたわり合いみたいなものの中で、それぞれの胸奥にはふれず、上つらだけのものに堕してしまわざるを得なかった」と回想されている。朝鮮の友人を自宅に招いた時、逆に朝鮮の家庭に招かれた時、お互いの歴史を感じ、民族を感じて驚き、とまどったという（鈴木治久の回想、『紺碧遥かに』）。就職すれば、加給のつく日本人の給与と朝鮮人のそれとは、内鮮一体にもかかわらず歴然とした差別があった。

戦争の始まる直前には学内で朝鮮語の使用が禁じられ、学生間の溝を深めたという。一八年一一月から法文学部の日本人学生が出陣し、一九年一月から朝鮮人学生も特別志願兵として出征した。

二〇年八月一五日、日本が敗戦して朝鮮が解放されると、京城のあちこちで「独立万歳」の歓声がどよめいた。一六日に京城大学自治委員会がつくられ、大学本部の表札に「京城大学」と書いた紙が貼られ、一七日には学内の鍵がすべて押収された。一〇月中旬、ソウル大学が発足し、京城帝大の卒業生である趙潤済、李熙昇、李崇寧が朝鮮語朝鮮文学の教授に就任した。その後卒業生たちは、親日派であったという批判を背負いながらも、解放後の建設において重要な役割を果していく。

東京外国語学校朝鮮語部の廃止

大正八年（一九一九）四月に東京外国語学校の第六代校長として赴任した長屋順耳（英文学、一八七四〜一九五二）は、旧外語に関する史料を集め、聞き取りを行って、『東京外国語学校沿革』（昭和六）を編纂したが、そのなかに自らも「東京外国語学校沿革史論」を執筆し、露・清・韓語を廃止した森有礼を仮借なく批判している。

長屋が赴任したとき、朝鮮語学科本科に生徒は一人もいなかった。一一年夏に朝鮮を視察するが、何よりも「朝鮮語部振興策を得んとした」という。しかし総督府で、朝鮮で育った内地人が朝鮮語ができるようになり、日本語が堪能な朝鮮人も多くなったので、東京外国語学校に朝鮮語部を置く必要はないと説明された（「鮮、満、支、出張所感」『東京外国語学校同窓会々報』四）。それでも長屋は、旧外語と新外語で系統的・網羅的に学んだ朝鮮語はやはり効用があることも確認し、「朝鮮に於て得て来た諸種の材料によつて本校所設朝鮮語部の将来を研究しやうと思ひます」と、復活の望みを捨てようとしなかった。しかし、この長屋自身が文部省に朝鮮語部廃止の申請を提出しなければならなくなる。

大正一五年（一九二六）一二月一六日、長屋は文部大臣岡田良平へ東京外国語学校規程第一〜三条

の改正を申請する。そのなかで、第二条は次のように書かれていた（「東京外事専門学校第一冊」、国立公文書館）。

第二条中「支那語部」ノ次「朝鮮語部」ヲ削リ「各部ヲ分チテ文科」ノ次ニ「法科」ヲ加フ

「「朝鮮語部」ヲ削」る理由は、示されていない。文部省あるいは学校による訂正や書き込みもない。一週間後、長屋から栗屋専門学務局長へ「修業年限延長ニ関スル後年度計画ニ就テ陳情」が提出される。必要教官数、生徒募集方針、学級組織編制方針について説明しているが、生徒募集方針の最後に、とりわけ大きな字で「朝鮮語部ヲ廃ス」と書かれている。ここにも、廃止の理由はない。

大正一五年は、一二月二三日に大正天皇が他界し、九日間だけの昭和元年を経て昭和二年へ移る。一月一〇日、文部省では「省令改正案」を作成し、「至急」印を押して大臣以下、次官・専門学務局長・督学官・学務課長等へ回覧した。三月二三日に結了し、次のような省令第五号が公布された。

東京外国語学校規程中左ノ通改正ス

昭和二年三月二十八日　文部大臣　岡田良平

第一条中「修業年限ハ三年」ヲ「修業年限ハ四年」ニ改ム

第二条中「朝鮮語部、」ヲ削ル

第三条中各部、各科ノ学科目及其ノ程度左表ノ如シ〔中略〕

附則　本令ハ昭和二年四月一日ヨリ之ヲ施行ス（後略）

（『法令全書』昭和二年版）

こうして、募集停止の状態にあった朝鮮語部は、法的に廃止されて完全に姿を消した。この省令の主眼が修業年限問題にあったためか、九年間本科生徒がいない朝鮮語部の廃止はもはや話題にならなかったようである。金沢の発言も見あたらない。長屋は朝鮮語部の復活に情熱をもっていたが、学校全体の将来を左右する第一条を実現させるために、朝鮮語部の廃止を受け入れたのだろうか。

昭和二年度以降の『東京外国語学校一覧』の「沿革略」は、修業年限延長について記しているが、朝鮮語部を「削」ったことには触れていない。「廃止」という言葉が使われることなく朝鮮語部は消えて、当の東京外国語学校においてすら忘却されていく。

しかし、どのような変更においても理由が必要である。朝鮮語部を「削」る理由は何だったのか。

外国語中に列する理由なし

実はその理由が、「省令改正案」の回覧にあたって担当者が添付した「東京外国語学校規定改正要項」の第二項に、次のように書かれている。

二、各語部中「朝鮮語部」ヲ廃止ス

朝鮮ハイフマデモ無ク我帝国ノ一部ナルヲ以テ其ノ地方ノ言語ヲ以テ外国語中ニ列スルハ其ノ事既ニ理由無シ　依ツテ之ヲ廃ス

朝鮮語が「地方の言語」であって「外国語」ではないというのが、廃止の理由である。韓国併合前後からささやかれ、SO生が抗議し、金沢が『東京朝日新聞』記者に「机上の空論」と語ったものであった。しかし、「前項ノ外」という文言により、また二年前に天理外国語学校では、「当分の内」「現代朝鮮語及外国語」などの文言により、設置する方法はあった。天理外国語学校では朝鮮における有用性を優先して設置したが、東京外国語学校では官立としての建前を固持したのだろうか。

それにしても、韓国が「我帝国ノ一部」となったのは明治四三年八月である。一見正論とみえるこの理由で廃止するのに、一六年以上を要したのはなぜか。推測に過ぎないが、実施をためらわせる要因はいくつかあった。紙上で金沢の「大反対」発言があり、村上学長排斥運動のなかで金沢排除の動きまで明るみに出た。朝鮮語教育の廃止を朝鮮人がどう思うか、懸念もあっただろう。そして三・一独立運動により統治方針の見直しを迫られ、さらに関東大震災で朝鮮人虐殺事件が起こり、朝鮮人の心情には慎重にならざるをえなかったであろう。大震災では東京外国語学校も文部省も文書類を焼失し、行政の混乱もあった。しかし、一六年をかけても、外国語ではないという理由のもとに朝鮮語部は廃止された。東京外国語学校に朝鮮語学科が復活するのは、五〇年後のことである。

この頃の朝鮮語教育

昭和三年（一九二八）、東京帝国大学言語学科の一年生であった服部四郎が朝鮮語を勉強しているのを見て、「法学部の学生だった友人が目を丸くして吹き出してしまった。全く正気の沙汰ではないというのだ。」と、服部が回想している（服部「東洋語の研究」『一言語学者の随想』）。これが、朝鮮語に対する、当時のごく一般的な反応であったのだろう。

朝鮮では、日本人はどれほど朝鮮語を勉強したのだろうか。朝鮮総督府は長屋校長に朝鮮語部を置く必要はないと語ったが、朝鮮在住の日本人は熱心に朝鮮語を学んでいたのだろうか。

三・一独立運動後、総督府は朝鮮語の講習会を開催し、検定試験を実施する。大正一〇年（一九二一）五月、「朝鮮総督府及所属官署職員朝鮮語奨励規程」を発布した。朝鮮人に接することの多い官公庁職員、学校教員、警察官を対象として朝鮮語の級別の試験を実施し、合格者に手当を支給するもので、それまでにない大規模な試験制度となり、戦時下にも実施されたほど長く続いた。しかし受験者の動機は、朝鮮人・朝鮮社会を理解しようという意識がないわけではなかったが、手当が支給されたことが大きな要因であった（山田寛人『植民地朝鮮における朝鮮語奨励政策』）。

一四年一〇月、京城で『月刊雑誌朝鮮語』（朝鮮語研究会）が創刊される。朝鮮で朝鮮語を学ぶことは、「実に我々在鮮同胞の、責務とも称すべきもの」であるのに、「単に一個の、機関雑誌さへも有しなかつたことは、何といふ間抜けた寂しさであつたろう…我々はもう寂しさに堪へられぬ。」（一号「題言」）と、刊行の動機を語っている。しかし、昭和三年三月には、「一時一千八百余名の会員を抱擁した本誌も如何なる次第にや漸次逓減を見、今や雑誌として到底存続する能はざる程の悲境」（三〇号）に陥る。さらに、「学校教員及一般官吏は朝鮮語学習の必要なきか」（三二号）と問い詰めるが、次第に、「朝鮮に在る内地人は、一般的に申せば朝鮮語研究の熱が生温い否殆ど熱がないというても好い位である」（三九号）と諦めた口調に変わり、四年一月、四〇号で廃刊された。

このような朝鮮語観は、朝鮮人が朝鮮語を学ぶことに対する姿勢に通底する。昭和二年八月、「朝鮮同胞の喜びや悲しみや憤りを汲むことが出来るならば」と、朝鮮思想通信社が朝鮮人だけの執筆による論文集『朝鮮及朝鮮民族』第一集を刊行したが、そのなかに、朝鮮語研究会の会長、李完応が「朝鮮の学政当局はなぜ朝鮮語科を度外視するか」を書いている。朝鮮人児童が通う普通学校・高等普通学校の必須科目である朝鮮語を、なぜ「継子《ままこ》扱ひ否どうでも好い式に扱ふか」、教師は朝鮮人なら誰でもできると思われ、他教科で毎年開かれている打合せ会が朝鮮語科では行われず、講習会や研究発表もなく、教科書も不十分であることに抗議するものであった。この論文集も、新聞人による論文が全文削除や一〇数頁削除を命じられ、掲載された二七論文も×で抹消されたところが少なくない。

三・一独立運動は統治方針の緩和と譲歩を余儀なくしたが、長い間に浸透した朝鮮人観・朝鮮語観をすぐに改めることは難しい。朝鮮人に対して朝鮮語の使用を認めない方向のなかで、日本人に朝鮮語を学ばせようとしても、何のために学ぶのか、説得力はきわめて弱かったであろう。

父の長逝

昭和二年一二月一〇日、父、源三郎が八八歳で他界する。金沢は、五六歳であった。母智恵子に対する深い敬慕の情に比べて、父について触れた文章が見えず、誰かに語るということもあまりなかったようである。父子の交流が希薄で、うちとけた関係ではなかったと推測される。家業を倒産させて一家を不幸に追い込んだ父に対して、好意的な感情を持てなかったのかもしれない。しかし、零落した父に仕送りをしていたことも事実である。母への思慕があまりにも強かったのだが、齢を重ねるとともに、そして父を失ったあとはとりわけ、父も自分を大切に育て、潤沢に教育を施してくれたことに思い至ったのではないだろうか。

第六章　『日鮮同祖論』の刊行

——昭和三〜二〇年、五七〜七四歳——

1　「いくたびもかへさひおもひて」

新外語で金沢の講義を受け、朝鮮総督府の通訳官になった奥山仙三が、昭和三年（一九二八）に『朝鮮語大成』を著した。金沢は「序」を寄せて、朝鮮において日本人が朝鮮語を、朝鮮人が日本語を学ぶことが同和の実現であると主張する。

両語が双方において学習されることを

朝鮮の現在及び将来に於て、最も緊要な問題の一つが、言語であるといふことは、何人も異議のない所であらう。それは、日鮮の両語が並び行はれるといふ上に、最も微妙なる関係が存在するからである。吾人の希望する所は、此両語が、双方に於て、完全に学習せられ、言語の上にも同和の実が発現せられるといふことである。過去を顧るに、国語の普及は、非常なる努力を以て、滞なく進行して来たのに対し、朝鮮語の方は、今尚各自の独習に委せられてあるといふ有様である。吾人は此点を最も遺憾とするものであるが…

携帯用の『小辞林』を編纂

『辞林』が『広辞林』に生まれ変わったのは大正一四年（一九二五）のことだった。『広辞林』の売れ行きはよかったが、持ち歩くのに便利とはいえない。金沢はすぐに「携帯用としての小形辞林」に取り組み、昭和三年（一九二八）一〇月、『小辞林』を編纂・刊行する。古典に類するものをできるだけ省き、「新時代の用語並に外来語に於ては反つて著しくこれを増補」して四段組みとし、本文九七五頁、ほぼ一五・五cm×七・五cm、厚さ二・五cmの実に小さな辞典となった。のちの広告に、「広辞林は本邦辞林界の最高権威、最高指標であるが、ポケットに入れるには余りに大きい。之を内容的にも体裁の上よりも使用に不便を感ぜぬやう、生きたる現代語を中心として組み直したのが本書である。マニアでもマネキンでも直ちに検索し得る携帯至便の小型辞林である」とある（『広辞林』新訂版巻末、昭和九）。

仮名遣いは『広辞林』と同じで、日本語は歴史的仮名遣いを採って写音的仮名遣いを片仮名で示し、漢字語は写音的仮名遣いにして歴史的仮名遣いを注記し、欧州語は片仮名で表記した。巻末に難訓索引と字音一覧を付している。「凡例」に、足助直次郎への謝辞を記した。

翌四年一〇月、早くも大型版を刊行する。金沢は序文に、「小辞林発行後いまだ一年ならざるに、多数の愛用者より其実用的にして軽便なることの讃辞を寄せられ、同時に老少視力の労を避くる向のため、其廓大《ママ》版の印行を慫慂《しょうよう》せらる、こと頻《しきり》なり。乃ち此に其忠言に従ひ最新の印刷能力を利用して大型版を完成するに際し、外来語其他の新語約二千を増補せり」と述べている。活字を大きくして三段組みにしたので、本文が一三三〇頁と大幅に増えて厚さが五cmほどになり、一見して初版のほぼ二倍、文字通りの「大型版」であった。

『日鮮同祖論』を刊行する

昭和四年（一九二九）、五八歳の金沢は、三〇年余りの日本語・朝鮮語比較研究の到達点として『日鮮同祖論』を刊行する。えんじ色のクロス製で、二五〇頁、大正末期から歴史・言語・社会学など学術書を発行してきた刀江書院から発行された。

『日韓両国語同系論』から二〇年、金沢は日本語と朝鮮語の同系から、両民族の同祖へ踏み込んだ。単語の比較を通じて古代の社会と文化を見直すという、言語研究の一つのあり方を追究する試みであり、彼なりの日本研究の目標に近づくことでもある。それまでの著作でも試みてきたことを、あらためてはっきりと日鮮同祖論という書名のもとに構成した。

「日韓両国語同系論」と「日鮮同祖論」は、日本においていつかは出現する運命にある議論であろう。しかも、国粋的な感情からすれば歓迎されるものではなく、むしろ反発され排斥される運命にあったのだが、その役割を言語学において担ったのが金沢であった。朝鮮に対する日本人の冷淡さは、彼自身が絶えず指摘してきたのであり、容易には受け入れられないことを覚悟したうえでの刊行である。同系論を否定され、職場も失った彼が、あえて踏み切った反論といえようか。日本と朝鮮の親近性を真正面から論じた本書は、その書名だけでも両国民にとって衝撃的である。

彼は巻頭に本居宣長の一節を引用して、刊行にあたっての心境を託している。

　　あらたなる説を出す事

すべて新なる説を出すは、いと大事なり、いくたびもかへさひおもひて、よくたしかなるよりどころをとらへ、いづくまでもゆきとほりて、たがふ所なく、うごきまじきにあらずは、たやすくは出すまじきわざ也、その時には、うけばりてよしと思ふも、ほどへて後に、いま一たびよく思へば、なほわろかりけりと、我ながらだに思ひならるゝ事の多きぞかし

（「玉勝間」巻二）

宣長は、学者が十分に考察を深めないで新しい説を発表し、人を驚かそうとする風潮になっていることを批判して、右のように書いている。金沢は先行研究としてしばしば宣長を引用し、その観点に賛成も反対も示してきたが、右の数行には深く共感し、自らに言い聞かせる自戒のことばでもあったのだろう。『日鮮同祖論』の刊行は、「あらたなる説を出す」覚悟を要するものであった。

一方、長年にわたり夢中になって追究し、発見を楽しみながら、朝鮮に対する敬愛を抱いて生み出したこの書が、日本人と朝鮮人の双方に啓蒙的な役割を果たすことを願っていた。朝鮮に対する冷やかな風潮のなかで、徒労に終わるかもしれないが、同祖であることを語って日本と朝鮮のあいだに横たわる暗い反目を取り払い、同化の推進に寄与しようと考えたのである。

一人でも多くの方々に

その「まへがき」に金沢は、自分がいかにして朝鮮研究に携わってきたかを、情熱を漂わせながら静かな筆致で書いている。帝国大学に入学してまもなく、東洋地図を眺めるうちに、日本と朝鮮との間には「離し難い関係があるに違いない」と直観したこと、外山正一から朝鮮に行って研究するよう勧められたことなど、本書が自分の主著になると感じていたのか、感慨をこめて綴っている。そして、次のように吐露する。

> 三十年にも近いこの長の年月の間に、私の業蹟の遅々として振はなかつたのは、一つには稟賦《りんぷ》の乏きが故であつて、慚愧《ざんき》の至りではあるが、朝鮮研究に対する世の中の無理解といふことも、亦《また》幾分の責を負ふべきものではあるまいかと思ふ。しかし、この事については、今多くを語るを好まない。研究の上には、一人の先輩もなく、一人の朋友もなく、寂しい冷たい世界に、忍辱の行を積んで来たと思へば、それまでである。

大正三年から、白鳥の批判、上田万年との離反、東京外国語学校と東京帝国大学からの放逐に等しい辞職、そして京都への逃避行。『日韓両国語同系論』の時代は過ぎ、恩師、先輩や朋友と隔たって、「寂しい冷たい世界」と言わなければならないほど、孤独に苛まれたことが推測される。「多くを語る」のは遠慮すべきことであるとしても、あえてこのように告白することも稀であろう。彼自身も多くの教師、先輩に教えられ、引き立てられてこの地点に到達したことを忘れてはいないはずである。

彼の頑固一徹な性格が人間関係において災いしたことも、少なくなかったであろう。だが、いずれにしても、彼は孤立無援の心境を吐露せずにはいられなかったのである。

しかしながら、私もまだ〳〵と思うてゐる中に、いつの間にか年月は過ぎ去つて、奉職の身ならば、もはや停年といふものに間近い齢となつた。今日まで調べた種々の方面の研究を纏《まと》めるならば、凡そ十巻ばかりともならう。一巻に一年を要するとしても、総てを整理するに十年はかかる。こんなに考へると、あまり悠々してゐられない。…それで、未定稿のままでもよいから、先づ発表しようと最初に選んだ題目がこの「日鮮同祖論」である。これならば、余り専門的に深入りせず、広く日鮮の教養ある方々に向つて、私の新たに建設せんとする東洋学の発端を説明するに相応しいものであらうと考へたからである。一人でも多くの方々に読んでいただきたいといふ私の希望から、本文と細注とに区別して、本文には大体の主旨を述べ、学術上の考証などは多くこれを細注に譲つて置いた。それ故、専門家以外の一般の読者は、先づ本文を通読せられた後、細注に及ばれんことを希ふものである。

『日韓両国語同系論』も「特殊の専門家よりは寧ろ世上一般の人士に対して」語ろうとしたが、自分の確信を一人でも多くの日本人と朝鮮人に伝えることが自分に課せられた役割であると考えた。学界にとどまらないで、むしろ一般国民の理解と共感を得ようとしたのである。

本書は、「序説」から第五章までを読めば「朧《おぼろ》げながらにも、我国語と大陸の諸国語との間に存在する密接の関係について」理解し、第六章から第一〇章までが「本題」であるという。本文中、とりわけ強調したい文章に傍点、をつけている。最後に「昭和四年一月十三日稿」と記したが、その日は彼の五八回目の誕生日であった。

基礎としての序説〜第五章

「昔の朝鮮は文明国である。我国から見て特にさうであつた」と、「序説」は始まる。朝鮮は金銀財宝に恵まれた、豊かな国であった。九州の地は日韓交通上の要衝で、新羅の勢力が筑紫に及んで熊襲《くまそ》などの外援となっていた。新羅人は厚遇され、我国人は好んで朝鮮関係の名を付けた。「そつひこ」や「さでひこ」は、熊襲と新羅とに共通するソといふ種族名を負う、ソ族の男子といふ意味の一種の称号である。しかし、白村江で日本が敗退すると、しだいに百済の出であることが憚《はばか》られ、本姓を避けて新たな姓を志願した。平野神社の神が「白壁《しらかべ》の御子《みこ》の御祖《みおや》の祖父《おほち》こそ平野の神の曾孫《ひこ》なりけれ」と婉曲に歌われているとおりである（伴信友「蕃神考」）。こうして、熊襲・隼人を夷人視する謬見は上代の研究に著しい障礙《がい》を与えている。朝鮮は次第に我国の人々の心から離れ、穢《きたな》い疫鬼《えっき》の住む根ノ国底ツ国と同一視されるに至った。

第一章は、「朝鮮は神国である」と始まる。蘇我稲目が百済の使いに神宮を修理するよう諭《さと》したこと、素戔嗚《すさのお》尊は新羅に天降ったあとに出雲地方に渡ったこと、「神子」（『東国輿地勝覧』）や「神宮」（『三国史記』）ということばにみられるように、朝鮮は神国であり、韓人が日本も神国と称えはじめた。朝鮮で神の子として生まれ、我国に渡来して神として祀られた例に天日矛《あまのひほこ》（出石神社）や阿加流比売《あかるひめ》

（高津神社）がある。日鮮同祖のことはすでに先賢の考えていたもので、決して私共の創見ではない。

第二章は、日本民族と朝鮮民族の移動の方向についてである。民族の移動はその生存に必要な条件を満たすための運動である。「東・西・南・北」は「前・後」、「右・左」の意味をもつことがあり、民族の移動の方向と地名の関連を知ることができる。朝鮮では南に前の意味があり、北に後の意味があった。日本では、東西を縦、南北を横とした。これにより朝鮮民族は南面して太陽の方向に進んだが、日本民族は日の出の方に向かって東進したことがわかる。

第三章は、神代史にみえる朝鮮の記述についてである。天孫降臨は日向の高千穂峯であり、国見をして地勢を遠望し、前進の方向を定めた。素戔嗚尊が新羅国曾尸茂梨《そしもり》に天降ったことは『日本書紀』だけに載っており、上代の日鮮関係上最も貴重な記録である。曾尸茂梨の地は、楽浪の山や春川ではなく、『釈日本紀』にあるように新羅の都、今の慶州である。従来の学者は、素戔嗚尊がまずこの大八洲国に降り、その後新羅に渡ったと主張してきたが、それは神々が高天原から朝鮮半島を経て我が国に渡来したことになるのを快く思わず、極力これを回避したのである。「海北道中」の解釈も、なるべく朝鮮に触れないで神代史を説こうとする学風から起ったものである。海北とは朝鮮のことで、海北道中とは朝鮮に往来する途中に他ならない。三女神を海北道中に降して天孫の守護としたことは、天孫が朝鮮より海峡の島々を経て日向の高千穂之峯に達したことを暗示する。神代における韓郷《からくに》之島と大八洲《おおやしま》国とはかくも密接の間柄であって、大八洲の中に韓郷之島も含まれていたという歴史家の説（吉田東伍『日韓古史断』）も否定はできない。

第四章は、民族の移動には地名が伴うことが多く、それが古代の研究上枢要の位置を占めることを述べる。高天原と大和の高市、天津日子根と彦根、出雲と紀伊に共通な熊野・美保などの例があり、「しらぎ」「こま」「くだら」「から」などが各地に残っている。外来の種族も帰化と同時に本土の地名を伴う。ソホリ、ソホ、クシフル、カシハラ、クシフ、クジュウ等の類音が九州の峯々に保存されている。ただし、地名の考察においては、古伝説や当て字に迷わされず、音読みと訓読みの転換を見抜く判断力が必要だ。新井白石の地名の考証は、その着眼点に敬服に値するものが多い。ただし、白石は狭国と伊讃郷を東国に求めたが、天神は韓郷之島を経て大八洲国に天降ったのであるから、反対に西の熊襲及び新羅国曾尸茂梨方面にあると考える。

第五章「地名人名等に関する日鮮語の比較」は、音韻の変化を基礎として、同系と考えられる単語を提示し、日本と朝鮮における広い意味の文化史における意味を考察する。その内容は、目次（本書巻末の資料1）に示されるとおりである。

「本　題」の
第六章～第十章

第六章から第十章は、「韓国」、「新羅」、「熊襲国」、「高千穂添山峯」、「橿原宮」という章名にみられるように、朝鮮から日本への移動のあとを追究する。

第六章の「韓国」は「からくに」とよむ。古くから韓の字をカヌと音読した場合はほとんどなく、常にカラとよんできた。「た・な・ら相通」（t音・n音・r音の交替）とナ・ラ・ヤ三行音の相通から、「任那」と「任羅」、「徐那伐」と「徐羅伐」と「徐耶伐」の表記が説明できる。ミマナは御間城天皇の国即ち「ミマの国」の義である。ナに国の義のあることは大陸の諸国語に類例がある。日本語にも土壌をあらわす「ニ」、地殻をあらわす「ネ」があり、「大国主」「大己貴」から「くに」と「な」の同義が推定できる。「国」は大なる土地の義で、今日いう国家の意味はない。

第七章は、新良、斯羅、新羅奇などと記される新羅の考察である。国名はシラで、キは城邑の義の別語である。「国号徐羅伐又徐伐或《あるいは》斯或鶏林」（『三国遺事』今西本）とあるが、「或斯」によって、新羅の本名は「斯《し》」で、国土の義のある羅、村邑の義のある伐が加わって、徐羅または徐伐となったことが判明する。徐羅・徐伐という国名は、徐国または徐村の義である。九州には「奴」という名称が多かったが、この奴も朝鮮の那・羅と一致する。

第八章「熊襲国」では、「ソ」を検討する。荻生徂徠がソは夷のことであり、蝦夷《えぞ》は人の種類であるといったが、熊襲《くまそ》の襲は一種族の名で、新羅の斯と同系である。園韓神《そのからかみ》は、曾韓神と考える。この「ソ」の系統に属する「阿蘇」「伊蘇」「伊勢」「宇佐」「余社」などは、民族名ソ及びその類音を名としており、民族移動史の上に重要な地位を占める土地である。「狭国」は、熊襲の襲族、斯羅の斯族を包含する、広き意味のソ民族の国である。また、伊弉諾《いざなぎ》命・伊弉冊《いざなみ》命は、「イサのアキ」すなわちイサ国の男神、「イサのアミ」すなわちイサ国の女神と解釈し、アジア大陸をも包含する、広い意味の国土生成の大神である。

第九章「高千穂添山峯《たかちほのそほりの山の峯》」は「添」の考察である。新羅の国号「徐羅伐」（sora-por）の伐は国語の村と同系語であり、徐羅伐とは新羅村の義で、羅がないのが徐伐（so-por）である。新羅に限らず、朝鮮半島の諸国に用いられた大名で、今のソウルはp音が脱落したものである。「神代紀」における曾《そ》尸茂梨《しもり》（ソの村）は、助辞のシを省いてソモリとなり、m音がp音に通じてソホリとなる。「倭名抄」に「鈔饠、沙羅、沙不良、雑羅」とあり、「古事記」に曾富理神、「神道五部書」に瀬織津比咩、神代紀に添を「曾褒里」としている。九州には、早良、佐和良、背振がある。リが省かれてソホとなるのも日本と朝鮮に共通し、鉏（サヒ）、「忍穂」のシホ、塩土のシホ、祖母嶽のソホ、高千穂添山峯のソホ、大和国の層富・添上・曾布・佐保、周防国の佐波・諏訪などがある。九州で天孫降臨の地といわれる処がソホリ、セブリ、ソホなど、日鮮共通の地名を名に負っているのは注目に値する。移動に伴って各所にその跡を残したのである。

最終の第十章で、「橿原宮」に到達する。「大」の意味の古語「ク」が結びついた「クーシ」「クーソホリ」は、「大ソ国」という意味である。朝鮮に「古沙城」「古四州」「古沙夫里」、高天原に「天杵瀬尊」のキセや「天槵津大来目」のクシ、九州に「鹿葦」「加志」のカシや多芸志（タギシ）、大和に巨勢、高瀬、国櫟《くず》などがあるほか、越、加佐、久志、木曾などもある。クソホリ・コソホリ・コソホ・クシフル・クシヒ・クシフとなる例は、百済に古沙夫、古沙夫里、九州に高千穂槵觸《くしふる》之峯、久士布流があり、高住・九重・久住のクジュウ（クシフ）などがあって、三韓の古地名と連絡のあることを示している。天孫の降臨は、北の方から筑紫の高峯を伝いつつ、南の霧島に達したのであり、高千穂之峯は臼杵と霧島にある。筑前の背振、豊前の高住、臼杵の祖母・久住などは、書紀や風土記の古名を伝えており、天孫降臨の道程を顕彰するものである。

天孫降臨の峯である槵觸・槵日の名を伝える最も顕著な例が、神武天皇の畝傍《うねび》之橿原宮である。カシハラとカシフとはクシフルとクシフと同じ関係にあり、天孫が高千穂槵觸之峯に天降ったことに対して、天皇が大倭畝傍橿原宮に創国の宮居を定めたことを称えたのである。それゆえ、橿原＝槵觸、槵觸＝大添＝徐伐（所夫里）、徐伐＝新羅となり、所夫里は北方扶余族の別名であるから、天祖の偉業は遠くアジア大陸の内部にまで及んでおり、所謂大八洲の中には勿論韓国を包含すべきものである。

様々な同祖論を代表する

日本と朝鮮の同祖・同系に関わる記述として、『神皇正統記《じんのうしょうとうき》』（一三三九）に、「昔「日本は三韓と同種也」と云《いう》事のありし、かの書をば、桓武の御代にやきすてられしなり。天地開て後、「すさのをの尊韓の地にいたり給き」など云事あれば、彼等の国々も神の苗裔《びょうえい》ならん事、あながちにくるしみなきにや。それすら昔よりもちゐざることなり…異国の人おほく此国に帰化して、秦のすゑ、高麗・百済の種、それならぬ蕃人の子孫もきたりて、神・皇の御すゑと混乱せしによりて、姓氏録《しょうじろく》と云文をつくられき。」とあった。江戸後期に藤貞幹が『衝口発』（文政四、一八二一）を著し、「辰韓は秦の亡人にして、素戔鳴尊は辰韓の主なり」、「本邦の言語、音訓共に異邦より移り来たるもの也…十に八九は上古の韓音韓語、或は西土の音の転ずるもの也」、「日本紀をよむには先《まず》此国の事は辰馬の二韓よりひらけ、かたはら弁韓の事も相まじはると心得、それを忘れずしてよまざれば解しがたし」などと書いて、本居宣長を激怒させた。宣長は『鉗《けん》狂人』を著して、「みだりに大御国のいにしへをいやしめおとし」、「何事も皆韓より起れりとする」、「近代普通の学者の…ひたすら強て皇国をいやしめおとすを眼高しと心得た」、「狂人の言」であると駁した。この『衝口発』について金沢は、戦後のことだが、次のように述べている。

日鮮間の密接なる関係につきては、已に神皇正統記にも見えたることとなれど、一篇の著作として発表せしは本書を初とす。その言語につきていふ所、伊勢は伊奘諾の伊奘と相通じ、天照大神の御国なりといへるなど、首肯すべきことなきにあらずといへども、朝鮮語の学力十分ならず、付会の説多きは惜しむべし。されど姓氏録の序に三韓蕃賓称日本之神胤とあるを評して、此方より掩ひかくすに事おこりたるなり、書をよむ人の眼高からざれば、共に談じがたく、痴人の前に夢をとくが如しといへるなど、大に吾人の意を得たるものあり。本居宣長がこれを以て我が国の古意に背くものとし、「鉗狂人」を著せしことは人の知るところなり。

（『濯足庵蔵書七十七種　亜細亜研究に関する文献』（昭和一三））

「日鮮同祖論」は、「日韓両国語同系論」を上回る、大胆な書名であった。この書名に、日本人のどれだけが好感をもったであろうか。朝鮮研究に対する冷淡さと同祖論に対する反感を知っていた金沢は、それなりの覚悟と挑戦の意を込めてこの書名をつけたと思われる。そして、その明瞭さゆえに、それまでの日韓一域論、日韓同種論、日鮮両民族同源論といった様々な呼称が「日鮮同祖論」で代表され、日鮮同祖論といえばまず金沢に直結するものとなる。

日本人にも朝鮮人にもさして歓迎されない『日鮮同祖論』は、しかし、朝鮮支配において、戦時下の朝鮮での内鮮一体・皇民化の運動において、積極的に利用できる用語となった。同化を説得するうえで『日鮮同祖論』と金沢を権威として用い、必要がなければ無視できたのである。そして、同祖・

同系ゆえに日本人が朝鮮語を学ぶべきであるという彼の主張を取り上げようとはしなかった。

しかし、金沢にとっては、日鮮同祖論は時局に必要な時だけ利用すればよいものではなく、日朝関係における本質的な問題であったのである。どのように批判されようとも、『日鮮同祖論』は、長い年月をかけて史料批判と考察を繰り返して生み出した、執念の作品であった。小倉進平（当時京城帝国大学教授）が『日鮮同祖論』は金沢が「黙せんとして黙し得ざりし東洋学建設の目的の為に放たれた雄たけびの声である」と書評に書いたのは、金沢の置かれた境遇をある程度知っていた小倉が心境を推察して発した言葉ではないかとさえ思われる。

その書評とは、刊行から一カ月後、『京城日報』（五月一九日）に掲載された「金沢博士著『日鮮同祖論』」である。金沢から贈呈され、書評を依頼されたという。小倉は、新羅の本名「斯」と熊襲の「襲」の同系、民族の移動の方向、とくに出雲国引神話を挙げ、前人未踏の新しい説として紹介した。また、新羅の国号「斯」、ソウルのソ、クーソホリ→クシフル、曾尸茂梨の慶州説などは、従来の難問に対する「天才的ひらめき」の解決であると述べている。恩師から依頼された書評に厳しい批判は書けなかったかもしれないが、最後に強いての希望として、「民族学、考古学上の日鮮同祖論が成立した後にこそ」、金沢の同祖論は確実性を帯びるものであるから、「今すこし民族学考古学方面の資料を加へていただきたかった」という。それは正論かもしれないが、言語学は言語学なりの考察を精いっぱい提出することに存在意義もあり、隣接諸科学に寄与しうるのではないだろうか。

今、「日鮮同祖論」という書名は、戦前とは違った意味で否定的な印象を与えるかもしれない。ふだん「同祖」という用語に出会うことがないうえ、「朝鮮」が朝鮮半島全体を指すことが少なくなり、また、省略して「鮮」とあらわすことにも違和感があるのではないだろうか。

「鮮」と「同祖」

「同祖」は金沢が作り出した言葉ではないし、近代になって発明されたのでもない。『日本国語大辞典』（小学館、昭和四七）は、「祖先が同じであること」とし、用例として「続日本紀‐天平勝宝三年〔七五一〕二月己卯　然則巨勢雀部、雖元同祖〔元同じおやなりといえども〕」を挙げている。『新撰姓氏録』（弘仁五、八一四）では、「同祖」という用語がすぐに目に入る。「同祖」は姓氏の系統を記述する用語であり、「息長眞人同祖」、「平群朝臣同祖」、「百済公同祖」などと使用されている。

「鮮」と略するのがいつからなのか分からないが、併合により「朝鮮」と称されるようになって、略称に「鮮」が多くなり、日鮮、内鮮、鮮語、鮮人などが現れてくる。オランダ（和蘭・阿蘭陀）人を蘭人、アメリカ（亜米利加）人を米人などとしたことに準じたのかもしれないが、蘭人や米人と違って、鮮人には差別観が含まれることが多くなる。朝鮮人に対する日本人の差別的な言動は、当時の新聞・雑誌などを見ても枚挙にいとまがない。本来は、「鮮人」「鮮語」が差別的なのではなく、その言葉を用いたときの言動が差別的であるために、朝鮮人はこれらの言葉を差別的と感じたのではないだろうか。省略しないで「朝鮮人」と言い、書いたとしても、そこに侮蔑が込められていれば、「鮮人」と変わるところはない。大正一〇年、歴史家喜田貞吉は京城へ行って、総督府の係官から、「鮮人」「朝鮮人」は彼らが嫌がるので、なるべく「朝鮮の人」とか「此方の人」という方がよいと忠告された。喜田は実際に日本人の庶民が「朝鮮人」「鮮人」と言って侮蔑するのを見聞きしており、融和ということの難しさを再認識する（喜田「鹿鳴随筆」『民族と歴史』五―二）。

朝鮮の工芸の美に魅せられ、それを生み出した朝鮮人を敬愛した柳宗悦も、「日鮮」と言い、「白衣の鮮人」と言ったことがある。関東大震災後の朝鮮人殺害を鋭く批判した宮武外骨も「鮮人」を用いており、朝鮮人作家たちも使用している。彼らが侮蔑を込めていたとは思われない。

日本語と朝鮮語の関係を親子・兄弟・姉妹とみて、民族的にも同祖と考え、文字ハングルを賞賛した金沢に、朝鮮に対して批判はあっても、差別意識はなかったであろう。戦後金沢は、「朝鮮の鮮にはあざやかできれいという意味がある」と語ったことがある（堀口慶哉氏談）。差別的な感情があれば、同系・同祖であることを愉快に思うはずがなく、生涯主張し続けることはないだろう。

「非難はもとより覚悟の前」

『日鮮同祖論』刊行の翌五月、金沢は朝鮮を訪れる。二九日に京城師範学校で、「内鮮両語の連絡」と題して講演した。講演の初めに、日本語と朝鮮語は「別々のものでないといふところの確信を有つてをるのであります。併しながら、この問題は重大なるものであつて、学者の間に異論も、反対も少くないのである」と自分の位置を語っている。そして、「人」という名詞は今朝鮮語でサラムというが、古くはカンといい、大きいという意味である。日本語でこれにあたるものはヲグナ・オキナであり、クナが人という語で、オが大きい、ヲは小さいという意味である。言語間で名詞は特に貸借が起こるので同源とはいえないといわれるが、必ずしもそうではない、自分のように分析していけば証明できるのだと述べている（『文教の朝鮮』四年七月）。

同日夜、京城日報社・毎日申報社主催により、京城日報社の来青閣で、「内地に祀《まつ》られた朝鮮の神」を講演する。『京城日報』は、「朝鮮を愛する巨人の言葉」と題して講演会を予告、宣伝していた。この日すでに二回も講演していたので、さすがに疲れたと洩らしている。講演内容は、同紙に六月一八日から二二日まで五回に分けて連載された。

「言葉が同源であることから延いて私は民族としても内鮮同一の祖先からでたものであるといふことを考え」た、しかし、「此問題につきましては、こと甚だ重大で」、「確実に証明せられましたならば、日本の国語教育又日本の歴史教育、同時に朝鮮語の教育、朝鮮歴史の教育といふものがその面目を新にするわけで」、「学者の中にも相当異論を立て、反対説を唱ふる者もあらうと思います」と述べている。本居宣長「玉勝間」に、「新しい説を発表する場合、その説の是非を問わず、必ず人に謗《そし》られるものなりと書いてある」（「あらたにいひ出たる説はとみに人のうけひかぬ事」）が、宣長自身の経験から言われたことであろう、宣長のような大学者ですら誹謗を受けるのであるから、「われわれの如き未熟なる者に対して、世間から或種の非難、或種の攻撃を加へられるといふことはもとより覚悟の前であります。しかしながら、われわれ学術研究者が、新しい説を唱へまするのは恰《あたか》も武士が戦場に出るのと同じで、攻撃や非難の弾丸位を恐れておつては、武士の役目が務まらない。それゆえ私は自己の信ずるところに向つてあくまでも進むのであります。これは私の立場として皆さん方の御諒解をあらかじめ得て置きたいと思ふ点であります」と述べている。日鮮同祖論が支配の理由づけに用いられても、一般的には受け入れられていない状況に対する発言であろう。

そして、朝鮮は日本と同じく神国であり、神国朝鮮から神々が内地に渡り来て、内地で同じく神として祀られ、その例として大阪の高津神社（比売語曾《ひめこそ》社）と京都の平野神社があると紹介する。現在はほかの神を祀っているようになっているが、前者は朝鮮の姫を祀っていることを「コソ」の語源から説明し、後者は桓武天皇が百済聖明王を祀ったことがいつしかはばかられて平野神社の歌（二二七頁）にだけ残ったことを、伴信友に拠りながら説明した。最後に、今の話はただ事実だけを申し上げたのだと言い、「かくの如き事実を朝鮮及び内地のお方らはどうお考へになりますかといふことを私の方からお尋ね申上げて」、話を終えている。

翌三〇日、朝鮮ホテルで、東京外国語学校朝鮮校友会が歓迎会を催した。学校を辞任して一二年後、朝鮮ではわだかまりなく、かつての同僚や卒業生たちと歓談できたのだろう。

七月には、講演が『朝鮮及満州』（二六〇号）にも要約で紹介された。記者は、金沢が「言語学上より内鮮の同種を主張せられて居る」が、「其の結論に対しては尚議論の余地は有る」と述べており、京城の言論界も必ずしも金沢を積極的に受け入れてはいないことが推察される。

2　還暦の前後

還暦を迎える

明治五年生まれの金沢は、昭和七年（一九三二）一月一三日、病弱な幼年時代を忘れたかのように、元気に還暦を迎える。九六歳まで永らえた彼にとって、還暦はまだ人生の三分の二に達していない。前年九月一八日、日本の関東軍が満州の柳条湖で満鉄の線路を爆破し、これを張学良の所為にして中国に攻撃を開始していた。侵略は拡大し、七年三月一日に満州国の建国が宣言されて、国民の関心が満州へ向かう、そのような時期であった。

金沢博士還暦祝賀準備会が国学院大学のなかに設けられたのは、六年八月頃である。祝賀行事は、祝宴、記念品贈呈、記念論文集刊行で、実行委員は、岩橋小弥太を代表として金田一京助、渋谷吉雄、滝村立太郎、祇樹朴翁、堀江秀雄、豊田八千代、古田良一、守屋武文、阿部正秀、安藤英方、今西龍、奥山仙三、小林大次郎、進藤譲、氷室昭長、尾川敬二、小倉進平、折口信夫であった。

祝賀会で、金田一京助が「陸奥のゑびすの言葉」を、後藤朝太郎が「支那文字と古代文化」を講演した。二人は東京帝国大学の後輩であり、金沢の講義を聴いた学生でもあり、『辞林』の校正を手伝ったこともあった。金沢は、「鷹の百済語倶知につきて」を講演する。古代日本の研究には朝鮮語が必要であり、朝鮮の研究には満蒙語が必要であること、『日本書紀』仁徳天皇四三年に現われる倶知は満蒙語から朝鮮に伝わったクチであることを、音韻の変化の比較により述べた。

祝賀記念の出版と肖像画

七年一二月、『金沢博士還暦記念　東洋語学乃研究』（三省堂書店）が発行される。

金沢が東洋語学研究の勃興を熱望していたことに意を体した書名で、日本語、中国語、アイヌ語、琉球語、朝鮮語、台湾語、悉曇学の論文集となった。寄稿したのは、国学院で講義を受けた、あるいは同僚になった国語・国文学関係者、帝国大学での同窓生、講義を受けた人々である。この頃の彼をとりまく人間関係をある程度示すものとして、執筆者と論題を紹介しておこう。

吉沢義則「所謂「ヲ」に通ずる助詞「ガ」に就いて」、武田祐吉「形容詞の論（その一）」、折口信夫「形容詞の論（その二）」、今泉忠義「助動詞「き」の連体形」、岩橋小弥太「「デアル」と「デアリマス」と」、豊田八千代「万葉時代の枕詞について」、安藤正次「「宇礼牟曾」考」、生田耕一「安寧天皇御陵名義私考」、筑紫豊「そほ考」、荻原藤吉「「わりなき」人、芭蕉――言語の陰影に就て」、高橋龍雄「国語に宿る尊い心理」、東條操「明治以後の方言研究」、安田喜代門「九州方言及び琉球方言に於ける代名詞の研究」、伊波普猷「語音翻訳釈義――海東諸国記附載の古琉球語の研究」、宮良当壮「虹の語学的研究」、金田一京助「北奥地名考――奥羽の地名から観た本州蝦夷語の研究」、小倉進平「朝鮮の真言集」、小川尚義「台湾蕃語の数詞用法の二例」、小柳司気太「小学に就いて」、池田四郎次郎「説文五百四十部の次序に就いて」、後藤朝太郎「文字から見た支那古代文化」、尾川敬二「漢字の性質を論じて対句の発生に及ぶ」、竹田鉄仙「悉曇相通説と活用研究に及ぼせる其の影響」、加藤玄智「宗教学上の言霊私考」

折口、生田、宮良《みやなが》、竹田などが四〇頁余り、金田一は九三頁、伊波《いは》が一〇八頁という長い論文を寄せている。伊波は沖縄の言語・歴史・文学・民俗を研究して日琉同祖論を主張したが、その顕彰碑に、「彼ほど沖縄を識った人はいない、彼ほど沖縄を愛した人はいない、彼ほど沖縄を憂えた人はいない…」と書いたのは、やはり国学院で金沢も教えた東恩納《ひがしおんな》寛惇であった。東恩納はここには執筆していないが、戦後になってもしばしば金沢宅を訪問して、金沢は沖縄の言語について語り合う楽しみを得ることができた。大正一四年に卒業した宮良（明治二六～昭和三九）も沖縄県石垣島の出身で、大部の全集が刊行されている。

荻原藤吉とは、明治四一年に東京帝国大学の言語学科を卒業して大学院に進んだ、俳人の荻原井泉水（明治一七～昭和五一）である。すでに一高在学中から俳人と認められ、卒業後俳句革新運動に携わって、四四年に雑誌『層雲』を創刊していた。荻原は戦後、群馬県の薄根村に身を寄せていた金沢を見舞っている（堀口慶哉氏談）。

論文集の背文字と扉文字は、折口の同窓で宮内省に勤めていた羽田清光の揮毫である。羽田は折口の『口訳万葉集』の筆記を手伝ったこともあった。なお本書『東洋語学乃研究』は、福井久蔵が『国語学史』（昭和一七）に「国語学史上に大切な資料」として取り上げ、各論文に詳しく言及している。

祝賀に対する謝意として、金沢は『新羅の片仮字《かな》――比較国語学史の一節』を贈呈する。新羅時代の郷歌における漢字の使用法は記紀万葉にみえるものと大差がないこと、漢字の音訓を用いて自国の語を写すという方法から一転して、漢文を本位としながら振仮字と送仮字にのみ仮字の用法を限るようになったこと、この用法、すなわち吏読《りとう》（吏道）が次第に省略形を用い、我国の片仮字と同様の字体となったこと、新羅時代に戸（ラ）と川（ツ）が片仮字として使われており、他にも日本と一致あるいは酷似するものがあることは、日本の仮字研究に大いに参考になるであろうと、小倉進平著『郷歌及び吏読の研究』（昭和四）を参照しながら論じた。そして、カバー写真に掲げた金沢の肖像画は、洋画家伊原宇三郎が描いた油絵である。

徳島市に生まれた伊原宇三郎（明治二七〜昭和五一）は、大阪府立今宮中学校に転入し、国語の嘱託職員の折口信夫に出会って敬愛の念を深めた。関西中等学校美術展覧会で一等賞を得た伊原は卒業とともに上京し、大正五年、東京美術学校西洋画科に入学して帝展などに入選を果たしていく。五年間パリに暮らして昭和四年に帰国し、折口の依頼に応じて金沢の肖像画を描いたのは、三八〜九歳の頃であろう。美術団体に属することをやめ、昭和八年、東京美術学校助教授となった。同一二年から文展の審査員となる一方、朝鮮総督府の洋画講習会で講師となり、朝鮮美術展覧会の審査にあたる。陸軍省嘱託として東南アジアを回り、聖戦美術展の審査員にもなった。戦後は、日本美術家連盟委員長、日展審査員など役職が多く、国立近代美術館の創設にも加わった。肖像画の制作は、フランスでその魅力を知った伊原が情熱を傾けた分野で、戦前・戦後を通じて多くの作品がある（『伊原宇三郎作品集』『伊原宇三郎展——生誕百年を記念して』）。

蔵書目録その二

金沢博士還暦祝賀会は、『濯足庵蔵書六十一種』も刊行する（巻末資料1）。「良書稀籍ありといへば之を求むるに値を問はず」（祝賀会あとがき）蒐集に努めた成果の一部である。前半に各書の解説と入手の経緯などを記し、後半に本文の写真を掲載した。和紙を用いた、和綴じの瀟洒《しょうしゃ》な体裁である。前半部と後半部の間に小さな字で、「この書目はわが家の蔵書中国語を中心とする東洋語学の研究に関するかぎりを集めたるものにして、其数を六十一種と定めたるは、おのれことし還暦の齢を迎へたる歓《よろこび》をしるさんとてのすさびなり　昭和七年十一月　庄三郎」と記している。

「濯足」は金沢の雅号で、住まいを濯足庵と呼んでいた。中国古代の詩集『楚辞』中の「漁夫」の一節、「滄浪の水濁らば　以て吾が足を濯う可し」からとられたものである（終章）。

「日韓同源論などですまされなくなった」

日鮮同祖論に関わるので触れておきたいのだが、昭和七年一一月発行の『研究評論　歴史教育』（歴史教育研究会）が、「明治以後に於ける歴史学の発達」という特集を組んだ。そのなかで「朝鮮史」を担当した稲葉岩吉（明治九～昭和一五）は、朝鮮総督府による『朝鮮史』編纂の経緯に触れ、「大正十四年夏のこと」として、「今や、日韓同源論などですまされなくなつたから、朝鮮総督府は、寧ろ進んで、朝鮮史編纂を計画し、之が潮勢を正当に導き、錯覚なからしめるやう努力するをもつて時宜を得たりとし、茲に朝鮮史編修会の勅令公布を見た」と記している。三年後にも稲葉は、『世界歴史体系』第一一巻朝鮮・満州史（平凡社）の「第十二章　朝鮮史研究の過程」に同じ文章を載せている。

稲葉は内藤湖南に師事し、明治四一年から満鉄調査部で白鳥庫吉のもとに『満州歴史地理』編集にあたっていたが、大正一一年から『朝鮮史』三五巻の編纂に加わり、昭和一二年まで委員、幹事、修史官をつとめた。右はその間の経過に関するもので、大正一四年頃には「日韓同源論など」は統治上もはや用をなさなくなり、朝鮮史編纂上、方針の転換があったと推測される発言である。

『朝鮮史』に先立って、朝鮮総督府は、大正五年一月から三年をかけて『朝鮮半島史』を編纂し刊行する予定であった。「朝鮮半島史編成ノ要旨」（五年九月）によると、日本と朝鮮の関係は、西欧諸国とその植民地の関係と違って、人種を同じくし、朝鮮人は文明人に劣らないので、教化してともに帝国を発展させることができる。ところが、朝鮮の史書は、併合前に書かれたものは「独立国の旧夢を追想セシムルノ弊アリ」、今は「韓国痛史ト称スル在外朝鮮人ノ著書（大正三年刊行の朴殷植の著書）ノ如キ、真相ヲ究メスシテ漫《みだり》ニ妄説ヲ遑《お》ウ」ものがあり、いずれも「人心ヲ蠱惑《こわく》スルノ害毒」になっている。そこで、朝鮮人の「知能徳性ヲ啓発シ以テ之ヲ忠良ナル帝国臣民タルニ愧《は》チサルノ地位ニ扶導セムコトヲ期」して、「公明的確ナル史書」の編纂を始めたという。

そして「朝鮮半島史ノ主眼トスル所」として三点挙げ、その第一が、「日鮮人ノ同族タル事実ヲ明《あきらかに》スルコト」であった。しかし編纂作業があまり進まないところへ三・一独立運動が勃発し、統治方針の見直しを余儀なくされた。一〇年四月、朝鮮半島史附帯事業として、「日韓同源史」の編纂が始まる。調査内容は、一、内鮮間に親密の関係あることを証すべき神話、伝説及史乗の事実　二、古来内鮮間に移住を為し或は往来したる人物の閲歴及び事績　三、内地に於ける朝鮮人帰化村の事績　四、言語・文字・美術・工芸・風俗・習慣・宗教・法制・遺蹟・遺物等により見たる内鮮関係であった。ところがその後も遅々として進まず、一三年末には朝鮮半島史編纂とともに打ち切られた（『朝鮮旧慣制度調査事業概要』昭和一三）。一方、大正一一年一二月、新たに朝鮮史編纂委員会規程が公布され、相当な陣容を構えて一二年間で『朝鮮史』を完成することになる。しかし関東大震災のために延期され、大正一四年六月、改めて勅令により朝鮮史編修会官制が公布された。稲葉のいう、「大正十四年夏のこと」で、もはや「日韓同源論などですまされなくなった」のである。金沢が『日鮮同祖論』に本居宣長の一節を引き、朝鮮での講演において「非難」「攻撃」に対する覚悟のほどを語ったのは、このような状況が念頭にあったのかもしれない。

なお、降って昭和一三年の「朝鮮史編修会事業概要」は、第二章で「朝鮮半島史の編纂」について概説し、右の「朝鮮半島史編成ノ要旨」を引用している。しかし、「朝鮮半島史ノ主眼トスル所ハ大体左ノ如シ　第一　日鮮人ノ同族タル事実ヲ明スルコト」から省略して、同族であることをかつて主眼としたことに触れていない。

『広辞林』新訂版を刊行する

「全国二千五十余校御指定辞林。学習に実務に一冊で足りる広辞林!!　一家に一冊備へたい広辞林!!　それは何故でせう?」　このような広告が紙上に掲載され、昭和九年三月、三省堂書店から『広辞林』新訂版が刊行された。宣伝に五人の学者、笹川種郎、金田一京助、小倉進平、上田万年、保科孝一を動員して、華々しく推薦の辞を並べた。

『辞林』から二七年、『広辞林』初版から一〇年が経っていた。金沢は「序」に、「本書は終始多大なる好意を以て迎へられ、今や全国到る処に其普及を見ざるはなく、さらに中華民国の如き東亜同文の諸国は勿論、遠く欧米の学界にも愛用せられ、「ソビエット、ロシア」に於て本書を底本として日本語辞書編纂の挙ありと聞くに至つては、本著の世界的進出を喜ぶと同時に、其責任の重大化を痛感せざるを得ざるなり」と述べている。さらに内容について、「収むるところの語数無慮十万を超ゆるに至り、語釈の修整、新語の増補、語原の添加いづれも面目を一新せるものあり。一字一句これを苟もせず、最終の校合に至るまで自から手を下したる点に於て、聊《いささ》か意を安んずべきものあるを信ず」と、十分に目を通したという満足感と自負を表明している。金沢は、一頁全体から受ける印象にも気を配っていた。語釈などの空白部分が読者にもたらす印象を重視して、空白を作りすぎないように注意を払ったという（広島まさる氏談）。

　構成上とくに大きな変更は見られないが、見出し語が一つひとつ検討された跡が見える。子見出し語を独立させて親見出し語にしたり、その逆もある。アイアン（ゴルフ）、アイ・エフ・テー・ユー（国際労働組合連盟）、愛国婦人会、アイデア、デモクラット、デモテロ争議、テラス、ペパーミントなど、日本社会の変化による新語と外来語が採り入れられた。新語の収録に努め、百科項目を興味深く説明したことが、現代的な意義をもち、中型辞典の典型となった。中学校、女学校、師範学校の指定図書・推薦図書となり、会社、事務所など、広範に利用される辞書として普及する。

「凡例」に、「足助直次郎氏終始予を助け、拮据精励三十年一日の如く、克く其業を完からしめたり、茲に特記して謝意を表す」と記して、これまで同様に足助の功績が大きかったこともわかる。足助の一家の生活は「『広辞林』の印税で十分食べていけた」という（青山淳平『人、それぞれの本懐』社会思想社）。それほど『広辞林』の売れ行きはよく、金沢が稀観書を購入し、駒込曙町に洋風の邸宅を構えることができたのは、まさに辞書編纂によるものであろう。しかしそれは一方で、清貧であるべき学者に悖《もと》るものとされ、一部の妬みと軽蔑を買うことにもなった。彼が士族ではなく、商家の出身であったので、儲けることに巧みであると評されたようである。

『広辞林』新訂版は初版から数えると一六〇版目にあたり、翌年の昭和一〇年には二六〇版に達している。印刷が困難になった一九年三月でも一〇三九版として三万部を発行している。

国学院大学で

昭和三年から国学院大学の国文科は折口信夫が第一研究室、金沢が第二研究室を担当することになった。金沢はひきつづき国語学、日本音韻学史、国文学演習（倭名抄）を講じる。五年六月に学内の国文学会大会で「片仮名の起源に関する一考察」を講演し、六年夏に万葉夏季講座で「万葉集文字雑考」を講義している。別に週一回一時間、昼休みに朝鮮語課外講座を開き、学外からの参加もあった。翌八年には大学を辞任するが、九年から一三年まで大学商議員を務める。

折口と連名で編纂した『国文学論究』（高遠書房）は、生徒の卒業論文を少しでも世に出すという願いから、過去数年間の卒業論文の一部を集めたもので、指導教官も寄稿した。金沢の「「がてら」と「がてり」に就いて」は、この両語がある事を主として言い、更に他の事をも兼ねて言うことを意味することばとされてきたが、万葉集の歌を検討してみると、「がてら」の場合に於ては、其の上にある動作が副であり、「がてり」の場合に於いては其の上にある動作が主であるらしい」と述べたものである。「から」と「かり」は方向が反対で、「ら」と「り」の母音の変化によると考えると、「がてら」と「がてり」もそのような差異があるのではないかと提起した。

金沢にとって国学院は、まだ二四歳であった明治二九年に講師となって以来、逆境に陥っていた大正八年に教授として迎えられ、昭和七年の還暦には盛大な祝賀を受けるというように、常に丁重に待遇された場であった。そして戦後の二九年には、国学院大学名誉教授の称号を贈られる。

駒沢大学で

昭和に入ると、駒沢大学も金沢の教育と研究の場となる。駒沢大学は、明治一五年に曹洞宗《そうとうしゅう》大学林専門学本校として出発し、明治三七年に専門学校令による認可を受けて曹洞宗大学と改称していたが、大正一四年に大学令による大学となって、忽滑谷快天《ぬかりやかいてん》（慶応三〜昭和九）が学長に就任した（『駒沢大学百年史』上巻）。金沢は昭和三年に東洋学科の教授に迎えられ、「国語学概論」、「国文学」、「古典研究」、「言語学」を担当して、二五年に辞任するまで、五七歳から七九歳までを駒沢大学で過ごすことになる。福井久蔵、加藤玄智、笹川種郎、内野台嶺、小柳司気太などを同僚として、満足感と安定感を得ることができた。五年に東洋学科に入学した飯田利行（駒沢大学教授、明治四四〜平成一六）によると、次のような講義であった（飯田「吾がふみよみの路」）。

昭和五年度　「国語学概論」　1．国語学の草創　2．仮字の起源とその盛衰　3．音韻　4．宣長の喉音三行（アワヤ）説　5．子音（五所三内）について　6．濁音について

「国語学特殊講義」（古典研究）　1．和名抄の沿革　2．和名抄の内容　3．文字について

昭和六年度　「国語学史」（音韻学史）　1．東洋の音韻学史　2．支那音韻学　3．四声について

4．韻鏡の起源について　「国語学特殊講義」（続）　1．和名抄に基づく日本語源考　2．四声軽重考　3．印度・支那・日本比較音韻学　4．源順について

昭和六年、駒沢大学東洋学会が『東洋学研究』を創刊し、金沢も講義の内容をまとめて論文を発表していく。創刊号に漢字の四声の軽重を歴史的にたどった「四声軽重考」、第二号（同七年）に「むく」とも「くら」とも読む国字の「椋」は、朝鮮の吏道に同じ用法があるが日本の方が古いという「掠字考」、別冊（九年）に国府ノ池が鴻ノ池となるように漢字の音と訓によって書きかえられて本来の意義が分からなくなることを述べた「漢字の幻惑」、第五号（一〇年）に中国・朝鮮から誤字・俗字が新字となって伝わってきているという「俗字」、第六号（一一年）に秦野、日野川、曾野などのように、もともと地名に添えた助詞の「の」が融合して地名のなかに入ってしまったことを述べた「地名に関する一考察」、第七号（一二年）に『二中歴』に載っている高麗語の数詞のうち「七」「八」は蒙古語ではないかという「二中歴に見えたる蒙古語」、第八号に波斯《ペルシャ》語の数詞と大江匡房《まさふさ》の「江談抄」を比較した「大江匡房とマレー語」を寄稿した。さらに第九号（一五年）に『古事記』には改竄《かいざん》説があるが、簡単にそういうのも危険であり、『古事記』はやはり尊ぶべき古伝の集大成である、国土生成においても対馬が『日本書紀』では大八州に含まれないが、『古事記』では大八州の一つとされた意味が重要であると述べた「古事記研究の一節」、終刊第一〇号（一六年）に本居宣長が「よつの海」は「僻事《ひがごと》」であると述べたことについて、中国では海と池を同一視し、海なくして海の名があり、

「江」と「湖」、「湖」と「胡」に離しがたい関係があることから、「四海」は四方の海という意味ではなく、中国と日本では用法が同じではないことを述べた「四海」を発表した。

ところで、駒沢大学でも、国学院同様（一一三頁）、金沢の服装は大いに人目をひくものだった。昭和三年に入学した渡辺三男《みつお》（国語学、駒沢大学教授、鶴見女子短期大学教授）は、「ゴルフなどのときにはく例のニッカーズに、はでなストッキングをはき、ハンティングにステッキという、当時としてははなはだハイカラないでたちで、学校へみえた」（渡辺三男「金沢先生の人と学問」）という。

聖心女子学院で

金沢が教える生徒に、女子も含まれるようになる。明治四一年に認可された聖心女子学院である。同校は大正五年に高等専門学校を開校して英文科を設置していたが、昭和五年二月、宇野哲人や武島羽衣などのもとに国文科が予科一年本科三年の課程で認可され、八年に第一回卒業生を五名送り出した。写真はその記念写真で、金沢は前年に国文科の教授となって言語学を担当していた。その時の生徒のひとり、加藤淑子が、次のように回想している。

> 昭和七年、本科二年になって、最初の言語学の授業の時、にこにこと静かに着席された先生は、ゆっくりと関西風なアクセントで、「金沢です。明治五年申年の生れで本年還暦です。」とおっしゃった。思わず「あら、私の父も」と一度に親しみを感じ、言語学にも興味を持った。その日から今日迄、我々国文科二回生は烈しい戦時中をのぞいて、毎年一月十三日の先生、六月二十二日の奥様のお誕生日には必ず御祝に伺って居る。

昭和８年聖心女子学院卒業式（前列中央が金沢）
（『聖心女子学院70年のあゆみ』より）

> 最初に伺ったのは、本郷曙町二五の御宅である。曙町の電車通りを横町へ入るとまもなく右側に、当時の一木宮内大臣の家、それから二軒目が先生の御住居である。鉄筋二階建の洋館で、一階の書斎兼書庫には厖大な蔵書、全館スチーム暖房で、床はキルク張り、お風呂も西洋式で二階にあり、凡そ我々の想像外のハイカラな御住居であった。庭には珍しい東天紅と云う鶏を飼っていらした。……〔習字の先生の家が金沢宅の隣で〕その帰りによく先生のお宅へお寄りした。何時も黒門町のうさぎやのどらやきを御馳走になり、いろいろ言語学的知識を得、帰宅後得意になって受売りしたものである。……その頃の先生御夫婦は、ほんとうに御元気だった。龍村氏の上野毛の御宅へも、私の家へも来て下さった。ある秋晴れの一日、先生御夫妻が、鎌倉十二所の家で芋ほりをなさった事もあった。
>
> （加藤「金沢先生と武島先生」）

3　戦時下に

寡作のなかの数編

『広辞林　新訂版』刊行後の昭和一〇年代、執筆は一年に一論文くらいにとどまっている。日中戦争から太平洋戦争に拡大するなかで、自ら招いた道ではあるが、日本社会全体が過酷な時代を迎えていた。学界も例外ではない。八年に京都帝国大学で法学部教授滝川幸辰（明治二四～昭和三七）の著書をめぐり滝川はじめ数名の教授が休職・辞職・免職となり、一〇年、貴族院議員美濃部達吉（明治六～昭和二三）が天皇機関説で不敬罪に問われた。一一年には、皇道派青年将校による二・二六事件で内大臣・元朝鮮総督斎藤実などが殺害されている。一二年、文部省が編纂した『国体の本義』は、「一大家族国家として億兆一心聖旨を奉体して克く忠孝の美徳を発揮」することを説き、全国の学校の教科書となった。そして七月、日中戦争が全面化した。朝鮮では、「皇国臣民の誓詞」が配布され、学校で毎朝「一、私共ハ大日本帝国臣民デアリマス…」と斉唱することになった。一五年には早稲田大学教授津田左右吉（明治六～昭和三六）が記紀の研究で不敬罪を問われて辞任に追い込まれ、著書が発禁になった。政策への反対はもとより、自由に発言することがはばかられる空気が支配的となる。天皇家に対して絶対的な崇敬の念をもっていた金沢も、ほぼ同年齢の美濃部や津田に対する弾劾を目の前にして、重苦しい圧迫を感じていたであろう。

昭和一〇年、改造社の『日本文学講座』（第一六巻国語文法篇）のなかで「国語学史概説」を担当しているが、短い論考である。本居宣長が五十音図はインドの悉曇《しったん》字母から考案されたと明記した功績を多とし、これに関連する賛否両論の歴史を述べている。オとヲの所属が中古から間違っていたのを正した宣長の卓見を賞し、宣長も窮した問題を太田全斎が解決した過程を示して、「如何なる学説も一代一人の手に出来上ったためしはない。いつも必ず前人の遺業を継続して、遂にこれを大成するのが例である」と、学問の継承の重要性を述べた。

『服部先生古稀祝賀記念論文集』（冨山房、昭和一一）に寄せた「反切の一異例」は、『万葉集』にある「反云」は日本における誤用なのではなく、漢土に行われた反切の一異例に倣ったに過ぎないと述べた。服部宇之吉（慶応三〜昭和一四）は帝国大学哲学科を卒業後、金沢が在学中の第三高等中学校に赴任して哲学・英語・歴史を担当し、金沢は恩師という気持を強くもっていた。京城帝国大学初代総長を務め、昭和四年に国学院大学学長となって金沢と職場をともにし、同じ八年に辞任する。

この頃、雑誌『朝鮮』（二六五、昭和一二）に「言語上より見たる鮮満蒙の関係」を執筆し、朝鮮半島の北部に今も満州語系の言語が伝わっていること、元の皇女を娶った高麗の忠烈王以後、蒙古語の影響がみられるが、新羅や百済の時代にも満蒙語と朝鮮語との一致をみる場合があると述べた。この論文は、『正音』（三一、朝鮮語学研究会、昭和一四）に朝鮮語で掲載される。

加藤玄智編『財団法人明治聖徳記念学会設立二十五周年記念論文　日本文化史論叢』（中文館、昭和一三）に寄せた「味噌の起源は満州にありとの考」は、未醬・味醬などと書いてきた味噌は、仏法渡来と同時に朝鮮から伝わった一種の醤であること、ミソを高麗の方言とした新井白石の卓見を称賛し、さらにその原語が満州の古語に求められるとした。加藤玄智（明治六〜昭和四〇）は、東京帝国大学で神道講座を担当した後、国学院大学などの教授になり、金沢の還暦記念論文集に寄稿していた。

一四年、創元社が刊行した『アジア問題講座』第八巻（民族・歴史篇（二））に「アジア言語論」を執筆する。この巻には民族論として白鳥庫吉「アジア民族史論」、上田常吉「朝鮮民族」、三上次男「満州民族」、江上波夫「蒙古民族」など、言語論として金沢のほか、小倉進平「朝鮮語」、服部四郎「蒙古語」、金田一京助「日本語」などがある。「アジア言語論」は、その論題が示すようなアジア全域にわたる概説ではない。日本語と朝鮮語の地名の表記法、中世におけるアジア言語との交渉、二中歴に挙げられた数詞の高麗国語・貴賀国語・天竺語・波斯国語について検討しているが、多くを費やしたのは「玉」をめぐる文化史である。最後に、「学問に国境なしといふのは、研究する方からこそいふべき言葉で、研究せられる方から見れば、腑甲斐なき極みである。我等は東洋の研究は東洋人の手によつて完成すべしといふ標語の下に邁進すべきであると思ふ」と持論を忘れなかった。

一五年、『安藤教授還暦祝賀記念論文集』（三省堂）に「貸借と売買」を執筆する。寛弘四年に「借」の字を「貸」の意で用い、弘仁一三年にその逆で用いていること、ドイツ語のleihenも両方の意味をもつこと、売買（賈買）の賈に「売」と「買」の二義があることから、本来は交換の意をあらわしたもので、古い時代には同一の語を正反対の義に用いた例がみられることを述べた。安藤正次（明治一一〜昭和二七）は、東京帝国大学選科で言語学を学び、上田万年の指導のもとに古代日本語や国語問題を研究し、昭和三年から台北帝国大学教授、この論文集刊行の翌年に総長になっている。

「内鮮一体」に必要とされる

昭和一二年（一九三七）、七月七日の盧溝橋事件を機に中国に対する戦争が全面的になると、一〇月、政府の外郭団体として国民精神総動員中央連盟が結成される。朝鮮では一三年六月二二日、京城の府民館で国民精神総動員朝鮮連盟が結成された。「真ニ官民協力内鮮一体国策ニ順応シテ銃後ノ守リヲ固クシ以テ時難ヲ克服セントス」（「趣旨」）るために、発起者として朝鮮のあらゆる団体と五七名の日本人・朝鮮人が動員され、七月七日（支那事変一周年）に盛大な発会式が行われた。その綱領には、「内鮮ハ久シク海ヲ隔テテ言語風俗ヲ異ニシタリシモ、元之レ同根ニシテ時節到来シテ古代ノ姿ニ還元シ」たと謳われている。

金沢は、昭和四年以来一〇年ぶりに朝鮮を訪れて、釜山、大邱、慶州、大田、清州をまわって京城に入り、「姓氏と内鮮関係」を講演した。「この度御発令になりました朝鮮人の氏名問題といふことは、特に私の感銘を深くしたところでありまするので、本日はそのことに就てお話を致さうと思ふのであります」と話し始めたのは、朝鮮人の姓を廃して日本の氏を作らせ、日本風の名前に変えさせる「創氏改名」が一四年一一月に公布され、翌年二月から施行されるからである。

日本では、氏の分類と由来を記述した系譜書『新撰姓氏録』が弘仁六年（八一五）に成立したこと、帰化人とわかるのが困るようになると高麗をカクリからコマやタカクラに、百済の都四比を椎野に変えたこと、小野妹子、藤原馬養、マテオ・リッチが支那では支那風の名前をつけたことなどを述べて、このたびの創氏改名においては、「釜山の人なら「カマヤマ」、馬山の「ウマヤマ」は少し変ですから「コマヤマ」とでもする。大邱は「オホヲカ」大田は「オホタ」清州は「キヨス」といふ風にすればさう心配しなくても元の住んでをる所の名を保存しつゝ、内地風の名前が出来るだらうと思つたのであります」と述べている。講演は、創氏改名が順調に進められるように、同祖論の権威者としての金沢に依頼されたのであろう。彼は、両親が名づけた「正三郎」を戸籍係が間違えて「庄三郎」になってしまったが、第三高等中学校まで「正三郎」を用いていたから、名前には敏感であっただろうが、名前の選び方を助言するにとどまったのだろう。

講演内容は、国民精神総動員朝鮮連盟発行の『内鮮一体精義』（一五年五月）に掲載された。その奥付に見える朝鮮連盟の代表者・編集発行人は、新外語の生徒であった奥山仙三である。奥山も最後に「パカチとサバル」と題して、朝鮮の日常器具である柄杓《ひしゃく》や鉢が内地の生活にもみられると述べている。本書には金沢のほか、稲葉岩吉が「歴史上より見たる内鮮関係」、秋葉隆が「民族及び信仰上より見たる内鮮関係」を書いている。

「内鮮一体」は、朝鮮総督南《みなみ》次郎が「内鮮の無差別平等に到達すべきである」、「形も心も血も肉も悉《ことごと》くが一体とならなければならん」（国民精神総動員朝鮮連盟役員総会席上挨拶、一四年五月）と述べているような、内地と朝鮮のあり方を示すための時局的な標語であるが、とりわけ日中戦争後に声高に叫ばれた。「日鮮同祖論」は歴史を遡って同祖を論じる歴史的な用語であるが、内鮮一体と符合して様々な場で利用され、金沢は学問的な実証者として招かれるのである。

ハングルの真価値

一六年五月三〇日、金沢は中央協和会の全国協和事業指導者講習会で「内鮮言語の関係」を講演し、「協和叢書」第一〇輯に収められた。

中央協和会は、内地在住の朝鮮人に対して政府が起こした「協和事業」の民間団体であった。昭和一三年に朝鮮人が約七七万人に達し、言語・風俗・習慣において「人心ノ機微ニ触ルル微妙ナル」問題を惹起しており、その対策と解決のために厚生省が主官庁となって始まったという。その目的は、外地同胞を「陛下の赤子として何等の区別なく」生活させ、速やかに内地の生活に溶け込ませて、国民偕和の実を収めることである。中央の行政組織においては厚生省社会局が内務省警保局と連携し、地方では道府県庁が社会課・特高課と警察署を指揮して遂行するものであった（『財団法人中央協和会要覧』・武田行雄『協和事業とはどんなものか』）。理事長は、貴族院議員関屋貞三郎（明治八〜昭和二五）であった。

関屋は東京帝国大学法科大学を卒業後、台湾総督府を経て、韓国併合直後に朝鮮総督府の学務局長に任じられ、九年間その任にあたった。夫人が熱心なキリスト教徒で欧米人宣教師や朝鮮人教徒と交流が深く、のちに関屋も入信する。三・一独立運動が勃発すると、キリスト教関係者を通じて収束に努めたというが、その年の秋に静岡県知事へ転任となった。一一年から宮内次官に任じられ、一四年から中央協和会理事長を務めていた。

学務局長に赴任した関屋の考えは、急進主義でなく、日本は有難い国であると思うようになってはじめて、忠君愛国を説くことができる、「東京に於ける教育者の間には朝鮮人教育に就ては朝鮮語を全然廃して日本語を以て之に代ゆべしと断論するものあるが、是れ実に机上の空論なり」、まず小学校の普及を図り、実業学校を増やして、勤労と産業の方面に導くべきであると述べている（『朝鮮』三五）。朝鮮人の教育、朝鮮語の処遇について金沢と思いを同じくするところが少なくなかったようで、二人の交流は敗戦前後まで続いている。

協和叢書は、すでに弓削幸太郎『韓国併合と朝鮮総督府の始政』、香山光郎（李光洙）『内鮮一体随想録』、中山久四郎『内鮮協和一体の史実』などが発行されていた。一八年には、小倉進平『言語と文字の上から見た内鮮関係』、高橋亨『内鮮関係政治文化思想史』も加わる。

講演で金沢は、日本語と朝鮮語が「今日では全く違つた言葉と思はれて居りますけれども、その根本に遡りますれば同じ言葉であるといふことに就て申述べたい」と話し始めた。両親など生まれながらにして接触する人々から習う言葉と他国語との間には、時間の長さと先生（教える人）の数など大きな違いがある。漢字の発音で最後に「ン」で終わる音、東条義門が発見した三内音（ng, n, m）は現在の日本ではもはや区別されないが、朝鮮人は立派に区別している。大阪生まれの自分は上方の発音が今も抜けていないが、それと同様に、朝鮮人がいかに日本語を学んでも、「生れてから習つてゐる朝鮮語といふものは厳としてその背後に立つてゐて、これを取去るといふことは到底出来ない」、このことは、我々が朝鮮語に対する考え方としてきわめて大切である。

そして、朝鮮語と内地語とは長い間対馬海峡で隔てられて交通が途絶えてしまったので、別々の変遷を経て今日に至ったが、「兄弟同様なものであるからして、このことを心の底に考へて、朝鮮の言葉に臨んで貰ひ、又、朝鮮の人にも接して貰ひたいと私は予《か》ねてより思つて居る」と、聴衆に希望した。そして、諺文（ハングル）に対する熱い思いを披瀝し、その独特な価値を知るべきであると説く。

> 朝鮮の諺文といふ文字はとてもよく出来たもので、これは単なる外国文字の模倣ではありません。然し諺文は誠に不遇の文字なので、誰か偉大な文学者が現れて諺文で立派な詩を作るとか、または諺文を習はなければその学理を知ることが出来ないといふ様な科学書でも世に行はれるやうになつたらば、諺文の為にどれだけか祝してやりたいと思はれてなりません。あの文字はその一部分を蒙古字から取つたものですが、その蒙古の文字は「ウイグール」文字から出たもので、これはまた「シリア」文字から起つてをり、西の方から亜細亜大陸を横断して朝鮮半島まで伝つて来てゐる訳であります。然し朝鮮の文字は全部他の民族の文字を真似たものではない、一部分はさういふ訳であるけれども、又、一種特異な構造を具備して居るのであります。例へばｎとｔとは発音が近似してゐるからㄴ（ｎ）に一を加へてㄷ（ｔ）とするなどで、斯ういふ組織の文字は、単に東洋ばかりでなく世界広しと雖も未だ今日迄他に見られない所のものであり、これが出来たのも未だ新しく、我南北朝の末頃であります、願くば今後諸君もこの朝鮮の諺文の真価といふものを十分に認められるやう希望致す次第であります。

戦時下の朝鮮語観

この頃朝鮮語がどのように捉えられていたか、いくつかの例を挙げよう。

東京外国語学校朝鮮語学科に触れた発言がある。昭和一一年九月に発足した日本諸学振興委員会の歴史学部門では、一三年七月に公開講演会を開催し、東京帝国大学名誉教授の三上参次が「国史教育に於ける一二の所感」と題した講演のなかで、「東京外国語学校に於て、以前はそこに朝鮮語学科と云ふものが独立の学科としてありましたが、日韓合邦後幾許もなくして、それは消滅してしまったのであります。是は当然の話である、さう云ふ行き方にならなければならぬと思ふのであります」と述べている（『日本諸学振興委員会研究報告』第四編）。

一五年、金素雲訳詩集『乳色の雲』（河出書房）が刊行された。朝鮮人の朝鮮語による詩を集めて金が日本語に訳したものである。金は、「国語と朝鮮語ではまるで匂ひの異つたものが」あり、母音の数の違いや朝鮮語の三四・二三の七五調などが詩情に影響すると述べながら、「朝鮮の言葉はやがて文章語としての終止符を打たれようとしてゐる」と絶望的な思いを表明している。「序」には、島崎藤村が、金の訳詩にあふれる朝鮮人の感覚に心を揺さぶられたことを語り、佐藤春夫は、「近来殆ど無比の快事で」あるが、「正に廃滅せんとする言葉を以てその民の最後の歌をうたひ上げたといふやうな特別の事情がかくも我々に訴へるところが深いのであらうか、否か」と記している。

朝鮮で中学校を卒業して善隣商業専門学校で学び、昭和一七年まで朝鮮で暮らした日本人の回想を聞いたことがあるが、日本人が朝鮮語を話すのを聞いたことがなく、ハングルも目につかなかったという（田代穰氏談）。

朝鮮語の位置づけについては、国語学者の時枝誠記《ときえだもとき》の発言もあった。かつて上田万年が「言語はこれを話す人民に取りては、恰《あたか》も其血液が肉体上の同胞を示すが如く、精神上の同胞を示すものにして、之を日本国語にたとへていへば、日本語は日本人の精神的血液なりといひつべし」と言ったことに、時枝は、「上田博士の主張をそのままに受け入れるならば、異語民族である朝鮮人に対して国語を普及させねばならない理由の一半は失はれなければならない。何となれば、朝鮮人にとっては朝鮮語は母の言語であり、生活の言語であり、また精神的血液でゞもあり得る。しかしながら国語普及といふことが朝鮮統治の重大な政策であり、現実の要請であると考へる時、両者の対立を如何に解決したらばよいであらうか。」と煩悶する。そして、「国語は実に日本国家の、又日本国民の言語を意味するのである。国家的見地よりする方言に対する国語の価値は、とりもなほさず朝鮮語に対する国語の優位を意味するのである。」と解決せざるを得なかった（時枝「朝鮮に於ける国語政策及び国語教育の将来」、一七年）。

河野六郎も、両国語の関係について雑誌『緑旗』に二度執筆している。「国語と朝鮮語の関係」（一六年一〇月）と「国語と朝鮮語」（上・下、一八年一一・一二月）で、前者に金沢への言及が多い。

河野は、国語と朝鮮語とが同一の根幹から発生したことが明らかにされるなら、それはやがて種族上の同祖へと導かれるであろうと述べ、しかし、「内鮮両語同系論の急先鋒たる金沢庄三郎博士が提示された材料の中にも、我々をして直ちに首肯せしむるに足る程、一見明瞭なものはさうざらにはないのである。従つて慎重な学者は、今日迄の材料に拠つてゐる限り、恐らく積極的にこの問題を採り上げないであらう」と、同系論樹立の難しさを指摘した。

けれども、金沢博士の卓抜なる見解（「日韓両国語同系論」、「日鮮同祖論」）に接する時、津々として尽きざる興味の中に、誰か同源論の肯定に傾かないでゐられようか。少なくとも、内鮮両語の関係が、たとへ同源の確信に至らずとも、鮮かに眼前に描き出されるのを見るのである。唯、残念な事に、現代の朝鮮語学の権威たる恩師小倉先生が未だこの問題に就き組織的研究を発表されてゐないが、先生の御意見も、結局この両語の同系論を支持されてゐる様である。…金沢博士の研究は、内鮮比較文法の基を開いたものと云へる。今、主として博士の説に基き、二、三の点に就いて両者の関係を考へてみよう。

河野は、主格を示す「イ」が両語に一致することに賛同するが、「が」に対する가（ga）は起源が新しいので賛成できない、曾《そ》尸《し》茂梨《もり》の尸を朝鮮語のｓと同根とすることには同感であり、国語カラのラやヨリのリと朝鮮語の로（ro）の関係も考究に値する、名詞の数に関して、多数を表わすタチ・ドチに対する들（tur）の比較も確実であろう、代名詞におけるナ（汝）と너（no）（汝）、一人称のアと아（a）の一致は注目すべきであり、朝鮮語の우리（uri）を国語ワレと比べているのは興味ある比較であると述べている。

内鮮両語の比較が暗礁に乗り上げるのは数詞であるが、数詞も絶対的な標準ではありえない、形容詞が用言の一部をなすということは、明らかに他の言語と異なる点で、両者の接近に大きな支持を与えるものだが、用言の活用についてはかなり議論の余地がある、しかし、名詞的に用いる連用形と朝鮮語のｉ語尾の名詞法との比較は充分注目に値する、敬語法や打消し法の類似も興味深いと指摘した。そして河野は、今日の知識からはまだ明確に解答できないといいながらも、「両言語が同じ系統を引いて来たといふ事は間違ひない」、「アルタイ語系の中でも朝鮮語を国語に最も近づけるものである」と述べている。

『言語に映じたる原人の思想』の再刊

大阪の創元社が、一六年五月、『言語に映じたる原人の思想』（大鐙閣、大正九。二〇〇〜二〇三頁）を再刊する。社長の矢部良策（明治二六〜昭和四八）は大阪市に生まれ、大阪市立甲種商業学校（今の天王寺商業高校）を卒業して父が経営する取次業福音社に入社していたが、関東大震災後の大正一四年、創元社を開業した。『文芸辞典』の刊行に始まり、谷崎潤一郎『春琴抄』、川端康成『雪国』、織田作之助『夫婦善哉』、中原中也『在りし日の歌』、『茶道全集』一五巻などの刊行で成功し、昭和一三年から「創元選書」と「日本文化名著選」の刊行にとりかかった。

「日本文化名著選」は、「非常時局下にあつて」、「国民一般が自国文化についての自覚を、より強化せねばならぬ状態に応へ、従来専門学者の書斎に空しく埋れてゐた価値高い研究」を選んで刊行するため、三上参次と西田直二郎の監修のもとに企画された。久米邦武『日本古代史と神道との関係』、フェノロサ『東亜美術史綱』、横井時冬『日本庭園発達史』、原勝郎『日本中世史』などを刊行し、第二輯に金沢のほか、辻善之助『武家時代と禅僧』、内田銀蔵『国史総論』、幸田成友『聖フランシスコ・ザビエー小伝』などを選んだ。出版事情が悪化するなかで、版はB列六号と小さくなって、表紙がクロスから和紙へ変わり、本文の紙質も悪くなった。本文も索引も初版と同じだが、初版で巻頭に掲げた、ビラトリアイヌのペンリー夫妻の写真はない。

『日鮮同祖論』の再刊

一八年五月、『日鮮同祖論』が再刊される。金沢は七二歳になっていた。発行は、朝鮮人東山咲実が経営する汎東洋社であった。汎東洋社は一七年に、韓植『高麗村詩集』、糟谷つたゑ『産院日記』、龍胆寺雄『村上義光』を発行していた。巻末の近刊広告に、金重鉉編『砧の夢（朝鮮志願兵の記録）』があり、「新たに設けられた朝鮮志願兵制度！　紅顔の志願兵達がいかに軍国日本の民として名を恥かしめず、壮烈日章旗の下にその命を散らしたか、その秘められた記録と遺家族の銃後生活報告記！」と、皇国臣民としての朝鮮人志願兵とその家族を顕彰しようとしている。一方で朝鮮文化叢書も企画し、近代朝鮮文化史・朝鮮衣服研究・近代朝鮮美術史・朝鮮文学史の刊行を予告している。

汎東洋社の文化協会会員番号と承認番号が記されているのは、一五年一二月、内閣情報局の下に全国の出版団体を統合した日本出版文化協会が結成され、出版の承認や用紙の配給を決めていたからである。この再刊本も紙質がよくないが、二種類の装丁があり、いずれも丹下富士夫（洋画家、明治三五〜昭和二七）による。発行部数は一つが二千部、もう一つが初判《ママ》二千部・許可三千部とある。

扉の次に、金沢の写真と略歴がある。袴を着けてマントをはおり、山高帽をかぶってまっすぐカメラを見つめた全身の立ち姿である。もともと曙町の自宅の玄関で撮影した写真（口絵参照）で、金沢はこの写真が気に入っていたという（堀口慶哉氏談）。初版同様、本居宣長の「あらたなる説を出す事」を掲げたあと、「序」で再刊に対する所信を述べている。

本書を公にしてから今日までの間に、私は数名の朝鮮青年から感激の手紙を受取つた。其中の一人はこれを読んだ結果、従来の考へ方を改めたと書き加へてゐる。これにも増して私の喜びとするところは、近年に至つて、朝鮮の少壮学徒中に、国語と朝鮮語との同系問題を中心とする比較研究の気運の鬱然として勃興し来つた事実であつて、其成績も内地の学者に比して遜色なきばかりか、時にはこれを凌駕する場合も少くないのである。これは朝鮮に於ける国語教育の逐日進歩すると反比例に、内地の教育機構中に朝鮮語研究の一部門の殆ど顧みられないがためであつて、この儘《まま》に推移して行けば、数年後には、我古典の研究上欠くことの出来ない一要素である、此方面の討論を以て賑《にぎわ》ふのは、東京ではなくて、京城の学界であらうと思ふのは、強《あなが》ち私の空想のみではあるまい。私の意中を告白するならば、現在でも私のこの著述の真の理解者は却《かえ》つて朝鮮の地に多くあるやうに感受せられるのである。この度私が朝鮮出身の東山君の懇請を容れて、汎東洋社の手で本書を再刊するのも、これがためである。

一六年一二月、日本はついに真珠湾を攻撃して対米戦争に踏み切っていたが、戦況が傾くのは早かった。一七年六月にミッドウェー海戦で大敗し、一八年二月、ガダルカナル島から撤退する。戦場で次々と命が失われ、国民の衣・食・住の生活が極度に制限される、厳しい状況に陥った。青年・壮年の男子が軍隊に召集され、労働力が不足して、中等学校以上の男女が勤労に動員された。

朝鮮人に兵役を課すことは、満州事変直後から重要な案件として検討されていたが、一三年二月に

「陸軍特別志願兵令」が公布され、四月に施行された。志願者と家族に優遇措置をとり、あらゆる場で競争意識を利用し、農村の疲弊による生活苦から農民が応じるなど、志願せざるを得ない状況のもとに、一八年の志願者数は三〇万人を超える。それは、朝鮮人を完全な日本人に作り変える皇民化政策を推進し、軍隊に対する内鮮人の無差別平等を標榜するなかで行われた。従来、朝鮮人の徴兵については様々な困難が予想されていた。真に天皇の忠良な臣民となっているのか、軍隊における日本語の使用に問題はないのか、持たせた銃が日本人に向けられはしないか、つまり言葉と生活様式と精神において完全に同化されているのか、不安が払拭されなかったのである。一七年五月八日、「朝鮮同胞に対し徴兵制を施行し、昭和十九年度より之を徴集し得る如く準備を進むること」が閣議で決定される。同年一〇月に公布された「朝鮮青年特別錬成令」は、一七歳から二〇歳までの未就学の男子が軍務に服し、労務者となれるよう訓練するものであった（宮田節子『朝鮮民衆と「皇民化」政策』）。

　一八年三月一日、「兵役法中改正法律案」が公布される。それまでの兵役法に、朝鮮に適用された場合の手続きや文言を加え、朝鮮にも徴兵制を布くためのものであった。それでも、同月三日の衆議院秘密会議では朝鮮人の民族意識に対して不安が表出され、「彼等は民族的に横に連繫し、時局に乗つて此の際進出しようと云ふやうに段々乗り出して来て居る」、「生《な》さぬ仲の間柄である」、「逆に内地人が半島人に同化される」、「言語、習慣を同じうし祭祀を同じくすることの御方策があるかどうか」といった発言が出ている（『帝国議会衆議院秘密会議事録集』中巻）。

　このようなかで五月に『日鮮同祖論』の再刊が許可されたのは、朝鮮の青年たちを皇国臣民として兵役に就かせるための大義を説く一手段になりうると判断されたのであろう。『日鮮同祖論』初版を読んだ「数名の朝鮮青年から感激の手紙を受取つた。其中の一人はこれを読んだ結果、従来の考へ方を改めたと書き加へて」いたような影響が期待されたのであろう。東山が自ら内鮮一体に貢献しようとしたのか、誰かから要請されたのかはわからないが、戦況が悪化したこの時期に、朝鮮人の徴兵を実施するための弁明となりうるものは、もはや日鮮同祖論くらいであったのかもしれない。

金沢は、同祖論について語るよう要請されれば、自分の主張を述べることのできる場に出かけることを辞さなかったであろう。著名であればあるほど、侵略と戦争を弁護させるために引っ張り出される機会が多くなる。断ることも難しいが、むしろ彼は同祖論を確信する学者の使命として、日本人と朝鮮人の相互の同化のために、喜んで再刊に応じたのではないだろうか。

朝鮮総督小磯国昭講述『臣道実践（神籬《ひもろぎ》を捧辞して）』（京城日報社）は、一九年新春の報道特別挺身隊に対する講演の原稿で、同年四月に京城日報社が一〇万部発行したという。一〇章からなる内容は「内鮮同祖同根の史実」から始まって、素戔嗚尊が五十猛神を連れて新羅国に至り曾尸茂梨に居たことなどを述べ、自分は就任以来内鮮は同根同祖なりと叫び来ったのだという。このように同祖論が利用されるかぎりにおいて、金沢は朝鮮支配に必要な存在であり続けたのである。

一八年一〇月、内地では文科系の学生・生徒の徴兵猶予が停止され、一二月一日から学徒出陣が始まる。朝鮮では同年一二月に朝鮮人学生の徴兵検査が行われ、一九年一月から入営する。

激励の会

一八年一二月二日の『読売新聞』に、「金沢博士激励の会」という小さな記事がある。「徴兵制度の実施によつて内鮮一体化はいよいよ緊密になつてゐるが、専門の言語学の立場から永年日鮮同祖を唱道してきた金沢庄三郎博士を慰労し激励する会が、中央協和会理事長関屋貞三郎氏らによつて一日正午から帝国ホテルでひらかれた。朝野の名士約四十名が出席し、博士の永年の主張が貫徹された喜びを中心に種々懇談した」という。同日の『朝日新聞』も、「過去五十年にわたつて朝鮮研究に専念、日鮮両語の同一系統にあるを論じて来た金沢庄三郎博士の労をねぎらふため関屋貞三郎、藤沢衛彦、加藤武雄、船田中、東山咲実氏等が主催となり、一日正午、帝国ホテルに幣原坦、石井光雄、姉崎正治、有吉忠一、丸山鶴吉、金田一京助、中山久四郎氏等二十数氏が会合、内鮮文化交流についての懇談を試みた」と報じている。第三高等中学校と帝国大学の同窓生、朝鮮総督府関係者などが集まったのは、関屋によると、『日鮮同祖論』を再刊した東山咲実の斡旋によるもので、再刊の祝賀と慰労の宴が催されたのであった（「関屋貞三郎日記」一八年一二月一日）。

激励の会からまもない一二月二六日、金沢は『読売新聞』に「内鮮一体の史実——素戔嗚尊と慶州の地」と題した論説で、『日本書紀』巻一の「素戔嗚尊帥其子五十猛神降到於新羅国居曾尸茂梨之処」の二四字に内鮮一体の史実があり、曾尸茂梨は今の慶州の地であると述べている。

一九年五月二一日、『東京朝日新聞』に、大東亜共栄圏の言語はテニオハを用いる日本語の系統、一音節の支那語系統、二音節のマライ語系統の三つに分類され、さらに文字の違いが加わって複雑多岐であると述べ、またも日本の研究体制の脆弱さを指摘している（「築け〝言語共栄圏〟」）。

信念は牢固として動かない

一九年の七月と一〇月、七三歳の金沢は朝鮮を訪れる。七月は二日夜に東京を出発し、五日朝に京城へ到着して朝鮮ホテルに投宿した。七日、関屋に宛てた絵葉書に、「日々忙しく暮し居候。京城は依然として旧の京城なれど、半島の実情は日々に新たなるものあり。大いに見聞を広くし自己の知識の足らざるを補足すべき必要を痛感致し候」としたためている。

同月二〇日、京城府民館で、「言語よりみた内鮮関係について」を講演する。「私が始めてこの朝鮮の地に参りましたのは二七歳の時、即ち只今より四十六年の昔であります」と、金沢は語り始めた。そして、「永年の研究の結果、私の信念として朝鮮語と国語は元々別の言葉でない、この両民族は同一祖先より分れたものであるといふ考は、牢固として動かないものであります」と、強固な確信を表明した。『日本書紀』は朝鮮伝来の記録を参照していると考える、朝鮮語のソホリ（都）がスサノオノミコトの子あるいは孫とされる曾富理神となり、ソホリの地名が九州から関西まで「添」「祖母」などと残っており、民族の移動が地名にあらわれている、しかし、地名の表記に漢字の訓読みを交え、二字で好い意味の漢字を使うようになって複雑になり、もとの意味がわからなくなっていると説明した。そして、自分は言葉のみで、この大陸と九州の地名の関係を考えているのだと述べている（『国民総力』六―一七）。

八月五日、朝鮮総督府の機関紙的な朝鮮語の新聞『毎日新報』に、「内鮮は同祖同根」という見出しで座談会の記録が掲載された。大きな文字で、「必然的な内鮮結合」「国語と朝鮮語は同系統」とも書かれている。出席者は金沢のほか、香山光郎（李光洙）、松村紘一（朱耀翰）、石田耕造（崔載瑞）、毎日新報社の金川社長（李聖根）と李政経部長で、香山の質問に金沢が答えながら進められた。

いつからどのようにして同系論に着眼したかと尋ねられた金沢は、国語研究が目的で博言学科に進み、そのために日本語の周囲のすべての言語を調査しようとした、留学した当初は、朝鮮語と日本語が同系であると初めから決定してはいけないと考えていたが、動詞と形容詞の活用を研究するに至って両国語が同系であるという確信をもつようになったと述べている。朝鮮語で男女をあらわす「ス」「アム」は人間には使わないと言ったことに対して、香山と金川が、結婚した相手方の家を「スサドン」「アムサドン」ということを教えると、金沢は「おもしろいですねえ」、このような問題は「内鮮両方の学者が協力して研究しなければできません。」と言っている。

一〇月、四日付『読売新聞』に、「内鮮文化学会成立」という記事がある。「内鮮文化の研究を目的として朝鮮総督府その他の援助によつて計画中の内鮮文化学会の発起人会は二日正午帝国ホテルで開会、会則を決定、会長に金沢庄三郎博士を推し、事務所を世田谷区北沢五の六一二において、内鮮文化の交流についての歴史的研究に着手することゝなつた」という。北沢五の六一二は、『日鮮同祖論』を再刊した汎東洋社の住所である。翌五日の『朝日新聞』も、同様に報じた。

一三日、金沢は再び京城に入り、朝鮮ホテルへ取材にきた『毎日新報』記者に対して、同学会は東京に本部を、京城に支部をおいて、学者と芸術家を網羅するつもりである、これは決して政治運動ではなく、どこまでも純粋な学術研究会であると語っている。しかし、その後の活動はわからない。東京はまもなく頻繁な空襲に見舞われるのである。

二三日に京城を後にした金沢は、帰宅後、関屋に書簡を送って、「朝鮮問題の重大なる今日、意を決して、自宅を研究室に当用し、平塚在に壮年の頃召使候老婢有之候所有地内に小庵を営み、これを安住の地と定め、日々曙町へ通勤。全力を朝鮮研究に集中する覚悟に御座候。半島民心の帰一は今日より急なるはなく、軍官民一致の努力を要する点より、此度朝鮮軍司令部嘱託をも兼ぬることと相成、十二月上旬には再度渡鮮を仕候。」と報告し、一二月初頭に日比谷公会堂で内鮮文化学会を設立するので、「何卒従来の行掛りを一擲して」顧問に就任してくれるよう懇請している。内鮮文化学会をめぐって関屋には何か不快なことがあったようだが、詳細はわからない。最後に、対馬上空で詠んだという、「からくにのむかしかたりをしのひつ、つしまの空をあまかけりゆく」を添えている。

疎開生活が始まる

一九年一〇月、金沢夫妻は神奈川県中郡金目《かなめ》村の農家の離れに居を移す。それは幸運な選択であった。翌一一月から、東京は絶え間ない空襲にさらされるのである。年末には爆弾と焼夷弾による攻撃が甚だしくなり、二〇年三月一〇日は軍事施設と民家の別なく苛烈をきわめた。その後も空襲は止むことがなく、東京は焼野原となる。曙町一帯もほとんどの家が惨状を呈したが、金沢の自宅は奇跡的に全壊を免れた。しかし、二人は荒れはてた家での生活を避けて、それから長い間、寄寓生活を続けることになる。

二〇年八月一四日、御前会議はポツダム宣言（七月二六日）を受諾することを決定した。その第八条は、「日本国の主権は本州、北海道、九州、四国および吾等の決定する諸小島に局限」するものであった。こうして、朝鮮半島は日本の長い植民地支配からようやく解放された。

八月一五日、七四歳の金沢と六九歳の多喜は、金目村で敗戦を迎えた。金沢が生まれてから日本と朝鮮が辿ってきた関係は、一変する。彼の脳裏に、どのような思いがよぎったであろうか。日清戦争の後に留学した地、日露戦争を経て併合に至り、植民地としての存在が当たり前になっていた朝鮮は、彼が飽くことなく傾倒しつづけた研究対象であった。日本語と朝鮮語の同系、日本人と朝鮮人の同祖という関係に確信を抱き、目前の言語政策に対しても発言してきたのであった。敗戦によって国民のすべてが価値の転換を迫られ、多かれ少なかれ、戦前の言動と戦後のそれとの解決しがたい相剋のなかに置かれる。金沢は、戦後をどのように生きていくのか。彼には、まだ二二年が残されている。

第七章　同祖論の飽くなき追求

——昭和二〇～四二年、七四～九六歳——

1　流浪から定住へ

永平寺で得度する

昭和二一年、金沢は大本山永平寺で、永平寺貫主の熊沢泰禅禅師から得度を受ける。熊沢泰禅（明治六～昭和四三）は、曹洞宗《そうとうしゅう》大学に学び、明治四一年に駒沢大学教授となった。永平寺監院、総持寺貫首を経て、昭和一九年から二五年間永平寺貫主を務める。得度は僧になること、僧籍への入門で、剃髪して五条衣を与えられる。出家して俗世間から離れ、修行者として生きることを意味する。俗界の人間にとっては、何ほどか心の整理と決意を要する行為であろう。それまで朝鮮植民地支配を当然のこととしてきた言説を振り返った彼の、過去に対する贖罪に通じるような精神的な対処であったのだろうか。あるいは、七五歳と七〇歳を迎えた夫婦の行く末に不安を抱き、永平寺に期するところがあったのかもしれない。この得度に際して、彼は多数の稀観書を含む蔵書を永平寺に寄進している。

熊沢禅師から与えられた法名は、「月江庵禅心無得居士」、多喜が「松風庵禅室智月大姉」であった。夫妻は永平寺の歴代住職が眠る寂光苑の入口近くに墓地を与えられ、小さな墓石をつくってこの法名を刻んだ。翌二二年発行の『崑崙の玉』の序文に「無得居士識」と記している。「無得」は獲得できないこと、認識できないこと、したがって覚りを得られないこと、さらに、空にも有にもとらわれないことを意味するようである（『広説仏教語大辞典』など）。ひたすら研究に没頭してきた彼にとって、日本が敗戦し、研究対象である植民地朝鮮が独立したこの時期、「無得」は何よりも自分にふさわしいと思われたのではないだろうか。

その後、彼が朝夕の読経を勤めたり座禅を組むなど、僧としての姿は見かけられなかったが、『正《しょう》法眼蔵《ぼうげんぞう》』をよく読んでいたという。この頃駒沢大学で金沢の講演を聴いた佐藤良雄（明治三一〜平成一五、フランス語）は、視野が広くて面白く、感銘を受けたが、そのとき金沢は袈裟《けさ》をかけていたという（佐藤良雄『私の言語学者』）。得度の歓びを表わすものだろう。そして、得度によって、彼は戦後生きていく力を得たのではないだろうか。

転々と移り住む

神奈川県の大山《おおやま》の南山麓に広がる金目《かなめ》村に疎開生活を続けていた金沢は、二二年一一月、飯田利行と吉森良宏の訪問を受ける。時期は違うが、二人は駒沢大学で金沢の講義を聴き、卒業論文の指導を受けていた。小田急線大根駅で下車し、五〇分ほど歩くと、金沢が寄寓する農家があった。十時頃から午後三時過ぎまで、金沢は「立て続けに昔を語り、時事を論

郵便はがき

料金受取人払郵便

山科局
承認

61

差出有効期間
平成27年6月
30日まで

6078790

（受　取　人）
京都市山科区
日ノ岡堤谷町1番地

㈱ミネルヴァ書房
ミネルヴァ日本評伝選編集部 行

◆以下のアンケートにお答え下さい。

＊　お求めの書店名

＿＿＿＿＿＿市区町村＿＿＿＿＿＿＿＿＿＿書店

＊　この本をどのようにしてお知りになりましたか？　以下の中から選び、3つまで○をお付け下さい。

A.広告（　　　　）を見て　B.店頭で見て　C.知人・友人の薦め
D.図書館で借りて　E.ミネルヴァ書房図書目録　F.ミネルヴァ通信
G.書評（　　　　）を見て　H.講演会など　I.テレビ・ラジオ
J.出版ダイジェスト　K.これから出る本　L.他の本を読んで
M.DM　N.ホームページ（　　　　　　　　）を見て
O.書店の案内で　P.その他（　　　　　　　　　）

＊新刊案内（DM）不要の方は×をつけて下さい。 □

ミネルヴァ日本評伝選愛読者カード

名　お買上の本のタイトルをご記入下さい。

記の本に関するご感想、またはご意見・ご希望などをお書き下さい。
ミネルヴァ通信」での採用分には図書券を贈呈いたします。

あなたがこの本を購入された理由に○をお付け下さい。（いくつでも可）
.人物に興味・関心がある　B.著者のファン　C.時代に興味・関心がある
.分野（ex. 芸術、政治）に興味・関心がある　E.評伝に興味・関心がある
F.その他（　　　　　　　　　　　　　　　　　　　　　　　）

今後、とりあげてほしい人物・執筆してほしい著者（できればその理由も）

〒 ご住所	Tel　（　　　）		
お名前《ふりがな》		年齢 歳	性別 男・女
ご職業・学校名 （所属・専門）			
Eメール			

ミネルヴァ書房ホームページ　http://www.minervashobo.co.jp/

じ、国語国字問題に説き及んだ」という。「希望、抱負は山ほどあるが、老境の身ゆえ、ただ後生に託するより術なしと肩を落しておられた」と飯田は記している（飯田『吾がふみよみの記』）。

翌二三年一月一一日、「焼土と化した東京の旧居に還り、膝を屈するばかりの仮家に起居」（『地名の研究』）する。敷地内に小さなバラックを建てたのである。そして一三日、喜寿を迎え、祝賀の訪問を受けた。秋には、「焼野原の直中に孤影悄然と佇んでゐる書斎の中で、静かに想を凝らしてゐると、窓の外には味噌の配給を伝へる声が聞え、ラヂオは岩塩を製粉機で砕いて白塩とする企画を報じてゐる」（『塩と味噌』）と記している。

この年、弟の源之助の三男、甥にあたる正美が結婚し、新妻の吉野とともに挨拶に訪れた。二人を迎えた金沢は愛想よく、あれこれとよく語った。それからまもなく、金沢が『広辞林』を片手に正美夫妻の新居を訪れている。金沢は足元の不安から地下足袋を履いており、機嫌よく、饒舌であったという（金沢吉野氏談）。同年、彼は源之助の長女、山本千代子の家庭も訪れている。刊行されたばかりの『崑崙の玉』を持ってきて話題にしながら、楽しそうに酒を酌み交わした。自分たち夫婦の世話をしてもらえるか、そんな話も持ち出されたという（山本菊男氏談）。戦後の混乱のなかで八〇歳に近づいた金沢は、妻と二人の生活に不安を感じ、親族や知人に援助してもらう可能性を捜し求めたようである。

仮屋生活はやはり不自由であったのだろう。駒沢大学の寺川喜四男の申し出に応じて、玉川に近い用賀に移る。しかし、ここでの生活に疲れはて、後述する駒沢大学辞任の事件もあって、二五年、金沢は駒沢大学の生徒であった堀口慶哉に、群馬県にある堀口の実家に身を寄せたいと申し出る。このようにして夫妻は敗戦を挟んで七年近く、流浪と寄寓の生活を続けた。東京で再び自宅でゆっくりと生活できるようになるのは、二七年のことである。

敗戦後の朝鮮語教育

朝鮮半島は日本の植民地支配から解放されたが、その翌日、アメリカとソ連が三八度線を境界として占領し、一二月、モスクワ外相会議で米・ソ・中・英四カ国による信託統治案が発表される。朝鮮人自身による建国が実らないまま、二三年八月一五日に南半部で大韓民国の樹立が宣言されて李承晩が大統領に就任し、九月九日、北半部で朝鮮民主主義人民共和国が建国されて金日成が首相となり、南北が分断された。さらに二五年六月二五日、北朝鮮軍が三八度線を越えて朝鮮戦争が勃発する。アメリカと国連軍、ソ連、中国も参戦し、二八年七月二七日に休戦協定に至るまで、不幸な内戦状態に置かれた。

このようななかで、朝鮮語の教育はどう考えられていたのだろうか。敗戦後、もはや日本の領土ではない朝鮮半島の言語は外国語になったのだが、東京外事専門学校（東京外国語学校を昭和一九年に改称）に改めて朝鮮語学科が設置されることはなかった。二三年三月の「大学設置申請書」のなかに「将来設置希望学科」として、「古典学科、オランダ学科、朝鮮学科、ビルマ学科、アラビヤ学科、トルコ学科、イラン学科其他」とあったが（『東京外国語大学史』資料編二）、二四年五月、国立学校設置法により、新制東京外国語大学が設立されたときに設置されてはいない。朝鮮語学科が置かれているのは天理大学だけで、国立大学に置かれるのは三八年（一九六三）、大阪外国語大学である。東京外国語大学に復活するのは、五二年（一九七七）になる。

服部四郎が批判する

二三年一二月、『民族学研究』（一三―二）に掲載された服部四郎（東京大学言語学科助教授、翌二四年教授）の「日本語と琉球語朝鮮語アルタイ語との親族関係」のなかで、金沢に対する批判が述べられた。同年二月の日本アジア協会の言語部会における講演の原稿である。服部は、『日韓両国語同系論』について、「かなり暗示に富む書物であって、当時はこれによつて両言語間の親族関係が証明されたと考えた人もあるが、今日から見れば、その証明は成功していないと思われる。金沢博士は Aston 氏が指摘した、シンタックス上の特徴ことに語順をとり立てて具体的に論ぜず、形態上の特徴の類似に重点をおき、J. Vendryes のいわゆる morpheme〔形態素〕の一致を証明しようとし、また語彙ことに代名詞の一致を指摘しようとしておられるのは正しい。然るに音韻法則は断片的に問題となつているに過ぎない。単語或は morphemes の一致を証明するに当り首尾一貫して、音韻法則を基準とすることがない。この根本的欠陥が博士の論証を「証明」としては無効としているのである。」と述べている。「音韻法則を基準とすること」は試みたが、「今日から見れば」、その時点での考察が不充分であったということになろうか。

また、日本語の動詞の名詞法といわれる iha-ku（いはく）、mira-ku（見らく）などの -ku を朝鮮語の sar-ki（生活　sar＝生きる）、po-ki（外貌　po＝見）と比較し、一方で形容詞の副詞法 yo-ku（良く）、chika-ku（近く）などの -ku は朝鮮語の kat-koi（如く）、chyok-koi（少く）の -koi に比較されているのを問題であると批判した。しかし、日本語の -ku 語尾が朝鮮語の -ki にも -koi にも比定されるのは事実であって、金沢には、名詞法と副詞法が両語に共通することが問題だったのである。折口信夫はむしろ、「く」が名詞にも副詞にも用いられることを評価したのであった（第五章第1節）。

一方、服部は、「金沢博士の論証は証明としては成功しなかったけれども、博士の指摘された morphemes の類似の一部分が、将来の研究によって、真実の対応であることが明かになる可能性はあり、一見類似していない morphemes が実は根源的には同一物であることが明かとなる場合もあろう」と言い、また金沢が採り上げた対応が、「将来誰かによって証明されるかもしれない」という。そして、「両言語の音韻対応の通則を発見することがこのように困難なのは、両者が近い親族関係にあるのではないことを物語るものであろう。とはいえ、その事実を根拠にして、両言語間に親族関係がないと断定するのはかなり危険である」と付け加えた。また、注に、「数詞が類似していないのは、両言語の同系説にとって不利であるが、これを否定する根拠にはなり得ない。…また、日常よく用いられる単語の類似していない点も、親族関係の存在を否定する根拠とはなり得ない」と述べている。金沢の同系論を否定したうえで、それが将来は真実になるかもしれない、同系論は正しいかもしれないと、どちらの立場もありうる表現で判断を留保したのである。

『日韓両国語同系論』に対しては、刊行翌年に新村出が「疎遠であるらしく思はれる」、四年後に白鳥庫吉が「臆断に流るる」と表現したが、服部の批判は例を挙げて説明するものであった。同書の刊行から三八年、戦後二年を過ぎたこの時期に、金沢はなお放ってはおけない存在として、批判しておく必要があるという判断があったのだろう。この批判から一年余り後、日本語の系統について座談会が催されて服部も参加するが、そのまえに、もう一つの座談会に触れておこう。

「日本民族＝文化の源流と日本国家の形成」

二三年五月、東京の神田にある喫茶店で三日間にわたり、「日本民族＝文化の源流と日本国家の形成」について「対談と討論」が行われ、その記録が二四年二月の『民族学研究』（一三―三）に掲載された。主宰者の石田英一郎（民族学・文化人類学、明治三六～昭和四三）は、戦後、日本の源流に関してタブーが解かれたものの、歴史への関心は階級闘争による発展段階の研究に集中し、日本民族は何万年も前から日本列島に定着していたと前提していることに違和感をもって、そこに民族学的な研究の課題があるのではないかと考えていた。

石田は男爵石田八弥の長男として大阪市に生まれ、天王寺中学校から東京に転学し、一高を経て京都帝国大学経済学部へ入学したが、社会科学研究会員として拘引され、爵位を返上した。昭和三年にも三・一五事件に連座して逮捕され、九年に大阪刑務所を出獄する。一二年からウィーン大学へ留学して歴史民俗学を専攻する。戦後は法政大学を経て東京大学で文化人類学を担当し、日本民族学会会長、アンデス学術調査団団長も務めた。

「対談と討論」に参加したのは石田と岡正雄（民俗学、明治三一～昭和五七）、八幡一郎（考古学、明治三五～昭和六二）、江上波夫（東洋史学、明治三九～平成一四）の四人で、日本人はどこから来たか、どのように形成されたかという問題について熱心な議論が展開され、常識を破った議論が大胆に出されたために、「たいへんな座談会」と揶揄されたほどであった。読者の関心は主として江上波夫の騎馬民族征服説に集中し、黙殺するには問題が大きすぎるために様々な場で取り上げられ、反駁を受けた。

江上は、「大陸から朝鮮半島を経由し、直接日本に渡来侵入し、倭人を征服支配したある有力な騎馬民族があって、その征服民族が以上のような大陸北方系文化複合体をみずから帯同してきて日本に普及せしめた」、それは「大陸北方の騎馬民族と日本の上代人――主としてその支配階級の人々との同一系統を示唆するものにほかならない」と述べた。「朝鮮半島や大陸から日本にぞくぞくと帰化人が渡来したこと自体が、大和朝廷の主権者が彼らと文化的にも血縁的にも比較的親縁な間柄の民族であったことを暗示する」。しかし、「天智天皇朝における日本遠征軍の白村江における惨敗（西暦六六三年）は、大和朝廷の大陸絶縁をいよいよ決定的なものとした」。その結果、記紀が編纂されて「大和朝廷は日本の土地に悠遠の昔に創始された如くに書伝された」のである。江上はのちに、このような見解は「早く大正年間に、喜田貞吉氏が発表された「日鮮民族同源論」（「日鮮両民族同源論」『民族と歴史』六―一）に、大筋のところはすこぶる一致しているのである。というよりもむしろ、私の見解は喜田説の現代版といってよいものかもしれない。」（江上『騎馬民族国家』）と洩らしている。

討論のなかで言語問題はあまり多くを割かれていないが、岡が、「山上の峯がソホリといわれ、朝鮮語の都（Seoul）の意の蘇伐あるいは所夫里と同一語であり、亀旨が高千穂の槵触のクシと同一語であることも明らかである」と発言しているのは、金沢の『日鮮同祖論』に通じる議論である。以上紹介したのは、討論の全体を見渡したものではないが、この討論が否定的評価を受けるのは、喜田と金沢に対する否定的評価とおおむね呼応するものであろう。

座談会「日本語の系統について」

二五年二月一一日、東京大学文学部国語研究室で「日本語の系統について」の座談会が開かれた（『国語学』五）。出席者は、金田一京助（明治一五～昭和四六）、松本信弘（明治三〇～昭和五六）、泉井久之助（明治三八～昭和五八）、服部四郎（明治四一～平成七）、亀井孝（明治四五～平成七）、河野六郎（大正一～平成一〇）で、金田一春彦（大正二～平成一六）が司会をつとめた。話題が「日本語と朝鮮語との同系論」に入ると、次のようなやりとりがあった。

金田一京助「朝鮮の方の言葉と結びつけたいという最初は誰ですか。朝鮮語と日本語との同系論は…。」

河野「いろいろあるでしょうけれども、まっ先に金沢先生…」

金田一京助「もっと先があるでしょう。アストンとか…。」

泉井「新井白石はいかがですか。」

河野「一応問題になるのを言いますと金沢先生あたりじゃないかと思うのですが…」

泉井「金沢先生のはいいところがありますね。」

河野「玉石混淆の感がありますですね。」

泉井「ただあれが日本語と非常に近い関係においてあるものか、また遠いところに共通なものがあって、それが違った歴史を経ながらああいう共通な点を今において残しているものやら、そこが問題かと思いますけれども…」

河野が泉井に同意して、金沢には「歴史的な考慮があまりない」、格助詞のガを朝鮮語のカとイと比較しているが、古いところにはカはなく、母音でもイがつくという新しい研究が出ている、また、音韻対応法則が漠然ととらえられていると説明した。

司会者「朝鮮語などと結びつけるのは、これまた非常に慎重を要するところである。けれども、現在のところは、やはり日本語の系統としてはそちらに一番近い…」
泉井「それの方に向っていく可能性が強い。」
服部「それでいいと思います。同時にそれが将来証明できるかどうかという問題ですね。これはできるという望みもないことはありません。しかし、また仮りに日本語が朝鮮語、アルタイ語と本当に親族関係がある、同じ系統であるといたしましても、永久に証明できないということもあり得るのです…」

ここでも、日本語と朝鮮語の同系問題は慎重に遠慮がちに語られ、肯定と否定の微妙な均衡を保ちながら、将来にどちらの可能性も残している。

駒沢大学を辞任する

駒沢大学で、金沢は戦後も引き続き国文学を担当したが、しかし、まもなくその場から決別しなければならなくなる。

二四年四月、新制駒沢大学が発足すると、東洋学科は解消され、文学部に国文学科と中国文学科が置かれた。金沢は文学部長に推され、国文学科教授を兼ねた。国文学科は、森本治吉・寺川喜四男が教授、伊村正道・渡辺三男が助教授、岩橋小弥太が非常勤講師であった。しかし一年後、金沢は駒沢大学に辞表を出すことになる。大正六年の東京外国語学校辞任に続いて、二度目の辞任である。この辞任の背景には、学科構想、学位問題、文部省との交渉などの問題があったようだ。金沢がどのような位置にあって、どの程度関わっていたのか、関係者の名誉に関わる部分もあるために、詳細は分かりにくい。金沢は政治的に動く人ではないのに、政治的に動いたと思われがちであったともいわれるが、彼の軽信が招いたためでもあるようだ。とにかく彼はこれ以上在職するのがいやになり、辞任を決めて、説得に応じなかった。

群馬県薄根村へ

駒沢大学辞任は大学にとって唐突な事件であったが、駒沢大学が気に入っていた金沢自身も精神的な打撃は大きかった。二五年夏、何かと身辺の世話をしてくれていた堀口慶哉に、堀口の実家である群馬県薄根《うすね》村（現在の沼田市）の成孝院に身を寄せたいと申し出る。かつて招かれたことがあり、寺院と周囲の様子が幾分かは分かっていた。堀口は二二年に東洋学科に入学し、金沢の国語学史の授業に感銘を受け、以来、侍者のようにして金沢を助けていた。

二五年九月から二年間、金沢夫妻は成孝院の離れ屋敷で住職夫妻の世話に身を委ねる。堀口は東京の高校に勤めていたが、夏休みなどに帰省すると、金沢の話し相手になった。千字文を暗記させられ、朝鮮語の発音をきびしく指導されて辛かったが、酒が入ると雑談が多くなり、昔のことをよく語って、冗談もなかなか面白かったという。日本語の研究には朝鮮語をやらなければならないと力説し、『古事記』の序文を評価しながらも、『日本書紀』は国語研究の宝庫である、とくにその注を研究しなくてはいけない、発音は気象・気候・地形によって決まるので、軽々しく判定はできない、また朝鮮の鮮は鮮やかできれいな意味があるなど、堀口は何度も聞かされた。

「『広辞林』の金沢と言われるより、『日鮮同祖論』の金沢と言われたい」、しばしば彼はそう言っていたという。『広辞林』は多くの人が関わって成ったものだが、一人で辛苦の末に生み出した『日鮮同祖論』に対する意識と誇りが強かったのだろうか。また、白鳥庫吉については何も語らなかったが、上田万年には憎まれたと吐露したことがあるという。

聖心女子学院で金沢の講義を受けた加藤淑子（二五〇～二五一頁）は、堀口が実家に帰るときに何かことづけていたが、ある時「老師なほ矍鑠《かくしゃく》として寺住居」という句を送った。金沢は、「都の友を夢に見つ　マッチ一本むだにせず」「寺ずまひ　たたみ鰯に舌つづみ　一つのお菓子を分けてたべ　人のなさけの身にぞしむ」と返している。その後、加藤が薄根村に金沢を見舞うと、金沢は迎えに出てこんにゃく畑のなかで出会い、お互いの無事を喜び合った。身体が弱い多喜夫人が毎日川まで洗濯に通い、かえって丈夫になっていたという（加藤「金沢先生と武島先生」）。

終の棲家、東京別院長谷寺を得る

二七年春、金沢は、曹洞宗《そうとうしゅう》大本山永平寺東京別院長谷寺《ちょうこくじ》の境内の一隅に安住の地を得る。永平寺関係者が高齢の金沢を気遣って実現したもので、金沢はやっと流浪の生活に終止符を打ち、亡くなるまでの一五年間、穏やかな晩年を過ごす場所を得る。曙町の洋館に比べれば、ごく簡素な日本式の木造家屋であったが、寄寓の辛さを嘗めてきた八〇歳と七五歳の夫

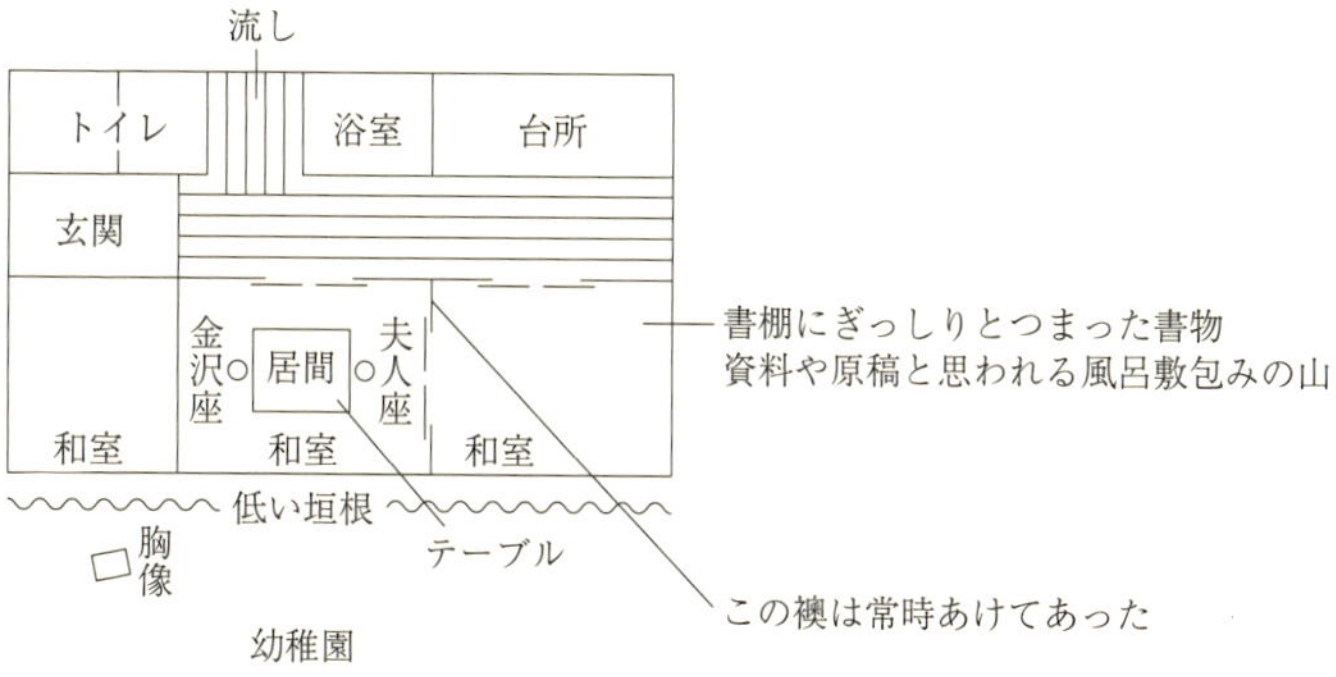

長谷寺内住居の見取り図（芦原田鶴子氏による）

妻にはこのうえない安らぎの場となった。東京別院は、永平寺東京出張所が二四年一〇月に昇格したもので、住職は永平寺貫首の熊沢泰禅が兼任し、副貫首の丹羽廉芳が別院の監院として管理運営を行っていた。丹羽監院をはじめ、別院の人々は金沢夫妻を丁重に待遇し、夫妻の日常生活を助けたのは、若い雲水たちと、後述するあけぼの幼稚園と鶴見女子短期大学の教職員たちであった。

金沢は門の上に、「濯足《たくそく》庵」と熊沢泰禅が揮毫した、幅一メートルほどの原木の扁額を架けた。そして、「港区麻布笄町九十九番地　大本山永平寺別院山内」という住所印を作った。

鶴見女子短期大学で

金沢の最後の職場は鶴見女子短期大学（現在の鶴見大学）と麻布あけぼの幼稚園で、どちらも亡くなるときまで在職する。駒沢大学は辞任してしまったが、生涯の最後まで教える場をもつことができたのは幸せなことであった。

鶴見女子短期大学は、昭和二八年四月、曹洞宗の経営する国文科のみの単科短期大学として誕生し、金沢は国文科長と国語

鶴見女子短期大学での講義
（昭和29年末～30年初，芦原田鶴子氏撮影・提供）

学教授の兼任で迎えられた。駒沢大学で教えた渡辺三男が教授になっており、何かと金沢の生活に配慮した。また、助手として赴任した広島まさる（のち国文科長）と卒業生で事務職の芦原田鶴子が、東京別院への送迎や家事を援助し、金沢が留守の時には泊って多喜夫人の世話をすることもあった。広島の眼に映った金沢は、帝国大学を卒業して留学も外遊も経験し、『辞林』『広辞林』を編纂し、日鮮同祖論を主張した、誇り高い明治の男性であり、学問のことしか眼中にない、学者中の学者であった。金沢は広島に、学問の道に進むなら、女性といえども一生懸命やらなくてはならないと諭した。結婚式のスピーチを引き受け、祝いに何がよいか尋ねて、広島が茶道具の風炉先屏風を所望すると、三越から届いたという。

開校の年に入学した芦原は、言語学と国語学の講義を受けたが、概論ではなく、詳細な内容であった。言語学の授業では、最初に「叡山獻上鹽」と板書したという。のちの論考「塩と味噌」（『朝鮮学報』第九輯）の最初に出てくる言葉である。シオ、ヒシオについて、古代に労賃が塩で支払われ、サルトがサラリーの語源であったことなどを述べ、朝鮮語と日本語を対比し、朝鮮文字（と金沢は言った）を母音と子音に分解して説明した。また、学生の二葉《つぐよ》という名に目をとめて、「二」をツグとよむことについて話し、東京生まれの多喜夫人と大阪生まれの自分とはアクセントが違うことを、アメ（飴・雨）、ハナ（花・鼻）、ハシ（橋・箸）などの例を挙げて説明した。悉曇、五十音図、説文解字、康熙字典について語り、韵鏡についてはかなり詳細に述べたという。

　また別の学生の講義ノートによると、「国語学史」は江戸時代の学者たちによる音韻学について、「国語学概論」は『倭名抄』についての講義で、いずれも過去の文献について詳しく説明している（東智子筆録）。鵲《かささぎ》の話や『古事記』の解説が印象に残った学生もいる。イザナギとイザナミの国生みの場面を楽しそうに説明したが、女子学生にとってもいやらしさがまったくなかったという。また、「を」を「wo」と発音し、「次のお稽古は、用があってお休みです」といった表現は、関東の少女には耳慣れないものだった（上田道子氏談）。

　講義は週に一度だが、自宅近くの高樹町から都電で渋谷へ出て、品川を経て鶴見へ着き、さらに総持寺境内を二〇分ほど登って短大へ到着するだけでも、八〇歳を超えた金沢には一仕事であった。三四年に学校に車が入り、送迎ができるようになったが、しばらくすると、迎えに行っても今日は休むと言ったり、やっと学校に着いても、疲れたので休講にすると言うこともあった。

　なお、聖心女子学院が二三年四月に新制の聖心女子大学として発足したので、金沢は引き続いて大学院文学研究科の国文学専攻、文学部国語国文学科の講師となっている。

教える楽しみ

金沢にとって研究することは職業であったが、趣味といってもよいほどの楽しみでもあり、亡くなる直前まで研究をやめようとしなかった。同時に、教えることも大きな楽しみであった。帝国大学の学生に対しては非常に厳格だったといわれるが、彼自身が若くて挑戦的であったためでもあろう。次第に穏やかな講義に変わり、女子学生に教えるのは還暦の時からであったためか、聖心女子大でも鶴見女子短大でも、温厚で優しい印象を与えている。

講義は静かに、全員に行き渡るようにゆっくりと話し、きれいな声であったと記憶されている。達筆ではないが、くずさない、きちょうめんな字で、これもゆっくりと板書しながら、進められた。しかし、学生のなかには、金沢が決して柔和ではなく、けんかっ早い感じがしたと感じていた学生もおり、彼の性格は見抜かれていたのかもしれない（上田道子氏談）。

学生から送られた便りには、返事を欠かさなかった。「御手紙有難う、以御蔭《おかげを以て》元気に勉強してをります、九月には韻鏡のお談《はなし》を致しませう、盛暑の折柄御自愛を祈ります　匆々《そうそう》」（芦原氏宛、二九年八月）、「御深切に御尋ねくだされ有難うございます、風邪気味のところ、もはや快方にむかひました、台風も当地方は被害少く安心しました、今暫く休養の上、新学期の授業を楽しみといたします、多喜よりも宜しく申上げてをります　匆々」（同、三一年九月）などと葉書にしたためている。留守中の訪問や贈り物に対しても、詫び状や礼状を書いている（東恩納寛惇宛、沖縄県立図書館蔵）。年賀状には、何度か「履端佳瑞千里同風」を新年の挨拶の言葉としている。学生が金沢の著書に署名を頼んだときには快く応じ、必ず花押を記したという（芦原田鶴子氏談）。

あけぼの幼稚園の園長に

二九年四月一日から、金沢は幼児たちに接することになる。麻布あけぼの幼稚園の初代園長となったのである。彼自身、想像もしなかった出来事であろう。

永平寺東京別院では、二七年の道元禅師大遠忌の記念教化活動として、幼稚園を建設することになっていた。わずか一二坪で収容人員五〇名の小さな幼稚園で始まるが、その園長の役目が境内に住む金沢に回ってきたのである。翌三〇年には、「三百万円かけて改築することになり、保護者も覚悟していたところ、金沢園長が自分の土地を売って二五〇万円寄付して改築することになった」（『読売新聞』三〇年四月一五日）。空襲以来そのままになっていた自宅を売却し、当初は『正法眼蔵』の研究に寄進するつもりだったが、幼稚園の建築費に振り向けられた。建物は本山の宝物館を移築し、三一年に完成した。「あけぼの」の名称は、旧宅のあった曙町に由来する。

高齢の園長のために、かつて駒沢大学で教えた松樹素道が、指導主事になって補佐した。仏教を中心とした行事のある日には、金沢は園児たちにお話をしなければならなかったので、そのつど松樹が「今日は何々の話をして下さい」と頼み、金沢は子どもたちに向かって話しかけた。

金沢先生が幼稚園の園長などになられるとは遺憾に堪えないという人もいれば、また、八十代から九十代に幼い子どもたちと一緒に過ごせたのはよかったという人もいる。ともかく彼は、気が進まなければ承諾しない人である。思いがけない役割だが、喜んで引き受けたのではないだろうか。

2　執筆への執念

不安定な流浪生活のなかでも、金沢は執筆を続ける。彼にとって、敗戦後の研究も執筆の内容も、戦前と変わることはない。日鮮同祖論は、強要されたものでも利用したものでもなく、厖大な時間をかけて研究を重ねたうえでの確信だったのである。

『民主朝鮮』に寄稿する

戦後の最初の論考は、雑誌『民主朝鮮』に寄せた「漢字を通じて見たる朝鮮」である。『民主朝鮮』は、敗戦から八カ月後の二一年四月、東京の在日朝鮮人によって創刊された日本語の雑誌で、二五年七月号まで刊行される。「過去三十六年といふ永い時間を以て歪められた朝鮮の歴史、文化、伝統等に対する日本人の認識を正し…朝鮮人を理解せんとする江湖の諸賢にその資料として提供しようとするもの」（「創刊の辞」）であった。発行人などは何度か変更されているが、金沢の論考が掲載された二巻七号（二二年一月）は、発行所が横須賀の朝鮮文化社、発行人が韓徳銖、編集人が金達寿、印刷人が金元基であった。当時、連合国総司令部（ＧＨＱ）が出版物を検閲し、『民主朝鮮』は『改造』や『中央公論』とともに「極右・極左雑誌」二八種の一誌となって、しばしば削除を命じられ、削除が多すぎて発行できなかったこともある（小林知子「『民主朝鮮』の検閲状況」、長沼節夫「祖国分割占領の苦渋を秘めて」）。

『民主朝鮮』への掲載は、少なくとも当時、金沢の研究が在日朝鮮人の一部に受容され、共感をもたれていたということになろう。金達寿はその後も日本と朝鮮の地名を研究し、日本に残る朝鮮半島の人々の跡を探り、『日鮮同祖論』を引用することも少なくない。

　この一月号に掲載されたのは、金沢のほか、中西功「朝鮮独立の世界史的意義」、鈴木安蔵「民族独立の条件と形態」、金午星「呂運亨論」、韓吉彦「朝鮮婦女解放運動の歴史的意義」、梅原末治「朝鮮の古蹟調査と其の東亜考古学への寄与」、韓暁「新しい性格の創造」、金台俊「朝鮮小説史」、壺井繁治「震災の思ひ出」、平林たい子「朝鮮の人」、許南麒「樹林」、金史良「ボクトルの軍服」（金元基訳）、金達寿「後裔の街」で、植民地支配期との格段の変化をみることができる。

　「漢字を通じて見たる朝鮮」は、駿河を「スルガ」と読むのは朝鮮の古音の例にならったのであり、近江を「オウミ」と読むのは「湖」に「江」を充てて朝鮮の用字例にならったもので、『延喜式臨時祭式』に湖を「みなと」とよむのも、朝鮮の読み方を伝えたものであると述べている。「我国に於ける漢字の用法に関する難解の問題も、朝鮮と比較対照して考へるとき、始めて解決の端緒を探り出すべきことの実例」であった。そして彼は、敗戦前と同じように、同系論に対する揺るがない確信を披歴し、日本における朝鮮研究の重要性を説いて、決意を新たにする。

> 　朝鮮語そのものに至つては、我国語と肉親的関係にあるから、その重大性は外来文字たる漢字と同日の論ではない。私が始めて朝鮮の地を踏み、その言語の研究に志したのは、今より約半世紀以前のこと、爾来《じらい》我国語との比較研究については、夢寐《むび》の間も忘れたことはなく、その同系語たるの結

論は鞏固《きょうこ》たる学的信念に基いてゐるから、一知半解未熟の反対説などは豪も意に介する所ではないが、今や齢すでに古稀を超ゆること数星霜、余命幾許もなき老の身には、俊秀なる後継者を得んことを考へるとき、一抹の寂寥と焦慮を禁じ難いのである。しかし本問題はその関連するところ極めて大にして、これを学術方面からのみ見てもその解決は真に我国学芸のルネサンスともいふべき画期的のものであるから、今後も渾身の努力を傾注して両民族本来の面目を闡明《せんめい》することに邁進する覚悟である。

（昭和二一、十、十三）

「亜細亜研究叢書」の企画と刊行

昭和二二年二月から、創元社が「亜細亜研究叢書」二〇篇の刊行を企画する。金沢ひとりによるこの叢書は、当初、次のように予定されていた。

1 猫と鼠　2 茶　3 塩と味噌　4 崑崙の玉　5 漢字雑考　文と字　6 漢字雑考　六書の研究　7 漢字雑考　眼学と耳学　8 漢字雑考　類形字と反形字　9 漢字雑考　俗字と新字　10 漢字を通じて観たる古代文化　11 支那の俗諺と迷信　12 新羅の片仮名　13 朝鮮の国字　諺文の研究　14 朝鮮の万葉仮名　吏道の研究　15 亜細亜研究に関する文献　16 二中歴の研究　大江匡房とマレー語　17 万葉集雑考　湖ノ字を「みなと」と訓むことに就きて　18 日鮮満蒙　比較言語学　19 倭名鈔の研究　20 地名の研究

紙も製本もその質は戦時中と変わらないが、さっぱりとした装丁の小冊子が次のように刊行される。

二二年　二月　『猫と鼠』（二一年四月一一日稿）
　　　一一月　『茶　世界飲料史の研究』（二一年四月初八）
　　　一二月　『文と字　漢字雑考』（二一年五月念六稿）
二三年　五月　『崑崙の玉』（二一年孟秋）
　　　　六月　『濯足庵蔵書七十七種　亜細亜研究に関する文献』（二三年孟春）
二四年　五月　『地名の研究』（二三年六月二一日稿）

『猫と鼠』の巻頭に、「亜細亜研究叢書」刊行に対する所信を次のように述べている。

> 世界に孤立の民族もなければ文化もない、従つて人類の知識は世界的でなければならぬ。併し同一の事物も時と処の異なるに連れて、自からその風丰《ふうぼう》を同じくしない。「江南の橘を江北に移植すれば枳となる」と諺にもいふ通りであるから、東西両洋の文化には各特質があり、両々相対比して研究すればこそ、人智の向上があるのではないか。それ故我等東洋に国するものは、この点に於て特種の地位と責任を持つものといはねばならぬ。我国の文物が支那・インドに負ふ所重大であつて、その間に離し難い関係のあることは、物の優秀なるを「三国一」といふのでも分かる。これ等諸国

の文明を日本化するに急なるの余り、その真摯なる学得研究を中道で放棄した過失は、已に平安朝に於て認められるが、明治維新後は欧米学芸の輸入に専らならざるを得ないため、更らにこの弊害を助長したことは、誰人も拒むことの出来ない事実である。我国が今日の苦杯を嘗めざるを得ないのは、亜細亜特に支那の研究を怠つたことに重大な原因の潜んでゐることも、亦識者の等しくこれを認め、天を仰いで慨嘆する所である。…されば自隗始《かいより始めよ》の意気を以て、年来蓄積せる草稿を整頓し、『亜細亜研究叢書』として、逐次これを世に送らうと考へ、今まづ「猫と鼠」の短編を公刊するに至つた。幸に若干の刺戟を我学界に与へ得るならば、著者の本懐これに過ぎたるものはない。

しかし、刊行は六冊にとどまった。『倭名鈔の研究』は、「精密を極めていらした」と飯田利行が感嘆した研究であるが（飯田利行談）、「要四校」と記した原稿は漢字の訂正が夥しく、植字に難渋したあとがみえる。のちに、「二中歴の研究」が『東方学』（東方学会、昭和二七）に、「湖の字を「みなと」と訓むことに就きて」は『金田一博士古稀記念言語・民俗論叢』（昭和二八）に、「塩と味噌」は『朝鮮学報』（昭和三一）に発表される。

蔵書目録その三　亜細亜研究叢書中の『濯足庵蔵書七十七種　亜細亜研究に関する文献』は、『朝鮮書籍目録』と『濯足庵蔵書六十一種』に次ぐ蔵書目録で、喜寿にちなんで七七種を収める。

金沢の喜寿を祝して飯田利行と吉森良宏が訪れたとき（二七四～二七五頁）、いかにして多くの稀覯書を入手したかを吉森が尋ねると、金沢は一段と声を張り上げて、「ひたすらに探索するの情が深ければ、書物の方で手前へ歩いてくる。それをただ金員を用意して購ったただけである。つまり至心に求めること切なれば、ものは彼方より向ってくる」と答えている（飯田「吾がふみよみの記」）。

> 茲に蒐むるところは我が国語を中心として、中国、朝鮮、満蒙、印度に及ぶ和漢洋古今の語学書中歴史的に見て権威あるもので、説文、韻鏡、悉曇、諺文の各域をも含み、当世稀観之物も少くなく、従来世に隠れて未だ識られてゐないと思はれるものもある。現在の我が国学の研究には鎖国的傾向がなほ残存してゐて、学問の自由が未だ完全に認められてゐない気持がする。この弊害を一掃するには、徳川時代の学者中にも夙に悉曇諺文の音韻的重要性を認識した人もあり、外国学者にして東洋語学の研究に終生を捧げたことなどの事実を提唱して、青年学徒の奮起を促すより他に途はないとの考から、この書籍目録を叢書の中に加へたものである。（まえがき）

朝鮮学会に参加する

二四年四月、新制の天理大学が文学部だけの単科大学として開学するが、一方、天理外国語学校が一九年四月に天理語学専門学校と改称して敗戦後も存続していた。二五年三月、京城帝国大学教授であった小田省吾や高橋亨を迎えて教授体制を整え、文学部に朝鮮文学朝鮮語学科の設置が認可された。天理語学専門学校は二六年三月末に廃校される。二七年四月に外国語学部が開設されると、朝鮮文学朝鮮語学科を文学部から移し、朝鮮学科とした。国公立大学には朝鮮語専攻の学科はなく、全国で天理大学だけであった。

この朝鮮学科を拠点として、二五年一〇月一八日、朝鮮学会が発足する。敗戦後しばらく朝鮮研究は混迷に陥っていたが、六月二五日に朝鮮戦争が勃発して研究者たちを憂慮させ、学会の設立に拍車がかかった。発会式と第一回大会が天理大学図書館講堂で行われ、記念講演として、三品彰英が「朝鮮古代国家の性格――北鮮と南鮮の問題」、藤田亮策が「朝鮮の古文化財保存を中心としたる文化事業について」、そして金沢が「朝鮮研究と日本書紀」を講演した。翌一九日に役員会が開かれて、金沢も顧問として参加する。学会の役員は、総裁が天理教真柱の中山正善、会長が天理大学学長の堀越儀郎、副会長が同学教授の高橋亨であった。顧問は、金沢のほか、幣原坦、池内宏、小田省吾、山田三良、志賀潔、山家信次、安倍能成で、京城帝国大学関係者が多かった。金沢は駒沢大学を辞任した直後で、このときの肩書きは天理大学教授である。

学会の支部が東京に設置され、一二月に台東区稲荷町の東《ひがし》大教会の講堂に約五〇名が集まって、発会式を挙げた。金沢も参加して、茶話会で談話を述べている。

二六年四月から、『朝鮮学会会報』がガリ版刷で発行される。金沢は第二号（五月）に「朝鮮研究の必要性」と題して漢字の解釈における朝鮮語の重要性を述べ、また第五号（八月）に「諺文の起源について」を寄せた。二六年五月、『朝鮮学報』が創刊される。中山正善は「巻頭言」で朝鮮戦争に対する悲しみを表明し、次いで、植民地支配期に日本人が「隣人の心を知るといふ点に関しては、努力がたらなかつた恨があるのではなからうか」、「両民族が文化系統を同じくし、同種同文であるといふ地理的、血縁的、文化的関係から考へても、世界の平和は先づ両国の永へに変ることなき堅き友誼から出発しなければならない」、それは、従来のような強弱優劣の誤った民族的観念を清算することから始まると述べている。そして、「痛々しくも戦火で消え失せて行つたであらう朝鮮文化の得難い数々の資料、とりわけ京城帝国大学所蔵の稀本珍書の類の行方に限りなき哀惜の想を走せ」たのは、厖大な書籍と民俗資料を蒐集した中山らしい心情であろう。同月、天理大学図書館で第二回例会が開かれ、大学の特別講義に出講中の金沢は、「朝鮮諺文の起源」と題して講演した（『朝鮮学報』第二輯）。二七年五月二二日の第一〇回例会では、金沢は「日本語と朝鮮語について」を講演する。「記紀に現れた多くの語彙を引用、日韓語の比較研究を発表、日本語研究に先づ朝鮮語が必要なりと説かる。参会者二十二名」と報告されている（『朝鮮学報』第四輯「彙報」）。

『朝鮮学報』への寄稿は、第一輯（二六年五月）に「朝鮮研究と日本書紀」、第三輯（二七年五月）に「朝鮮古地名の研究」、第五輯（二八年一〇月）に「出挙の研究」、第八輯（三〇年一〇月）に「日鮮語比較雑考」、第九輯（三一年三月）に「塩と味噌」、第一一輯（三二年三月）に「語原雑考」と、八〇歳から八六歳までの間、朝鮮研究の発表の場を得た喜びがあふれているようである。

「朝鮮研究と日本書紀」は、年来の主張である『日本書紀』重視の姿勢を示す論題であった。『古事記』は本居宣長の『古事記伝』があり、学界の誰もが高く評価する古典であるが、「漢字の音訓を駆使して、我国の古語を写し取らうとした古事記の大使命は、その結果からみて、終に失敗に帰したもの」で、八年後には安万呂等も加わって、日本書紀を修成したのである。『日本書紀』の特徴は、純漢文で書かれ、訓読の困難なものには漢語で訓注をつけたこと、古事記のような口誦ではなく、帰化人の記録、歴世朝廷の国記、臣下の家譜類を集成して「修」したことで、「朝鮮研究者の視野から観察するならば、日本書紀の方が寧ろ多くの重要なる志料を提供する」。金沢は例を挙げて説いていくが、説明がやや冗長になった感がある。

天理大学は東京から見ると遠隔の地にあったが、研究と発表の意欲を刺激する場となった。東京別院の住まいから天理へ向かう時、金沢は生き生きとして嬉しそうであったという（広島まさる氏談）。

最後まで執拗に主張する

高齢になってもなお執筆意欲は衰えなかったが、八三歳前後から一論文の分量がかなり少なくなり、その論題と内容は、すでに発表した論文と重なるところが多い。

『朝鮮学報』以外の論考は次のようなものである。

東方学会紀要の『東方学』（三号、二七年）に発表した「二中歴の研究」は、日本が古くからインド、ペルシャ、アラビアと交通しており、「訳言歴」に載っている高麗語・貴賀国語の数詞のなかに「鮮満蒙語の混入してゐること」を述べたものである。

昭和二八年に日韓親和会が創刊した月刊雑誌『親和』には、三篇寄稿している。同会は、二七年に「日韓両国の緊密不離なる関連は、まさに天与の宿命である」（趣意書）として、下村宏・渋沢敬三・大田為吉・丸山鶴吉・船田享二が発起人となって結成された。『親和』は、決裂した日韓会談、日韓関係のありかた、南北朝鮮の動き、在日朝鮮人の実情などを取り上げ、朝鮮半島の風物、文化を扱った記事も多い。戦前の日本の研究者を批判した金容燮の論文も翻訳して（→本章第4節）、「日本官学者たちの韓国史観」と題して掲載する（一一二号、三八年）。金沢の寄稿はいずれも一頁ほどの短いもので、ソホルにより日韓の古地名の系統を述べた「ソウル」（四号、二九年）、「対馬」（一七号、三〇年）、「米」をめぐる東洋語の共通性を示した「言語を通じて見たる文化の交流」（二七号、三一年）である。『鶴見女子短期大学紀要』第一号（三〇年）には「神名と地名——日韓上古之研究」を執筆し、新井白石の「地によりて神の名を得るあり、神によりて地名を得るあり」を引いて、古代の神名と地名が密接な関係にあって日韓に共通していることを様々な表記法から考察した。

若い時からゆかりの深い『国学院雑誌』には、「字注訓と字音訓」（二八年）、「朝鮮語と助詞イ」（三二年）、「日鮮両語の比較につきて」（三五年）を執筆している。「日鮮両語の比較につきて」はわずか二頁の論稿で、馬来田《まくた》と望多《マグタ》、賢良《さかしら》と情進《サカシラ》、波邇和利《ハニワリ》と半月《ハニワリ》、性・祥とサガ、阿芸《あき》と古抒母《コドモ》を比較した。三四年に『国学院大学日本文化研究所紀要』（四号）に執筆した「日鮮文化の交流」は、『神皇正統記』に「昔日本は三韓と同種なりといふ事のありし彼書を桓武の御代に焼き捨てられしなり」とある、その時代の国情と、桓武天皇の母で百済聖明王の子孫である新笠姫など百済系帰化人の動向を追い、サ行・タ行音とハ行・カ行音の相通から、百済と高麗の同祖関係を推察したものである。

「日鮮文化の交流」が八七歳、「日鮮両語の比較につきて」が八八歳のときに書かれたもので、これらが金沢最後の論考である。金沢らしい論題で、彼は最後まで日本語と朝鮮語を比較し、日本文化の研究に朝鮮語が必要であることを執拗に主張したのであった。

賛意を表し難い『新版広辞林』

昭和三三年三月、『新版　広辞林』が刊行された。その表紙には、「金沢庄三郎編　新版広辞林　三省堂修訂」と、金沢と三省堂編修所の両方が併記されている。それは、編纂方針をめぐって両者が合意できない問題があったためである。巻頭の「序」で、金沢は次のように述べている。

> 従来の広辞林はその語釈に於て文語体を用ひ、語彙採録の範囲も今日より見ればかなりの取捨を必要とする等、改訂の緊要を認めざるを得ないものがある。偶々版元書肆より、その長を伸ばしその短を削つて、時勢に即応したものにしたいとの懇請頻りなるものがあり、編者もその趣旨を諒とし、こゝに新版広辞林の上梓を見たのであるが、当用漢字、かなづかひに就いては賛意を表し難いものがある。

この「序」のあとに、三省堂編修所による「序にそえて」がある。「今回編修所は、先生の意図を体し、方針の指示を仰いで数年の歳月をかけて、こゝに新版広辞林の刊行を見たのである。たゞ最近の国語教育界の動向を考え、当用漢字、新かなづかい、その他新しい表記の方法を採用したが、これは、まったく編修所の責任であつて、先生の御意思ではない」と方針の不一致を述べている。さらに「あとがき」でも、「従来の文語体の解説文を「現代かなづかい」・「当用漢字」を中心とした口語文に改めて、若い世代の人々にも理解しやすくした」のは、「金沢先生のご趣旨には反するが、あえてこれを採用した次第である」と弁明している。したがって、編修作業は一変し、新しい専門語の執筆と校閲には、新たに選ばれた多数の研究者たちが関わった。

新訂版から二〇年以上が経ち、敗戦を経た日本社会の変化の大きさを考えれば、語彙や文体の見直しは当然であった。しかし金沢は、仮名遣いの変更と当用漢字の採用については譲歩しようとしなかったのである。「てふてふ」でなければ、だめだ、飛んでいるのがわからない、と金沢は冗談交じりに語ったことがある（堀口慶哉氏談）。

『広辞林』改訂の動機は、三〇年五月に岩波書店が『広辞苑』を刊行したことである。改訂が決まると、二五年に三省堂書店に入社して辞書課員となった若い小林保民がその任に振り向けられた。前述の「序にそえて」には「先生の意図を体し、方針の指示を仰い」だとあるが、しかし小林は、作業を始めるにあたって一度も金沢に会っていないし、上司を通じて金沢の編集方針が伝えられたこともなかったという（石山茂利夫『国語辞書　誰も知らない出生の秘密』、小林保民氏談）。

「まえがき」にも「あとがき」にも、編纂者と出版社の編纂方針の違いが公表されるのは、あまり例のないことであろう。日本語の表記に対する金沢の信念が時代に合わなくなったのだが、彼は決して趨勢に従おうとはしなかった。こうして、明治四〇年以来名を馳せた『辞林』『広辞林』の編纂は、ついに金沢の手を離れた。辞書の世界においても、彼の名前は急速に忘れられていく。

『新版　広辞林』の改訂作業が終わり、序文を依頼するために小林の上司が訪ねると、金沢は、「水を差すのもなんだからやむを得ず認めるが、新版よりも新訂版のほうがかならず後世に残るに決まっているから、需要のあるかぎり新訂版は増刷するように」と言っている。その後、完成した『新版広辞林』を役員が持参したが、見ようともせず、「そこに置いてください」とだけ言ったという。

　前後するが、小林は入社後二年ほど（二五〜二七年）、『広辞林』の検印紙をリュックに詰め、堀口慶哉を伴って三省堂に現れた金沢を何度か見かけたことがある。その時の三省堂の態度は、『広辞林』で大いに潤った恩人に対する態度とは思えないほど、冷たかった。そのわけを先輩に聞くと、昭和初期の大不況で経営難のときに印税の引き下げを頼んだが断られ、『辞苑』（新村出編、昭和一〇）の出現で劣勢になった『広辞林』を改訂しようという話にも応じてくれなかったためであった。結局、印税は戦後の混乱のなかで一％に引き下げられたが、それは、たんなる名義貸しとしても相場の半分位であったらしい。この頃金沢は弁護士に、印税が少ないので上げてほしいと相談している。

　二七年に小林が検印紙をもらうために東京別院長谷寺に金沢を訪ねた時、金沢は『広辞林』の「全項目に目を通し、見終わると項目ごとに×をつけて奥付にいたるまで全部見ました」と言い、小林はその言葉に感嘆したという。全項目を見ることがどんなに大変なことか、また、編者代表の学者が何もしなくても名前が表紙に載っているのを知っていたからである。言葉の重要性を再三再四強調してきた金沢は、自分の名前が載る辞書をよく見もしないで済ますことはできなかったし、また、彼の一徹な性格のなせる業であったのではないだろうか。

3　晩年の二、三の果報

ラジオ番組で語る

昭和二八年（一九五三）、朝日放送（ラジオ）が毎夜一一時から、「幼き日の思い出」という番組を企画した。「夜更けて、しずかに自分の心が自分に帰つたとき、子供のころの思い出話を、電波を通してしみじみと聞くことが、どんなに心温まることになることか」と、各界の著名人三百数十人にそれぞれの思い出を語らせたのである。金沢もそのひとりとなった。この番組が多くの人々の感動を呼んだので、翌年、放送原稿を集めて、『小さな自画像――〝わが幼き日〟一〇一人集』（朝日新聞社）が刊行される。登場する一〇一人の職種は様々で、金沢の前には女優の香川京子の「リス」、後には詩人の河合酔茗の「智恵の曙」が載っている。金沢は、生家を語り、勉学と研究の道すじを辿り、母とふるさと大阪への思いを吐露した。これが、第一章で紹介した「瓦屋町」である。

紫綬褒章を授与される

三三年四月二八日、大本山永平寺の光明蔵において、金沢は熊沢禅師から褒賞状と記念品を授与される。三二年から永平寺護持吉祥講の規約に基づいて、永平寺の護持に功労が顕著であった道俗を褒章することになり、第一回は衛藤即応駒沢大学学長が授与されていた。金沢の褒賞は、貴重書二〇〇部七六〇冊の寄贈と、あけぼの幼稚園の創立及び維持に対するものであった。

「老夫婦の顔」
『主婦の友』昭和34年５月号に載った金沢夫妻（芦原田鶴子氏提供）

同年一〇月三一日、政府は閣議で三三年度の紫綬褒章受章者一九人を決定した。学術・芸術・スポーツ等に功績があった人々に贈られるもので、映画監督小津安二郎、女優水谷八重子、児童文学の来留島武彦らとともに、金沢は『広辞林』の編纂を評価されて、受賞者のひとりとなった。ただ、この年刊行された『広辞林』はもはや彼の手を離れている。一一月一五日、総理大臣官邸における授賞伝達式には松樹素道が代行し、その後、銀座三笠会館で祝賀会が催された。

「老夫婦の顔」　穏やかな微笑を浮かべた金沢夫妻の写真は、『主婦の友』（三四年五月号）に掲載されたグラビア写真である（芦原田鶴子氏提供）。同誌はその頃、「老夫婦の顔」という企画を組んでいた。自宅での夫妻の雰囲気がよく表わされており、金沢はこの「正チャン帽」（朝日新聞連載の漫画「正チャンの冒険」）のような、茶色の毛糸の帽子を和洋どちらの服装にもかぶっていたという（芦原氏談）。写真の下に、次のような解説がある。

顎と、耳からもいくすじか白髯がたれている。教え子から米寿の祝いに贈られたちゃんちゃんこを着て、童女のように澄んだ目の夫人と並ぶ。めでたく、すがすがしい。それでいて二人とも、成人はすまいといわれた虚弱な子であったとか。なかでも、金沢さんは小児マヒで、いまでも右足は左足の⅔の太さしかない。その足で満員電車にゆられ、毎週鶴見女子短大と聖心女子大に一回ずつ通う。奥さんも毎日の買物を自分でする。車の洪水だけがこわいが、あとは不自由しないという。

二人っきりのくらしで、子供はない。「だからこそ学者の生活が貫き通せたんだよ」と、言語学界の最長老たる金沢さんがいう。「ちょっと寂しくて」と奥さんはつぶやく。金沢さんの名は、その労作の国語辞書『広辞林』と切り離せない。明治四〇年の「辞林」から、大正末の「広辞林」、昨春の「新版広辞林」と、半世紀の間、学徒に親しまれている。「古典を読むための辞書だから、新かな、当用漢字を使ってはいかん」と信念をもって主張され、出版元と意見が合わないそうだ。

教え子の娘も孫も教えたという金沢さんは、いま、あけぼの幼稚園の園長でもある。庭がつゞいている。六十余年の結婚生活を共にした奥さんと園児の遊ぶのを見やりながら、やさしく目を細めている。

米寿を迎えて
胸像と一日駅長

米寿を迎えた金沢庄三郎のために、国学院大学学長の石川岩吉や金田一京助などが中心となって、三五年一月一五日、渋谷ゴールデン・ホールで祝賀会が催された。記念に金沢庄三郎先生寿像建設会が設けられ、彫刻家仏子泰夫が胸像を制作した。その顔が金沢

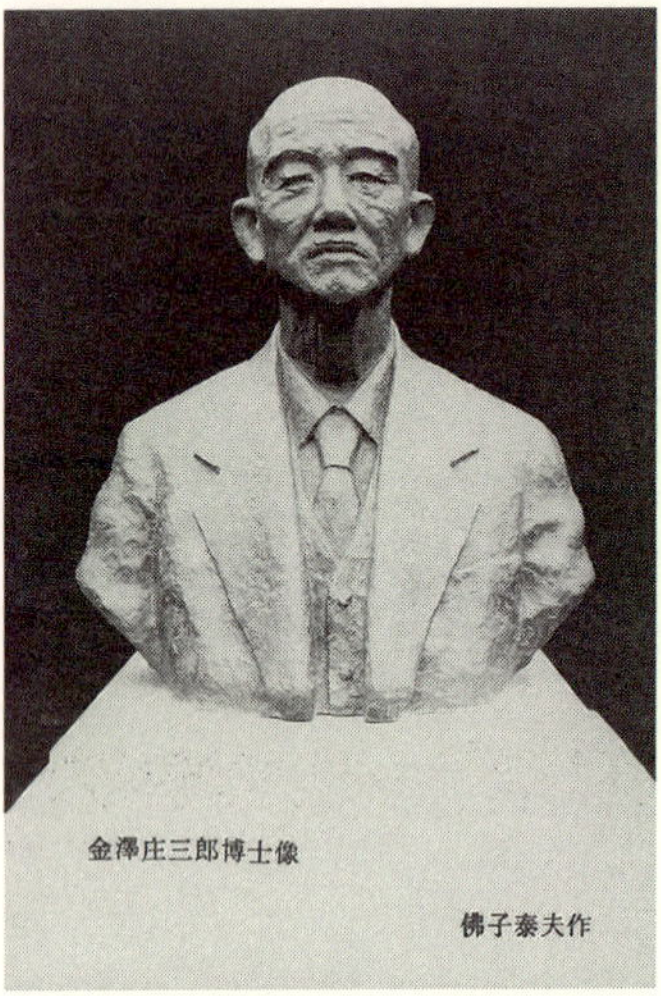

金沢庄三郎胸像（仏子泰夫作）
（芦原田鶴子氏提供）

にそっくりだと、金沢を知る人は言う。胸像は、生前は麻布あけぼの幼稚園の園庭にあったが、今は長谷寺境内の墓地にある夫妻の墓碑の傍らに置かれている。

この年、国鉄（現在のＪＲ）も米寿を迎えた。明治五年、新橋から横浜へ初めて蒸気機関車が走り出してから、八八年である。記念日にあたる一〇月一四日、八八歳の名士とその孫を主要駅七カ所に招いて、名誉一日駅長と一日助役を務めてもらうことになった。金沢は新橋駅の一日駅長となり、松樹素道が孫の代わりを務めた。『週刊女性』（三五年一一月）が、「「広辞林」の編者金沢庄三郎博士と松樹素道さんは、制服姿もりりしく、事務室での打ち合わせ」と紹介している（松樹素道氏提供／口絵参照）。金沢は好奇心に満ちた表情で、役回りを楽しんでいるようだ。

テレビにも出演する

東京放送テレビが三四年一一月から、ポーラ化粧品の提供による「ポーラ婦人ニュース」を制作した。月曜日から金曜日までの一二時四五分から一五分間の番組で、金沢は多喜とともに出演を依頼される。「国語と共に九十年」と題されたこの番組の録画は残っていないが、番組の台本に従って紹介しよう（松樹素道氏提供）。

「今日のニュース」を報じたあと、来栖琴子アナウンサーが視聴者に、漢字制限、送り仮名問題など、最近の国語問題について語りかける。「そこで今日は、国語の研究に九十年の生涯をさゝげた、一人の老学者にスポットをあててみましょう」。画面は、広辞林の見開きページ。続いて暴風を思わせる激しい感じで、国語読本の教科書と当用漢字表を映し出す。「国語は今、嵐の中にある。表音式か、表意式か、漢字の制限か、新かなづかいか。問題をおこした国語審議会は、先月新しい委員を決定して、一応発足をしたものの、井上靖氏はじめ三委員が辞退。またまた問題を投げかけている。」

ここで、長谷寺の境内を散策する金沢、玄関の表札と書斎、壮年の頃の写真が映し出される。「博士の労作、国語辞典の『辞林』初版本ができたのが、五十三年前の明治四十年。『辞林』が『広辞林』と名をかえ改版を重ねて三代の人に親しまれた。今なお孜々として学究の道に余念がない。」

大学生当時の金沢と鉄道馬車の写真。馬車のラッパの音。「明治二十九年卒業、欧米に留学。ドイツでとったこの写真は右から三番目に博士、左から二番目に新村出博士がいる」

朝鮮語の文献が映され、「博士の朝鮮語研究は世界的名声を博し…東大・国学院大学・聖心女子大などの教授をつとめた。右端は金沢博士、左端は教え子、後の金田一京助博士である」

「多喜夫人とは大学卒業後まもなく結婚した。それから六十五年」

画面は自宅の縁側に腰かける金沢と、お茶を運んでくる多喜夫人、あけぼの幼稚園の子供たち、子供たちにとりかこまれる金沢を映しだす。

ここで初めてスタジオの金沢夫妻が登場する。来栖アナウンサーは、大阪中学校時代の写真を見せながらその由来を聞き、東京の思い出、『辞林』の初版編纂の苦心を訪ねる。多喜夫人には、結婚前の写真を見せながら、苦しかったこと、楽しかったことを尋ねる。そして、「ところで今、当用漢字、新かなづかい等、国語問題がやかましくなっておりますが、先生はどうお考えでしょうか」と問いかける。最後に、米寿記念の胸像、自宅を出る金沢を映しながら、「国語と共に九十年」は終る。

勲三等瑞宝章祝賀会

三九年（一九六四）四月二八日、生存者叙勲が復活し、二〇一人に授与された。九三歳の金沢は勲三等瑞宝章を受ける。『読売新聞』（同日）は「広辞林ひとすじに」と題して、書斎でこたつに入ってにこやかに応対する金沢の写真を載せている。記者に受賞を確認した金沢は、「それはありがたい」と喜び、「ぼちぼちやってんねん」と大阪弁で言うのは「倭名抄」の研究のことであった。

六月二〇日、鶴見女子短期大学で祝賀講演会が催される。同学の国語学教授、渡辺三男の司会により、金田一京助が「金沢先生の人となりと学問」を、時枝誠記が「金沢先生の日本語における語義の研究」を講演した。金田一は、友人の石川啄木（明治一九～四五）が間接的に金沢の恩恵にあずかったという話を披露したが、明治四〇年前後に金田一が金沢の仕事を手伝ったり、紹介によって得た収入の幾許かが、貧窮に苦しんでいた啄木に用立てられたということだろう。

金沢より三〇歳年下で、駒沢大学で金沢辞任のあと国語学史の講義を担当した時枝は、上田万年や橋本進吉にみられるような音韻史の研究に対して、金沢は音韻に対応する観念・意味の面を扱おうとしたと述べている。金沢が翻訳したA・セイスの『言語学』に「言語は思想を代表するものにして、国語は社会の反省に外ならざれば、斯学研究の結果は遂に人類過去の歴史及び古代社会の有様を発見し、心意の発達を追跡して思想と外界との関係より宗教心の発達等に至るべし」とあって、それが近代言語学の重要な流れであり、向かうべき方向であったが、日本では閑却されたと述べ、金沢の言語学史上の位置について語っている（『国語学』七〇号）。

4　金沢批判の開始と拡大

朝鮮研究の葛藤と再出発

朝鮮半島は新たな建国の途についたが、統監府設置以来四〇年という年月は、一人の人間の生涯において余りにも長い。戦争、空襲、原爆による犠牲者も多く、失われたものを回復するために、排日と親日の相剋に苦しむ困難な歩みが始まった。日本は多数の戦死者と負傷者を前にして衝撃にひしがれ、空襲と原子爆弾で焦土と化した地で困窮に耐え、皇国史観と決別しながら生きていくなかで、侵略と植民地支配の問題は個人の心の底にとどめられがちであった。

植民地支配が継続されるという前提のもとで朝鮮研究に取り組んできた研究者たちにとっても、侵略者としての過去にどう向き合うのか、それは、存在基盤を揺るがすものであったかもしれない。敗戦後数年、朝鮮研究が「空白状態」、「虚脱に近い状態」、「壊滅状態」になったといわれ、あるいは、「歴史の書きかえは、日本人による日本史のそれ、朝鮮人による朝鮮史のそれとともに、日本人による朝鮮史のそれをも必要とした」（末松保和書評「朝鮮史」『朝鮮学報』三）といった言葉に、研究者の苦悩と困惑の一端が現われている。戦後の日本は、戦前の皇国主義的、侵略主義的な思想を身につけた人々によって再建されるほかなく、その人々が自らの過去にまともに向かい合い、検討するのは、必要であっても、実際にはきわめて困難なことである。次の世代に近代史を語り、教えることが進まなかったのは、そのような苦悩にあえて向き合うことができなかったからであろう。したがって、「全くの新人が新しい感覚、新しい意識をもつて、新しい基盤の上に立つて研究を開始する日」（末松保和「一九五二年の歴史学界　回顧と展望」『史学雑誌』六二―五）が期待され、戦前の意識と仕事を問われずに臆することなく植民地支配の実態を明るみに出すことが、戦後の若い研究者の仕事となった。

二五年（一九五〇）六月に朝鮮戦争が勃発し、その四カ月後に金沢も含めて朝鮮学会が創立されたことは第2節で触れたが、二七年五月に日韓会談が開始されると、植民地支配に対する日本人と韓国人のとらえ方の違いが若い研究者の関心を朝鮮問題に向けた。二八年七月に休戦協定が成立するまで、日本が米軍の補給基地となって経済復興の機会となったことも、問題意識を駆り立てた。

二八年六月に発行された『歴史学研究』別冊は、「朝鮮史の諸問題」を特集とするもので、近代史を見直し、日本帝国主義の朝鮮侵略と朝鮮人民の反抗闘争、日本における朝鮮史研究、在日朝鮮人問題、民謡と民話など、まったく新しい観点の研究が現れた。

三三年五月、朝鮮近代史料研究会が生まれて、週一回の研究会が五〇〇回続けられる。旧朝鮮総督府の穂積真六郎など四名と、姜徳相・権寧旭・宮田節子・梶村秀樹の四名の学生たちが中心となって、双方の立場から朝鮮支配の実態を議論するという、稀有な組み合わせによる研究会であった。同年、三品彰英を中心とする朝鮮研究会も結成されて、『朝鮮研究年報』が刊行される。

翌三四年（一九五九）一月、明治大学で朝鮮史研究会が発会する。旗田巍（明治四一～平成六、当時東京都立大学教授）と金鐘国を中心に学生たちが集まって発起し、青山公亮・末松保和・田中直吉・旗田巍が呼びかけ人となった。毎月の例会に日本人と在日朝鮮人が三〇名ほども参加して、〈研究発表〉と〈紹介〉が報告され、討議された。まもなく『会報』が発行され、会長に青山公亮が選ばれた。三八年一一月に全国大会が開催され、四〇年一一月に『朝鮮史研究会論文集』が創刊される。植民地支配に対する徹底的な追究が試みられる機会が到来し、金沢と日鮮同祖論に対する批判もここから生まれ、出版と教育を通じて拡大する。

三六年、朝鮮問題研究所が『朝鮮資料』（のち『朝鮮問題研究』）を刊行する。また、日本朝鮮研究所が旗田を所長に、梶村・宮田を幹事として発足し、戦前の朝鮮研究に関するシンポジウムを掲載して、『朝鮮研究月報』に掲載していく。

大阪外国語大学に朝鮮語学科設置

日韓会談が朝鮮植民地支配をはじめとするあらゆる問題で主張が異なり、両国で激しい反対運動が起こるなかで、昭和三八年（一九六三）四月、大阪外国語大学に朝鮮語学科が設置された。東京外国語学校で法的に廃止された昭和二年から数えると三六年後のことで、戦後、国立の大学で初めて、朝鮮語専攻の学科が誕生したのである。東京外国語大学にも設置の話はあったが、反対意見が多く、断ったという（西順蔵『日本と朝鮮の間』）。

初年度の朝鮮語学科は、定員一五名に対して応募者は多かったが、入学者は五名に過ぎなかった。

当初、学科主任は中国語学科の金子二郎が兼任し、専任講師に京都大学の言語学科出身で前年から研究外国語としての朝鮮語の非常勤講師であった塚本勲、朝鮮人教師として天理大学に勤めていた金思燁が就任し、非常勤講師の岡崎精郎が朝鮮の地理と歴史を担当した。

このとき金沢は九二歳、ふるさと大阪での朝鮮語学科の設置を知ることができただろうか。

「日帝官学者たちの韓国史観」

昭和三八年（一九六三）二月、韓国の綜合雑誌『思想界』（思想界社）が「韓国史をみる眼」という特集を組んだ。そのなかに、金容燮《ようしょう》（当時ソウル大学校師範大学助教授）による「日帝官学者たちの韓国史観――日本人は韓国史をどう見てきたか」が掲載されていた。

この論文の重要性を認めた梶村秀樹（昭和一〇〜平成元）がすぐに日本語に翻訳し、翌三月の『朝鮮研究月報』に、「資料：南朝鮮の歴史学者による日帝時代の朝鮮史研究批判」として掲載する。解説のなかで梶村は、「南朝鮮の学界においても今日御用学問の本質は十分に認識されていることだけは確かである。…日本人の立場から朝鮮研究のあり方を考えるための一つの史料として読んでいただきたい」と述べている。なお同月、雑誌『親和』（一一二）も、この論文に注目して翻訳し、「日本官学者たちの韓国史観」と題して掲載している。

金は、韓国の歴史学界が植民地時代における日本人研究者の、次のような悪しき影響を脱していないと指摘し、「反省と批判」を通じてあるべき姿へ向かうよう提言する。

日本人の韓国史研究は、彼らの侵略を学問的に合理化するものであった。韓民族の発展過程に対する関心からではなく、現実と直結した政治的意味をもち、植民地文化政策の一環であった。学者たちは朝鮮総督府の支援のもとに、京城帝国大学、中枢院、朝鮮史編修会、満鉄調査部で研究していた。

彼らが規定した韓国史の本質は、「他律性」と「停滞論」であった。他律性とは、韓国史・韓国文化の発展には主体性がなく、韓半島に発生した大事件は東亜の問題の反映にすぎないというもので、稲葉岩吉と三品彰英に代表される。この主張は日本の大陸進出の欲求と一致して韓国人・韓国史を蔑視する精神的支柱となり、韓国人には劣等意識にとらわれる心理的根拠になった。停滞論は、福田徳三（明治七～昭和五、慶応義塾・東京商科大学教授）が、併合前の韓国は日本の藤原時代末期の段階にあり、この後進性は韓国社会に封建制が欠如しているためだと主張した説で、今も四方博の論文にみられる。彼らは封建制社会を西欧中世社会における関係と把握したが、そんな封建制なら日本にも存在しない。

日帝は、このように植民政策を合理化するだけで満足はしなかった。そうして、韓国史の研究から途方もない事実が創作された。それは、日鮮同祖論である。日本民族の祖先と韓民族の祖先は最初はひとつであったのだから、現在の韓民族も日本民族に同化してひとつになることができるという学説（？）であった。韓国史の教育を正当に受けられなかった学生は半信半疑であったが、民族主義者と自任していた人士たちが日帝に屈服して日鮮同祖論に同調するに至ったとき、懐疑は消滅していった。

金は、「他律性」論と「停滞論」、そしてとんでもない創作としての「日鮮同祖論」を批判し、韓国人が韓国史に対して自嘲も誇張もない史眼を備えるべきだと説いたのであった。

一方、金は、日本の朝鮮史学は新しい立場で出発していると言い、その例として旗田巍の『朝鮮史』（岩波全書、昭和二六）を挙げている。旗田が戦前の研究を「余りにも非人間的な学問であった」と総括し、「新しい朝鮮史を開拓せねばならない。何よりも朝鮮の人間が歩んで来た朝鮮人の歴史を研究せねばならない。いま苦難の鉄火にまきこまれている朝鮮人の苦悩を自己の苦悩とすることが、朝鮮史研究の起点である」と述べたことが、韓国の歴史家の共感を呼んだのであろう。日本の戦前の研究者には承服できないところもあったが、石母《いしも》田正《だしょう》（大正元〜昭和六一、歴史学）などが高く評価し（「近代史学史の必要性について」）、若い研究者たちに勇気を与えるものでもあった。ただ、のちに旗田は、その内容が「従来の研究に頼ったところが多いために、古い歴史像から抜けられなかった点が少なくない。とくに停滞論を脱していない点、古代日本の朝鮮支配をそのまま認めた点、朝鮮人の文化の創造力をえがいていない点など、大きい欠陥があった」として、「自分でもよむのが苦しくなり、また社会のためにもならないと思」い、本書を絶版とする。

日本でも日鮮同祖論批判が始まる

金容燮の論文とその日本語訳が出てから四カ月後の三八年七月、朝鮮史研究会第五二回例会の発表に、旗田巍による〈研究〉「「日鮮同祖論」批判」があった。その概要が、『朝鮮史研究会会報』第七号（同年一一月）に掲載される。旗田は次のようにいう。

日本人の朝鮮観には「朝鮮に対する優越感と朝鮮侵略に対する罪悪感の欠如」という大きな欠陥があり、歴史家もこのような朝鮮観の形成に大きな役割を果した。従来の朝鮮史研究は、主として日本史研究者による「日鮮同祖論」の系統と、主として東洋史研究者による「満鮮史」の系統があるが、いずれも朝鮮史を朝鮮民族の発展の歴史とみなかった。日鮮同祖論は、朝鮮植民地支配の基本方針である同化政策の有力な観念的支柱であった。

日鮮同祖論は、日本人と朝鮮との同種・同祖を唱えて親近性を主張すると同時に、日本の朝鮮に対する支配的地位の恒久性を主張する。日本の神々が朝鮮に渡って朝鮮の神になり、日本人が朝鮮の君主になり、朝鮮人が日本に投降・帰化したことを強調して、日本の朝鮮支配が神代の昔から成立し、それが血のつながりによって固められていたという。日鮮同祖論は東大の重野安繹、星野恒、久米邦武らによって学問の形をとり、教科書を通じて普及し、さらに歴史家・言語学者・法政史家があとに続いた。最も熱心に主張した喜田貞吉は、日本は本家で朝鮮は分家であり、併合は分家が本家にもどったもので、自然な姿に復帰したのだと言っている。日鮮同祖論は江戸時代の国学者が記紀によって解釈したもので、記紀そのものも同祖論を生み出すものを多分に含んでおり、その根源は極めて古く根深い。日鮮同祖論は、古記録の解釈において欠陥があり、民族の考え方で根本的に誤っている。

旗田の日鮮同祖論批判の出発点であり、その主要な論点はここに基本的に尽されている。彼の『朝鮮史』では、日鮮同祖論も金沢も批判されてはいなかった。「史学雑誌の古い部分を取り出して見ると、那珂通世・坪井九馬三・吉田東伍・白鳥庫吉・宮崎道三郎・中田薫・金沢庄三郎などの諸氏が、朝鮮古代史について活発に研究を発表し、はげしい論戦を展開している。日本の大陸政策の進展が、その第一歩を朝鮮に向けたのに応じて、日本学界の関心も朝鮮に強く注がれたのである。」（「序」）と書かれているだけである。金容燮論文からいかに大きな影響を受けたか、推察される。

以来、旗田は朝鮮史研究会を基盤に、他の学会誌や一般雑誌にも戦前の朝鮮研究、朝鮮観を批判する論文を発表していった。それらを集めて四四年（一九六九）に刊行された『日本人の朝鮮観』（勁草書房）は、近代の日朝関係に関心をもった人々によく読まれ、引用される書物となった。戦前から継承された朝鮮観に批判的な視点をもたせ、今後の課題と方向は何かを考えさせる点で、旗田の意義は大きかった。一方で、金沢に対する評価を通じてみたとき、その批判が充分な史料に基づかないままに断定され、全体的な否定につながってしまったという感を拭えない。日鮮同祖論の根源が「古く根深い」のはなぜか、記紀は何がどのように間違っているのか、日鮮同祖論はなぜ反発と抵抗も受けてきたのか、朝鮮支配において利用されたが、どれほどの人が共感していたのか。朝鮮支配の教育政策に金沢は賛成していたのか、金沢の日鮮同祖論は他の同祖論者と同じなのか、朝鮮語とハングルにどのような気持ちを抱いていたのか、そういった問題は不問に付されており、触れられないままに、金沢の否定的評価が一般的となった。一方では戦後の学界、教育界において、記紀を否定する傾向が強くなったことも、記紀を実証の手立てに用いた金沢に対する嫌悪につながりやすかったといえよう。

朝鮮に生まれ育った旗田が戦前における自分の生活と研究を振り返って、正面から自己を内省し、批判することは、苦しい葛藤を経なければならない闘いであろう。その困難な課題への逡巡が、自らも属していた「日帝官学者」たちへの批判に投影されたのかもしれない。

しかし、旗田は金沢の研究に啓発されることもあった。例会発表から一年後、『朝鮮画報』（朝鮮画報社、三九年八月、三ツ井崇氏提供資料）が「朝鮮と日本の文化」という連載企画の第一回として、旗田と阿部吉雄・李進熙・許南麒による座談会の記事を掲載したが、そのなかで旗田は、「日本と朝鮮のつながりという点では、地名とか言葉なんかに多分に発見できますね。従来はこの面の研究が、いわゆる「日鮮同祖論」にむすびついて私たちにイヤな思いをさせているのですが、新しい立場でとりあげてよいと思います。例えば橿原（カシハラ）の語の起源は新羅のソホリで、それが一方では高千穂のクシフル峰、筑前のカシヒ宮、畝傍のカシハラ宮となり、他方では当時の朝鮮の首都ソウルまでつながるんだ、と金沢庄三郎さんがいっていますね。それから日本の古語では城をキ・シキと読みますが、キ・シキの音を含む地名は多いですね。例えば大和の志貴（シキ）、丹波の蘇斯岐（ソシキ）などですが、飛鳥（アスカ）のスカもシキの転化らしい。このシ・シキが城を意味することは、朝鮮古代でも同様で、百済や新羅の古い地名にも、キ・シキのつくものが相当にありますよ」と語っている。これらは金沢の年来の主張である。しかし、旗田が「新しい立場でとりあげて」いくことにはならなかったし、日鮮同祖論批判に反映されることはなかった。

旗田は四六年に朝鮮史研究会の第二代会長となり、一八年間務めて平成元年に辞任する。平成六年（一九九四）六月に他界し、同年一二月に大韓民国から日本の文化勲章にあたる宝冠章を授与された。

シンポジウム「日本の朝鮮語研究」

日本・朝鮮研究所が主催したシンポジウム「日本と朝鮮」の一つとして、三八年一〇月、「日本の朝鮮語研究」という題目で、言語学者河野六郎（大正元〜平成一〇、当時東京教育大学教授）が招かれ、旗田巍・宮田節子と対談し、質問に答えた。このシンポジウムは、戦前の朝鮮研究を批判的に検討するために、三八年から四三年まで、「日本における朝鮮研究の蓄積をいかに継承するか」というテーマで、毎回講師を招いて開かれたものだった。

　河野は、朝鮮語の学問的研究は平坦な道を進んだのではなく、少数の篤志家の不撓の努力によって基礎が固められた、朝鮮語の研究に言語学的な方法を導入したのは金沢であると言い、明治の朝鮮語研究において注目すべき学者として金沢、鮎貝房之進、前間恭作、小倉進平の四人を挙げた。朝鮮総督府は研究を奨励するどころか、むしろ反対の政策をとっていたと語っている。金沢は吏読と吐の研究を発表し、仮名の原型がすでに朝鮮にあったことを実証した、また、『日韓両国語同系論』は材料にアナクロニズムを含むことはあるが、ともかくも比較言語学の方法を導入した最初の試論であった、白鳥庫吉の研究は厳密にいって比較言語学的とはいえない、と述べている。『日鮮同祖論』はかなり実証的な研究であって、なかなか他の人が気付かないような問題が出ていると評した。そのうえで、「同系論ばっかりでしょう?先生のは」と、辟易したような気持も洩らしている。そう感じていた人は、多かったのだろう。

　旗田が「金沢先生の考え方は、朝鮮というのは日本の分家なんだ、日韓併合は本家に帰って来たんだという考え方なんですねえ。」と問うと、河野は「分家、本家というのもあれですけれども、むつかしいですね、その点は」と言葉を濁している。旗田は喜田貞吉の表現と混同したのかもしれないが、金沢には「朝鮮は弟日本は兄」（一五〇頁）と題した論説があったから、同じものとして記憶されたのだろう。

日鮮同祖論批判の継承と拡大

昭和四一年（一九六六）、金沢がこの世を去る一年前であるが、朝鮮史研究会・旗田巍編『朝鮮史入門』（太平出版社）が刊行された。冒頭の「総論　朝鮮史研究ノ課題」は旗田によるもので、戦前・戦中の朝鮮史研究には重大な欠陥とゆがみがあったと指摘し、「日鮮同祖論」について次のように記述している。

> 日本史の立場から朝鮮史を考える者は、日本国家の起源、その後の日本史の発展を知るために、朝鮮史に目をむけた。そこにつくられたのが「日鮮同祖論」である。これは「日鮮同種論」あるいは「日韓一域論」ともよばれる。一方では、日本と朝鮮とが同一の祖先からでて血をわけた近親関係にあったことを説き、他方では、太古いらい朝鮮が日本の支配下にあったことを説いた。いわば、朝鮮に対する日本の家長的支配を主張するものである。…「日鮮同祖論」は、日本が朝鮮を併合する時期になると、いちだんとつよく主張された。併合直後の一九一〇年一一月、『歴史地理』（日本歴史地理学会機関紙）は、臨時増刊号として、「朝鮮号」をだしたが、これには、幣原坦・星野恒・坪井九馬三・久米邦武・関野貞・吉田東伍・萩野由之・大森金五郎・喜田貞吉・那珂通世（故）・黒板勝美・三浦周行・岡部精一・田中義成・渡辺世佑・今西竜・辻善之助・金沢庄三郎・藤田明その他が顔をならべている。当時の主要な歴史家が、総動員された観がある。なかには、政治的発言をまったくさけた者もいるが、大部分の者は、「日鮮同祖論」の立場から、併合を礼賛している。…「日鮮同祖論」は、日本の朝鮮支配政策の根幹をなす同化政策にとっては、きわめて好つごうな

主張であった。朝鮮人の民族運動をおさえるひとつの観念的武器になった。…「日鮮同祖論」は、日本の朝鮮支配に好つごうの考えであったから、政策的におおいに利用された。また、日本人の意識にも大きい影響をあたえた。

このような記述が、『朝鮮史入門』を手にした人々に浸透し、罪深い学者としての金沢観が形成されるのは自然な成り行きであろう。「日鮮同祖論」という用語は、著書によって誰よりも金沢に直結するのである。金沢自身は誇りをもって日鮮同祖論者を自認していたが、彼の思いとは異なった日鮮同祖論者として、朝鮮支配において最も問題を含んだ存在となっていく。

旗田は『歴史地理』に触れているが、その「発刊の辞」は、韓国併合が「古来の史的懸案を解決」し、「黎民塗炭の苦悩を救済すべき天職を遂行」した「千載の快事」であり、日本と朝鮮の人種・言語が同系で、政治的文化的に深い関係を有することが併合を導いたと説いている。それは金沢も例外ではなかったが、同誌に執筆した「朝鮮に於ける国語問題」は、一千万の朝鮮民衆が古来用いてきた朝鮮語を簡単に日本語に置きかえることはできない、朝鮮語を一方言と位置づけるべきである、日本人と朝鮮人は互いに相手の言語を重く考え、日本人は朝鮮語を学ぶべきであると主張し、ハングルの優秀さを述べたもので、むしろ朝鮮における言語政策に対する批判であった（一五一頁）。

一方、梶村秀樹が、「「日韓併合」のときにそれを合理化するイデオロギーとしての「日鮮同祖論」が、著名な言語学者金沢庄三郎らによって唱えられた」という。

「「お国のために」という意識で進んで御用学者をふるまっていくわけです。…日本国家の権威づけを古代にまでさかのぼって「学問」的に与え、教育の領域に導入させ、一方では侵略を合理化するために朝鮮の歴史をおとしめ、無価値のもののように描き出した」と述べている。金沢は朝鮮語とハングルに傾倒し、「無価値のもののように」描いてはいないが、梶村は金容燮論文の翻訳を通じて、徹底的な批判の必要を感じたのだろう。梶村は、戦前の研究と戦後民主主義のもとでの朝鮮観への批判がまだ十分ではないと考え、危機感を抱いていた。多くの人々が日本人の朝鮮観を論じ始め、歴史家も先頭に立って戦前の「日本人の朝鮮観」を論じているが、「自分自身を脇に置いて図式的に慨嘆しているだけなのでなかなか深まらない」と感じていたのである（梶村「排外主義克服のための朝鮮史」昭和四六）。のちに梶村は『朝鮮史』（講談社現代新書）のなかでも、植民主義史観の一類型として「日鮮同祖論」があるが、これは、「日本と朝鮮とはもともと祖先は同じでしかも日本の方が兄だから、『併合』は落ちぶれた分家が本家に戻ったようなもので、植民地支配ではないといいなすようなものである。両国の間に歴史的・文化的近縁性と密接な相互関係があるのは事実である。だが、「日鮮同祖論」はそうした事実を素材に、荒唐無稽な物語りを造作したものにすぎず、植民地支配を永久化せんとする邪悪な願望が見えすいている」と述べている。

こうして、植民地支配における同祖論の政治的利用が注目され、同化政策に加担した金沢への批判は当然のこととなった。たしかに、金沢には他国を侵略しているという意識がほとんど見えず、同化政策に積極的であったという点で、他の学者と同様に、朝鮮半島の人々に対して釈明できないであろう。しかし、彼が古今の史料を考察した結果を数々の著作で公表し、朝鮮人の朝鮮語使用を認めるよう主張し、ハングルを称賛したこともまた、事実である。旗田や梶村の主張は分かりやすく、説得力をもっていたが、金沢の著書からではなく、むしろ新聞・雑誌に現れた時局的用語としての「日鮮同祖」から敷衍された同祖論批判であったように思われる。そして、このような評価によって、金沢の朝鮮語、ハングル、朝鮮人に対する傾倒がまったく見えないものとなったことは否めない。

四二年八月の『朝鮮史研究会々報』に、「〈翻訳〉金容燮著「日本・韓国における韓国史叙述」」（のますすむ訳）が掲載されている。四一年に韓国の歴史学大会で発表され、『歴史学報』（三一）に掲載されたもので、金論文に学んだ旗田や梶村による戦前の研究の批判を参照し、解放後も含めて、両国の韓国史研究者とその著作について記述した。日鮮同祖論については、稲葉岩吉の「朝鮮史」における「日韓同源論など…」（第六章第2節）に注目し、「彼等は日鮮同祖論や強圧だけでは韓民族の服従を期待すべくもないことを知るようになった」と述べたにとどまっている。

学問的真理と政治的関係

昭和四二年（一九六七）二月一〇・一一日の『朝日新聞』に、石田英一郎（本章第1節）の「歴史としての神話」が掲載される。大和朝廷の「朝鮮経略」についての所感であるが、それは、朝鮮民主主義人民共和国の科学院歴史研究所の機関誌『歴史科学』一号（一九六三）に掲載され、『歴史評論』（昭和三八年五～九月）に鄭晋和の翻訳で掲載された、金錫亨の論文「三韓、三国の日本列島内の分国について」をきっかけとするものであった。金錫亨（一九一二～九六）は、昭和一五年三月に京城帝国大学法文学部史学科を卒業し、解放後は北へ移って、当時、科学院歴史研究所所長であった。

金は、神功皇后の新羅征討や任那の経営などはなんの根拠もない、反対に、朝鮮半島から三韓・三国の人たちが日本列島に住みついて各地に分国を築いたのであり、帰化人どころか、大勢力であって、それらの分国が次第に本国と離れて日本の統一国家勢力に包括されていった、それが記紀に歪曲転倒して伝えられたのだと主張していた。日本人の解釈を一八〇度転換させたとして、日本が親あるいは兄・姉とする日鮮同祖論の逆であるとも言われた。日本の歴史学界は衝撃を受け、朝鮮史研究会大会の村山正雄報告で翻訳が配布されると知った人々が大勢詰めかけたという（宮田節子「朝鮮史研究会のあゆみ」）。村山は金論文に対する反論を述べ、『朝鮮史研究会論文集』創刊号に論文を掲載した。

石田はもともと、戦後の日本史学者による記紀の解釈に納得できない点があったので、四世紀の大和朝廷に朝鮮半島へ大規模な動員を起こすだけの軍事的勢力がありえたかという疑問に触れた金論文を無視できなかったのだが、しかし、朝鮮半島の学者にも問いたいと、次のように述べた。

今日なお北でも南でも、古代日本の南朝鮮経営ばかりでなく、日韓両民族の同系同祖を論ずること自体が、日本帝国主義の侵略思想の所産として、排撃されねばならぬもののように見える。なるほど日本人学者の過去の日鮮両民族同源論が、日韓併合を正当化する目的のために利用されたことは事実だ。だが、そのような政治的事実がどうして遠い過去にわれわれ両民族が言語的・文化的・人種的に現在よりも近い関係にあったか否かという客観的な判断のキメ手になりうるのだろうか。たとえば比較言語学の研究が、ある二つの民族の言語が同系であることを、疑う余地のないまでに証明したとすれば、この結果は、両民族の政治的関係がどういう状態にあるばあいにでも、常に真理である。日鮮両語のあいだには、印欧語におけるほどの親縁関係は証明されていないらしい。しかし、記紀の神話をつらぬく一本の線が、朝鮮半島→西日本の密接な関係を示していることは、両国の不幸な過去の政治関係とはかかわりなく、何らかの学問的な解釈を要請する問題であろう。

石田は二三年の「対談と討論」で、弥生時代には日本語が話されていたという説に立ち、建国神話の一致点、クシ・フル・ソホリなどの語が共通であることに強い関心をもっていた。神話のなかに「歴史としての」意義があると考え、記紀否定の風潮を看過できなかったのである。同源論は植民地支配において利用されたが、植民地支配が終われば学問の対象にならないというものではなく、時代を通じて追究されるべき学問的テーマである、両国の密接な関係を示唆する記紀の研究が深められるべきであると考えたのであった。

この論考と同月の『現代のエスプリ』(二一号、特集「日本文化の源流」)に、石田は編者として喜田貞吉の「日鮮両民族同源論」を転載している。解説のなかで、「この闊達自由な博士の精神をもってしても、明治—大正の交における日本帝国主義の朝鮮支配という政治的制約を免れえなかったという事実…この点はあるいは言語学における金沢庄三郎博士の『日鮮同祖論』をも含めて、この種の問題にふれたほとんどすべての日本人学者には、多かれ少なかれあてはまるところであろう」と、時代の「政治的制約」の大きさを指摘している。そして今も、朝鮮の学者が日鮮同祖論は帝国主義者の妄想だといえば、日本の進歩的歴史学者がなるほど同祖論はバカげた間違いだったと応じる一方で、大和朝廷の南朝鮮経営を肯定していることに、歴史感覚の不確かさを感じたのであった。石田のいう「政治的制約」、あるいは社会的環境による制約は、おそらくどの時代にも「免れえな」い難問であろう。時がたち、過去となって初めて、少しずつ見えてくるものではないだろうか。

金沢はこの記事を読んだのだろうか。彼は、この時から四カ月後に他界するのである。そして石田も、翌年一一月にこの世を去る。

5　終焉

東京別院の日々

金沢最晩年の数年間、食事の上げ下ろしから入浴の世話、掃除など、身の回りの世話にあたっていたのは、長谷寺《ちょうこくじ》の若い用僧たちであった。そのなかの一人、服部正明（故人）によると、金沢の生活は孤独で、隠れ人のようであった。あまり外に出たがらず、娑婆世界を避けているようであったが、時折教え子や身内が訪れると、嬉しそうに破顔一笑したという。

服部は、山のような本に囲まれた部屋で和服を身につけた金沢が、日当たりのよい机に向って点眼鏡を使いながら、一心不乱に黙々と勉強している後姿を、毎日眼にした。

金沢は、身長が一六〇センチもなかったと思われるほど小柄であったが、筋金入りの古武士のようで、威厳があったという。「頑固一徹」という言葉が、服部の口からも漏れている。余分なことは言わないが、話すときにはゆっくり、淡々と話した。教えることが身についており、説得力があって、長い間やってきた研究への自信と信念を感じたという。紙の短冊を輪に通したものを持っていて、いろいろな言語が書いてあり、「便利がいいだろう」と満足そうであった。菓子折などの紙を捨てないで保存し、この短冊にも利用していたという。

食事は寺でつくる精進料理だが、服部など用僧とは違って、役寮（役員待遇）に出すものと同じ献立であった。八〇歳を超えた金沢は少食で、出されたものに不満を言うことはなかった。夕食には日本酒一合を火鉢で燗をし、ゆっくりと楽しんでから、食事にとりかかった。その場にいた男性は酒の相手に誘われることがあったが、酒が入ると機嫌よく、饒舌になり、よく笑っていた。風呂はいわゆるカラスの行水で、早々と上がってきたという。

金沢を回想するときには、ほとんどの人が「ケチ」と評する。服部もその一人だが、お年玉に二千円もらったことがある。当時の子資料（給料）が八千円であったから、思いがけない大金であった。そういった気前のよさが、広島まさるに対する結婚祝いもそうだったが、時にはあったようだ。

九〇歳前後から金沢に老衰の兆しが見え、物忘れが多くなってくる。足が弱り、ほとんど桐炬燵に入っていた。ひとりで歩くことが難しくなると、用僧たちや松樹素道に背負ってもらって移動しなければならなかった。それでも、話が言語学に及ぶと、たちまち凛とした態度に変わったという。彼は亡くなる直前まで、研究に意欲的であった。九三歳の時にも、「いまは学者が多くいるが、ひとの研究していることをしなければ種がないのでは困るけれども、そうではないから、私はひとの手をつけていないことを研究しようと思っている」（「国語学会創立二十周年に寄せて」）と語っている。

ウイスキー、葉巻、うな重

八十代でも金沢は強いウイスキーやジンを好んだが、多喜夫人が健康を案じて、日本酒に変えさせたことがあった。しかし、夫人が鶴見女子短大の渡辺三男にジンを譲ったのを知っていた金沢は、大学に行くと、渡辺三男の研究室を訪れては所望したという。

彼は他界する直前まで晩酌を欠かさず、葉巻を手から離さなかった。ウイスキーや葉巻が体に悪いということはない、酒は薬石だ、葉巻は香りがよいので周りの人も楽しめる、と語っていた。葉巻のことでは、皆が面白そうに、なつかしそうに回想する話がある。葉巻をハサミで切って吸っていたが、次第に短くなってくると、葉巻に釘を下から刺して、その釘を持ち、葉巻がなくなるまで吸っていた姿である。こんなことも、充分に「ケチ」を証明する逸話の一つになったのだろう。

金沢の好物の一つが、うなぎであった。近くの宮川という店からうな重を取り寄せたが、注文は一つだけであった。一人で蒲焼を肴にゆっくりと酒を楽しんだあと、多喜がタレのついたご飯にとりかかるのだった。「お多喜、食え」と言われた夫人が「あい、あい」と応じ、それが自然でなんの違和感もなかったという（松樹素道氏談）。鶴見女子短大での昼食も、鰻丼を注文することが多かった。

頑固に、いちずに、誇り高く

晩年の金沢を知る人々は、彼を評して次のようにいう。

頑固、一徹、梃子でも動かない、妥協しない、いちず、自説をまげない、言い出したら聞かない、狷介《けんかい》、人にへつらわない、政治的な動きをしない、決断が早い、潔癖、神経質、きちょうめん、清潔、誇り高い、自由でいたい、こだわらない、気がきかない、自分にも他人にも厳しい、怠惰を許さない、社交下手、孤独、人を寄せつけない、好き嫌いが激しい、感情が顔に出る、人を信じやすい、だまされやすい、ジェントルマン、貴公子、字は旧字体で一字一画くずさない、けち、…そして、学問ひとすじ。

よく似た言葉も多いが、聞いたとおり、すべてを挙げてみた。時と場所と人によって、それぞれに真実が含まれているようであり、いくつかにまとめてしまうのも危ないと思われるからである。

彼の頑固さは、それが語られる時の表情から推測すると、実に人を困らせ、辟易させるものであったようだ。思い決めると、人から何と言われようと考えを変えない、思うままを通そうとしたのだが、それは人との交渉に断絶をもたらし、不利あるいは危険に身をさらすことでもある。恩師から遠ざけられ、友情を損なうことにもなり、その結果、孤独を免れない。しかし、その孤独が彼に内省と考察の時間を与え、学問の強靭さを養うことになったのかもしれない。

清潔というのは、精神的な意味だけでなく、日常生活の衛生的な面でもそうであった。鶴見女子短大の女性教職員は、金沢の家の掃除をすることがあったが、廊下などを拭くとき、便所に近くなったら雑巾を変えてほしいと言われている。

服装は、大学でも町中でも人目をかまわないことはすでに何度か触れたが、地下足袋《じかたび》の話もある。渡辺三男は戦後の復興の様子を金沢に見せたいと思い、あるとき銀座の一流レストランに招いたのだが、金沢が履いていたのは、地下足袋であった。弱くなった足には履き心地がよく、甥の正美宅に行ったときにも履いていたが（二七五頁）、レストランではみんなの視線が集まり、渡辺はちょっとてれくさかったという。

言葉も、大阪弁を東京の言葉に強いて替えようとはしなかった。「私は上方で生れたもので、青年時代から東京に居りますけれども、誠に生国の訛が抜けないと学校での講義を聴いた人達から何時も言はれるのであります」（「内鮮言語の関係」）と語ったが、替えるつもりもなかったのである。

彼の発言や行動が普通の尺度から少しはずれており、それが徹底していたために、誤解されることが少なくなかったのではないだろうか。身の処し方において画策や根回しをすることがなく、他人の思惑を考えて遠慮しておくということも少ない。そういったことも、誤解を生みだしやすい。

ケチという評価については、彼が大阪の商家の出身であることに帰する人もいて、それもありうることだろう。大阪では、「始末する」という、節約・勤倹を旨とする言葉を美徳としてよく使った。ただ、ケチと全く同義ではない。金沢の「ケチ」の要因は、推測だが、彼の稀覯書蒐集への情熱ではなかっただろうか。彼にとって種々の文献は研究の糧であったが、蒐集癖にも変じており、それには莫大な出費を要した。ほんの僅かの出費も蒐集に回したい気持ちになっていたのではないかと思われる。もうひとつ、妥協することなく自分の学問を主張していくためには、経済的な基盤が必要であることを強く感じていたのではないだろうか。安定した職場をさっさと辞任してしまう性格でもあり、生活においても学問においても脅かされ、譲歩することがないようにするためではなかっただろうか。

壮年期の彼を知る人はいないが、戦後の金沢に接した数人は、金沢が自説を曲げてまで権力におもねるとか、植民地支配の片棒をかついでおこぼれをもらうようなことは、まず考えられない、ありえないことだ、それが先生のすばらしいところだったと熱心に語った。そんな気働きができるなら、もっと安らかな晩年を送られたであろうと。

このような性格の金沢と様々な人々の間で、多喜夫人は何かと苦労が多かったことだろう。親戚が来ても、研究が妨げられると不機嫌を隠さなかったので、小うるさい、ケチなおじさんということになり、親戚は夫人には接しても、金沢には次第に近づかなくなる。

多喜夫人が逝く

多喜夫人に接したことのある人々は、皆、「品のよい」「達筆の」「美しい」女性と讃える。口数は少なかったが、寡黙ではなかったし、遠慮深かったが、臆することもなかったという（芦原田鶴子氏談）。戦後になって、天皇に対する国民の言葉遣いが非常に悪くなったと、多喜は批判的に語っていた。ごく小柄で、古風な印象を与える彼女は、表に出たがらず、時々金沢と手を取り合って別院の境内を散歩するくらいであった。

金沢は、東京別院から近い日本赤十字病院に痔の手術で入院したことがある。夫人は毎日のように毛筆で手紙をしたため、松樹素道が金沢へ届けた。手紙を持っていかないと、「お多喜は何をしている。なぜ手紙が来ない。」と追及するので、松樹は戻って多喜に書いてもらい、また届けに行ったという。ついでの小話だが、金沢はかなりの現金を入れた胴巻を肌身離さず身につけていたが、手術のときも絶対にはずさないと言い張り、医者と看護婦の説得に応じなかったという。胴巻に入っている現金が多くなると貯金するのだが、そのように経済的なことはすべて自分がやり、「お多喜は計算ができない」と言って、そのつど必要なだけを渡していた。彼女は不自由な思いを自ら整理していったのだろうが、長い年月の間に慣れて、かえって楽であったかもしれない。

四一年三月二十日の夕刻、多喜は八十九歳で生涯を終える。彼女は虚弱で持病を抱えながら、思いのほかに息災で、金沢と長い歳月を共にしたのであった。

「奥様が御他界なされてからは、どんなにおさびしかったか推察に余りある。ご自分も、もう御歩行ができがたくなられましたから、永平寺別院の御葬礼には、大きな乳母車のような車に、安座されたまま御焼香をなされたが、さすが掩いがたいおさびしさを人々が暗涙を呑んで拝したものだった」と、金田一京助は記している（「恩師金沢庄三郎先生」）。聖心女子学院の生徒であった加藤淑子が、「先生、しっかり遊ばして」と声をかけると、金沢は、「ありがとう、僕も男やからね。でも皆さんで僕をはげまして頂戴。」と答えた（加藤前掲文）。

このとき九五歳の金沢は、すでに多くの家族、親戚、友人、知人、先輩、後輩を見送っていたが、ついに妻の多喜を失ったのであった。子どもがいなかった二人は、六〇年以上を寄り添い、向かい合うことが当たり前の生活であった。家中のすべてに多喜の面影がとどめられるなかに金沢はひとり居て、喪失の大きさに気づき、茫然と寂寥をかみしめたことであろう。

弟源之助も逝く

四二年五月三一日午後、弟の源之助が愛知県尾張旭市で九四歳の生涯を終える。

源之助は妻ためとともに、三男の正美・吉野夫妻の家に新婚当初から同居しており、ためは三九年に他界していた。

庄三郎と源之助は何かと対照的で、源之助は背が高く、寡黙でおとなしい性格であった。兄に代わって米穀商を継ぐはずであったが、倒産の憂き目に遭い、神職の資格をとって東京大神宮と伊勢神宮の禰宜となった。端正な容姿に神官の衣裳がよく似合い、皇室・皇族の担当になったという。

源之助は、帝国大学を出て「辞林博士」と言われた兄に対して敬意を払い、会えば深々と頭をさげるほどであった。経済的な援助も何度か受けたので、兄とのつきあいは重荷でもあったが、息子たちが兄と対等に話せるようにしたいと願って、教育熱心であった。

源之助の次女、大友好子は、葬儀を済ませるとすぐに、父の他界を伯父庄三郎に報告するために上京し、東京別院を訪れる。「おお、源之助が死んだか。」と金沢は言って、悲しみにくれ、自分もいっしょに連れていってほしかったのにと嘆いたという。そして翌日、自宅に戻った好子を待っていたのは、金沢が亡くなったという知らせであった（大友好子氏談）。

生涯を終える

六月二日午後一時四〇分（渡辺三男「金沢庄三郎博士の人と学問」による。除籍簿と新聞各紙では二時）、永平寺東京別院長谷寺境内の自宅で、金沢庄三郎は九六歳の生涯を終えた。多喜夫人が逝ってから一年三カ月後であった。

渡辺三男によると、金沢は九二、三歳頃から外出することがなくなった。「それでも病臥されるというのでもなく、お見舞いすると、いつも身辺に書籍や原稿様のものをうず高く積み重ねた中に坐っておられた。それからさらに後、もうわたしがほんとうにはおわかりにならないのではないか、と思うようになってからも、しばらくはそのとおりであった。学究として生涯を貫かれた老先生の、執念とでもいうべきものを見る思いであった」と述懐する（渡辺「金沢庄三郎先生の人と学問」）。

五月末に金田一京助が金沢庄三郎を見舞ったときには、「ご容体が神々しくお痩せになって、もうお口はきかれなかったが、お耳は確かで、物申上げるとお目でおうなづき下さった」という（金田一京助「在天の恩師に捧ぐ」）。その金田一もすでに八五歳であったが、六月二日、講義を終えてから再び見舞う。すでに金沢はこの世の人ではなかった。

金沢の死去は、翌日に新聞で報じられたが、訃報欄の一件に過ぎなかった。『朝日新聞』は、「金沢庄三郎氏（鶴見女子大教授・国学院大名誉教授）二日午後二時、老衰のため東京都港区西麻布二ノ二一ノ三四の自宅で死去。九十五歳。告別式は五日午後二時から三時まで同番地の長谷寺で。大阪府出身。「広辞林」の編者としてしられる言語学者。三十九年に勲三等瑞宝章を受けた。」と伝えた。他紙もほぼ同じだが、『読売新聞』は「辞林・広辞林の著者で東洋語学の権威」として顔写真を載せ、『毎日新聞』は「アイヌ・朝鮮語の研究を生涯にわたって続けた。身寄りはない。国学院大学名誉教授。麻布あけぼの幼稚園長も兼ねていた」とも記した。そして、これらの訃報記事以外には、他の紙面に業績などが載ることはなかった。様々な意味で時代の折々に話題を提供してきた金沢は、『広辞林』の編纂から離れ、朝鮮植民地支配をめぐる批判の的となって、その死のときも研究を問われ続ける存在であった。それが、各紙に積極的な評価をためらわせたのかもしれない。

六月五日、東京別院において葬儀が行われた。多喜夫人の時と同じように、永平寺監院丹羽廉芳を導師として、本堂に銅鑼の音の響くなか、僧侶たちの読経が続いた。

金沢が没して三カ月の後、九月一三日付『朝日新聞』夕刊の「標的」欄に、「石頭」の署名で、「国語辞典」と題する記事が掲載された。「「広辞林」の編者金沢庄三郎博士、「広辞苑」の編者新村出博士が相次いでなくなられた。新村博士（八月一七日没）についてはどの新聞も大きく業績を報じたが、日本語・朝鮮語の比較研究に偉大な功績を残した金沢博士については簡単な死亡記事が出ただけであった。これを不満に思っていたら、ようやくわが意を得た一文に接した」という。その一文とは、神戸の小さな俳句同人誌『笹』八月号に伊東正雄（甲南大学教授）が書いたものであった。伊藤は、今は『広辞苑』のお世話になっているが、中学時代以来、終戦までは『広辞林』で国語を習ってきたと言い、三九歳（三六歳）のときに独創的な『辞林』を完成させた金沢の精根に感嘆する。ところが、「新聞がこの国語文化史上の大恩人の死を報ずるのに、わずかに〝代議士母堂〟の死と同じくらいのスペースしか割かなかったのには、甚だあきたらぬ思いを禁じ得なかった」。この一文に「石頭」記者は「同感至極」だったのである。

確かに、金沢と新村の没後の報道と顕彰は、かなりの違いがある。四六年から『新村出全集』一五巻が刊行されるが、金沢の場合、二〇年ほど後に一巻の著作集（草風館）が刊行されただけで、今に至るまで全集は刊行されていない。『広辞林』の時代から『広辞苑』の時代への移行、弟子や子孫の存在、そして日鮮同祖論批判の浸透が大きな要因であったと思われる。

それでも、二、三の学会誌に追悼記が執筆されたので、紹介しておきたい。

追悼記

『国語学』六九号（国語学会、四二年六月）は、巻末に金沢の訃報を伝え、七〇号（九月）に時枝誠記による「金沢庄三郎博士の国語学上の業績について」を掲載した。これは死去にあたって書かれたものではなく、三年前の勲三等拝受祝賀講演会における時枝の講演（三〇八頁）の原稿が加筆されたものである。時枝はまえがきでそのことを記し、さらに、「明治以後の国語学の流れからいへば、先生は、反主流的立場に立つて居られたやうである。しかし、反主流的立場に立つてゐたといふことは、先生が、近代言語学を、正当に継承されなかつたことを意味するものでは、全然ない」と付け加えた。奇しくも時枝は、翌一〇月に他界する。七〇号の巻末に新村出の訃報が伝えられ、七一号に池上禎造の追悼記「新村出博士と国語学」と柊源一による詳細な略年譜を掲載した。

朝鮮学会では、『朝鮮学報』四五号（四二年一〇月）に、中村完（昭和七〜平成一七、言語学、当時天理大学助教授、のち東北大学教授）が「金沢庄三郎の朝鮮学」を執筆した。東京教育大学で河野六郎に師事した中村は、金沢と面識はなかったが、朝鮮研究史における業績をたどり、批判と共感をこもごも記述した。

中村は「日韓両国語同系論」について、「こんにちから見れば、方法上の概念に精密を欠くとはいうものの、内容は充実して今なお啓発されるところが多い…時代の生んだ最高の系統論であることは間違いない」と評し、「遂に古代の如く同化するに至つたならば、実に天下の慶事である」という部分については、「率直なことばの中に、邪気のない明治の楽天性を見ることができる」と述べた。また、『言語の研究と古代の文化』は若々しい意欲にあふれ、「単語比較を通して文化に接近するところの、東洋学を構想するところにまで進展」しているという。金沢の研究の主力は日本語の方で、とりわけ『日本文法新論』を出色の著作とする。『日鮮同祖論』は整然としたものではないが、「実に手堅い事実の考証につらぬかれていて」、「一般にいわれるように宣伝的なものとは、およそかけ離れている」、「問題にされる割に本当に読まれることの少なかったのが、この同祖論で」あり、「学問と政治の関係を反省させる絶好の例である」と述べている。

そして、「相違点をはじめから捨象して、類似点にのみ眼をうばわれるような比較は、真の比較の方法とはいえぬであろう」と批判したうえで、「終始、自己の方法をつらぬき通した数少ない学者のひとりで」あり、雄大な彼の研究から「たえず新しい問題を発見することができる」と記している。当時広がり始めた否定的な評価から一歩離れて、金沢の歴史的意義を認めようとしたものであった。しかし、この評価はやはり歓迎はされず、ほめすぎだという苦情をもらったという（中村完氏談）。

『鶴見女子短期大学紀要』第五号（四三年三月）には、渡辺三男が「金沢庄三郎博士の人と学問」を執筆した。渡辺は金沢の業績と事績をていねいに紹介し、ごく近いところにいた立場から、いっこうに減らない酒と葉巻、奇抜な服装など、日常生活も浮かび上がらせた。そして、「大正六年二月、願いに依って東大講師を退かれた…先生、この時満四十五歳。以来、大正九年一二月に教科書調査委員を嘱託されたほかは、一切官辺に近づくことをなさらなかった。詳しいその間の事情を詮索することはご遠慮したが、心境を屈原《くつげん》の漁父の辞に托して、書斎を「濯足庵《たくそくあん》」と号し、最後のお宅の玄関にも半島出身の某書家揮毫の扁額が掲げてあった」と、詳細を知るに至らなかった辞職に触れている。

永平寺に眠る

曹洞宗大本山永平寺は、白山の北部の森に広大な寺域を擁して佇んでいる。杉の巨木のなか、正門を入ると、右手に落差の大きい永平寺川が水音としぶきを上げて流れており、川をさかのぼって寂光橋を渡ると、開山道元禅師に始まる永平寺歴代の住職の墓地、寂光苑がある。

寂光苑の手前に本山特別功労尊宿《そんしゅく》と一般特別縁故者の墓地があって、ここに金沢庄三郎・多喜夫妻の墓がある。夫妻の墓石は、見過ごしてしまうほど小さく、ふつうの墓地にあっても、最も簡素な墓に属するであろう。正面に「月江庵禅心無得居士」と「松風庵禅室智月大姉」、左側面に「文学博士金沢庄三郎夫妻」、右側面に「永平泰禅書」、背面に「昭和廿一年九月建之」と刻まれている。

夫妻の墓は、東京別院長谷寺の墓地にもある。本山の墓石と同じ位の大きさで、正面に「金沢庄三郎夫妻之墓」と刻まれ、傍らに仏子泰夫が制作した胸像が置かれている。

金沢が九六歳まで永らえることを、家族の誰が想像しただろうか。病弱で、小児麻痺もわずらった彼は、このうえなく大切に育てられた。彼は、とりわけ母智恵子が自分の適性を見抜いて、帝国大学に入って学問の道へ進むように遺言したことに万感の思いを抱き続け、常に母の励ましを背に感じながら、ひたすら学問に勤しんだのであった。

「「幼時の思いで」をと請わるるままに、私の頭に浮び出すものは、この懐しい「母親」と、生れ故郷の「大阪」の外には何物もありません」（「瓦屋町」、二五頁）と、八二歳の金沢は語っていた。彼はあの世に行くとすぐに母をさがし、まっしぐらに駆け寄ってその胸に跳びこんだのではないだろうか。

金沢夫妻の墓（永平寺境内）
左端の小さな墓碑。

金沢夫妻の墓（長谷寺境内）

終章　濯足

濯足と号する

金沢の雅号は、「濯足《たくそく》」であった。「序」や「あとがき」の署名に添え、蔵書目録の書名に用い、住いを「濯足庵」と称した。「濯足」の出典は、紀元前三世紀前後に揚子江中流にあった楚の国の、屈原《くつげん》を中心とする詩人たちの作品を集めた詩集『楚辞《そじ》』の中の「漁父」である。屈原は懐王に仕えて信頼を得ていたが、中傷によって失脚し、追放される。流浪の果てに汨羅《べきら》で身を投げてしまう、その心境と生きるすべを主題とした詩である。

ある沼沢地のほとりで、漁父が屈原の憔悴した姿を見かけ、不審に思って事情を尋ねる。屈原は、皆が濁っている世に自分だけが清らかで醒めていたために放逐されたと嘆いた。漁父は、聖人は物事にこだわらず、世の動きに合わせながら進むものなのに、なぜ共に濁らず高潔に振舞ったのかと問う。屈原は、この身に世俗の塵埃をまとうくらいなら、河に跳び込んで魚の餌食になるほうがよいと答えた。漁父は微笑し、舟を漕いで立ち去りながら、歌う。

滄浪之水清兮　　可以濯吾纓　　滄浪之水濁兮　　可以濯吾足
滄浪《そうろう》の水清《す》まば　以て吾が纓《えい》を濯《あら》う可し　滄浪の水濁らば　以て吾が足を濯う可し

滄浪（川）の水が澄んでいる時には冠の纓（ひも）を洗い、水が濁っているときには足を洗えばよい、「濯纓濯足」といわれるこの詩から、金沢は「濯足」を号として選んだのである。

金沢の場合、言語学に原則的な姿勢を貫こうとして、周りの動きに合わせることなく主張しては疎まれ、身を引き、あるいは放逐されることがあった。「濯足」は、屈原に通じる高踏的な誇り高さがあることに思い当たった彼の、自戒を込めた座右の銘だったのではないだろうか。

濯足文庫

金沢は生前に蔵書の一部を永平寺に寄進していたが、没後、自宅に残っていた蔵書も永平寺に送られた。そのすべてが、四九年、駒沢大学附属図書館に寄託される。六〇年、最終的に寄贈になり、既に図書館に寄贈されていたものと併せて、金沢の雅号を冠し、「濯足文庫」が生まれた。六二年に目録が完成する。

濯足文庫は、和漢書が仏教・禅学、文学・語学、歴史・地誌、社会科学など一九二二冊、逐次刊行物が一二四冊、洋書が文学・語学と歴史を中心に雑誌も含めて一〇四冊で、合計二一五〇冊とされている。多数の稀観書のほか、自筆原稿・草稿があり、贈呈されたものも含まれる。

自未得度先度他

「自未得度先度他」（じ・みとくど・せんどた）、もとは『大般涅《ね》槃《はん》経』にあって道元の一二巻本『正法眼蔵《しょうぼうげんぞう》』の「発《ほつ》菩《ぼ》提《だい》心《しん》」巻にあるこの言葉を、晩年の金沢は若い人々にしばしば語った。「みずから未だ度《わた》らざる先に他を度す」、あるいは「おのれ未だ度ることを得ざるに先ず他を度す」。自分はまだ得ていなくても、まず他の人が先に得るようにする、自分より先に他が救われるようにすることで、これが初発菩提心であるといわれる。学問の世界であれば、教える者は教えられる者に対してそのような態度で臨まなければならないと、自分にも言い聞かせるように語っていたという。この言葉もまた、自身の体験した失意のなかから捜しあてた自戒であり、後進に手渡したい一句であったと思われる。

没後の批判

日鮮同祖論者としての金沢に対する批判は、没後ますます拡大する。昭和四九年（一九七四）刊行の『朝鮮の歴史』（朝鮮史研究会編）は、序章「朝鮮史を学ぶために」のなかで、「われわれがいだいている朝鮮史像のなかには、ゆがめられたものが多分に含まれており、それが先入観となって朝鮮史の正しい認識を妨げて」いると述べ、その一つとして日鮮同祖論が解説されている。

六一年（一九八六）刊行の『入門朝鮮の歴史』（朝鮮史研究会編）は、「1　朝鮮の土地と人」の次に「朝鮮語と日本語」という囲み記事を設け、両国語の類似を述べて、次のように続ける。

> そこで、朝鮮語と日本語の比較検討をおこない、二つの言語が同一系統に属すると考える人が出てきた。その代表的な人物が「日鮮同祖論」を説いた金沢庄三郎である。彼は二つの言語の元になる言語（祖語という）が同じであると判断して、朝鮮語は日本語から派生したと主張した。しかし、

この研究には重大な欠陥があった。朝鮮語と日本語が同系であるという場合、古い形ほど似ているという歴史的証明が必要である。ところが、古代日本語が十分にわかっていないし、それ以上に古代朝鮮語についてはほとんどわかっていない。さらに、今日の日本語の柱となったと考えられている「ヤマトコトバ」がどのように流布し、定着したかがわかっていないのと同じように、朝鮮語の母体だと考えられている「新羅語」がどのようにして生まれたのか、まったくわからない。七世紀ごろの朝鮮の三国（高句麗、百済、新羅）では異なる言語が使われていたという説もある。それに今日わずかの語彙だけが史料のなかに残っている新羅語にしても古代日本語とは発音がほとんど合わない（音韻の対応がないという）とされている。すでに古代の朝鮮語と日本語はたがいに意思疎通のできない言葉であったのである。

古代日本語と古代朝鮮語が充分にわかっているのであれば、同系であるか否かの検討は比較的容易である。「わかっていない」ために、アストンや金沢は推測と考察を重ねたうえで仮説を提供したのである。右の執筆者は、言語学による日鮮同祖論が朝鮮植民地支配において弁明と抑圧の道具となったこと、その代表が金沢であることを広く伝え、厳しく批判する必要があると考えたのであろう。金沢も朝鮮人の同化を主張し、日鮮同祖論という名の著書を刊行している以上、批判の対象は金沢一人に結びつきやすく、定着化していく。「重大な欠陥があった」金沢はいいかげんな学者と思われ、朝鮮人に多大の苦痛を与えることになった著書など読む気にもならないだろう。金沢と同系論は、触れたくない、触れないほうがよい存在となっていく。

没後の復刻　昭和四七年（一九七二）、金沢没後五年であるが、「東アジアの古代文化を考える会」が結成された。そして四九年春、会長の江上波夫と鈴木武樹・李進熙・大和《おおわ》岩男・金達寿を中心に、季刊誌『東アジアの古代文化』が創刊される。創刊号の特集は「倭と倭人の世界」で、「資料発掘」として、金沢の「日鮮古代地名の研究」（明治四五）を転載した。金沢批判が開始されたなかで、朝鮮人も含めて、金沢の研究そのものを重視した掲載であった。同論文は『日韓両国語同系論』の二年後に発表され、「韓種族たる新羅も、扶余種族たる百済・高句麗も、ともに本来は貊（古音pak）族にして、朝鮮住民の大半は北方種族の南下せるものなることを、言語の上より立論し、日本および朝鮮の古地名間に離るべからざる関係あることを主張せんとする」ものであった。朝鮮古代地名の漢字音訓の利用による変化、「朴」「コマ」「プル」「フレ」「コル」「キ・シキ」などを歴史的に考証し、『日鮮同祖論』の原型を感じさせる。馬渕和夫（国語学、大正七～平成二三）がこの転載を目にとめ、百済をなぜクダラと読むか、金沢が百済・伯済・百残を音読と訓読の方法で分析した解釈について、「この論は「済」と「残」の音の類似にふれず、また、「pa」の脱落を簡単に断定するなど不備な点はありますが、ともかく実に巧妙な説明だと思います。金沢氏はこの他にも意味を借りた表音の例を挙げていますから、すでに三国時代の朝鮮において、表音・表意による漢字の表音的使用があったとみていいのではないでしょうか。」（「表記の変遷」『国語史叢考』）と述べている。このように新たな評価が生まれた点で、再録の意義があったといえよう。

第二号の編集後記には、近く別冊で「古代日朝関係史特集」を発行し、「金沢庄三郎篇」にすると予告されている。これは実現していないが、企画されたことは注目すべきであろう。第一三号（五二年秋）は「日本古代の地名」を特集し、再び「資料発掘」として「地名からみた朝鮮と日本——日鮮同祖論より」と題し、『日鮮同祖論』の第四章「地名と上古史の研究」と第五章「地名人名等に関する日鮮語の比較」を掲載した。編集者はこの掲載について、創刊号掲載分と併せて、「いずれも日本と朝鮮の地名の関係を本格的に論じた最初の論考である」（「注記」）と述べ、簡単に金沢の履歴を紹介している。そこに、植民地支配の正当化に関わる言葉はなかった。

このほか、巻末の著作目録に示したように、没後にいくつか復刻されている。四八年、池田次郎・大野晋編『論集日本文化の起源』㈤（平凡社）に、『日韓両国語同系論』が、アストンの「日本語と朝鮮語の比較研究」と共に転載された。草風館が刊行した『日韓古地名の研究』（昭和六〇・平成六）は、金沢の全集がないなかで意欲的に編集された、一巻本の著作集ともいうべきものである。第一部に「日韓古代地名論考」として前述の「日鮮古代地名の研究」や「郡村の語源に就きて」「朝鮮研究と日本書紀」「神名と地名」など六編、第二部に『日鮮同祖論』の第四〜一〇章、第三部に『地名の研究』（亜細亜研究叢書）を転載した。

一方、『日鮮同祖論——ヤマト・カラ交流の軌跡』（成甲書房）は、原書の文体が戦後世代には読みにくいのを考慮して、現代語に直して注も加えた、大幅な修訂版である。編者の林英樹が刊行のいきさつについて、「〔金沢が〕甥ごさんに対して、〝不本意ながら『日鮮同祖論』とか『日韓両国語同系論』などで、日本が本元であったと書いたが、ほんとうは逆に思っている〟ともらしたそうです。このことを今はなき鈴木武樹明治大学教授が甥ごさんからきいて、金沢博士の「日鮮同祖論」を再検討して、博士がやむなく皇国史観の通説をとられたと思われるところに注をつけ、現代語訳にして読みやすくした形で出版してみたいと思い立たれ、金沢博士のお孫さんと成甲書房の三者で話がまとまったのです。」(「新版刊行に際して」)と記している。鈴木と林は、「東アジアの古代文化を考える会」の中心にいた人たちである。この企画は、鈴木が急逝したために一時中断されたが、林が鈴木の意思を継ぐことにした。『日鮮同祖論』を読んでいった林は、金沢の克明な研究に驚き、日本が常に進んだ国で朝鮮は遅れていたとされた時代に朝鮮を対等に評価したことにも感銘を受けたという。

金沢が甥にもらしたということについて、私は詳しく知りたいと思ったが、鈴木だけが聞いたことであり、「甥ごさん」にあたるお二人は亡くなっておられた。「お孫さん」については、金沢には子どもがなかったので、何かの思い違いであろう。

刊行された『日鮮同祖論』は、書名に副題がつけられ、巻頭の「あらたなる説を出す事」、初版の「まへがき」、再版の「序」は省かれた。各章は、新たな見出しで編集され、本文も注記も、細かな語句に至るまで書きかえが施された。しかし、そのために生じた間違いが少なくない。また、当然のことだが、金沢の文体や息遣いは失われた。本書は『日鮮同祖論』の普及を願って意欲的に刊行されたのだが、結果的に問題を残すことにもなった。

韓国での批判

旗田巍の『日本人の朝鮮観』が、一九八一年（昭和五六）に韓国で、李元浩訳『日本人の韓国観——征韓論から対韓斜視までの背景』（探究新書二二六）として探求堂から刊行された。続いて一九八三年、李基東訳『日本人の韓国観』が一潮閣から刊行されている。

一九八七年（昭和六二）八月一五日、忠清南道の天安市に、独立記念館が竣工した。その展示品図録に、金沢の『日鮮同祖論』が見える（神谷丹路氏提供）。第三展示館「日帝侵略館」の紹介のなかに、「韓国史歪曲図書」という展示の写真があり、中山久四郎『歴史上にあらはれたる内鮮の融和』、津田剛『内鮮一体論の基本理念』、朝鮮総督府『朝鮮史』とともに、『日鮮同祖論』が並んでいる。解説には、「日帝は韓国人の民族意識を抹殺して民族的劣等感を植えつけ、また、かれらの武力侵略を合理化する目的で、一九二二年一二月、訓令第六四号により、いわゆる朝鮮史編修会規程を制定、本格的な韓国史歪曲作業に着手した。こうして任那日本府説、日鮮同祖論等、途方もない偽りの理論を作り出した」とある。二〇〇〇年（平成一二）四月発行の『独立記念館展示品要録（日本語版）』でもほぼ同様の記述がされている。ただ、二〇〇六年に私が同館を訪れた時には、その展示は見当たらなかった。

金容燮論文（一九六三）における日鮮同祖論批判（三一一〜三一四頁）が、日本における日鮮同祖論批判を生み出し、韓国における『日本人の朝鮮観』の翻訳と独立記念館の展示につながり、改めて韓国民の目に焼き付けられた金沢は、植民地時代における最悪の学者として刻印されたことになろう。

傾倒と加害と受難と

金沢庄三郎は、日本語の親あるいは姉にあたると考えた朝鮮語に対して、またその合理性に感嘆したハングルに対して、飽くことなく傾倒し、両国語の比較を通じた日本語と日本文化の研究に情熱を注いだ。明治三五年に博士論文で両国語を比較して以来、昭和三五年の最後の論考まで、日本語と朝鮮語の同系、さらに日本人と朝鮮人の同祖を確信し、主張し続けた。一方で国語研究という目標が、国語文法の著書とともに、『辞林』と『広辞林』の数度の編纂に向かわせ、予想以上の好評が一般社会における彼の存在感を支えていた。

彼にとっては、若き日にＡ・セイスなどから学んだ「比較」という方法が根本的な指針となり、「比較する」ことにきわめて原則的であった。言語も、民族も、国も、時代も、比較する対象のどれかを優先するのではなく、いずれに対しても同等に臨み、相対的な視点をもつことを自分に課した。また辞書編纂を通じて、社会がことばによって成り立っており、ことばを離れて人間は存在しないことを確信した彼にとって、それはすべての民族に適用されなければならない原則であった。したがって、日本が悠久の昔から万邦無比の皇国であって、日本人が東洋でもっとも優秀な民族であり、日本語がたぐいまれな言語であるという立場に立つことはできなかったのである。このように原則的な立場を貫こうとしたところに、朝鮮語を方言として存続させることを主張し、ハングルの優秀さを説くという言動が生まれたのではないだろうか。

しかし、日本と朝鮮半島が長い間に別々の発展を遂げた以上、もはや同化が容易なことではないと理解していたにもかかわらず、遠い過去における同系・同祖の関係を現代においても実現するべきであるとしたのは、単に修辞的な表現では済まない問題を蔵していた。彼にとっては相互の同化が夢であり理想であったにしても、両民族の根底にかかわる問題であり、とりわけ朝鮮人にとっては一方的な強要にほかならない。植民地支配において支配者と被支配者が同等な関係にはなりえないことにも、あまり思いが至らなかったようである。

　戦前における金沢は、華々しい存在であったとともに、疎まれて放逐される立場にもなった。東京外国語学校や東京帝国大学の辞任は、同系論を主張し、朝鮮語の政策に反する意見を述べたために余儀なくされた行動であった。彼の原理的な発想は、むしろ時代の進展を阻害するものと考えられ、金沢と同系論は次第に不要な存在と化していった。

　七〇歳を超えて迎えた戦後、変わらぬ信念と意欲で研究に取り組み続けたが、最晩年に至って、日本と朝鮮半島の双方の人々から批判を浴びることになった。日鮮同祖論を主張し、同化を理想としたことが、朝鮮人抑圧の張本人として俎上に載せられ、金沢は日本人が封印してしまいたいほどの加害者となった。一方、『広辞林』の編纂においては、新たに打ち出された表記の方法に譲歩できず、編纂者の地位を失った。このようにして戦前も戦後も、彼は孤立の道を辿ることになったのである。

　朝鮮植民地支配の政策と実態に対する戦後の摘発と批判は、真摯な意図に基づいており、調査すればするほど支配の過酷さが明らかになるものだった。それは不可欠な作業であったが、批判を急ぐあまり、一部の資料に基づいた全体像が描かれ、糾弾されるという状況も生まれた。それも時代の潮流のなかで出来したことであるが、そのような過程を経た今、見失われたことを拾い上げながら、多面的な把握を試みたい。

金沢は、日本と朝鮮半島の間における本質的な、しかも解決の困難な問題を一身に体現したようである。それゆえに彼は、戦前も戦後も多くの人々を動かし、無視しようとしてしえない存在であった。

今年は、金沢庄三郎生誕後一四二年、没後四七年にあたる。そして、敗戦後六九年になる。彼の評伝を著すには、それほどの長い歳月が必要であった。

資料1　金沢庄三郎主要著作目次（または要旨）

『日本文法論』（明治三十六年）

文字論　第一節　総論（文字の歴史　文字の種類　絵画文字　象形文字　写音文字　一字一語体　一字一綴体　一字一音体）　第二節　神代文字（神代文字有無の論）　第三節　真名（真名の種類　万葉仮名　仮名の語原）　第四節　平仮名（平仮名の作者）　第五節　片仮名（片仮名の作者　片仮名の種類　五十音図　五十音図の作者　朝鮮の吏道　吏道と万葉仮名片仮名との関係　濁音を表はす仮名　半濁音の仮名　仮名の合字　長母音を表はす仮名）

声音論　第一節　声音の起源（声音の起源　声音の種類　音の強弱　音の高低　音色　音色の変ずる原因　音の共鳴）　第二節　人類の発声機関（人類発声機関の構造　気管　咽喉　声帯　声門　調声管　喉腔　口腔　硬口蓋　軟口蓋　懸壅垂　鼻腔　共鳴室）　第三節　母音（標準母音　母音の両極端　中間母音　母音発達の順序　半母音　重母音）　第四節　子音（ハ行子音　破裂音　カ行子音　清濁の別　タ行子音　パ行子音　半濁音の名称に就きて　ハ行の古音　P音考　摩擦音　サ行子音　鼻音　鼻音の種類　ナ行子音　マ行子音　顫動音　ラ行子音）　第五節　拗音　第六節　促音　第七節　声音の変化

単語論　第一章　総論　単語　単語の分類　活用言　第二章　名詞　本来の名詞　転来の名詞　普通名詞

固有名詞　複合名詞　名詞の性　名詞の数　第三章　代名詞　人代名詞　人代名詞の変遷　指示代名詞　疑問代名詞　第四章　数詞　固有の数詞　数詞発達の程度　数詞の構造　外来の数詞　助数詞　第五章　動詞及び形容詞　第一節　総説（語根　動詞形容詞各種の活用　動詞活用一元論　アストン氏の説　チャムバレン氏の説）　第二節　動詞形容詞の活用に関する私見（動詞形容詞一元論　動詞有と得との関係　動詞為と得との関係　動詞活用に関する私見の綱要）　第三節　動詞の法（五十音図を以て活用を説明せんとする弊　将然法　連用法　中止法　名詞法　修止法　連体法　已然法　命令法　く形の副詞法　く形の名詞法　み形の名詞法）　第四節　動詞の活用に関する各論（四段活用　四段と下二段と両様に活用する語　下二段活用　下二段活用の起源　複合動詞その原活用を失ふことある場合　上二段活用　上二段と四段と両様に活く語　上一段活用　下一段活用　加行変格　佐行変格　奈行変格　良行変格）　第五節　形容詞の活用（志幾活用　志志幾活用　形容詞活用の発達　形容詞の語根　副詞法　中止法　終止法　連体法　已然法　く・み形の名詞法）　第六章　助動詞　所謂自他の区別　自動詞　有対自動　無対自動　他動詞　複対他動　単対他動　使役相　勢相　所相　有・得・為等の複合によりて自他及び諸相の別を生ずる事　第一節　所相助動詞　第二節　勢相助動詞　第三節　使役相助動詞（敬相）　第四節　指定助動詞　第五節　打消助動詞　第六節　過去助動詞（時の区別　動詞の活用によりて表はさるゝ時の区別　現在　過去　未来　助動詞によりて表はさるゝ時の区別　半過去　過去　第七節　未来助動詞（過去未来　大過去）　第八節　推量助動詞　第九節　詠歎助動詞　第十節　比況助動詞　第七章　副詞　副詞の種類　禁止の副詞の語原　第八章　接続詞　第九章　弖爾乎波　第一節　名詞の下に附く弖爾波（主格のが・の、い、領格のが・の、つ、に、を、へ、より・から、からの語原、と、まで）　第二節　種々の語の下に附く弖爾波（は　総主の説　もぞ　なむ　し　こそ　だに・すら　さへ　のみ・ばかり　や・か　や・かの区別　反語のや・か　伏や）　第三節　動詞の下に附く弖爾波（ば　と・とも・ど・ども　に・を・が　て　で　つゝ）　第十章　感動

詞　や　も　は　を　な　よ　か・かも　かな　が・がも・がな　ね・な・なん　かし　第十一章　熟語及畳語　第一節　熟語（熟語名詞　熟語動詞　熟語形容詞　熟語副詞　熟語接続詞）　第二節　畳語（名詞の畳語　動詞の畳語　形容詞の畳語　副詞の畳語）　第十二章　接頭語　接尾語　名詞の複数を造るもの　名詞を造る接尾語　み形の名詞法に就きての論　動詞を造る接尾語　形容詞を造る接尾語　副詞を造る接尾語

文章論　第一節　総論（文章　主語　説明語　客語　修飾語）　第二節　枕詞（枕詞　枕詞の起源　形容的枕詞　言掛的枕詞）　第三節　複文　第四節　挿入文　第五節　倒置句　第六節　言掛（言掛　語戯）　第七節　掛結　尋常の結　その結　なむの結　やの結　かの結　こその結　掛結の起源　掛結の原因は語句の倒置にあり　や・かの結に連体法を用ふるはこれに未来の意義あるによる　ぞを連体にて結ぶはぞの語原名詞なるによる　こその掛結の変遷　第八節　呼応（自他の呼応　能所の呼応　時の呼応　反語の呼応）　第九節　略語　第十節　解剖

講義録③（明治三九～四一年、要旨）

緒言　古代の日韓の交通　新羅語学習　文禄慶長の役　『捷解新語』　朝鮮通信使　雨森芳洲と『交隣須知』　西洋人研究者　仏蘭西人の研究　アストン　明治期日本人研究者　日本語と朝鮮語の関係　コナミとウワナリ

第一章　文字論　吏道　諺文　神代文字　諺文の構造　声音の基礎の文字　梵字　韻鏡

第二章　音韻論

名詞　名詞一般　Number　Gender　Case

代名詞　人称代名詞　指示代名詞　疑問代名詞　再帰代名詞

数詞論
用言論　第一節　動詞及ビ形容詞ノ関係　第二節　用言の活用　第三節　活用の形　1将然 -a　2連用 -i　3名詞法 -i　4終止法 -u　5連体言 -ru　6已然言 -e　7命令 -e　8副詞形 -ku　9名詞法 -ku　10名詞法 -mi　日本形容詞活用成形ニ就テ　形容詞活用補遺（琉球ノ形容詞ニ就イテ）
助動詞　第一　受身の助動詞　第二　敬語法　時ノ助動詞　過去の助動詞　つ　たり　ぬ　未来　助動詞の重複　打消助動詞　simple negation　inability　prohibition　ごとし
副詞　本来の副詞　名詞からの副詞　活用言の副詞法
Conjunction
弖尓波　に　へ　と　より　から　まで　は　ぞ　だに・すら・のみ・ばかり　や・か　ば　ど・ども・と・とも　に　を　が　て　つつ
感動詞　あ　や　yo-po　aigo
接頭語・接尾語　ぶ　ながら　すがら　がてら　ごとに　から　がり
結論　比較研究の必要　比較の困難　本講義は単語より文構造に関するもの　前途遼遠　古代史研究に至る

『日韓両国語同系論』（明治四三年）要旨

まえがき
序説　（日韓歴史上の密接な関係、内外の学者による研究史、日本人の冷淡）
第一章　音韻の比較（対応する両国語を一五〇組提示、次の二八組（日本語—韓語）について解説。（小児）agi — aka、（如し）goto — kăt、（歯）ha — pyö（骨）、（者）ha — pa、（蜂）hachi — pör、（鱧）

hamo — păiam（蛇）、（原）hara — para、（鳩）hato — pi-tărk、（髭）hige — ip（口）、（開）hiraku — părk、（瓢）hukube — pak、（村）hure — pör、（降）huru — pur（吹）、（忌）imu — muip、（香）ka — kho（鼻）、（離）karu — ka（行）、（数）kazu — kaji（種）、（切）kiru — khar（刀）、（恋）kohu — kop（美）、（嫡妻）konami — kheunömi、（暦）koyomi — hăi（日）、（迄）made — mit（及）・mir（満）、（普）mane — man（多）、（舅）siuto — seui、（底）soko — sok（内）、（竹）take — tai、（後妻）uhanari — myönari、（早）wase — ösö

両国語の音韻関係　1 韓語のh音は日本語でk音となる。k音は省略されることがある。2 た・な・ら（t・n・r音）は同等の性質をもち、交替しやすい。3 両国語ともr音は語頭に立たず、省略されるか母音が先行する。語中では省略もある。4 韓語p音は日本語でh音になる。

第二章　語法の比較

第一節　体言　（一）名詞　1. 数　同語を重ねる（日々）　接尾語（たち）　2. 性　語頭・語尾に添加（いも・せ）　（二）代名詞　人代名詞　指示代名詞　疑問代名詞　（三）数詞　数詞は一致しないが、数にかかわる単語は共通する（よろ・まねし）

第二節　用言　（一）名詞法　i語尾の名詞法　mi語尾の名詞法　ku語尾の名詞法　（二）副詞法　動詞の連用言の副詞法　形容詞のku語尾の副詞法　（三）有といふ動詞「あり」が受身・半過去・過去・名詞の動詞化をつくりだす　（四）受動・自動・他動の構造「あり」が働く　（五）敬語法「あり」と複合する「す」と複合する「は」行に活用する　敬語を重ねる　（六）時に関する助動詞　たり・ぬ・き・つ　（七）打消法の比較　ず・な・に・なに・あに・いまだ

第三節　助辞　（一）主格を表はす助辞　い・が　（二）領格を表はす助辞　つ　（三）造格を表はす助辞　から・より・り・ら・がり・がてら　（四）詠歎を表はす助辞　か・かな・かも　（五）疑問を表

はす助辞　や・か、係り結び　（六）反対の意を表はす助辞　と・ど
あとがき　執筆の趣旨と希望

論文集『国語の研究』（明治四三年）

仮字の起原　諺文の起原　五十音図に就いて　日韓音韻比較研究の一節　延言考　形容詞考　活用に関する私見の一節　名詞の性に就いて　所相に就いて　一種の敬相に就いて　指定の助動詞に就いて
国語変遷上の二勢力　外来語に就いて　郡村の語原に就いて　寧楽考　日韓の古地名に就いて　敷島考　神奈備考　家族の称呼に関する二三の考　耳目鼻口　東西南北　古事記の一節に関する私疑
韓国に於ける言語上の遊戯　国語学に対する予の希望　日韓満蒙語の研究に就いて　韓語研究の急務
沖縄方言研究の必要　アイヌ語研究の必要　漢字を整理する必要　朝鮮の漢語に就いて　朝鮮に於ける国語問題　探湯考　形容詞考補遺　東洋語比較研究資料

『朝鮮書籍目録』（明治四四年）

史類　1　三国史記　八冊　2　高麗史　七十冊　3　東国史略　一冊　4　燃藜室記述　二十一冊
5　東国歴代総目　一冊　6　璿源系譜紀略　一冊　7　朝野紀聞　七冊（三冊欠）　8　荘陵誌　四巻二冊　9　龍蛇日録　一冊　10　控干録　一冊　11　北遷日録　一巻一冊　12　諛聞瑣録　二冊
13　朝野零言　三冊　14　我々録　二冊　15　御定洪翼靖公奏藁　三十五巻十八冊　16　立朝始末録三十巻十五冊　17　燕行日記　二冊　18　忠剛公李先生実記　一冊　19　宮園儀　二冊　20　箕子志

九巻三冊　21　東国文献録附俎豆録　三冊　22　海東名将伝　六巻三冊　23　蜻蛉国志　二巻二冊　24　通文館志　十一巻五冊　25　大典通編　六巻五冊　26　海東楽府　一冊　27　東国楽府　一冊　28　典律通補　四冊　29　大東金石　一冊　30　陟州東海碑　一帖

地誌類　31　東京雑記　三巻三冊　32　中京誌　十一巻六冊　33　箕城志　四巻一冊　34　成川誌　正篇二巻続篇四巻　35　耽羅志　一冊　36　筠心閣叢書　一冊　37　金剛山記附東遊詩　一冊　38　熱河紀行詩註　一冊

言語類　39　龍飛御天歌　十巻十冊　40　歌曲源流　一冊　41　南薫太平歌　二冊　42　北闕重建歌　一冊　43　捷解新語　十二冊　44　倭語類解　二巻二冊　45　隣語大方　八巻四冊　46　新釈清語老乞大　八巻八冊　47　重刊三訳総解　十冊　48　八歳児　一冊　49　小児論　一冊　50　三韻声彙　四冊　51　華東正音通釈韻考　二巻二冊　52　朝雲暮雨　一冊　53　御定詩韻　一冊　54　音彙　一冊　55　重刊老乞大諺解　二巻二冊　56　朴通事新釈　一冊　57　朴通事新釈諺解　三冊　58　訳語類解　三冊　59　華語類抄　一冊　60　華音啓蒙　二巻一冊　61　中華正音　一冊　62　語録解　一冊　63　覧覚　一冊　64　吏読便覧　一冊　65　訓蒙字彙　一冊　66　註解千字文　一冊　67　校訂玉篇　二巻二冊　68　学書要覧　一冊　69　文字類輯　一冊　70　御筆孟子諺解　十四巻七冊　71　草簡牘　一冊　72　簡礼彙纂　一冊

文集類　73　桂苑筆耕　二十巻四冊　74　圃隠先生集　四巻、外続録三巻三冊　75　梅月堂詩四遊録　一巻　76　錦渓集　八巻二冊　77　眉叟記言　二十二冊

宗教類　78　大唐西域記　十二巻四冊　79　仏説雑譬喩経　二巻一冊　80　妙法蓮華経　七巻三冊　81　仏頂心陀羅尼経諸真言集　一冊　82　真言集　一冊　83　金剛般若波羅蜜経　二冊　84　仏説千手千眼観世音菩薩広大円満無碍大悲心陀羅尼経　一冊　85　仏説大報父母恩重経　仏説長寿滅罪護諸童子陀羅尼経

合一冊　86 文昌帝君孝経　一冊　87 関聖帝君明聖経　一冊　88 金剛般若波羅蜜経　一冊

叢書類　89 芝峯類説　四冊（六冊欠）　90 大東韻玉　二十冊　91 旬五志　一冊　92 東国文献備考　百巻四十冊　93 攷事新書　十五巻七冊　94 国朝彙言　二十二巻十冊　95 増補山林経済　十六巻十一冊　96 儒胥必知　一冊

雑書類　97 閨閤叢書　二冊　98 児戯原覧　一冊　99 皇極一元図　二冊　100 深衣攷証　坤一冊
101 貞観政要　十巻六冊　102 五倫行実　五巻四冊　103 啓蒙編諺解　一冊　104 礼弁彙節　三巻三冊
105 海印寺古籍　一冊　106 西序書目　一冊　107 雅言覚非　一冊　108 東事原　一冊　109 古今法語　四巻二冊　110 古今名喩　一冊

『日本文法新論』（大正元年）

緒言　国語の根源は家庭　自国語の神聖視　文法研究の始まり　同一系統語との比較

文字論　絵画文字・象形文字・写音文字　朝鮮の文字諺文　神代文字の否定　漢字　吏道　片仮名　平仮名　梵字　五〇音図　西蔵文字

声音論　五〇音図と梵字　日本の音韻学史　発声器官　母音とその変化　子音の種々　タナラ同等・ハマ同等　ｎ・ｍの相通　Ｐ音の歴史　同化　省略

単語論

第一章　体言論　第一節　名詞　1名詞の種類　2名詞の性　3名詞の数　第二節　代名詞　人代名詞　指示代名詞　第三節　数詞　第四節　副詞　1本来の副詞　2転来の副詞　第五節　接続詞

第二章　用言論　第一節　動詞　1動詞の種類　2動詞の活用　3動詞活用に関する諸説　4動詞活用に関

する私見　5活用形の種類　6活用形に関する私見　第二節　形容詞　1形容詞と動詞との関係　2形容詞の種類　3形容詞の活用　4形容詞活用に関する諸説　5形容詞活用に関する私見

第三章　助辞論　第一節　助動詞（所相　勢相　使役相　指定　打消　過去　未来　推量　詠歎　比況）　第二節　弖爾袁波（名詞につく弖爾袁波　種々の語につく弖爾袁波　動詞につく弖爾袁波）　第三節　感動詞（他の語の上に置くもの　他の語の中又は下に置くもの　他の語の下に置くもの）　第四節　接頭語・接尾語（複数の意を示すもの　名詞を表はすもの　動詞を表はすもの　形容詞を作るもの　副詞を作るもの）

第四章　複合詞　1複合名詞　2複合動詞　3複合形容詞　4複合副詞　5複合接続詞

第五章　畳語　1名詞の畳語　2動詞の畳語　3形容詞の畳語　4副詞の畳語

文章論

第一章　総説　主語・述語・客語・補語　修飾語　連語　句　節

第二章　枕詞　枕詞の根源　形容詞的枕詞　言掛的枕詞

第三章　言掛　同音異義の利用

第四章　掛結　や・かの掛結　ぞの掛結　こその掛結　語句の倒置

第五章　呼応　自他の対応　能相・所相の呼応　時の呼応　副詞の呼応

第六章　略語　語句の省略

『日鮮同祖論』（昭和四年）（句点と振仮名を省略した）

まへがき

序　説

朝鮮は文明国なり　新羅の金氏　新羅の金姓は国名を名に負へるもの　朝鮮を豊国といふ　肥人をコマヒトと訓す　儺ノ国と委奴国王の金印　韓国と九州との関係　新羅と熊襲　渡屯家　遠朝廷　新羅の宰　韓子　達率日羅　任那日本府と筑紫太宰府　新羅人厚遇の例　朝鮮に因める人名　襲津彦　狭手彦　帰化人の重用　帰化人の社会上の地位　今木神　熊襲の文化　熊襲を夷人視す　朝鮮関係の記録を焼く　朝鮮の帰化人新姓を賜らんことを請ふ

第一章　神国朝鮮

朝鮮は神国なり　朝鮮造立の神　須佐之男命新羅に天降ります　稲飯命は新羅国王の祖　高麗の神ノ子　百済の遠祖日精に感じて生る　新羅の天子　耽羅に天降れる神子　新羅の神宮　任那の祭時　韓人神国天皇の称を奉る　新羅の使臣に神酒を賜ふ　天日矛と出石の大社　難波の比売碁曾社　豊前国鹿春神　新羅の延烏郎と細烏女　百済国より渡来の大山積神

第二章　民族の移動

民族移動の原因　研北　日光の直射を以て山川堂屋の美を形容す　民族移動の方向　指南車　北と背　日ノ蹤と日ノ横　影面と背面　漢土にて東西を横とし南北を縦とす　江左と隴右　満蒙語にて南を前、北を後とし、東を左、西を右とす　辰韓人の南下　弁辰族の竈の位置　高句麗の五部　百済の五部　満蒙語東を上とし、西を下とす　朝鮮古語上下の原義　阿利那礼河　朝鮮古語南を前とし北を後とす　南韓　日鮮共通のシといふ助辞　半島諸民族の南下説

第三章　神代史の一節

国見　望国の歌　国見と民族の移動　国見の実例　天降の事の多く山上に定まれる理由　古代都市の位置　高市　日槍の帰化の時代　素戔嗚尊新羅国に天降りたまふ　素戔嗚尊と牛頭天王　曾尸茂梨と牛頭州　曾尸茂梨は新羅国都にして今日の慶州なり　曾尸茂梨は牛頭州の訳語にあらず　曾尸茂梨

に関する惟良高尚の説　素戔鳴尊曾尸茂梨に天降りを否定する一説　海北道中の三女神　海北道中の位置　海北道中を筑前国なりとする説　海北とは朝鮮なり　海西と海北との差異　神代に於ける日鮮間の交通路　国引の神話　先著の神々後進の神々を遮り防ぎたまふ　大己貴神と少名毘古那神　饒速日尊と宇摩志麻治命　天照大神の始めて天より降ります処　猿田毘古神先づ伊勢国に到る　高天原と伊勢国との交通　神武天皇東征に先だちて大和国の所在を知ろしめししこと　大八州国に於ける神々の移動　出雲紀伊間の交通　出雲神族　建御名方神最後に至るまで天神の命を拒みたまふ　大八州国に於ける民族の移動は常に西より東に向ふ

第四章　地名と上古史の研究

新井白石と地名の研究　地名は民族と移動を共にす　高天原と共通の地名　出雲と紀伊とに共通の地名　諏訪と周防　筑紫と大和とに共通する地名　帰化人と其本土の地名　地名の起源に関する俗伝　地名人名等に用ひられたる充字　地名を音訓転読すること　地名と人名　地名と神名

第五章　地名人名等に関する日鮮語の比較

(一) 智　臣智と蘇那曷叱智と都怒我阿羅斯等　蘇那曷叱智と都怒我阿羅斯等とは同一人名なり　加羅王阿利斯等　新羅使者毛麻利叱智　新羅王宇流助富利知干　新羅王春秋智　吉と吉士　コニキシと干岐　蒙古語チ　新羅古語チ　我国の古語チ　神名ツチ、タチ

(二) 阿芸　朝鮮語アキ、アチ　新羅金閼智　蒙古語アコ　朝鮮語アム　満洲語オモ　国語アキ　国語アキトフ　巫　国語イモ　前妻　伊邪那伎神、伊邪那美神

(三) 干　満蒙語カンに人と君との二義あり　合罕と大人　人の義に用ふる漢の字　朝鮮語カン　新羅の居西干　新羅の官名に見えたるカン　州干、村干、処干　人の義に用ふる朝鮮古語カン　大の義なる朝鮮語カン　国王　大と人　一と人　首と大人　臣と大身　高句麗の大加と大人

朝鮮語カンの省略カ　新羅王赫居世と比売語曾社神　伊太祁曾神社　大の義なる国語イカ、カ　人の義なる我国の古語クナ　倭男具那命　小男　翁　愚癡　婚　手児と手児名　少彦名命と少彦命

(四) 村　郡　村の義の朝鮮古語ホル　坪の字の朝鮮訓ホル　坪と評　邑勒はホルの音訳か　匈奴の部落　我国の古語フレ　石村　庇羅郷と平戸　村の義の朝鮮古語コホル　背評　国語郡郡と大村

(五) 城　城　高城　磯城　百磯大宮　塞　防人　蒙古語スク　朝鮮古語キ、シキ　我国の地名中に見えたるキ、シキ　神名人名中のシキ

(六) 村主　村主　勝　新羅の村主　村主の語原

(七) 忽　朝鮮古語コル　満洲語コル　朝鮮語洞　我国の古語谷

(八) 都留　野の義の朝鮮語ツル　野の義の満洲語タラ　我国地名中のツル

(九) 牟礼　山の義の朝鮮語マル　書紀に見えたる朝鮮語山　我国の地名中に見えたるムレ

第六章　韓国

韓民族　三韓と三韓　韓の語原　韓をカラと訓むこと　舌内声ナ、ラ両行音の相通　ナ、ヤ両行音の相通　加羅と加那　任那と任羅　徐那・徐羅・徐那　呉の語原　諸越の語原　新羅をカラと呼びしこと　百済をカラと呼びしこと　任那加良　駕洛国　任那国　任那の語原　国土の義の満洲語ナ　国土の義の高句麗・新羅・百済の語ナ　国土の義の我国語ニ　大国主命と大名持神　韓と国

第七章　新羅

新羅　新羅訓　扶余　斯羅　徐羅伐　新羅の国号は斯なり　京城をソウルといふこと　斯と斯羅、徐羅伐と徐伐　新羅は新の国の義なり　我国の地名に見えたる羅　儺縣　儺津と長津　婀娜国　穴

戸　穴門と長門

第八章　熊襲国

熊襲と新羅　熊襲と襲　嚕唹郡　阿蘇と熊襲　襲の原義　隼人・唱更　熊襲・蝦夷・木曾のソ　熊襲・隼人の神胤なること　天孫襲に天降ります　曾ノ県主、曾ノ公　曾と曾乃　四比と椎野　園韓神　園神と曾富理神　園韓神帝室の護りとなりたまふ　平安奠都と百済の帰化人　苑県　苑人　園人首　天狭田　伊勢ノ狭長田　佐那ノ造　阿蘇ノ国　阿蘇の語原　伊蘇ノ国　伊蘇と伊覩　紀伊ノ国伊都ノ郡　伊勢国　磯宮　伊勢国と伊蘇国　宇佐ノ国　宇佐ノ島　丹後ノ国与社ノ郡　与謝ノ海と阿蘇ノ海　朝鮮語城　襲津彦　狭手彦　佐知毘古　薩雄　渠帥　猿田彦　新羅ノ金姓　金の朝鮮訓はソなり　高句麗ノ大臣蓋金と伊梨柯須彌　高句麗候騶　百済の沙氏　天之狭土ノ神、国之狭土ノ神　国ノ狭槌ノ尊、国ノ狭立ノ尊　狭国　天之狭手依比売　伊弉諾・伊弉册二神の御名義　伊弉は地名なり　イサ国ノ男神　イサ国ノ女神

第九章　高千穂ノ添山峯

新羅の古名ソホリ　朝鮮京城　辰韓の蘇伐公　渉羅　新羅の官名舒発翰　角干　宇流助富利知干　汗礼斯伐　角干と酒多　酒の朝鮮古語スプルと帰化人曾々保利　酒ノ君　徐伐と曾尸茂梨　曾尸茂梨と蘇塗　曾尸茂梨と担魯　新羅と雑羅　草羅ノ城と歃良州　沙伐国　百済の所夫里　百済斯弗　候　肖伐　塩垂津彦　高句麗の屑夫婁城　高麗楽曲蘇志摩利　扶余の別号所夫里　曾富利ノ神　瀬織津比咩神　高千穂添山峯　筑前国早良郡　早良郡背振山　所夫里と泗沘　蘇判　鉏海水門　鋤持神　天忍穂耳尊と地名ソホ　塩土老翁　祖母嶽　祖父岳　伊雑宮　層富県　佐保　周芳婆磨　周防国と信濃諏方

第十章　橿原宮

クシフルとクシ　百済古四州と古沙夫里　天ノ杵瀬命　鹿葦津姫　加志君　手研耳命と岐須美美命
居勢祝　国樔　越洲　丹後ノ国加佐郡　久志浜　信濃ノ国木曾　伊太祁曾　百済の古沙夫里と
古沙夫　百済の久斯牟羅　豊久士比泥別　高千穂槵觸之峯と槵日ノ高千穂之峯　二上ノ峯　高千穂
嶽は一ケ処にあらず　臼杵ノ高千穂　諸県郡の霧島山　早良郡の背振山　豊前国彦山　高住宮
九重山　熊野櫲樟日命　我国の神名と三韓古地名との関係　彦己曾保理命　筑前ノ国香椎郷　巨佐
布　柏峡大野　豊後国柏原郷　鹿塩ノ神社　賀子原山　畝傍之橿原宮　高千穂ノ槵觸と畝傍ノ橿
原
索引（日本語、満蒙梵語等、朝鮮語）

『濯足庵蔵書六十一種』（昭和八年）

第一　詞玉緒　七巻　第二　催馬楽真名本　一巻　第三　皇朝喩林　一巻　第四　契沖自筆色葉和難集十巻　第五　慶長版玉篇　零本　第六　大広益会玉篇　三十巻　第七　小山版節用集　二巻　第八　元和活字板倭名類聚鈔　二十巻　第九　加藤美樹書入本倭名類聚鈔　二十巻　第十　上田百樹書入本倭名類聚鈔　二十巻　第十一　設文从字索引　一巻　第十二　霊異記訓釈附旧本今昔物語抄画引易目　一巻　第十三　倭名類聚鈔郷名集覧　一巻　第十四　洪韻解鎰　五巻　第十五　音韻考証　巻第一　第十六　音韻考証につき守村の質疑と春村の応答　一巻　第十七　新居守村の音韻考証難陳　一巻　第十八　蝦夷方言藻汐草　二巻　第十九　蝦夷語箋　一巻　第二十　Аинско-Русскій Словарь M. M. Добротворскаго. Казань. 1875（アイヌ露語辞書）　第二十一　Kritische Durchsicht der von Dawidow verfassten Wörtersammlung aus der Sprache der Aino's. Dr. August Pfizmaier. Wien. MDCCCLII（ダヴキドーフのアイヌ語彙の校訂）

第二十二　Memoirs of a captivity in Japan, during the years 1811, 1812, and 1813; with observations on the country and the people. by Captain Golownin, of the russian navy. London. 1824（ゴロウニン幽囚日記）第二十三　Korean Speech with grammar and vocabulary by Rev. John Ross. Mookden. 1882（朝鮮語学）第二十四　Histoire de L'Eglise de Coree. par Ch. Dallet. Paris. 1874.（朝鮮教会史）　第二十五　大明律三十巻　第二十六　世宗御製訓民正音　一巻　第二十七　龍飛御天歌　十巻　第二十八　訓蒙字会　三巻　第二十九　類合　一巻　第三十　法華経　零本　第三十一　三綱行実図　三巻　第三十二　重刊杜詩諺解零本　第三十三　杜律集解七五言鈔　二十巻　第三十四　三体詩鈔　六巻　第三十五　新刊錦繡段抄　五巻　第三十六　重刊捷解新語　十巻　第三十七　隣語大方　八巻　第三十八　倭語類解　二巻　第三十九　小児論　一巻　第四十　八歳児　一巻　第四十一　重刊三訳総解　十巻　第四十二　清語老乞大新釈八巻　第四十三　翻訳満語纂編　六巻　第四十四　翻訳清文鑑　三巻　第四十五　蒙古篆字　一巻　第四十六　Élémens de la grammaire Mandchoue. par H. Canon de la Gabelentz. Altenbourg. 1832（満洲語文法初歩）　第四十七　Mongolisch-deutsch-russisches Wörterbuch, von I. J. Schmidt.（蒙古・独逸・露西亜語辞典）　第四十八　法華経音義　一巻　第四十九　八十巻花厳経音義　影抄本　一巻　第五十　天台六拾巻音義　四巻　第五十一　諸真言集　一巻　第五十二　麗本　一巻　第五十三　悉曇要訣　四巻　第五十四　悉曇字記創学抄　十二巻　第五十五　悉曇明了房記　八巻　第五十六　悉曇字記聞書　宥快記之六巻　第五十七　悉曇字記真釈　八巻　第五十八　対訳字類集　草稿　一巻　第五十九　重修政和経史證類備用本草　三十巻　目録一巻　第六十　郷薬集成方　八十五巻　第六十一　残本遐年要鈔　一巻

『濯足庵蔵書七十七種　亜細亜研究に関する文献』（昭和二三年）

1　天主聖教工課　朝鮮人最初の神父金大建　2　ラテン朝鮮対訳語彙　3　韓仏字典　4　仏文朝鮮文法　朝鮮語とドラヰヂア語　パリにて版行せられたる朝鮮地図　5　朝鮮事情　征韓論と西南役　6　利瑪竇題宝象図　伝道のためにはまづその国人の尊敬を獲得すべし　Ricciの中国名利瑪竇　利瑪竇に葬地を賜ふ　文字の功を論ず　漢字は大国の文、褊小の国及ぶべからず　7　破提宇子　古経題跋の著者徹定　明人の闢邪諸集　8　Asia Polyglotta　亜細亜言語の比較研究　ロシアと亜細亜研究　亜細亜の言語地図　9　Tabula polyglotta　カムチャツカに於けるアイヌの最初の語彙　10　漢回合璧　中国の言語政策　11　荒外奇書　高麗国書　高昌国書　12　Schmidt　蒙古文法　ロシアに於ける蒙古語研究　13　蒙古語研究　我が邦人の中央亜細亜探検　14　バタビア版類合　徳川時代の学者の朝鮮語研究　15　韓語纂　行智の朝鮮語研究　円明院行智　行智の蒙古語研究　16　訓蒙字会　類合と訓蒙字会　17　Gabelentz　漢文法　甲柏連孜の漢文経緯　18　英語箋　一名米語箋　Medhurstの英日語彙　Medhurstと朝鮮の倭語類解　19　西韻府　大槻磐渓の世界文字論　20　悉曇蔵　沙門安然　21　慈覚在唐記　22　梵字形音義　加州隠者明覚　23　般若心経梵本新釈　24　字記講要　浄厳　25　悉曇字記講述　行阿　26　梵文證徴　漢字に口辺を加へたるもの　27　悉曇三密鈔　白井寛蔭と悉曇三密鈔　三内音と本居宣長　28　梵漢対訳字類篇　行智といろは歌　朝鮮にツ韻なくしてル韻あり　切身　音韻学と悉曇韻鏡　読十遍不如写一編　29　法華経山家本裏書　法華経安楽行品　呉漢両音　梵漢両字法華経品題　法華経考異　西来寺版　宗淵　山家本　座の古音　座の朝鮮音　於の漢呉音　於の本郷音　漢呉音の四声　国語の四声　咩は羊の鳴声　吽は牛の鳴声　万葉集の馬声、蜂声　如是我聞の訓読　今乃の訓「いまし」「いまし」と汝、今　30　韻鏡享禄本　岡本保孝の韻鏡考　十六通摂と義門　31　経史正音切韻指南　直指玉鑰匙門法　篇韻貫珠集　32　磨光韻

資料1　金沢庄三郎主要著作目次

鏡　華音と唐音　字彙の反切　磨光韻鏡と漢呉音図　磨光韻鏡　磨光韻鏡後篇翻切伐柯篇　本居宣長と王字の反切　34　古義韻鏡附説　韻鏡の用法大綱五條　「いね」と「ゐぬ」　35　内外転開合　宣長の開合指掌図　36　帰字要歌　分韻憑切　寄声　37　名字指南鈔　名乗の訓読　38　翻切撰名余論　華人名諱を反切することなし　39　大明律直解　大明律校訳　42　三綱行実図　43　二倫行実図　五倫行実図　44　雅言覚非　大明律文と類合　以湖為江、用湖如浦　万葉集に湖を「みなと」と訓む　半島最初の改宗者丁若鏞　伴信友と大明律高麗版　46　西序書目箋録　47　頤斎遺稾　猫の朝鮮名は蒙貴の貴　酒多と角干　48　学書要覧　破閑集全韻　朝鮮の俗字　49　むかし文字　冉と冊　50　Aston　日鮮語比較研究　51　衝口発　伊奘　奎章鉗狂人　藤井貞幹　52　釈名　岡本保孝　53　猫　猫と仏教　54　匹字義　55　能改斎漫録　伊藤　狩谷棭斎　56　Bretschneider　中西亜細亜の地理歴史の研究　Friedrich Müller　57　康熙字典考証　王念孫、王引之　58　字音仮字用捨　作り取り百姓よみ　縁とエニ　撥る韻の仮字　白井寛蔭　奈万之奈　漢字三音考　本居宣長とアヤワ三行　鍾礼、腫浪　原音と次音　60　音韻仮字用例図　於乎軽重義　宣長のおを所属弁　義門と新居守村寛蔭と於乎軽重義　岡本保孝と於乎軽重義　字音仮字用格と於乎軽重義　於乎軽重義　於乎軽重義　於乎軽重義　於乎軽重義　御国詞活用抄にあらず　62　撥韻仮字攷存疑　「はねがな」と撥仮字　男信と改題す　63　言葉のやちまた　松柏と松枝　64　言葉のやちまた義門書入本　義門と植松有信　義門と本居春庭　ちく、し、きと義門春庭　65　和語説略図聞書　連用言と猪飼敬所　連の字「つづく」と訓む、「つらなる」にあらず言葉の八衢　清水浜臣の歌疵　花欲燃の欲は「んとす」と訓む　八衢の誤　66　仮名文字遣　67　一歩手爾葉違　仮名遣にあらで仮名違　68　六運略図　宣長と六運略図　冨士谷成章　69　和名類聚鈔　宣長、与清、たせ子の校定本　70　唐本和名類聚鈔　楊守敬と箋注倭名鈔　下総本　71　倭名類聚抄伊勢本　中西信慶　倭名鈔の廿巻本と十巻本　尾張本　邨岡良弼と栗田寛　足代弘訓と豊宮崎文庫本　72

語彙稿本　73　雅語音声考　篤胤の音義説と鈴木朖　74　希雅　希雅と爾雅、通雅　鈴木朖　75　拠字

造語抄　四海と「よつのうみ」清水浜臣　76　Zenker 日本語起原論　77　Clement 日鮮比較年表　朝鮮

年表　番外　上田秋成自叙伝　佐々木竹苞楼

資料2　関係資料

『朝鮮月報』（明治三二〜三三年）

号	発行日	内容（執筆者）
第一号	三二年九月五日	朝鮮月報に序す（秋月左都夫）、朝鮮人参の話（信夫惇平）、韓国に於ける各外国人の事業概況（ケ、ケ、生）、任那日本府の位置（清節居士）、褓商及負商、東諺類緝（成所生）、諺文の起源（金沢庄三郎）
第二号	三二年一一月五日	韓国現行行政組織一班（信夫惇平）、韓国の朋党（鮎貝房之進）、咸関領の戦勝碑と侍中台（小山光利）、くだらぬこと、朝鮮の俚諺（金沢庄三郎）、南薫太平歌（金沢庄三郎）、朝鮮の書籍（金沢庄三郎）、朝鮮通貨沿革私断（前間恭作）、京城の戸口統計（信夫惇平）、漢城の戸口（菊池謙譲）、漢城五署の戸口調査、日本留学生成蹟
第三号	三三年一月二〇日	韓国現行行政組織一班（信夫惇平）、朝鮮通貨沿革私断（前間恭作）、日韓語の異同（鮎貝房之進）、朝鮮の俚諺（金沢庄三郎）、北境事情（小山光利）、くだらぬこと（くだらぬ生）、朝鮮に関する西人の研究（金沢庄三郎）、松坡の古碑（金沢庄三郎）、朝鮮の書籍（金沢庄三郎）、見聞録（金沢庄三郎）、日韓小字彙（金沢庄三郎）

第四号	三三年三月二〇日	朝鮮の古代史につきて（塩川一太郎）、半島古代国名考（鮎貝房之進）、考へもの（小山光利）、北境事情（小山光利）、くだらぬこと（くだらぬ生）、朝鮮の俚諺（金沢庄三郎）、韓国の首都京城（金沢庄三郎）、再び諺文の起源に就きて（金沢庄三郎）、朝鮮の書籍（金沢庄三郎）

韓国併合ニ関スル条約（明治四三年八月二二日調印、八月二九日公布）

日本国皇帝陛下及韓国皇帝陛下ハ両国間ノ特殊ニシテ親密ナル関係ヲ顧ヒ相互ノ幸福ヲ増進シ東洋ノ平和ヲ永久ニ確保セムコトヲ欲シ此ノ目的ヲ達セムカ為ニハ韓国ヲ日本帝国ニ併合スルニ如カサルコトヲ確信シ茲ニ両国間ニ併合条約ヲ締結スルコトニ決シ之カ為日本国皇帝陛下ハ統監子爵寺内正毅ヲ韓国皇帝陛下ハ内閣総理大臣李完用ヲ各其ノ全権委員ニ任命セリ因テ右全権委員ハ会同協議ノ上左ノ諸条ヲ協定セリ

第一条　韓国皇帝陛下ハ韓国全部ニ関スル一切ノ統治権を完全且永久ニ日本国皇帝陛下ニ譲与ス

第二条　日本国皇帝陛下ハ前条ニ掲ケタル譲与ヲ受諾シ且全然韓国ヲ日本帝国ニ併合スルコトヲ承諾ス

第三条　日本国皇帝陛下ハ韓国皇帝陛下、太皇帝陛下、皇太子殿下並其ノ后妃及後裔ヲシテ各其ノ地位ニ応シ相当ナル尊称、威厳及名誉ヲ享有セシメ且之ヲ保持スルニ十分ナル歳費ヲ供給スヘキコトヲ約ス

第四条　日本国皇帝陛下ハ前条以外ノ韓国皇族及其ノ後裔ニ対シ各相当ノ名誉及待遇ヲ享有セシメ且之ヲ維持スルニ必要ナル資金ヲ供与スルコトヲ約ス

第五条　日本国皇帝陛下ハ勲功アル韓人ニシテ特ニ表彰ヲ為スヲ適当ナリト認メタル者ニ対シ栄爵ヲ授ケ且恩金ヲ与フヘシ

第六条　日本国政府ハ前記併合ノ結果トシテ全然韓国ノ施政ヲ担任シ同地ニ施行スル法規ヲ遵守スル韓人ノ身体及財産ニ対シ十分ナル保護ヲ与ヘ且其ノ福利ノ増進ヲ図ルヘシ

第七条　日本国政府ハ誠意忠実ニ新制度ヲ尊重スル韓人ニシテ相当ノ資格アル者ヲ事情ノ許ス限リ韓国ニ於ケル帝国官吏ニ登用スヘシ

第八条　本条約ハ日本国皇帝陛下及韓国皇帝陛下ノ裁可ヲ経タルモノニシテ公布ノ日ヨリ之ヲ施行ス

勅令第三百十八号　韓国ノ国号ヲ改メ朝鮮ト称スルノ件（明治四三年八月二九日）

韓国ノ国号ハ之ヲ改メ爾今朝鮮ト称ス

朝鮮教育令（明治四四年八月二三日公布）

第一条　朝鮮ニ於ケル朝鮮人ノ教育ハ本令ニ依ル

第二条　教育ハ教育ニ関スル勅語ノ旨趣ニ基キ忠良ナル国民ヲ育成スルコトヲ本義トス

第三条　教育ハ時勢及民度ニ適合セシムルコトヲ期スヘシ

第四条　教育ハ之ヲ大別シテ普通教育、実業教育及専門教育トス

第五条　普通教育ハ普通ノ知識技能ヲ授ケ特ニ国民タルノ性格ヲ涵養シ国語ヲ普及スルコトヲ目的トス

第六条　実業教育ハ農業、商業、工業等ニ関スル知識技能ヲ授クルコトヲ目的トス

第七条　専門教育ハ高等ノ学術技芸ヲ授クルコトヲ目的トス

（以下省略）

東京外国語学校（新外語）韓語・朝鮮語学科教師一覧

	教授	外国教師（教授に準じる）	講師	助教授
明治三〇（一八九七）	山崎英夫	呉世昌		
三一	山崎英夫	呉世昌・柳苾根		
三二	山崎英夫	柳苾根・尹致旿・趙慶協		
三三	山崎英夫・金沢庄三郎（韓国留学中）	柳苾根・尹致旿・趙慶協		本田存
三四	岡倉由三郎・金沢庄三郎（韓国留学中）	柳苾根・趙慶協		本田存
三五	金沢庄三郎	柳苾根・趙慶協		本田存
三六	金沢庄三郎	柳苾根・趙慶協		本田存
三七	金沢庄三郎・本田存	柳苾根・趙慶協		
三八	金沢庄三郎・本田存	柳苾根・趙慶協		
三九	金沢庄三郎・本田存	柳苾根・延浚	山本恒太郎	
四〇	金沢庄三郎（欧米旅行で前期休職）・本田存	柳苾根・延浚	山本恒太郎	

四一	金沢庄三郎・本田存	延浚・朴羽陽	山本恒太郎	
四二	金沢庄三郎・本田存	延浚	山本恒太郎・柳苾根	
四三	金沢庄三郎・本田存	延浚	山本恒太郎・柳苾根	
四四	金沢庄三郎・本田存		山本恒太郎・柳苾根・延浚	
四五〜大正元	金沢庄三郎・本田存		柳苾根・延浚	
大正　二(一九一三)	金沢庄三郎・本田存		柳苾根	
三	金沢庄三郎・本田存		柳苾根・山本恒太郎	
四	金沢庄三郎・本田存		柳苾根	
五	金沢庄三郎・本田存・柳苾根			
六	本田存		徐基殷	
七	本田存		徐基殷	
八			徐基殷	
九			徐基殷	
一〇			徐基殷・本田存	
一一			徐基殷・本田存	

石川遼子「「地と民と語」の相剋」及び『東京外国語大学史』を参照。

東京外国語学校韓語（朝鮮語）学科本科　入学生数

（学年の始まりは三八年度まで九月、三九年度から四月）

明治30年９月	31年９月	32年９月	33年９月	34年９月
6	3	16	0	6

35年９月	36年９月	37年９月	38年９月	39年４月
27	23	27	29	29

40年４月	41年４月	42年４月	43年４月	44年４月
7	13	16	14	12

45年４月	大正２年４月	３年４月	４年４月	５年～昭和２年
14	0	10	4	0

東京外国語学校韓語（朝鮮語）学科本科　卒業生数

明治33年７月	34年７月	35年７月	36年７月	37年７月
3	4	9	1	3

38年３月	38年６月	38年７月	39年７月	40年３月
6	2	2	12	16

41年３月	42年３月	43年３月	44年３月	45年３月
14	10	2	7	9

大正２年３月	３年３月	４年３月	５年３月	６年３月
7	6	6	0	7

７年３月	８年３月～昭和２年３月
4	0

主要参考文献

著者（石川遼子）の既述論文

「東京外国語学校朝鮮語学科の廃止をめぐる二、三のこと」『青鶴』五、在日韓国・朝鮮人問題学習センター、一九九二

「東京外国語学校の再興と朝鮮語教育——日清戦争と日露戦争のあいだ」奈良女子大学人間文化研究科『年報』一九九七

「「地と民と語」の相剋——金沢庄三郎と東京外国語学校朝鮮語学科」『朝鮮史研究会論文集』三五、朝鮮史研究会編、緑蔭書房、一九九七

「素描　明治前期朝鮮語教育六年の場と群像」『青鶴』一〇・一一合併号、大阪国際理解教育研究センター、一九九八

「露・清・韓語学科設置の構想」奈良女子大学人間文化研究科『年報』、一九九八

「近代日本と朝鮮語」奈良女子大学提出博士論文、二〇〇一

「大阪中学校・大学分校・第三高等中学校——明治前半期大阪における官立中学校のゆくえ」『大阪の歴史』六〇、大阪市史料調査会、二〇〇二

「金沢庄三郎——同祖論の飽くなき追求」舘野晳編『韓国・朝鮮と向き合った36人の日本人』明石書店、二〇〇二（二〇〇六年に韓国ハンギル社が韓国語に翻訳して刊行）

「金沢庄三郎著作目録」（三ツ井崇共著）、小路田泰直他編『日本史の方法』一、奈良女子大学日本史の方法研究会、二〇〇五

「朝鮮観の錯綜——明治二十年代」『日本史の方法』二、二〇〇五

「国分象太郎——対馬から翔けた通訳・外交官」舘野晳編『36人の日本人——韓国・朝鮮へのまなざし』明石書店、二〇〇五

「寧楽・平城・奈良——研究史の一端から」『奈良女子大学二一世紀COEプログラム報告集』六、二〇〇五

『日本近現代朝鮮語教育史』日本学術会議振興会科学研究費補助金基盤研究(B)研究成果報告書、代表植田晃次（大阪大学）・三ツ井崇・山田寛人と共著、二〇〇六

『朝鮮語教育史人物情報資料集』同上研究成果報告書、二〇〇七

「金沢庄三郎年譜」『日本史の方法』五、二〇〇七

「金沢庄三郎と朝鮮語　付年譜」『植民地期前後の言語問題』ソミョン社、韓国、二〇一二

図書館・諸機関・団体の所蔵の史料（五十音順）

愛知大学付属図書館　大本山永平寺　永平寺東京別院長谷寺　大阪外国語大学附属図書館　大阪市史編纂所　大阪市立大学附属図書館　大阪市立中央図書館　大阪市立南小学校　大阪府立中央図書館　大阪府立中之島図書館　沖縄県立図書館　外務省外交史料館（「朝鮮語学生徒養成方東京外国語学校へ嘱託一件」「韓国へ本省留学生派遣雑件」「文部省留学生関係雑件」『外務省職員録』「朝鮮事務書」「日朝交渉略史」など）　霞山会　九州大学附属図書館在山楼文庫　京都大学附属図書館　京都大学旧三高資料室　京都大学文書館　慶応義塾福沢研究センター　光清寺（対馬）　国学院大学附属図書館　国立公文書館（「朝鮮語学之一科設置之儀上申」「任免索引　大正六年」「学則・規則に関する許認可文書」（天理語学専門学校、東

京外事専門学校第一冊）など」　国立国会図書館本館：一般資料室（金沢講義録ほか）、憲政資料室（大木喬任文書、関屋貞三郎文書、斎藤実文書など）、法令資料室（帝国議会議事録、帝国議会衆議院記事摘要など）、古典籍資料室（亀田次郎筆録ほか）、国立国会図書館関西館アジア資料室　駒沢大学附属図書館（濯足文庫）　筑波大学附属図書館（『朝鮮教育会雑誌』『朝鮮教育研究会雑誌』など）　対馬歴史民俗資料館　鶴見大学東京外国語大学附属図書館　東京外国語大学百年史資料室　東京大学附属図書館　奈良女子大学附属図書館　奈良大学附属図書館　奈良教育大学附属図書館　明治大学大学史資料センター　陽明文庫　琉球大学附属図書館　韓国釜山市立図書館（『朝鮮事務書』）　韓国国立中央図書館（『朝鮮教育会雑誌』『朝鮮教育研究会雑誌』）

新聞・雑誌・全集・叢書類（それぞれの中から適宜参照・利用した）

『大阪日報』　『時事新報』　『朝日新聞』　『東京朝日新聞』　『大阪朝日新聞』　『読売新聞』　『毎日新聞』　『新聞集成明治編年史』　『大阪中学校一覧』　『大学分校一覧』　『第三高等中学校一覧』　『帝国大学一覧』　『東京帝国大学一覧』　『東京商業学校一覧』　『高等商業学校一覧』　『東京外国語学校一覧』　『東京外国語学校同窓会会報』　東京外国語学校韓国校友会『会報』　『東京外国語学校校友会雑誌』　『東京外国語学校同窓会誌』　『天理外国語学校一覧』　天理外国語学校『校友会誌』　『京城帝国大学一覧』　『白鳥庫吉全集』（岩波書店）　『折口信夫全集』（中央公論社）　『新修森有礼全集』（文泉堂書店）　『朝鮮史研究会論文集』及び『会報』（朝鮮史研究会）　『朝鮮学報』及び『会報』（朝鮮学会）　『国学院雑誌』（国学院大学）　『国学院大学学報』縮刷版（国学院大学）　『月刊雑誌朝鮮語』（朝鮮語研究会）　『季刊三千里』（三千里社、11号は特集「日本人と朝鮮語」）　『復刻版　殖民協会報告』（不二出版）　『壬辰会雑誌』（第三高等中学校壬辰会）　『朝鮮研究月報』（日本朝鮮研究所）　『同源』（同源社、京城）　『日本植民地教育政策史

料集成（朝鮮篇）』（渡部学・阿部洋編、龍渓書舎）『日本帝国文部省年報』（文部省編）『東アジアの古代文化』（編集：鈴木武樹～大和岩雄、寺小屋出版社～古代学研究所）「未公開資料　朝鮮総督府関係者　録音記録(1)～継続中」（『東洋文化研究』二～継続中、学習院大学東洋文化研究所）『みやびブックレット』（石山茂利夫・武藤康史の『辞林』論を掲載）、継続中）

論文と単行本（著者と書名の五十音順）

青山淳平『人、それぞれの本懐――生き方の作法』社会思想社、一九九九
『麻布長谷寺誌』永平寺東京別院長谷寺、一九七七
W・G・Aston: *A Comparative study of Japanese and Korean Languages*（「日本語と朝鮮語の比較研究」）
"The Journal of the Royal Asiatic Society of Great Britain and Ireland (New Series, Vol. 11, 1979)"
＊皆が賞讃するように、驚くべき知識と考察によって書かれている。
姉崎嘲風『わが生涯』養徳社、一九五一（姉崎正治先生生誕百年記念会が一九七四年新版刊行）
阿部洋「日本統治下朝鮮の高等教育――京城帝国大学と民立大学設立運動をめぐって」『思想』一九七一・七
鮎貝房之進「回顧談」『書物同好会会報』一七、一九四二
有光教一『朝鮮考古学七十五年』昭和堂、二〇〇七
飯田利行「金沢庄三郎博士」『空林拾葉録』中外日報社、一九九六
飯田利行「吾がふみよみの記」『飯田利行博士古稀記念東洋学論叢』国書刊行会、一九八一
石川寛「日朝関係の近代的改編と対馬藩」『日本史研究』四八〇、二〇〇二
石附実『近代日本の海外留学史』ミネルヴァ書房、一九七二（のち中公文庫）
石山茂利夫『国語辞書　誰も知らない出生の秘密』草思社、二〇〇七

石山茂利夫『裏読み深読み国語辞書』草思社、二〇〇一

イ・ヨンスク『「国語」という思想——近代日本の言語認識』岩波書店、一九九六

『厳原町教育史』厳原町教育委員会、一九七二。

『厳原町誌』厳原町史編集委員会編、厳原町、一九九七

稲葉継雄「日本人の朝鮮語学習史」『朝鮮語教育課程のプログラム作成のための基礎的研究』（筑波大学学内プロジェクト研究成果報告書、代表者太田泰雄）、一九八二

稲葉継雄『旧韓末「日語学校」の研究』九州大学出版会、一九九七

任展恵『日本における朝鮮人の文学の歴史』法政大学出版局、一九九四

岩橋小弥太「明治の思い出」『国学院大学月報』一九六三年七月一日

上田正昭「「日鮮同祖論」の系譜」『季刊三千里』一四、一九七八

上田万年「国語学の草創期」『国語と国文学』一一—八、一九三四

上田万年『国語のため』冨山房、一八九五

上田万年『国語のため第二』冨山房、一九〇三

『上田万年　言語学』上田万年講述・新村出筆録・柴田武校訂、教育出版、一九七五

「上田万年博士追悼号」『国語と国文学』一四—一二、一九三七

馬越徹「広島高師時代の幣原坦——『学校教育』にみる植民地教育観を中心に」平成四・五年度科研費研究成果報告書『戦前日本の植民地教育政策に関する総合的研究』一九九四

馬越徹『韓国近代大学の成立と展開』名古屋大学出版会、一九九五

海野福寿『韓国併合』岩波新書、一九九五

榎森進『アイヌ民族の歴史』草風館、二〇〇七

『大阪外国語大学七〇年史』大阪外国語大学70年史刊行会、一九九二
大田雄三『B・H・チェンバレン――日欧間の往復運動に生きた世界人』リブロポート、一九九〇
大曲美太郎「釜山に於ける日本の朝鮮語学所と『交隣須知』の刊行」『ドルメン』四―三、一九三五
大曲美太郎「釜山港日本居留地に於ける朝鮮語教育　附朝鮮語学書の概評」『青丘学叢』二四、一九三六
＊大曲氏の論文は、その後の朝鮮語教育研究の基礎的文献として貴重な存在である。
大谷渡『天理教の史的研究』東方出版、一九九六
大森金五郎「国史学発達の回顧」『歴史教育』七巻九号、一九三二
岡倉由三郎「恩師チャムブレン先生を偲ぶ」『英語青年』七三―二、一九三五
小熊英二『単一民族神話の起原――〈日本人〉の自画像の系譜』新曜社、一九九五
小熊英二『日本人の境界』新曜社、一九九八
奥山仙三『朝鮮語大成』朝鮮教育会、一九二八
小倉進平『朝鮮語学史』大阪屋号書店、一九二〇
小倉進平著・河野六郎補注『朝鮮語学史』刀江書院、一九六四
長志珠絵『近代日本と国語ナショナリズム』吉川弘文館、一九九八
「回顧談　大震災前後よもやま話」『日本歴史』四〇〇、吉川弘文館、一九八一
外務省編纂『日本外交年表竝主要文書』一九六五
風間喜代三『言語学の誕生―比較言語学小史』岩波新書、一九七八
＊比較言語学の概説書として必要な事項を網羅し、要を得て分かりやすかった。
梶井陟『朝鮮語を考える』龍渓書舎、一九八〇
＊梶井氏の問題意識には当初から啓発されたが、今も学ぶべきことが多い。

梶村秀樹『朝鮮史』講談社現代新書、一九七七

『梶村秀樹著作集』第一巻、明石書店、一九九二

『神田乃武先生追憶と遺稿』刀江書院、一九二七

神田乃武 *"The Study of Foreign Language in Japan"*『太陽』一―六、一八九五

姜徳相「日本に於ける朝鮮語教育の意味」『語学研究』第七号、神奈川大学外国語研究センター、一九八四

姜徳相『朝鮮人学徒出陣』岩波書店、一九九七

姜東鎮『日本の朝鮮支配政策史研究――一九二〇年代を中心として』東京大学出版会、一九七九

菅野裕臣「日本における韓国語教育及び研究の現況」『ハングル』二〇一・二〇二号、ハングル学会、一九八八

『季刊日本思想史』七六、特集植民地朝鮮における歴史編纂、ぺりかん社、二〇一〇

喜田貞吉「六十年の回顧」『喜田貞吉著作集』第14巻、平凡社、一九八二

北嶋静江「日本語朝鮮語対照言語学の展望」『朝鮮学報』八五、一九七七

金泰俊「十九世紀末の韓日文化交流――東京外国語学校教師・李樹廷の東京時代」『日韓文化論』学生社、一九九四

『増補新版　協和会関係資料集Ⅱ』緑蔭書房、一九九五

『旧韓国外交文書』第三、四巻、高麗大学校出版部、一九六八

『京都大学百年史』京都大学、一九九七〜二〇〇一

『協和会関係資料集Ⅱ』樋口雄一編、緑蔭書房、一九九五

金光林『日鮮同祖論――その実体と歴史的展開』富士ゼロックス小林節太郎記念基金、一九九八

金田一京助「在天の恩師に捧ぐ」『国学院大学学報　縮刷版２』一九六七

金田一京助「恩師金沢庄三郎先生」『国学院雑誌』六八―八、一九六七

金田一京助「折口さんと私」『金田一京助随筆選集』二、三省堂、一九六四、初出は一九五四
『金田一京助　私の歩いてきた道』日本図書センター、一九九七、もと講談社で一九六八
日下部三之介編輯『文部大臣森子爵之教育意見』金港堂、一八八八
楠家重敏『ネズミはまだ生きている――チェンバレンの伝記』雄松堂出版、一九八六
楠家重敏『W・G・アストン――日本と朝鮮を結ぶ学者外交官』雄松堂出版、二〇〇五
工藤雅樹『研究史　日本人種論』吉川弘文館、一九七九
工藤雅樹『東北考古学・古代史学史』吉川弘文館、一九九八
久保田優子『植民地朝鮮の日本語教育――日本語による「同化」教育の成立過程』九州大学出版会、二〇〇五
栗原健『対満蒙政策史の一面』原書房、一九六六
具良根「明治日本の韓語教育と韓国への留学生派遣」『韓』五―一二、一九七六
　＊多数の公文書を調査してこの問題を明らかにした過程と努力に学ぶところ大きかった。
『慶応義塾百年史』中巻前、慶応義塾、一九六〇
D・M・ケンリック『日本アジア協会一〇〇年史――日本における日本研究の誕生と発展』横浜市立大学経済研究所、一九九四
幸田成友『凡人の半生』共立書房、一九四八
『現代史資料』六、二五～二八、姜徳山編、みすず書房、一九六三・一九六六～七二
五井直弘『近代日本と東洋史学』青木書店、一九七六
児島恭子『アイヌ民族史の研究――蝦夷・アイヌ観の歴史的変遷』吉川弘文館、二〇〇三
『近衛霞山公』霞山会、一九二四
『近衛篤麿日記』鹿島研究所出版会、一九六八～一九六九

小林知子「『民主朝鮮』の検閲状況」『青丘』一九号、一九九四
呉林俊『日本人の朝鮮像』合同出版、一九七三
権藤四郎介『李王宮秘史』朝鮮新聞社、一九二六
『紺碧はるかに——京城帝国大学創立五十周年記念誌』京城帝国大学同窓会、一九七四
＊後代から卒業生が振り返って深い感慨のなかで諸問題を記述した、貴重な記念誌である。
斎藤精輔『辞書生活五十年史』図書出版社、一九九一
『齋藤総督の文化統治』近藤釼一編、財団法人友邦協会、一九七〇
斉藤多喜男「初期の日本アジア協会とその周辺」『横浜の本と文化』横浜市立中央図書館、一九九四
桜井義之『朝鮮研究文献誌　明治大正編』龍渓書舎、一九七九
＊丹念に文献を収集し調査して成った本書は、しばしばありがたい救援者だった。
桜井義之「韓国研究会のことども」『明治と朝鮮』桜井義之先生還暦記念会、一九六四
幣原平和財団編『幣原喜重郎』幣原平和財団、一九五五
志部昭平「日本における朝鮮語研究　一九四五～一九九一」『千葉大学人文研究』二一、一九九二
島井浩『朝鮮語通訳と時勢』島井俊雄（釜山）、一九三五
『書物同好会会報』一五、京城、一九四二
白川豊『植民地期朝鮮の作家と日本』大学教育出版、一九九五
白鳥庫吉『国史』勉誠社、一九九七（二〇〇〇年に「日本歴史」と解題して勉誠文庫に収録）
新城道彦『天皇の韓国併合——王公族の創設と帝国の葛藤』法政大学出版会、二〇一一
『新対馬島誌』新対馬島誌編集委員会、一九六四
『神陵小史』阪倉篤太郎編、三高同窓会、一九三五

『枢密院会議議事録』二八・三二、三六〜四二、東京大学出版会、一九八六〜八八
末松保和「前間先生小伝」『前間恭作著作集』下巻、京都大学国文学会、一九七四
鈴木広光「日本語系統論・方言周圏論・オリエンタリズム」『現代思想』二二―七、青土社、一九九三
千田稔・渡辺史生編『吉田東伍前期論稿・随筆選』国際日本文化研究センター、二〇〇三
惣郷正明「解説」『蝦和英三対辞書』国書刊行会、一九七五
『創立七十周年記念誌』長崎県立対馬高等学校、一九七六
『一九六六年度　ソフィア会会報』ソフィア会、聖心女子大学、一九六六
田岡嶺雲「数奇伝」明治文学全集96『明治記録文学集』筑摩書房、一九六七
高崎宗司『朝鮮の土となった日本人　浅川巧の生涯』草風館、一九八二
高崎宗司『「妄言」の原形　日本人の朝鮮観』木犀社、一九九六
高崎宗司『津田仙評伝』草風館、二〇〇八
高野友治『天理教伝道史』10、天理道友社、一九七五
高橋直治『折口信夫の学問形成』有精堂、一九九一
「田口卯吉氏ノ告ヲ読ミ併て祭典論ヲ弁ス」『随在天神』一九七、一八九二
田代和生「対馬藩の朝鮮語通詞」『史学』六〇―四、三田史学会、一九九一
田村すず子「バチラーの辞典について」『アイヌ・英・和辞典』第四版、岩波書店、一九八一
田保橋潔「丙子修信使とその意義」『青丘学叢』一三、一九三三
『駐韓日本公使館記録』大韓民国文教部国史編纂委員会、一九八八〜九四
「朝鮮京城事変始末書」『明治文化全集』第一一巻日本評論社、一九二八
『朝鮮語大辞典』寄稿、大阪外国語大学朝鮮語研究室編、角川書店、一九八六

「朝鮮と日本の文化」『朝鮮画報』三—八、一九六四（三ツ井崇氏提供）
『朝鮮史』（巻首総目録・事業概要）、東京大学出版会、一九七六年覆刻
『朝鮮史』武田幸男編、山川出版社、二〇〇〇
『朝鮮史入門』朝鮮史研究会・旗田巍編、太平出版社、一九六六
『入門　朝鮮の歴史』朝鮮史研究会編、代表旗田巍、三省堂、一九八六
「朝鮮半島史編成ノ要旨」『韓国併合史研究資料』九三、龍渓書舎、二〇一一
朝鮮総督府『施政二十五年史』一九三五
『朝鮮の歴史をどう教えるか』朝鮮史研究会編、龍渓書舎、一九七六
「朝鮮民族運動対策案」斎藤実文書、国立国会図書館憲政資料室
Zenker, Ernest v., *Über den Ursprung der Japanischen Sprache*（日本語の起原について）, Wien, 1913
津川正幸『大阪堂島米商会所の研究』晃洋書房、一九九〇
『鶴見大学の歩み』同書編修委員会編、三輪全龍発行、一九七九
『天理大学五十年誌』五十年誌編纂委員会編、天理大学発行、一九七五
『堂島米会所記録』大阪市史史料第十二輯、大阪市史編纂所、一九八四
東京外国語学校編『東京外国語学校沿革』一九三二
『東京外国語大学沿革略史』東京外国語大学百年誌編纂委員会編、一九九七
『東京外国語大学史——独立百周年（建学百二十六年）記念』東京外国語大学、一九九九
『東京帝国大学五十年史』東京帝国大学、一九三二
『東京帝国大学学術大観　総説・文学部』東京帝国大学、一九四二
時枝誠記「朝鮮に於ける国語政策及び国語教育の将来」『日本語』二—八、日本語教育振興会、一九四二

時枝誠記「金沢庄三郎博士の国語学上の業績について」『国語学』七〇、一九六七
『独立記念館　展示品要録』独立記念館（韓国大田市）、二〇〇〇（神谷丹路氏提供）
中塚明『近代日本の朝鮮認識』研文出版、一九九三
永島広紀「日本統治期の朝鮮における〈史学〉と〈史料〉の位相」『歴史学研究』七九五、二〇〇四
中村生雄「喜田貞吉の民族史論と「日鮮同祖論」」『東北学』九、二〇〇三
中村栄孝『日鮮関係史の研究』吉川弘文館、一九六五・一九六九
中村完「金沢庄三郎の朝鮮学」『朝鮮学報』四五、一九六七
＊没後の追悼論文で、金沢批判が激しくなるなかで一歩退いて総合的な評価を試みた。
南相瓔「日本人の韓国語学習——朝鮮植民地化過程に焦点をあてて」『教育学研究』五八—二、一九九一
長沼節夫「祖国分割占領の苦渋を秘めて——『民主朝鮮』」『思想の科学』九八、一九七八
西順蔵『日本と朝鮮の間——京城生活の断片、その他』影書房、一九八三
『日本語系統論の現在』国際日本文化研究センター共同研究報告、アレクサンダー・ボビン、長田俊樹編、日文研叢書31、国際日本文化研究センター、二〇〇三
野中正孝編著『東京外国語学校史——外国語を学んだ人たち』不二出版、二〇〇八
博多久吉「追憶随記」『三高八十年回顧』関書院、一九五〇
旗田巍他『日本と朝鮮』アジア・アフリカ講座三、勁草書房、一九六五
旗田巍『日本人の朝鮮観』勁草書房、一九六九
＊日本人の朝鮮研究者に対する批判として、一九六〇年代以降、朝鮮問題に対する姿勢の形成に大きな影響を与えた。
服部四郎「藤岡勝二先生に関する補説」『言語学ことはじめ』一九八四

服部四郎『一言語学者の随想』汲古書院、一九九二
『一橋大学学制史資料』第一巻、一橋大学学園史編纂委員会、一九八三
日野義彦「対馬に於ける隣国語学習について」『対馬風土記』二〇、対馬郷土研究会編、一九八五
広池富『父広池千九郎　その愛と家庭生活』広池学園出版部、一九八六
福井久蔵『国語学史』国書刊行会、一九四二
『福澤関係文書』慶応義塾福澤研究センター編、雄松堂フィルム、一九八九
藤波義貫「私が朝鮮語を学んだ頃　二、三十年前を顧みて」『月刊雑誌朝鮮語』一～五、一九二五～二六
『報知新聞』大正九年三月一五日夕刊（朝鮮語学科募集の報道、松田利彦氏の提供による）
堀越儀郎「種を蒔いたら修理肥を」『道の友』昭和三年三月一五日号
「堀秀成翁略譜　附著書解題」『帝国文学』三～五、一八九七
前川公秀「もうひとりの浅井」『佐倉市史研究』一六、佐倉市、二〇〇三
前川公秀「写真家　浅井魁一と日清戦況写真帖」『佐倉市史研究』二四、佐倉市、二〇一一
松原孝俊・趙真璟「厳原語学所と草梁館語学所の沿革をめぐって——明治初期の朝鮮語教育を中心として」『言語文化論究』八、九州大学言語文化部、一九九七
馬渕和夫編『日本語の起原——世界の言語学者による論集』武蔵野書院、一九八六
三ツ井崇「日本語朝鮮語同系論の政治性をめぐる諸様相——金沢庄三郎の言語思想と朝鮮支配イデオロギーとの連動性に関する一考察」『朝鮮史研究会論文集』三七、緑蔭書房、一九九九
三ツ井崇「近代アカデミズム史学のなかの「日鮮同祖論」——韓国併合前後を中心に」『朝鮮史研究会論文集』四二、緑蔭書房、二〇〇四
三ツ井崇『朝鮮植民地支配と言語』明石書店、二〇一〇

宮嶋博史「日本における〝国史〟の成立と韓国史認識——封建制論を中心に」『近代交流史と相互認識Ⅰ』慶応義塾大学出版会、二〇〇一

宮田節子『朝鮮民衆と「皇民化」政策』未來社、一九八五

＊日本の植民地支配とは何であったか、朝鮮人に対する同化と差別による徹底的な経済的・精神的支配の構造として考察した過程に学ぶところが大きかった。

宮田節子・金英達・梁泰昊『創氏改名』明石書店、一九九二

宮田節子「朝鮮史研究会のあゆみ——朝鮮史研究会の創設から一九七〇年まで」『朝鮮史研究会論文集』四八、二〇一〇

武藤康史『国語辞典の名語釈』三省堂、二〇〇二

村上四男『韓史余滴』私家版、一九八四

メーチニコフ『回想の明治維新』渡辺雅司訳、岩波文庫、一九八七

『南区史』大阪市南区役所、一九二八

八杉貞利『新縣居雑記』吾妻書房、一九七〇

八杉貞利「思ひ出のまゝに」『外語同窓会誌』四〇号、一九三八

安田敏朗『帝国日本の言語編制』世織書房、一九九七

安田敏朗『「言語」の構築——小倉進平と植民地朝鮮』三元社、一九九九

安田敏朗『近代日本言語史再考——帝国化する「日本語」と「言語問題」』三元社、二〇〇〇

柳宗悦『朝鮮とその芸術』新装・柳宗悦選集四、春秋社、一九七二

＊柳の朝鮮陶磁・工芸の美の発見から朝鮮文化を守るための勇気ある発言に至る過程が理解される。

矢野謙一「朝鮮総督府編『朝鮮語辞典』編纂の経緯」『韓』一〇四、一九八六

山田忠雄『近代国語辞書の歩み——その模倣と創意と』三省堂、一九八一
山田寛人「東洋協会専門学校における朝鮮語教育」『アジア教育史研究』八、一九九九
山田寛人『植民地朝鮮における朝鮮語奨励政策——朝鮮語を学んだ日本人』富士出版、二〇〇四
山辺健太郎『日本の韓国併合』太平出版社、一九六六
山辺健太郎『日韓併合小史』岩波新書、岩波書店、一九六六
山辺健太郎『日本統治下の朝鮮』岩波新書、岩波書店、一九七一
山本四郎編『寺内正毅日記』京都女子大学発行、一九八〇
米谷均「対馬藩の朝鮮通詞と雨森芳洲」『史観』一九九一
李忠雨『京城帝国大学』多楽園、韓国、一九八〇
李家正文「韓語に目を注いだ金沢庄三郎博士を語る」『韓国文化』一九九〇年五月号（三ツ井崇氏提供）
林鍾国『親日文学論』大村益夫訳、高麗書林、一九七六
＊日本の植民地支配に迎合して協力したことで「親日」と呼ばれる行為とその人々を俎上に載せたものだが、むしろ日本人が朝鮮人をここまで精神的に追い詰めたことを知る。
『歴史教育』七巻九号、一九三二
『論集日本文化の起原』五〈日本文化学・言語学〉、池田次郎・大野晋編、平凡社、一九七三
＊日本語と朝鮮語の同系に関するアストン論文も金沢論文も収めた、意欲的な論文集である。
渡辺三男「金沢庄三郎博士の人と学問」『鶴見女子大学紀要』五、一九六八
＊金沢の晩年に共に過ごすことの多かった渡辺が、学問と日常生活の両面から暖かく振り返った追悼記である。

金沢庄三郎著作目録

・この目録には、論文と単行本のほか、編纂・校閲・談話・寄稿・稿本の類も、本書に関わる範囲で収める。
・『　』を付したものは、単行本の書名である。
・この目録は、『日本史の方法』1（奈良女子大学日本史の方法研究会、二〇〇五）に、三ツ井崇氏との共著として掲載されたが、その後間違いや未収録に気づき、新たな発見もあったので、三ツ井氏の了解を得て改訂したものをここに収める。

書名・論文名	刊行年月（西暦）	刊行年（和暦）	注記	掲載誌	出版者
ばちぇら氏創成アイヌ語学ノ一斑	一八九六・〇五	明治29	神保小虎の序文、名詞、形容詞、数詞、代名詞、働詞、副詞、後置詞。	『東洋学芸雑誌』第一七六号、一九九～二一一頁	東洋学芸社
ばちぇら氏創成アイヌ語学ノ一斑（前号ノ続）	一八九六・〇六	明治29	文章論（文の構造と用語例）。	『東洋学芸雑誌』第一七七号、二七二～二七六頁	東洋学芸社
ばちぇら氏創成アイヌ語学ノ一斑（前号ノ続）	一八九六・〇七	明治29	アイヌ語ノ発音法、会話実用単語〈日月・山川・四時、貴賤・職業・父子・兄弟ノ類、支体死活ノ類、起居進退ノ類、談論思考五感ノ類、家屋器材ノ類、鳥獣魚虫ノ類、草木ノ部、大小・長短・善悪ノ類、助辞ノ類。	『東洋学芸雑誌』第一七八号、三一三～三二一頁	東洋学芸社

蝦夷語方言藻汐草ノ校正	一八九六・一一	明治29	「藻塩草」〈文化元〉を校訂し、ローマ字表記を加えたもの。	『東京地学協会報告』第一八年第二号、二一七〜三一五頁	東京地学協会
『ことばのいのち』	一八九七・〇七	明治30	原著は、A・ダルメシュテテールの *The Life of Words as the Symbols of Ideas*, London, 1886。		冨山房
外来語に就きて	一八九七・一〇	明治30		『国学院雑誌』第三巻第一二、二五〜三一頁	国学院
『訳読科第一：ナショナル読本』	〔一八九六〜九八〕	明治29〜31	大日本英語学会編「英語学講義」全六冊中の一冊。『ナショナル第一読本』の単語と文章の翻訳と文法的解説。		大日本英語学会
国語に就きて思へる事ども	一八九八・〇一	明治31	のちに『国文論纂』〈明治三六〉に転載。	『国学院雑誌』第四巻第三、一八〜二五頁	国学院
言語学一斑	一八九八・〇二	明治31	F・M・ミュラーの著作 *The Science of Language* の抄訳。緒論。	『国学院雑誌』第四巻第四、四一〜五四頁	国学院
言語学一斑	一八九八・〇三	明治31	第一章〈言語の歴史的変遷、方言的分生と声音衰凋〉。	『国学院雑誌』第四巻第五、三三〜四五頁	国学院
数詞の研究	一八九八・〇三	明治31		『国学院雑誌』第四巻第五、一四〜一七頁	国学院
『アイヌ語会話字典』	一八九八・〇四	明治31	神保小虎と共著。昭和四八年北海道出版企画センターが再版。		金港堂書籍
言語学一斑	一八九八・〇四	明治31	第一章、第三章。	『国学院雑誌』第四巻第六、四〇〜四九頁	国学院
『ことばのいのち』〈訂正再版〉	一八九八・〇四	明治31	明治三〇年刊行の同書の訂正再版。		冨山房

言語学一斑	一八九八・〇五	明治31	第三章。	『国学院雑誌』第四巻第七、四二～四八頁	国学院
言語学一斑	一八九八・〇六	明治31	第五章	『国学院雑誌』第四巻第八、三八～四二頁	国学院
『言語学』	一八九八・〇八	明治31	上田万年との共訳。原著は、A・H・セイスの *The Principles of Comparative Philology*, London, 1892。		金港堂書籍
言語学小史	一八九八・〇八	明治31	緒論。第一章　十六世紀以前の言語学〈基督教と言語学・各国語学の研究・言語の分類〉。	『国学院雑誌』第四巻第一〇、三七～四六頁	国学院
言語学小史	一八九八・〇九	明治31	第二章　十七世紀の言語学〈ライプニッツ〉。第三章　十八世紀の言語学〈カザリナ女王・言語の分類・言語哲学〉。第四章　十九世紀の言語学〈梵語の発見〉。	『国学院雑誌』第四巻第一一、三五～五〇頁	国学院
『英語中文典』	一八九九・〇二		金沢庄三郎補訳。文字・音声・各品詞別解説・文章法		金港堂書籍
諺文の起原	一八九九・〇九	明治32		『朝鮮月報』第一号、二七～三三頁	朝鮮月報社
朝鮮の俚諺	一八九九・一一	明治32		『朝鮮月報』第二号、二七～［三〇］頁	朝鮮月報社
南薫太平歌	一八九九・一一	明治32		『朝鮮月報』第二号、三〇～三二頁	朝鮮月報社
朝鮮の書籍	一八九九・一一	明治32		『朝鮮月報』第二号、三二～三五頁	朝鮮月報社

朝鮮の俚諺	一九〇〇・〇一	明治33		『朝鮮月報』第三号、二〇〜二四頁	朝鮮月報社
朝鮮に関する西人の研究	一九〇〇・〇一	明治33		『朝鮮月報』第三号、三〇〜三八頁	朝鮮月報社
松坡の古碑	一九〇〇・〇一	明治33		『朝鮮月報』第三号、三八〜四二頁	朝鮮月報社
朝鮮の書籍	一九〇〇・〇一	明治33		『朝鮮月報』第三号、四二〜四五頁	朝鮮月報社
見聞録	一九〇〇・〇一	明治33		『朝鮮月報』第三号、四五〜四八頁	朝鮮月報社
日韓小字彙	一九〇〇・〇一	明治33		『朝鮮月報』第三号、四九〜五六頁	朝鮮月報社
朝鮮の俚諺	一九〇〇・〇三	明治33		『朝鮮月報』第四号、三二〜三九頁	朝鮮月報社
韓国の首都京城	一九〇〇・〇三	明治33		『朝鮮月報』第四号、三九〜四六頁	朝鮮月報社
再び諺文の起原に就きて	一九〇〇・〇三	明治33		『朝鮮月報』第四号、四六〜五〇頁	朝鮮月報社
朝鮮の書籍	一九〇〇・〇三	明治33		『朝鮮月報』第四号、五〇〜五一頁	朝鮮月報社
諺文の起原	一九〇〇・〇三	明治33	『朝鮮月報』第一号（明治三二）掲載論文の転載。	『言語学雑誌』第一巻第二号、一六〇〜一七〇頁	冨山房
日韓語比較論及動詞論〔博士論文〕	一九〇二・〇六	明治35	六月一一日、文学博士の学位を授与される。		

学術上より見たる朝鮮語	一九〇二・〇八	明治35	三五年一月一八日の東京地学協会例会講演原稿。	『地学雑誌』第一四集一六四巻、五三五～五四六頁	敬業社
仮字の起原に就きて	一九〇二・〇九	明治35		『言語学雑誌』第三巻第三号、一六〇～一七二頁	冨山房
郡村の語源に就きて	一九〇二・一一	明治35		『史学雑誌』第一三編第一一号、一～七頁	史学会
研究ノート	一九〇二～〇三	明治35～36	六冊。宮古・大島・八重山等の方言調査。	琉球大学図書館所蔵。	
言語学	一九〇三・〇一	明治36	第一章　文字論（言語と文字・文字の起源・文字の種類・朝鮮の国字諺文・支那文字）。	『国学院雑誌』第九巻第一、附録一～一〇頁	国学院
言語学	一九〇三・〇二	明治36	第一章　文字論（支那文字・吏道・万葉仮名・平仮名及び片仮名・片仮名と吏道の略体）。	『国学院雑誌』第九巻第二、附録一一～一八頁	国学院
言語学	一九〇三・〇三	明治36	第一章　文字論（仮字に関する結論・国字改良問題）。第二章　声音論（声音の起源・声音の種類・音の共鳴・人類の発声機関）。	『国学院雑誌』第九巻第三、附録一九～二四頁	国学院
『羅馬字索引朝鮮地名字彙』	一九〇三・〇三	明治36	小藤文次郎・金沢庄三郎共編。小藤が原稿を準備し、諺文の表記に従い修正した。朝鮮地名をローマ字で表記。小藤作成の朝鮮地図用に編纂された。		東京帝国大学
言語学	一九〇三・〇八	明治36	第二章　声音論（人類の発声機関・発声機関各部の作用）。	『国学院雑誌』第九巻第八、附録二五～二八頁	国学院

言語学	一九〇三・〇九	明治36	第二章　声音論（発声機関各部の作用・語音の分類）。	『国学院雑誌』第九巻第九、附録二九～三四頁	国学院
言語学	一九〇三・一〇	明治36	内容　第二章　声音論（語音の分類・楽声音）。	『国学院雑誌』第九巻第一〇、附録三五～四〇頁	国学院
国語に就きて思へる事ども	一九〇三・一〇	明治36	『国学院雑誌』四-三（明治三一）掲載論考の転載。	『国文論纂』	国学院、大日本図書
言語学	一九〇三・一一	明治36	第二章　声音論（楽声音・騒音）。	『国学院雑誌』第九巻第一一、附録四一～四六頁	国学院
寧楽考	一九〇三・一一	明治36		『史学雑誌』第一四編第一一号、一～五頁	史学会
言語学	一九〇三・一二	明治36	第二章　声音論（騒音・声音の変化）。	『国学院雑誌』第九巻第一二、附録四七～五二頁	国学院
『日本文法論』	一九〇三・一二	明治36			金港堂書籍
日韓語比較文法	一九〇二～〇三	明治35～36	亀田次郎筆記。明治四一年にも同様の講義録があり、駒澤大学濯足文庫にも、明治三九年以降の講義録がある。	国立国会図書館所蔵。	
言語に関する韓国の遊戯	一九〇四・〇一	明治37		『太陽』第一〇巻第一号、一八九～一九〇頁	博文館
日本語と外国語との関係	一九〇四・〇一	明治37		『中学世界』第七巻第一号、五九～六二頁	博文館
古事記の一節に関する私疑	一九〇四・〇一	明治37	（明治三六年一二月四日稿）。	『帝国文学』第一〇巻第一、一二四～一三〇頁	帝国文学会

「朝鮮地名字彙」略評に答ふ	一九〇四・〇一	明治37	幣原坦「「羅馬字索引朝鮮地名字彙」略評」(『史学雑誌』一四編第九号掲載)に対する回答。	『史学雑誌』第一五編第一号、四二〜四六頁	史学会
言語学	一九〇四・〇一	明治37	第二章　声音論〈声音の変化〉。	『国学院雑誌』第一〇巻第一、附録五三〜五六頁	国学院
言語学	一九〇四・〇二	明治37	第二章　声音論〈声音の変化〉、語性論〈形態上の分類〉。	『国学院雑誌』第一〇巻第二、附録五七〜六二頁	国学院
「朝鮮地名字彙」略評に就きて再び幣原君に問ふ	一九〇四・〇四	明治37	(明治三七年三月三一日記)。幣原坦「「朝鮮地名字彙」略評に答ふ」を読む」(『史学雑誌』第一五編第三号掲載)に対する回答。	『史学雑誌』第一五編第四号、八三〜九三頁	史学会
言語学	一九〇四・〇四	明治37	語性論〈形態上の分類・系統上の分類〉。	『国学院雑誌』第一〇巻第四、附録六三〜六六頁	国学院
「寧楽考」に就きて元田君に答ふ	一九〇四・〇五	明治37	元田脩三「金沢博士の寧楽考を読みて」(『史学雑誌』第一五編第二号)に対する回答。	『史学雑誌』第一五編第五号、三八〜四三頁	史学会
言語学	一九〇四・〇五	明治37	語性論〈系統上の分類〉。	『国学院雑誌』第一〇巻第五、附録六七〜七〇頁	国学院
朝鮮の婦人	一九〇四・〇五	明治37	二三日・三〇日に連載。	『婦女新聞』二一一・二一二号	婦女新聞社
言語学	一九〇四・〇九	明治37	語性論〈系統上の分類〉。	『国学院雑誌』第一〇巻第九、附録七一〜七四頁	国学院
形容詞考	一九〇五・〇一	明治38		『教育学術界』第一〇巻第四号、三〇〜三三頁	同文館

韓国の教育に就いて	一九〇五・〇一	明治38		『太陽』第一一巻第一号、一九〇〜一九二頁	博文館
延言考	一九〇五・〇一	明治38		『帝国文学』第一一巻第一、六八〜七四頁	帝国文学会
国語学に対する予の希望	一九〇五・〇一	明治38		『国学院雑誌』第一一巻第一、一〜三頁	国学院
日本語と朝鮮語との関係	一九〇五・〇一	明治38	一月二七日、日本倶楽部における講演の速記。	濯足文庫所蔵	
朝鮮に幽囚せられたる和蘭人の話	一九〇五・〇一	明治38		『中学世界』第八巻第一号、五六〜六三頁	博文館
文部省提出文法許容仮名遣改定案に就きて（二）	一九〇五・〇五	明治38		『国学院雑誌』第一一巻第五、八〜一一頁	国学院
名詞の性に関する研究	一九〇五・〇七	明治38		『国学院雑誌』第一一巻第七、五一〜五四頁	国学院
祭の語源に就いて	一九〇五・〇七	明治38		『神社協会雑誌』第四年第七号、一〜三頁	神社協会
五十音図の話	一九〇五・〇七	明治38		『中学世界』第八巻第九号、九五〜九七頁	博文館
朝鮮の家庭	一九〇五・〇七	明治38		『女学世界』第五巻第一〇号〈定期増刊世界各国の家庭〉、一一二〜一一八頁	博文館
耳目鼻口	一九〇六・〇一	明治39		『教育学術界』第一二巻第四号、九〜一〇頁	同文館

郡の語原	一九〇六・〇一	明治39		『帝国文学』第一二巻第一、一〇七～一一一頁	帝国文学会
国語変遷上の二勢力	一九〇六・〇一	明治39		『国学院雑誌』第一二巻第一号、一一八～一三〇頁	国学院
家族の称呼に関する二三の考	一九〇六・〇二	明治39		『早稲田学報』第一二九号	早稲田大学
朝鮮の普通教育	一九〇六・〇五	明治39		『教育界』第五巻第七号、八八～九〇頁	明治教育社
名詞の性に関する研究	一九〇六・〇五	明治39	明治三八年七月の同名論文の転載。付：ドイツ語訳。	『東京外国語学校校友会雑誌』一一～一八頁	東京外国語学校校友会
韓国の俚言	一九〇六・〇五	明治39		『東京外国語学校校友会雑誌』三四～三六頁	東京外国語学校校友会
活用に関する私見の一節	一九〇六・〇六	明治39		『国学院雑誌』第一二巻第六号〈本居春庭記念号〉、二五～二八頁	国学院大学
現代読書法	一九〇六・〇九	明治39		『成功』第一〇巻第一号〈秋季臨時増刊現代読書法〉、四六～四八頁	成功雑誌社
『言語学』〈上巻〉	一九〇六・一二	明治39	F. M. Müller の英国王立学士会院における講義録（一八六一、一八六三）の翻訳。後藤朝太郎との共訳。特製と並製の二種。	博文館帝国百科全書一五七	博文館

『日本文法講義』	一九〇六	明治39	㈠一九〇五年（明治三八）一〇月～一九〇六年（同三九）一〇月までの講義、㈡早稲田大学三十九年度文学教育科第二学年講義録早稲田大学文科講義録。	国立国会図書館所蔵。㈠と㈡は同じ内容。	早稲田大学出版部
Über den Einfluss des Sanskrits auf das Japanische und Kore-anis-che Schriftsys-tem	一九〇七	明治40	肩書きは東京帝国大学講師、東京外国語学校教授、文部省国語調査委員会委員。亡き母への献辞がある。		三省堂書店
『辞林』初版	一九〇七・〇四	明治40			三省堂書店
『言語学』〈下巻〉	一九〇七・〇五	明治40	三九年発行の『言語学』の下巻。特製と並製の二種。	博文館帝国百科全書一五八	博文館
欧米の学芸（談）	一九〇七・〇九	明治40		『読売新聞』九月二八日、三面	読売新聞社
私も度々冷汗をかいた	一九〇七・一〇	明治40		『日本教育』第七五号	日本教育社
朝鮮語研究の急務	一九〇八・〇一	明治41	（記者筆記）。	『国学院雑誌』第一四巻第一号〈朝鮮号〉、四〇～四六頁	国学院大学
世界言語の未来	一九〇八・〇九	明治41		『成功』第一四巻第五号〈秋期臨時増刊〉、四二～四五頁	成功雑誌社
日韓満蒙語の研究に就きて	一九〇八・一一	明治41		『東亜之光』第三巻第一一号、一～一四頁	東亜協会

日韓語比較文法	一九〇八	明治41	明治三九年九月下旬~四〇年二月一五日、四〇年一〇月一一日~四一年五月二九日の講義の筆記。	国立国会図書館所蔵	
日韓比較文法			「写、自筆稿本、三〇〇p」。	駒沢大学濯足文庫所蔵	
日本百科大辞典	一九〇八・一一	明治41	斎藤精輔編。明治四一年~大正八年に第一巻~第一〇巻を刊行。金沢は言語学・日本文法を担当。		三省堂書店・日本百科大辞典完成会
外来語に就いて	一九〇九・〇一	明治42		『帝国文学』第一五巻第一、四三~四九頁	帝国文学会
日韓両国語同系論	一九〇九・〇七	明治42		『東洋協会調査部学術報告』第一冊、一五九~二〇五頁	東洋協会調査部
敷島考	一九〇九・〇七	明治42		『読売新聞』七月一七日、一面	読売新聞社
東西南北考	一九〇九・〇八	明治42		『小学校』七巻一〇号、二~三頁	同文館
ウラルアルタイ語族と三十一文字形式と三十一字音詩形とウラルアルタイ語族	一九〇九	明治42		『わか竹』二巻一一号	大日本歌道奨励会
『日韓両国語同系論』	一九一〇・〇一	明治43	明治四二年の論文の単行本。付：英訳、The Common Origin of the Japanese and Korean Languages.		三省堂書店
The Common Origin of the Japanese and Korean Languages	一九一〇・〇一	明治43	右単行本の英訳を独立させて刊行したもの。		三省堂書店

当代名士職業選択訓	一九一〇・〇一	明治43		『成功』第一七巻第五号、二二頁	成功雑誌社
漢字を整理する必要	一九一〇・〇一	明治43		『教育学術界』第二〇巻第五号、二三～二六頁	同文館
日韓の古地名に就て	一九一〇・〇一	明治43	明治四五年に増補して「日鮮古代地名ノ研究」となる。	『史学雑誌』第二一編第一号、三四～三九頁	史学会
言語の研究と古代の文化(一)	一九一〇・〇二	明治43	序論。	『国学院雑誌』第一六巻第二号、五二～五六頁	国学院大学
言語の研究と古代の文化(二)	一九一〇・〇四	明治43	第一章〈欧州に於ける古代文化の研究〉。	『国学院雑誌』第一六巻第四号、一～一一頁	国学院大学
言語の研究と古代の文化(三)	一九一〇・〇五	明治43	第三章〈家族〉。	『国学院雑誌』第一六巻第五号、四四～五〇頁	国学院大学
言語の研究と古代の文化(四)	一九一〇・〇六	明治43	第三章〈家族(二)〉、第四章〈家屋〉。	『国学院雑誌』第一六巻第六号、一七～二〇頁	国学院大学
神奈備考	一九一〇・〇六	明治43		『史学雑誌』第二一編第六号、七二～七七頁	史学会
日韓音韻比較研究の一節	一九一〇・〇六	明治43		『朝鮮』第二八号、三八～三九頁	朝鮮雑誌社(京城)
日本語と朝鮮語	一九一〇・〇八	明治43		『朝日新聞』八月二六日	朝日新聞社
朝鮮教育根本問題―合併後に於ける―(上)(談)	一九一〇・〇八	明治43		『読売新聞』八月二六日	読売新聞社

朝鮮教育根本問題―合併後に於ける―(下)(談)	一九一〇・〇八	明治43		『読売新聞』八月二七日	読売新聞社
朝鮮の文学(談)	一九一〇・〇八	明治43		『朝日新聞』八月二八日	朝日新聞社
朝鮮の文学(承前)(談)	一九一〇・〇八	明治43		『朝日新聞』八月二九日	朝日新聞社
朝鮮人の娯楽(談)	一九一〇・〇八	明治43		『読売新聞』八月二九日	読売新聞社
韓国の同化事業―先づ国語から始めよ―(談)	一九一〇・〇八	明治43		『東京日日新聞』八月三〇日	東京日日新聞社
朝鮮は弟日本は兄(談)	一九一〇・〇九	明治43		『経済』第一五号、四四頁	日本経済社(大阪)
朝鮮の言葉	一九一〇・〇九	明治43		『日本之小学教師』第一二巻第一四一号、五三~五四頁	国民教育社
朝鮮の文学	一九一〇・〇九	明治43		『日本之小学教師』第一二巻第一四一号、五四~五五頁	国民教育社
言語の研究と古代の文化(五)	一九一〇・一〇	明治43	第五章〈飲食(一)〉。	『国学院雑誌』第一六巻第一〇号、三〇~三四頁	国学院大学
朝鮮の漢語に就て	一九一〇・一〇	明治43		『教育学術界』第二二巻第一号、二五~二六頁	同文館
探湯考	一九一〇・一〇	明治43		『神社協会雑誌』第九年第一〇号、一九~二一頁	神社協会

言語の研究と古代の文化(六)	一九一〇・一一	明治43	第五章〈飲食（二）〉、第六章〈衣服〉、第七章〈天地〉。	『国学院雑誌』第一六巻第一一号、四八～五二頁	国学院大学
朝鮮に於ける国語問題	一九一〇・一一	明治43		『読売新聞』一一月八日	読売新聞社
再び朝鮮に於ける国語問題に就いて	一九一〇・一一	明治43		『読売新聞』一一月二〇日	読売新聞社
朝鮮に於ける国語問題	一九一〇・一一	明治43		『歴史地理』臨時増刊朝鮮号、一六〇～一六三頁	三省堂書店
言語の研究と古代の文化(七)	一九一〇・一二	明治43	第七章〈天地（二）〉、第八章〈鳥獣〉、第九章〈金属〉。	『国学院雑誌』第一六巻第一二号、三三～三七頁	国学院大学
探湯考	一九一〇・一二	明治43		『東亜之光』第五巻第一二号、九五～九七頁	東亜協会
『国語の研究』	一九一〇・一二	明治43	既述論文の集成。		同文館
『女子教育日本文法教本』	一九一〇・一二	明治43	高等女学校及び同程度の女学校用日本文法教科書。		開成館
金沢博士談(門司)	一九一〇・一二	明治43		『読売新聞』一二月二二日	読売新聞社
朝鮮の語学	一九一一・〇一	明治44		『教育時論』九二六号	開発社
余の朝鮮人教育意見	一九一一・〇一	明治44		『朝鮮』第三五号、二三～二五頁	朝鮮雑誌社(京城)
『朝鮮書籍目録』	一九一一・〇三	明治44	所蔵する朝鮮本の目録。		私家版

仮名遣教授上の一案	一九一一・〇三	明治44		『小学校』第一一巻第一一号	同文館
朝鮮に於ける国語	一九一一	明治44	明治四三年一二月一一日東京外国語学校韓国校友会の歓迎会席上の談話。	東京外国語学校朝鮮校友会『会報』第八号、一～五頁	東京外国語学校朝鮮校友会（京城）
『辞林』四十四年版	一九一一・〇四	明治44			三省堂書店
辞書の編纂に就て	一九一一・〇六	明治44	金沢談。	『読売新聞』六月二日、五面	読売新聞社
先づ朝鮮を研究せよ	一九一一・〇六	明治44		『東亜之光』第六巻第六号、一三一～一三四頁	東亜協会
朝鮮併合と国語問題	一九一一・〇七	明治44		『教育学術界』第二三巻第四号、二一～二三頁	同文館
『朝鮮語に関する講演筆記』	一九一一	明治44	七月朝鮮総督府学務局における講演の記録。五五頁。		朝鮮総督府内務部学務局
朝鮮語調査会議ノ決議ニ対スル意見	一九一一・〇八～〇九	明治44	朝鮮総督府内務部学務局の朝鮮語調査会議の原案に対する意見書。	『朝鮮語調査会議（資料）』	朝鮮総督府内務部学務局
朝鮮語に関する意見	一九一一・〇八	明治44	前年一二月一五日漢城師範学校における講演。	東京外国語学校朝鮮校友会『会報』第一〇号	東京外国語学校朝鮮校友会
わすれられたる国字問題	一九一一・〇九	明治44	九月一三日談。	『読売新聞』九月一九日	読売新聞社
国字の過去現在及び将来	一九一一・〇九	明治44		『帝国教育』再興第三一号、四～一〇頁	帝国教育会
国語音韻の組織	一九一一・一〇	明治44		『帝国教育』再興第三二号、一五～一七頁	帝国教育会

朝鮮と九州語	一九一一・一〇	明治44		『福岡日日新聞』	福岡日日新聞社（福岡）
言葉の組立	一九一一・一〇	明治44		『中学世界』第一四巻第一四号、一二八～一三一頁	博文館
朝鮮語ニ就テ	一九一一・一二	明治44	同年既刊『朝鮮語に関する講演筆記』の再録。	『朝鮮総督府月報』第一巻第六号、二一～五〇頁	朝鮮総督府
朝鮮語に就て			「資料」として転載。	東京外国語学校朝鮮校友会『会報』第一一号	東京外国語学校朝鮮校友会
『作文大観』	一九一一・一二	明治44	坪内孝・横田市一編纂、大槻文彦・金沢庄三郎監修。		千代田書房
『日本文法講義』	一九一一・一二	明治44	早稲田大学における明治三八年一〇月～三九年一〇月の講義。		早稲田大学出版部
閑却せられたる大問題	一九一二・〇一	明治45		『教育実験界』第二九巻第一号、二四～二五頁	東京育成会
陸奥考	一九一二・〇一	明治45		『史学雑誌』第二三編第一号、七一～七三頁	史学会
『日語類解』	一九一二・〇三	明治45	朝鮮人による日本語辞書『倭語類解』を校閲し、日本語は平仮名表記も加えて復刻。		三省堂書店
日鮮古代地名ノ研究	一九一二・〇四	明治45		『朝鮮総督府月報』第二巻第四号、二二六～二三九頁	朝鮮総督府
朝鮮語の保存	一九一二・〇五	明治45	三月二〇日新義州の小学校における講演についての報道。	『教育時論』第九七二号、三八頁	開発社

『日鮮古代地名の研究』	一九一二・〇六	明治45	『朝鮮総督府月報』第二巻第四号（明治四五）掲載論文の単行本化。付：ドイツ語訳。		朝鮮総督府
東西の婦人に就て	一九一二・〇七	明治45		『実業世界』六四号、四六〜四七頁	理財新報社
『日本文法教本』	一九一二・〇八	大正元	中学校・師範学校国語科用。		開成館
『日本文法教本』〈訂正再版〉	一九一二・〇九	大正元			開成館
『新選正則日鮮会話』	一九一二・〇九	大正元	斎藤助昇著、金沢・柳苾根校閲。		日韓書房（京城）
『女子教育日本文法教本』上・下〈訂正第四版〉	一九一二・〇九	大正元			開成館
『国語教授上参考すべき事項』	一九一二・一二	大正元	明治四十五年三月、朝鮮人に対する国語教授者に向けた講演の記録。四〇頁。		朝鮮総督府内務部学務局
『日本文法新論』	一九一二・一二	大正元			早稲田大学出版部
琉歌に就きて	一九一二・一二	大正元		『わか竹』第五巻第一二号	大日本歌道奨励会
言語の研究と古代の文化	一九一三・〇二	大正2	続稿。金属・草木（完）。	『国学院雑誌』第一九巻第二号、一〜八頁	国学院大学
『言語の研究と古代の文化』	一九一三・〇六	大正2	『国学院雑誌』掲載論文の単行本化、付：ドイツ語訳。		弘道館

朝鮮と台湾とに於ける仮名遣問題	一九一三・一一	大正2		『読売新聞』一一月二一日、一面	読売新聞社
『カード式読史年表』	一九一三・一二	大正2		年表叢書第九冊。	広文堂書店
言語上より見たる朝鮮と満州蒙古との関係	一九一四・〇一	大正3		『太陽』第二〇巻第一号、八六～九一頁	博文館
動詞の新しき分類	一九一四・〇一	大正3		『国学院雑誌』第二〇巻第一号、一三～二〇頁	国学院大学
仮名遣雑感	一九一四・〇一	大正3		『朝鮮教育会雑誌』第二四号	朝鮮教育会（京城）
満州及び浦塩斯徳地方に於ける視察の一端	一九一四・〇五	大正3		『朝鮮教育会雑誌』第二八号、三七～四〇頁	朝鮮教育会（京城）
扶桑国ハ朝鮮ナリ	一九一四・〇六	大正3		『太陽』第二〇巻第七号、一七二～一七三頁	博文館
『日本外来語辞典』	一九一四	大正3	上田万年・高楠順次郎・白鳥庫吉・村上直次郎・金沢共編、小倉進平・金田一京助・前田太郎協力。		三省堂書店
『中学校用国語教科書』	一九一四・一〇	大正3	全一〇冊。		弘道館
朝鮮語の調査中動詞形容詞に関する事項	一九一五・〇六	大正4		『朝鮮彙報』六月号、二一七～二二〇頁	朝鮮総督府
朝鮮語の調査中動詞形容詞に関する事項（承前完）	一九一五・〇七	大正4		『朝鮮彙報』七月号、二二八～二三一頁	朝鮮総督府

朝鮮語と満州語蒙古語との関係	一九一五・一〇　大正4		『朝鮮彙報』一〇月号、二一七～二二三頁	朝鮮総督府
東洋の研究と京城大学	一九一五・一一　大正4		『朝鮮及満州』第一〇〇号、四一～四四頁	朝鮮総督府
朝鮮語と満州語蒙古語との関係(完)	一九一五・一二　大正4		『朝鮮彙報』一二月号、一九八～二〇二頁	朝鮮総督府
至極賛成の事と存じ候……	一九一五・一二　大正4	婦人矯風会が御大典の公の場に芸妓を出さない問題と公娼制度廃止について尋ねたアンケートに対する回答。	『廓清』五巻一二号、一五頁	廓清社
語学研究の趣味	一九一七・〇七　大正6		『朝鮮教育研究会雑誌』第二二号、一三～一八頁	朝鮮教育研究会（京城）
朝鮮語発音篇(一)	一九一七・〇七　大正6		『朝鮮教育研究会雑誌』第二二号、五四～五六頁	朝鮮教育研究会（京城）
朝鮮語発音篇(二)	一九一七・〇八　大正6		『朝鮮教育研究会雑誌』第二三号、六五～六七頁	朝鮮教育研究会（京城）
朝鮮語発音篇(三)	一九一七・〇九　大正6		『朝鮮教育研究会雑誌』第二四号、五〇～五二頁	朝鮮教育研究会（京城）
朝鮮語発音篇(四)	一九一七・一〇　大正6		『朝鮮教育研究会雑誌』第二五号、五〇～五二頁	朝鮮教育研究会（京城）
朝鮮語発音篇(五)	一九一七・一一　大正6		『朝鮮教育研究会雑誌』第二六号、六三～六七頁	朝鮮教育研究会（京城）
朝鮮語発音篇(六)	一九一七・一二　大正6		『朝鮮教育研究会雑誌』第二七号、八二～八五頁	朝鮮教育研究会（京城）
朝鮮語発音篇(七)	一九一八・〇二　大正7		『朝鮮教育研究会雑誌』第二九号、五七～六〇頁	朝鮮教育研究会（京城）

吏読の研究	一九一八・〇四	大正7		『朝鮮彙報』四月号、七一〜九九頁	朝鮮教育研究会（京城）
朝鮮語発音篇（完）	一九一八・〇六	大正7		『朝鮮教育研究会雑誌』第三三号、七三〜七五頁	朝鮮教育研究会（京城）
朝鮮語の調査中動詞形容詞に関する事項	一九一八・〇七	大正7	『朝鮮彙報』（大正四年六・七月）掲載論文を新庄順貞『鮮語階梯』の附録として再録。	新庄順貞『鮮語階梯』七五〜八五頁	朝鮮総督府
『辞林』〈縮刷版〉	一九一八・〇九	大正7			三省堂書店
言語の研究より見たる日本古代の家族制度	一九一九・〇二	大正8		『歴史と地理』第三巻第二号、八一〜八九頁	大鐙閣
音韻学上より見たる朝鮮字音	一九一九・〇四	大正8		『朝鮮彙報』四月号、三四〜五四頁	朝鮮総督府
『鮮訳国語大辞典』	一九一九・〇五	大正8	船岡献治編、金沢・李完応・小倉進平・玄櫶・林圭校閲。		大阪屋号書店
『女子教育日本文法教本』〈修正五版〉	一九一九・一二	大正8	二冊（上巻・下巻）。		開成館
『日本文法教本』〈修正三版〉	一九一九・一二	大正8			開成館
「序」	一九二〇・〇九	大正9	大藪鉦太郎著『日本語と蒙古語　全』。		満州日日新聞社（奉天）
『言語に映じたる原人の思想』	一九二〇・〇六	大正9			大鐙閣
『辞林』中形版	一九二三・一二	大正12			三省堂

『国語学通論』	一九二三	大正12		早稲田大学文学科叢書	早稲田大学出版部
『広辞林』初版	一九二五・〇九	大正14			三省堂書店
『言語四種論』	一九二七・一〇	昭和2	金沢の企画・監修。鈴木朖『言語四種論』を亀田次郎が書写し金沢に贈ったものを公刊。		駒沢大学文学部国文学研究室
序文	一九二八・〇四	昭和3	奥山仙三『語法会話朝鮮語大成』。		朝鮮教育会（京城）
神及び神ながらの道	一九二八・〇二	昭和3		『神道』第三号	国学院大学神道青年会
『小辞林』	一九二八・〇九	昭和3			三省堂出版
亀井万喜子追悼文	一九二八	昭和3	三省堂書店亀井忠一夫人亀井万喜子追悼文集に寄稿。	『亀井万喜子刀自追想録』	三省堂書店
『日鮮同祖論』	一九二九・〇四	昭和4			刀江書院
内地に祀られた朝鮮の神	一九二九・〇六	昭和4	五月二九日夜、京城日報社来青閣における講演。	『京城日報』六月一八～二二日	京城日報社（京城）
内鮮両語の聯絡	一九二九・〇七	昭和4	五月二九日午後、京城師範学校における講演。	『文教の朝鮮』七月号、三四～四二頁	朝鮮教育会（京城）
内地に祀られる朝鮮の神	一九二九・〇七	昭和4		『朝鮮及満州』第二六〇号、四二～四四頁	朝鮮及満洲社（京城）
『日本文法教本』〈第一学年用〉	一九三一	昭和6			開成館

四声軽重考	一九三一・一二	昭和6		『東洋学研究』創刊号、三〜九頁	駒沢大学東洋学会
椋字考	一九三二・〇七	昭和7		『東洋学研究』第二号、一八〜一九頁	駒沢大学東洋学会
『新羅の片仮字』	一九三二・一一	昭和7	国学院大学における還暦祝賀会の祝賀行事として。		金沢博士還暦祝賀会
『金沢博士還暦記念東洋語学乃研究』	一九三二・一二	昭和7	金沢博士還暦記念会編（代表者岩橋小弥太）。		三省堂
鷹の百済語倶知につきて	一九三三	昭和8	還暦祝賀講演会における金沢の講演。		濯足文庫
『濯足庵蔵書六十一種』	一九三三・〇三	昭和8	国学院大学における還暦祝賀会の祝賀行事として。		金沢博士還暦祝賀会
『広辞林　新訂版』	一九三四・〇三	昭和9			三省堂書店
『国文学論究』	一九三四・〇七	昭和9	金沢・折口信夫編。		高遠書房
「がてら」と「がてり」に就いて	一九三四・〇七	昭和9		『国文学論究』一〜四頁	高遠書房
朝鮮語に就いて	一九三四	昭和9	朝鮮総督府月報などから抜刷を集めて合冊したもの。	『朝鮮経済研究所複写資料』邦文第二〇号	朝鮮経済研究所（京城）
漢字の幻惑	一九三四・一二	昭和9		『東洋学研究』四〜一、一五一〜一五四頁	駒沢大学東洋学会
国語学史概説	一九三五・〇二	昭和10		『日本文学講座』第一六巻〈国語文法編〉、六一〜六九頁	改造社

外来語音及俗語方言音の表記に関する紙上座談会	一九三五・〇八	昭和10	既刊の刊行物から諸学者の意見を抜粋し、座談会風に編集したもの。金沢は「外来語について」（『国語の研究』）	『ＲＯＭＡＪＩ』第三〇巻第八号、一五四頁	ローマ字ひろめ会
俗字	一九三五・一二	昭和10		『東洋学研究』第五号、六五～六六頁	駒沢大学東洋学会
吏読雑考	一九三六・〇二	昭和11	小倉進平「郷歌及び吏読の研究」に対する批評。	『史学雑誌』第四七編第二号、一～三六頁	史学会
反切の一異例	一九三六・〇四	昭和11		『服部先生古稀祝賀記念論文集』三五一～三五四頁	冨山房
地名に関する一考察	一九三六・一二	昭和11		『東洋学研究』第六号、二五～二八頁	駒沢大学東洋学会
言語上より見たる鮮満蒙の関係	一九三七・〇六	昭和12		『朝鮮』第二六五号〈特輯鮮満一如号〉、五八～六一頁	朝鮮総督府
味噌の起原は満洲にありとの考	一九三七・一一	昭和12		加藤玄智編『財団法人明治聖徳記念学会設立二十五周年記念論文　日本文化史論纂』一九三～二〇〇頁	中文館書店
二中歴に見えたる蒙古語	一九三八・〇三	昭和13		『東洋学研究』第七号、四七～四八頁	駒沢大学東洋学会
大江匡房とマレー語	一九三九・〇三	昭和14		『東洋学研究』第八号、九～一二頁	駒沢大学東洋学会
言語上으로 본 鮮満蒙의 関係	一九三九・〇九	昭和14	『朝鮮』第二六五号（昭和一二年六月）掲載論文の朝鮮語訳。	『正音』第三一号、一～三・六頁	朝鮮語学研究会（京城）

アジア言語論	一九三九・一二	昭和14		『アジア問題講座』第八巻〈民族・歴史篇（二）〉、二五五～二八四頁	創元社
姓氏と内鮮関係	一九四〇	昭和15		『内鮮一体精義』一～一二頁	国民精神総動員朝鮮連盟
左右	一九四〇・〇一	昭和15		『東京朝日新聞』一月二四日「学界余滴」欄	
貸借と売買	一九四〇・〇二	昭和15		『安藤教授還暦祝賀記念論文集』三～六頁	三省堂書店
古事記研究の一節	一九四〇・〇四	昭和15		『東洋学研究』第九号、二五～二七頁	駒沢大学東洋学会
四海	一九四一・〇三	昭和16		『東洋学研究』第一〇号終刊号、一一～一三頁	駒沢大学東洋学会
秋日抄	一九四一・一〇	昭和16		『朝日新聞』一〇月二三日	朝日新聞社
『言語に映じたる原人の思想』	一九四一・一一	昭和16	日本文化名著選第二輯。大正九年大鐙閣発行の同書の復刻。		創元社
内鮮言語の関係	一九四一・一二	昭和16	昭和一六年五月三〇日、全国協和事業指導者講習会における講演。	協和叢書第一〇輯	財団法人中央協和会
『日鮮同祖論』	一九四三・〇五	昭和18	昭和四年刀江書院発行の同書の再刊。		汎東洋社
築け言語共栄圏	一九四四・〇五	昭和19		『朝日新聞』五月二一日	朝日新聞社
一音節の言葉と二音節の言葉	一九四四・〇七	昭和19	「築け言語共栄圏」の抜粋。	『日本音響学会誌』五巻四号	日本音響学会

言語よりみた内鮮関係について	一九四四・〇九	昭和19	七月二〇日京城府民館における講演。	『国民総力』第六巻第一七号、六～九頁	国民総力朝鮮連盟
漢字を通じて見たる朝鮮	一九四七・〇一	昭和22		『民主朝鮮』第二巻第七号、四二～四六頁	朝鮮文化社（横須賀）
『猫と鼠』	一九四七・〇二	昭和22		亜細亜研究叢書第一編	創元社
『茶　世界飲料史の研究』	一九四七・一一	昭和22		亜細亜研究叢書第二編	創元社
『文と字』	一九四七・一二	昭和22		亜細亜研究叢書第三編	創元社
『崑崙の玉』	一九四八・〇五	昭和23		亜細亜研究叢書第四編	創元社
『濯足庵蔵書七十七種亜細亜研究に関する文献』	一九四八・〇六	昭和23		亜細亜研究叢書第五編	創元社
『倭名抄の研究』	一九四八・一二	昭和23	金沢が「要四校」と記した校正原稿。	亜細亜研究叢書用、未刊	濯足文庫
『地名の研究』	一九四九・〇五	昭和24		亜細亜研究叢書第六編	創元社
朝鮮研究と日本書紀	一九五一・〇五	昭和26		『朝鮮学報』第一輯、六九～九一頁	朝鮮学会
朝鮮研究の必要性	一九五一・〇四	昭和26		『朝鮮学会会報』第二号	朝鮮学会
諺文の起源について	一九五一・〇七	昭和26		『朝鮮学会会報』第五号	朝鮮学会

二中歴の研究	一九五二・〇一	昭和27		『東方学』第三号、一～九頁	東方学会
朝鮮古地名の研究	一九五二・〇五	昭和27		『朝鮮学報』第三輯、九～二二頁	朝鮮学会
日本語と朝鮮語について	一九五三・〇三	昭和28	朝鮮学会第一〇回例会発表要旨。	『朝鮮学報』第四輯	朝鮮学会
湖の字を「ミナト」と訓むことの考	一九五三・〇五	昭和28		『金田一博士古稀記念言語・民俗論叢』三〇五～三一〇頁	三省堂出版
出挙の研究	一九五三・一〇	昭和28		『朝鮮学報』第五輯、二九～四三頁	朝鮮学会（天理）
字注訓と字音訓	一九五三・一一	昭和28		『国学院雑誌』第五四巻第三号（国語学特輯）、四～一二頁	国学院大学出版部
ソウル	一九五四・〇二	昭和29		『親和』第四号、二頁	日韓親和会
瓦屋町	一九五四・〇六	昭和29		朝日放送編『小さな自画像――〝わが幼き日〟一〇一人集』六八～六九頁	朝日新聞社
対馬	一九五五・〇二	昭和30		『親和』第一七号、一～二頁	日韓親和会
朝鮮の字音	一九五五・〇六	昭和30		『国語学』第二一輯、七一頁	国語学会
日鮮語比較雑考	一九五五・一〇	昭和30		『朝鮮学報』第八輯、二二一～三二頁	朝鮮学会（天理）

神名と地名――日韓上古之研究	一九五五・一一	昭和30		『鶴見女子短期大学紀要』第一号、八二～一二三頁	鶴見女子短期大学
言語を通じて見たる文化の交流	一九五六・〇一	昭和31	「新しい年の初に思う」に寄稿。	『親和』第二七号	日韓親和会
塩と味噌	一九五六・〇三	昭和31		『朝鮮学報』第九輯、三四七～三九一頁	朝鮮学会
語原雑考	一九五七・〇三	昭和32		『朝鮮学報』第一一輯、三三～四一頁	朝鮮学会
朝鮮語と助詞イ	一九五七・〇九	昭和32		『国学院雑誌』第五八巻第五号、四～五頁	国学院大学
『新版　広辞林』	一九五八・〇三	昭和33	金沢編、三省堂編輯所修訂。		三省堂書店
『倭語類解』序文	一九五八	昭和33	京都大学国語学国文学講座設置五〇周年記念事業の一つとして、金沢旧蔵の『倭語類解』が複製され、寄稿した。	朝鮮資料第二冊。	京都大学国文学会
日鮮文化の交流	一九五九・〇三	昭和34		『国学院大学日本文化研究所紀要』第四輯、一～八頁	国学院大学日本文化研究所
日鮮両語の比較につきて	一九六〇・一二	昭和35		『国学院雑誌』第六一巻第一二号〈石川岩吉先生追悼号〉、一～二頁	国学院大学
国語学会創立二十周年によせて	一九六五・〇三	昭和40	昭和三九年一一月八日、国語学会創立二十周年記念大会の懇親会のために予め録音した名誉会員七氏の談話の要旨。	『国語学』第六〇輯、五二五頁	国語学会

没後の復刻刊行

日語類解	一九七〇・〇九	昭和45	明治四五年三省堂書店発行の同書の復刻。三〇〇部限定。	『児学編・日語類解・韓語初歩』	京都大学国文学会
神奈備考	一九七一	昭和46	『史学雑誌』第二一編第六号（明治四三年六月）所収の同名論文の翻刻。	大神神社史料編修委員会編『大神神社史料』第三巻〈研究論説篇〉、七二七～七三〇頁	大神神社史料編修委員会
『アイヌ語会話字典』	一九七三	昭和48	明治三一年金港堂発行の同書の復刻。		北海道出版企画センター
日韓両国語同系論	一九七三・一一	昭和48		池田次郎・大野晋編『論集日本文化の起源』第五巻〈日本文化論・言語学〉、三七七～四〇二頁	平凡社
日鮮古代地名の研究	一九七四・〇一	昭和49	明治四五年発表の同論文を「資料発掘」として掲載。	『東アジアの古代文化』創刊号、二二六～二三九頁	平凡社
『朝鮮書籍目録』	一九七六	昭和51	明治四四年発行の同書の復刻。		成進文化社（ソウル）
地名からみた朝鮮と日本――日鮮同祖論より	一九七七・〇九	昭和52	『日鮮同祖論』の第四章・第五章の抜粋翻刻。	『東アジアの古代文化』一三号、九九～一二四頁	大和書房
『日鮮同祖論――ヤマト・カラ交流の軌跡』	一九七八・一二	昭和53	昭和四年発行の同書の翻刻であるが、発行者が注記を現代語に直した。		成甲書房
『アイヌ語会話字典』	一九七八・一二	昭和53	昭和四八年復刻版の新版。		北海道出版企画センター
日韓両国語同系論	一九八〇・〇六	昭和55		大野晋編『日本語の系統』〈『現代のエスプリ』別冊〉、四三～六四頁	至文堂

『日韓古地名の研究』	一九八五・〇四	昭和60	内容：「郡村の語源に就きて」（明治三五）、「日韓の古地名に就て」（明治四三）、「日鮮古代地名の研究」（明治四五）、「朝鮮研究と日本書紀」（昭和二六）、「朝鮮古地名の研究」（昭和二七）、「神名と地名」（昭和三〇）、『日鮮同祖論』第四章～第一〇章、『地名の研究』（昭和二四）の復刻。		草風館
『羅馬字索引朝鮮地名字彙』	一九八五・〇四	昭和60	明治三六年三月発行の同書の復刻。	『歴代韓国文法大系』第三部第二冊	塔出版社（韓国ソウル）
『アイヌ語会話字典』	一九八六・〇九	昭和61	昭和四八年復刻版、昭和五三年復刻版新版の改装新版。		北海道出版企画センター
『羅馬字索引朝鮮地名字彙』	一九九四・〇九	平成6	明治三六年三月発行の同書の復刻。	『朝鮮地名研究集成』三～九八頁	草風館
『日韓古地名の研究』	一九九四・〇九	平成6	昭和六〇年発行の同書の再版。		草風館
内鮮言語の関係	一九九五	平成7	昭和一六年協和叢書第一〇輯収録の論考。	樋口雄一編『協和会関係資料集Ⅱ　戦時下における在日朝鮮人統制と皇民化政策の実態史料』	緑蔭書房
『日本外来語辞典』	一九九五・一二	平成7	大正三年発行の同書の復刻。	辞典叢書十一	東出版
『辞林』初版	二〇〇九・〇五	平成21	明治四〇年発行の同書の復刻。	「明治期国語辞書体系」普一六	大空社
『辞林』四十四年版	二〇〇九・〇五	平成21	明治四四年発行の同書の復刻。	「明治期国語辞書体系」普二〇	大空社

あとがき

「「はしがき」に記したような経緯を通じて金沢庄三郎をめぐる問題に踏み込み、論文「「地と民と語」の相剋——金沢庄三郎と東京外国語学校朝鮮語学科」を執筆して以来、彼の伝記があればどんなにか便利なのにとしばしば思ったものである。今この評伝を世に出すにあたって自分のたどってきた道をふりかえると、偶然と必然が混じり合った成り行きに、説明のつかない感慨を抱いてしまう。

金沢の学問は、私が避けてきた不得手な分野が多かった。それでも彼の文章を読んでいくと、歴史的・言語的な直観に発し、史料を駆使した考証による懸命な主張に心を動かされた。文体の力強さやリズム感も魅力的であったし、語彙の選び方などは、情熱を注いだ辞書編纂から獲得されたのではないかと思われた。さらに、彼をめぐる問題が今そこかしこに起こっているように感じたのだった。『辞林』・『広辞林』にしても、『日韓両国語同系論』・『日鮮同祖論』にしても、その刊行は日本近代史において注目すべき事件の一つである。これほど日本語と朝鮮語とハングルに傾倒した人が、日本においても朝鮮半島においても必要以上に矮小化されている、そういった状況に私はむしろ興味を抱き、彼の生涯を描いてみたいと思う気持が少しずつ強くなっていった。

そして、何度か構成を考えて書き出したのだが、すぐに困難につまずいて挫折した。私は、今もそうだが、彼に関連するどの分野をとっても十分な知識がなく、素人の域を出ないためである。どうやら書き進めることができたのは、ミネルヴァ評伝選の一冊となって、私だけの道楽に終わらない義務感に支えられたからである。しかし、執筆はやはり容易なことではなかった。それはおそらく、単に私の浅学のためだけでなく、彼が日本社会に投げかけた問題の大きさ、あるいは日本社会が彼に与えた評価の厳しさによるものであると思う。

本書の執筆にあたっては、金沢庄三郎に関わる世界をあまり知らない若い人々を念頭においたが、力不足のために読みにくい記述になっていることをお詫びしなければならない。また、資料や先行研究を充分に理解することができなかったし、新しい研究成果を見落としているかもしれない。思い違いや書き間違いが頻出するという不安も消えない。長い時間を費やしてもこのように不首尾で、小さな踏み石にすぎないが、もはや疲労困憊してしまったので、ここで手を離すことにした。

本書が成るまでには、多くの方々のご指導とご厚意を得て、くじけがちな心を支えていただいた。さまざまな機会にお目にかかり、電話や手紙でご協力を頂いた方々のお名前をここに記して、深甚の感謝を申し上げるとともに、疎遠に過ぎていることをお詫びする。

(敬称略、五十音順)　芦原田鶴子　飯田利行　石川公宏　石川照子　石附実　石原六三　稲葉継雄　井上裕正　今村源宗　岩根正尚　植田晃次　上田道子　内川千裕　馬越徹　大友好子　大村益夫　奥村

悦正　小沢有作　金沢恒夫　金沢吉野　神谷丹路　姜徳相　菅野裕臣　岸田文隆　北嶋静江　金思燁　金達寿　キム・ハス　権在淑　熊谷忠興　五井直弘　小出桂子　国分寿美男　小路田泰直　後藤篤　小西敏夫　近衛道隆　小林保民　コ・ヨンジン　佐藤宗諄　佐藤良雄　新城道彦　新田晴男　鈴木英子　尺次郎　関屋友彦　田代穰　鄭早苗　塚本勲　津川恵市　鶴田アヤコ　外山典子　長郷嘉寿　中村完　中村麻結　名和修　西谷地晴美　野間秀樹　芳賀普子　服部正明　林英樹　広島まさる　藤永壮　堀口慶哉　松樹素道　松田利彦　水野直樹　三ツ井崇　宮田節子　村上大輔　村上四男　安田敏朗　柳田征司　山田寛人　山田昇　山本菊男　山本唯雄　若松実　渡部宗助　渡辺雅司　渡辺三男

図書館と研究団体については参考文献の項に掲げたが、丁寧なご教示を通して数々の資料を利用させていただき、どんなに恩恵を蒙ったか知れない。改めて、深く謝意を表したい。

最後になったが、ミネルヴァ書房の日本評伝選編集委員会、編集部の田引勝二氏、岩崎奈菜氏、校正を助けて下さった方々には、またとない執筆の機会をいただき、煩雑な作業を引き受けて刊行を実現していただいた。本当に、感謝のほかない。厚くお礼を申し上げる次第である。

平成二六年　初夏

石川遼子

金沢庄三郎略年譜

和暦	西暦	齢	関係事項	一般事項
明治　五	一八七二	1	1・13大阪南大組南瓦屋町（翌年に瓦屋町）一丁目四三番地、屋号を紙源という米穀商の家に、父源三郎と母智恵子の長男として生まれる。姉に長女さき、次女みち、弟に源之助の四人兄弟姉妹。小児麻痺に罹り、生涯片足が細いままになる。	2月福沢諭吉『学問のすゝめ』刊。4・15東京に開拓使仮学校開校。7月横浜で日本アジア協会発足。8・3「学制」公布。8・18対朝鮮外交を対馬宗氏から外務省へ移す。9・12新橋・横浜間に鉄道開業。9・14琉球国王尚泰を琉球藩王とする。9月外務省が釜山の倭館を接収。10・25外務省が対馬厳原に韓語学所設置。12・3太陽暦を採用、明治六年一月一日となる。
六	一八七三	2		1月徴兵令制定。5・29チェンバレン来日。8・2厳原の韓語

				学所廃止。8月東京外国語学校設立。10月釜山の草梁倭館で朝鮮語教育開始。同月閣議で西郷隆盛の朝鮮派遣を無期延期。この年パリで第一回国際東洋学者会議開催、ドイツでドイツ東洋文化協会設立。
七	一八七四	3	11・6弟源之助が誕生する。	5月台湾出兵、上陸。
八	一八七五	4		5・7ロシアと千島樺太交換条約調印。7月琉球に処分官派遣、清国への朝貢を禁止。9月森有礼が商法講習所設立。9・20江華島事件。この年開拓使仮学校を札幌に移し、クラークが教頭に。
九	一八七六	5		2・26日朝修好条規調印。5月金綺秀ら朝鮮修信使が来日。
一〇	一八七七	6	6・22妻となる沢井多喜が生まれる。9月大宝小学校（今の大阪市立南小学校）に入学する。	2・15西南戦争始まる（～9月）。4・12東京大学創立。10・17学習院開校。この年バチ

一一	一八七八	7	4・19大宝小学校の下等七級を卒業する。小学校の帰りに寺子屋で漢籍・珠算を習う。	エラーが函館に上陸。6・8第一国立銀行が釜山支店開業。11月開拓使がアイヌを「旧土人」と称する達を出す。
一二	一八七九	8		1月東京学士会院設置。4月琉球藩を廃し沖縄県に。8月アストン「日本語と朝鮮語の比較研究」。
一三	一八八〇	9		2月釜山と元山に領事館設置。2~3月東京学士会院で博言学論争。3・23東京外国語学校に朝鮮語学科設置。4月漢城に日本公使館設置。5月元山開港。7月金弘集ら朝鮮修信使来日。
一四	一八八一	10		4月朴定陽ら視察団が来日、兪吉濬ら慶応義塾留学生に。9月独逸学協会結成。10・12二三年国会開設の勅諭。
一五	一八八二	11		1・4軍人勅諭発布。4月仁川に領事館設置。7月漢城で日本

				公使館襲撃（壬午軍乱）。8月済物浦条約調印、日本公使館に守備兵駐屯。朴泳孝ら朝鮮修信使来日。
一六	一八八三	12		1月仁川開港。10月朝鮮最初の新聞『漢城旬報』創刊。
一七	一八八四	13	7月大宝小学校を卒業する。9月大阪城西南にある文部省直轄大阪中学校に入学する。	10月漢城に領事館設置。12・4漢城で金玉均・朴泳孝らが甲申政変に失敗し、日本に亡命。
一八	一八八五	14	7月大阪中学校が大学分校と改称される。大阪中学校初等中学科第八級～大学分校別科予備課第二級に在籍。	9・21東京外国語学校が東京商業学校に吸収合併。12月初代総理に伊藤博文、初代文相に森有礼が就任。
一九	一八八六	15	4・29大学分校が第三高等中学校と改称される。大学分校別課予備科第二級～第三高等中学校別課第一級に在籍。9月沢井多喜が華族女学校下等小学校に入学する。	2・25東京商業学校語学部（もと露・清・朝鮮語学科）廃止。3・2帝国大学令公布。4・10師範学校令・小学校令・中学校令・諸学校通則公布。帝国大学文科大学に博言学科設置し、チェンバレンが担当。

二〇	一八八七	16	7月別課第一級を落第し、別課予科に留められる。沢井多喜の兄廉がテレホン研究のため渡米する。	2・18天理教教祖中山みき没。10月ベルリン東洋語学校開校。
二一	一八八八	17	3月修学旅行で奈良・月ヶ瀬・笠置へ行く。7月予科補の試験に合格。別課予科生～予科第三級に在籍。	この年フローレンツ来日。
二二	一八八九	18	予科第三級～予科第二級。8・1第三高等中学校が京都へ移転する。	2・11森有礼暗殺。大日本帝国憲法発布。3月大槻文彦著『言海』刊。大矢透「日本語ト朝鮮語トノ類似」。6月バチェラー『蝦和英三対辞書』刊。9月高橋二郎「朝鮮言語考」。11月アストンが日本を去る。
二三	一八九〇	19	予科第二級～予科第一級に在籍。9・13母智恵子が病み、他界する（四六歳）。	3・25東京女子高等師範学校設立。9月上田万年がドイツへ留学。10・30教育勅語発布。11・29第一回帝国議会開会。11月東邦協会発足。
二四	一八九一	20	五月の大津事件が生涯忘れ得ないものとなる。予科第一級～本科一部第一年級（文科志望）に在籍。	2月内村鑑三不敬事件。5・11ロシア皇太子が襲われる（大津事件）。11月外務省の前間恭作ら朝鮮へ留学。この年シベリア

二五	一八九二	21	本科一部第一年級～第二年級（文科志望）に在籍。『壬辰会雑誌』に短歌を投稿する。	鉄道建設開始。韓国政府が日語学堂を開設し岡倉由三郎を招聘。3月久米邦武が「神道ハ祭天ノ古俗」を糾弾され辞職。6月赤峰瀬一郎「日韓言語之関係」。
二六	一八九三	22	3月修学旅行で柘植・上野・月ヶ瀬・笠置へ行く。4月運動会の片脚一丁競争で特別賞を得る。7・10第三高等中学校本科を卒業する。9・11東京の帝国大学文科大学博言学科に入学する。西片町で笹川種郎・姉崎正治と自炊生活を始める。	3月殖民協会が発足し『殖民協会報告』を発行。
二七	一八九四	23	博言学科一年生～二年生に在籍。6月上田万年が帰国して博言学科教授になり9月から講義を聴く。神保小虎からアイヌ語を学ぶ。沢井多喜の兄廉他界。	4月朝鮮で甲午農民戦争、日本・清国出兵。8・1日清戦争始まる。10月上田万年が「国語と国家と」を講演。
二八	一八九五	24	博言学科二年生～三年生に在籍。この年から三〇年までに北海道を四回訪れ、平取などでアイヌ語を調査する。	1・8慶応義塾で朝鮮語学校の授業開始。3・14帝国議会衆議院で「清韓露語学校設置ニ関スル建議案」否決。3月近衛篤麿が学習院院長に。4・17日清講和条約調印。三国干渉により遼

二九	一八九六	25	5月論文「ばちぇら氏創成アイヌ語学ノ一斑」。7・10帝国大学文科大学博言学科を卒業する。9月大学院に入学し、専攻をアイヌ語とする。東片町の借家に転居する。11月国学院の講師になる。	東半島を清国へ返還。8月台湾総督府条例制定。10・8朝鮮王妃閔妃殺害事件。1・16帝国議会貴族院で「外国語学校設立ニ関スル建議案」を可決、衆議院で1月末可決。1月朝鮮で太陽暦採用。12月帝国教育会設立。
三〇	一八九七	26	7月A・ダルメシュテテールの著作を翻訳し『ことばのいのち』として刊行する。	1~2月虎南生「博言学上の日本と朝鮮」。6月京都帝国大学設立。9・11東京外国語学校が東京商業学校附属として開校、韓語学科設置。10・12朝鮮、国号を大韓帝国、国王を皇帝と改称。この年白鳥庫吉「日本書紀に見えたる韓語の解釈」。
三一	一八九八	27	1月朝鮮語研究を開始する。論文「国語に就きて思へる事ども」。4月『アイヌ語会話字典』刊行。6・28文部省派遣第一回東洋留学生に決まる。8月A・セイスの著書を翻訳した『言語学』を刊行。9	2・23高宗の父大院君没。3・6ドイツ膠州湾租借。3・27ロシア遼東半島租借。5月言語学会発足。7・1イギリス威海衛

			月国学院を辞職する。9・15金沢のために朝鮮留学送別会が催される。9・22沢井多喜との婚姻を届け出る。10月大韓帝国漢城で留学生活を始める。12月景福宮など宮城を見学する。	租借。11・17フランス広州湾租借。11月上田万年が文部省学務局長兼参与官に。近衛篤麿ら東亜同文会結成。この年白鳥庫吉「日本の古語と朝鮮語との比較」。
三二	一八九九	28	9月漢城滞在の日本人と「朝鮮会」を結成、『朝鮮月報』の原稿収集委員となり、「諺文の起源」「朝鮮の書籍」など執筆もする。	3・2「北海道旧土人保護法」公布。4月東京外国語学校が独立。11月ウラジオストックに東洋学院開校し日本語学科設置。
三三	一九〇〇	29	7・2東京外国語学校韓語学科教授に就任する。10月京畿道・忠清道・全羅道・慶尚道・黄海道・平安道を旅行する。この年盲腸炎を患う。	2月『言語学雑誌』創刊。3・8外山正一没。6月博言学科を言語学科と改称。漢城で英国アジア協会支部結成。
三四	一九〇一	30	3月京畿道・江原道・咸鏡道・平安道・黄海道を旅行する。9月大韓帝国留学から帰国する。東京外国語学校で講義を始める。	8月近衛篤麿が韓国訪問、京釜鉄道開通式に列席し皇帝に謁見。この年クーラン「朝鮮書誌」完。上海に東亜同文書院設立。
三五	一九〇二	31	2・10東京帝国大学文科大学博言学科の朝鮮語講師になり、日韓比較文法を講義する。言語学も兼任する。6・11「日韓語動詞論」「日韓両国語比較論」	1・30日英同盟（対露）条約調印。1月シベリア鉄道、ウラジオストック・ハバロフスク間開

年号	西暦	年齢	事項	一般事項
			により文学博士の学位を受ける。国語伝習所で文法を講義する。本郷区西片町一〇に三三に住む。	通。3月国語調査委員会設置。
三六	一九〇三	32	5・8文部省国語調査委員会の委員に就任する。8月夏期講習会として愛国女学校で課外言語学、秋に国語伝習所で日本文法を講義する。12月『日本文法論』刊行。この年国学院の授業を再開し、明治大学高等予科の講師になる。	3・27専門学校令公布。6月対露交渉（満洲・韓国の分割問題）に関する御前会議。対露強硬論と非戦論が起こる。7月本田存が文部省の韓国派遣留学生に（翌年3月まで）。
三七	一九〇四	33	1・20弟源之助が加藤津多との婚姻を届け出る。8月帝国教育会夏季夜間講義会で国語の講師を務める。文科大学言語学科でアイヌ語も担当する。12・18明治大学の科外講話で「新井白石と其東雅」を講演する。	1・1近衛篤麿没。2・10日本、ロシアに宣戦布告。2・23日韓議定書調印、韓国で軍事行動権を得る。4・3日本、韓国駐箚軍司令部設置。8・22第一次日韓協約調印、韓国内政に介入。
三八	一九〇五	34	1・2弟源之助の妻津多が他界する。1月雑誌『太陽』で朝鮮語教育の必要を主張する。日本倶楽部で「日本語と朝鮮語の関係」を講演。10月早稲田大学で日本語文法を講義する。この年『中学世界』や『女学世界』でも執筆する。	7月言語学講座担任が上田万年から藤岡勝二に。9・5日露講和条約調印。11・17第二次日韓協約調印、漢城に統監を置き、韓国の外交権を得る。
三九	一九〇六	35	2・3東京外国語学校出身通訳官戦死者追弔会が催	2・1韓国に統監府設置、初代

			され、韓語科主任として弔文を読む。	統監に伊藤博文着任。2・24日本社会党第一回大会。11・26南満州鉄道㈱設立。
四〇	一九〇七	36	4・15～10・2休職し、五カ月間ドイツ・フランス・オランダ・ベルギー・イギリス・アメリカを巡る。「日本語と朝鮮語の書記法に対する梵語の影響」を持参。4・21国語辞書『辞林』（三省堂書店）刊行。9・12欧米の旅から帰国。9月国学院大学本科で「日韓比較文法」を講義する。豊多摩郡西大久保村一八〇に転居。	2月台湾協会を改称し東洋協会発足。6・15高宗皇帝、ハーグ国際平和会議に密使を送り日韓協約の無効を訴える。6・22東北帝国大学設立。7・20高宗退位、純宗即位。7・24第三次日韓協約調印、日本が韓国内政を掌握。8・1韓国軍隊を解散。義兵運動起こる。
四一	一九〇八	37	1月「朝鮮語研究の急務」で朝鮮研究の必要を説く。本郷区曙町一四に転居。	2・10東京外国語学校韓国校友会発足。11月天理教が教派神道一派として独立。山田孝雄『日本文法論』完。
四二	一九〇九	38	4～5月沖縄で琉球語を調査し、那覇で講演する。5・14那覇から帰途につく。7月『東洋協会調査部学術報告』に「日韓両国語同系論」を発表する。東洋教会調査部の評議委員になる。8月帝国教育会の	1月白鳥庫吉が日本語朝鮮語非同系論へ転じる。7・6閣議で韓国併合を決定。10・26ハルビンで安重根が伊藤博文を殺害。

			夏季夜間講義会で国語の講師を担当する。	12・22九州帝国大学設立。
四三	一九一〇	39	1月『日韓両国語同系論』(三省堂書店)刊。朝鮮総督府より朝鮮語に関する調査を嘱託される。6・1弟源之助が真野ためと婚姻届出。8～9月韓国併合のため新聞・雑誌各社の取材を受ける。12月朝鮮を訪れ教育事情を視察。12・10東京外国語学校朝鮮校友会が歓迎会を催す。12・15漢城師範学校で朝鮮語学習の必要性について講演。12月『国語の研究』『女子教育日本文法教本』刊。	4月ロシアが韓国併合を承認。5月イギリスが韓国併合を承認。大逆事件始まる。8・22韓国併合に関する条約調印。8・29韓国併合条約公布、大韓帝国を朝鮮、漢城を京城と改称。朝鮮総督府設置。朝鮮貴族令公布。10・1寺内正毅が初代朝鮮総督に就任。この頃外国語学校の韓語科設置が問題に。
四四	一九一一	40	1月「余の朝鮮人教育意見」で朝鮮人の歴史と朝鮮語を尊重するよう訴える。3月『朝鮮書籍目録』刊行。4月『辞林四十四年版』刊。6・17朝鮮総督府より朝鮮語に関する調査を嘱託される。7月朝鮮訪問。学務局で朝鮮語について講演。11・19東京帝国大学言語学科開設二五周年記念祝賀会に出席。本郷区曙町七に転居。	1・19東京外国語学校韓語学科を朝鮮語学科と改称し他語科の「外」に置く。1月新村出「国語系統の問題」で日本語と朝鮮語の関係は「疎遠である」と。2・27南北朝正閏問題で喜田貞吉が休職に。5月京城に天理教朝鮮布教所落成。8・24朝鮮教育令公布。10月清国で辛亥革命

明治四五 大正元	一九一二	41	3月朝鮮を訪れ、学事を視察する。3・20新義州の小学校を見学し講演する。3・23朝鮮総督寺内正毅に招かれ朝鮮語の起源について講演する。3月『日語類解』刊。6月『日鮮古代地名の研究』刊。12月『日本文法新論』刊。	始まる。11・22アストン没。1・1中華民国成立、孫文が臨時大総統に。2・12清朝終焉。4月「普通学校用諺文綴字法」。7・30明治天皇が没し、嘉仁親王が皇位継承し大正と改元。
二	一九一三	42	1・29『官報』の東京外国語学校募集要項に朝鮮語学科の募集なし。6月『言語の研究と古代の文化』刊行。10月東京帝国大学のアイヌ語の講師が金田一京助に代わる。10・31釜山へ着き、京城へ向かう。12月『カード式読史年表』刊。	3・10柳田国男ら『郷土研究』創刊。9・2南京事件、日本人が殺害される。9・5阿部守太郎が軟弱外交として殺害される。
三	一九一四	43	1・17『官報』に朝鮮語学科の募集あり。3・12朝鮮総督府の嘱託でシベリア・満州・蒙古の旅に出発。ウラジオストックで東洋学院を参観する。京城で旅の雑感を講演する。この頃蒙古語とロシア語を学ぶ。4月折口信夫が国語教科書編纂を手伝うため上京する。6月白鳥庫吉が金沢の同系論を批判する。	4月東宮御学問所発足。7・28オーストリアがセルビアに宣戦布告し、第一次世界大戦勃発。8・1ドイツがロシアに宣戦。8・4イギリスがドイツに宣戦。8・23日本、ドイツに宣戦布告し第一次世界大戦に参戦。
四	一九一五	44	1・23『官報』に朝鮮語学科の募集あり。5月『日本外来語辞典』刊。	1・18中国に対華二十一か条要求を提出し、5月中国が受諾。

五	一九一六	45	1・19『官報』に朝鮮語学科の募集なく、以後募集停止。12・25文部大臣岡田良平に辞表を提出する。	11・10大正天皇即位大典。1月朝鮮総督府が『朝鮮半島史』編纂開始。10・16長谷川好道が第二代朝鮮総督に。
六	一九一七	46	1・23『官報』に朝鮮語学科の募集なし。1・31辞職願が聴許される。2・6『東京朝日新聞』の取材を受け、朝鮮語学科廃止に大反対であると語る。2・8多喜夫人とともに東京を去り京都へ向かう。	3月ロシアで二月革命、ニコライ二世退位。11月ロシアで十月革命。12月東京外国語学校校名改称反対運動が起こる。
七	一九一八	47	2月東京帝国大学講師を辞任する。3・2朝鮮方言調査のため大邱・論山・木浦・京城・平壌・鎮南浦を訪れ、26日帰途につく。3・28村上学長排斥運動のなか金沢排除の動きが報道される。9月『辞林』縮刷版刊。	3月朝鮮語学科最後の四名が卒業。7月富山県で米騒動。8・2日本、シベリア出兵を宣言。11・11ドイツ、休戦協定に調印し、第一次大戦終わる。
八	一九一九	48	4・15朝鮮を訪れ28日まで滞在する。	1・21元大韓帝国皇帝高宗死去。2・8東京で朝鮮留学生が独立宣言書を発表。3・1京城で三・一独立運動勃発し、朝鮮全土に拡大。4月長屋順耳が東京外国語学校第六代校長に。5・

				4北京で五・四運動。8・12斎藤実が第三代朝鮮総督に就任。8・19「官制改革の詔書」発布、「一視同仁」を謳う。9・4東京外国語学校の学科が語部（文科・貿易科・拓殖科）に。
九	一九二〇	49	6月「地と民と語とは相分つべらかず」と述べた『言語に映じたる原人の思想』刊。11月朝鮮総督府臨時教科書調査委員会の委員となる。	1月国際連盟発足。2月京城で雑誌『同源』発行。3〜4月朝鮮で『朝鮮日報』『東亜日報』『時事新報』創刊。6月朝鮮教育会で民立大学設立を決議。12月朝鮮産米増殖計画。
一〇	一九二一	50	3月朝鮮総督府諺文綴字法調査委員会委員になる。	4月朝鮮半島史附帯事業として『日韓同源史』編纂がはじまる。10月京城で『月刊雑誌朝鮮語』刊行。この年国分象太郎没。
一一	一九二二	51		2・6第二次朝鮮教育令公布。3・3全国水平社結成。7・15日本共産党結成。12月朝鮮史編纂委員会規程公布。ソビエト社

				会主義共和国連邦成立。
一二	一九二三	52	秋国学院大学の国語学教授に就任する。	3月李商在ら民立大学設立期成会結成。9・1関東大震災。朝鮮人が多数虐殺される。
一三	一九二四	53		4月枢密院で京城帝国大学設立を可決。5・2京城帝国大学予科開校。年末『朝鮮半島史』『日韓同源史』の編纂停止。
一四	一九二五	54	ロシア学士院二百年記念式典に招待されるが病気のため欠席する。9月『広辞林』を編纂・刊行する。	4月天理外国語学校開校。朝鮮語部を設置。4・17朝鮮共産党結成。4・22治安維持法公布。5・5普通選挙法公布。6・8朝鮮史編修会官制公布。10月朝鮮景福宮前に朝鮮総督府庁舎竣工。京城の南山に朝鮮神宮創建。
一五 昭和元	一九二六	55	本郷区曙町二五に転居。	4月李王（純宗）没。5・1京城帝国大学始業式。法文学部に朝鮮語学朝鮮文学科設置。5・29文部省、学生の社会科学研究を禁止。6・10京城で独立万歳

二	一九二七	56	12・10父源三郎が他界する（八七歳）。
三	一九二八	57	4月駒沢大学東洋学科の国語学教授に就任する。10月『小辞林』編纂・刊行。
四	一九二九	58	4月『日鮮同祖論』刊行。5月朝鮮を訪問する。5・29京城師範学校で「内鮮両語の連絡」、京城日報社で「内地に祀られたる朝鮮の神」を講演する。5・30東京外国語学校朝鮮校友会が歓迎会を催す。10月『小辞林』大型版刊行。
五	一九三〇	59	6月国学院大学国文学会大会で「片仮名の起源に関

運動。12・16東京外国語学校長、岡田文相に朝鮮語部廃止を申請。12・25大正天皇が没し裕仁親王が即位して昭和に改元。

2・7大正天皇大喪。3・15金融恐慌勃発。3・28文部省令で朝鮮語部を廃止。4・1兵役法公布。4・15宇垣一成が朝鮮総督代理に。12・10山梨半造が第四代朝鮮総督に就任。

2・17大槻文彦没。3・15共産党員を検挙（三・一五事件）。6・4張作霖が満洲奉天近くで関東軍により爆殺。

8・17斎藤実が第五代朝鮮総督に。10・24ニューヨークで株式市場大暴落し世界恐慌始まる。11・3朝鮮光州で学生運動起こる。

六	一九三一	60	する一考察」を講演する。国学院大学万葉夏季講座で「万葉集文字雑考」を講義する。週一回朝鮮語課外講座を開く。	2・24久米邦武没。6・17宇垣一成が第六代朝鮮総督に就任。9・18日本、満州奉天柳条湖で満州事変を起こす。
七	一九三二	61	1・13還暦を迎える。祝賀講演会開催、『金沢博士還暦記念東洋語学乃研究』『新羅の片仮字』刊、伊原宇三郎が肖像画を描く。4月聖心女子学院高等専門学校国文科の教授になる。	3・1満州国建国宣言。5・15犬養首相が殺害される（五・一五事件）。12・12歴史学研究会創立。
八	一九三三	62	国学院大学を辞任する。3月『濯足庵蔵書六十一種』刊。	1・30ドイツにヒトラー内閣成立。3・27日本、国際連盟を脱退。小倉進平が東京帝国大学言語学講座を担任、京城帝国大学教授を兼任。5月京都帝国大学で滝川幸辰が休職に。11・4朝鮮語学会、諺文綴字法統一案発表。
九	一九三四	63	3月『広辞林』新訂版を編纂・刊行。国学院大学商議員を務める（13年まで）。	6・26内藤湖南没。この年東北地方が凶作で惨状。
一〇	一九三五	64		2・15チェンバレン没。2・28

				藤岡勝二没。5月「朝鮮総督府及所属官署職員朝鮮語奨励規程」発布。9・18美濃部達吉が天皇機関説で貴族院議員を辞任。
一一	一九三六	65	2月論文「吏読雑考」。	2・26皇道派将校、斎藤実内大臣らを殺害（二・二六事件）。8・5南次郎が第七代朝鮮総督に就任。8月ベルリン・オリンピックのマラソンで孫基禎が優勝、日章旗抹消事件起こる。9・8日本諸学振興委員会設置。9月柳宗悦「失はれんとする一朝鮮建築のために」。
一二	一九三七	66	6月論文「言語の上より見たる鮮満蒙の関係」11月論文「味噌の起源は満洲にありとの考」。	3・30文部省が『国体の本義』出版。7・7盧溝橋事件を機に日中戦争開始。10月国民精神総動員中央連盟結成。10・1朝鮮人に「皇国臣民の誓詞」配布。10・26上田万年没。12・4矢内原忠雄が批判され東大教授を辞

				任。12・13日本軍南京を占領（南京事件）。
一三	一九三八	67		2・26朝鮮人に陸軍特別志願兵令公布、4月施行。3・4第三次朝鮮教育令公布。4・1国家総動員法公布。5・2満州に建国大学開学。7・7国民精神総動員朝鮮連盟結成。
一四	一九三九	68	11月朝鮮の清州・大邱などで「言語文化上から見た内鮮関係」を講演。	2・9フローレンツ没。7・3喜田貞吉没。7・4朝鮮で国民徴用令実施。9・1第二次世界大戦始まる。9月朝鮮人労働者募集始まる。10・29朝鮮文人協会結成。11・10朝鮮人の氏名に関する件公布（創氏改名）。
一五	一九四〇	69	5月論文「姓氏と内鮮関係」。	2・11創氏改名施行。3・8津田左右吉の著作発禁、早稲田大学を辞任。4月米など切符制に。8月『東亜日報』『朝鮮日報』を強制廃刊。9・22日独伊三国

				同盟調印。10月大政翼賛会発会。12月日本出版文化協会結成。
一六	一九四一	70	5月『言語に映じたる原人の思想』再刊。5・30全国協和事業指導者講習会で「内鮮言語の関係」を講演し、ハングルの価値を訴える。	3・31国民学校規程公布（朝鮮語授業の廃止）。5・5日本出版配給会社設立。12・8日本、真珠湾を攻撃、米英に宣戦布告。
一七	一九四二	71		1・2前間恭作没。3・30白鳥庫吉没。5・8閣議で朝鮮人の徴兵を19年施行と決定。5・29小磯国昭が第八代朝鮮総督に。6・5ミッドウェー海戦で敗退。10・1朝鮮で朝鮮語学会員を検挙。10月朝鮮青年特別錬成令公布。11・3大東亜文学者大会開催。12月大日本言論報国会創立。
一八	一九四三	72	5月『日鮮同祖論』再刊。12・1関屋貞三郎、東山咲実、幣原坦、有吉忠一らが「金沢博士激励の会」を催す。	2・1日本、ガダルカナル島撤退。2月出版事業令公布。3・2朝鮮に徴兵制実施のため改正兵役法公布。7・28海軍特別志願兵令公布。9・23閣議で台湾

一九	一九四四	73	7月朝鮮を訪れ、京城府民館で「言語よりみた内鮮関係について」を講演する。8・5『毎日新報』に金沢を中心とする座談会「内鮮は同祖同根」が掲載される。10・2内鮮文化学会の会長に推される。11日発会。10・8朝鮮を訪れ23日まで滞在する。帰宅後平塚に移住し、曙町の自宅を研究室として通う。11月空襲が激化する。	に20年より徴兵制実施を決定。10月文科系学生生徒の徴兵猶予停止。12月学徒出陣。1月朝鮮人学生特別志願兵が出征。『改造』などの編集者を検挙（横浜事件）。2・8小倉進平没。1～2月崔承喜が帝国劇場で二〇日間公演し満員の盛況。2・8徴用令実施。4・2バチエラー没。6月サイパン島日本軍全滅。7・25阿部信行が第九代朝鮮総督に。8・23女子挺身勤労令・学徒勤労令公布。9月テニヤン島日本軍全滅。10月米軍レイテ島に上陸。11月米軍の空襲激化。
二〇	一九四五	74	8・15平塚で敗戦を迎える。曙町一帯は空襲で焦土と化す。自宅は全壊を免れたが疎開生活を続ける。	3月東京大空襲、名古屋・大阪・神戸なども空襲。4・1米軍が沖縄本島に上陸。6・23沖縄守備軍全滅。8・6広島に原

				爆投下。8・9長崎に原爆投下。ソ連が対日参戦、満州国境を越えて攻撃。8・15日本、敗戦する。植民地解放。8・16米ソが三八度線を占領境界に。12・27モスクワ外相会議で朝鮮の五年間信託統治案を発表。
二一	一九四六	75	大本山永平寺で熊沢泰禅禅師により得度を受ける。金沢は月江庵禅心無得居士、多喜夫人は松風庵禅室智月大姉の法名を贈られる。蔵書の一部を永平寺に寄贈する。	1・1天皇、神格否定の証書。GHQ、軍国主義者の公職追放を指令。5・3極東国際軍事裁判開廷。11・3日本国憲法公布。
二二	一九四七	76	1月『民主朝鮮』に執筆する。大山山麓の金目村に住む。2月「亜細亜研究叢書」として『猫と鼠』刊行。11月飯田利行と吉森良宏の訪問を受ける。11月『茶　世界飲料史の研究』刊。12月『文と字』刊。	3・31教育基本法公布。4・1六・三制教育開始。8・13伊波普猷没。
二三	一九四八	77	1・11曙町の自宅に戻り、庭にバラックを建てて住む。駒沢大学で「桑門に於ける国語学国文学の史的研究」を課題として文部省科学研究費助成補助金を受ける。6月『濯足庵蔵書七十七種』（亜細亜研究叢書）刊。	2月日本アジア協会で服部四郎が『日韓両国語同系論』の証明は無効と批判。5月神田で石田英一郎らが「日本民族＝文化の源流と日本国家の形成」を討論。

				江上波夫の騎馬民族征服説。8・15大韓民国樹立、李承晩が大統領に。9・9朝鮮民主主義人民共和国建樹立、金日成が首相に。9・22韓国国会で反民族行為処罰法公布。
二四	一九四九	78	4月新制駒沢大学文学部長兼国文学科教授に就任する。玉川の用賀に移る。5月『地名の研究』刊。	4・13笹川臨風没。7・24姉崎正治没。9・1閣議でレッド・パージ方針決定。10月中華人民共和国樹立。
二五	一九五〇	79	3月駒沢大学を辞任する。9月群馬県薄根村の成孝院に寄寓する。10・18天理大学で朝鮮学会が発足し、顧問の一人となる。朝鮮学会大会で「朝鮮研究と日本書紀」を講演する。12・16朝鮮学会東京支部発会に参加し談話を述べる。	2・10GHQが沖縄の恒久的基地建設を声明。2・11座談会「日本語の系統について」。3月天理大学文学部に朝鮮文学朝鮮語学科を認可。6・25朝鮮戦争開戦（〜二八年七月）。9・1閣議でレッド・パージ方針を決定。
二六	一九五一	80	5月天理大学で特別講義を行う。5・11天理大学図書館で開かれた朝鮮学会第2回例会で「朝鮮諺文の	1月朝鮮戦争休戦会談開始。5月『朝鮮学報』創刊。9・8サ

			起源」を講演する。5月『朝鮮学報』創刊号に「朝鮮研究と日本書紀」を執筆し、以後も発表する。	ンフランシスコ講和会議、対日平和条約・日米安全保障条約調印。8・19長屋順耳没。
二七	一九五二	81	曙町の地所を売却し永平寺に寄進する。春港区麻布笄町の永平寺東京別院（長谷寺）に金沢の住居が新築され、移り住む。5・22朝鮮学会例会で「日本語と朝鮮語について」を講演。5月「朝鮮古地名の研究」。	4月天理大学外国語学部に朝鮮学科を設置。4・1アメリカ、琉球政府設立。4・28ＧＨＱ廃止。2・15第一次日韓会談開始。日韓親和会発足し月刊『親和』を刊行。11・1池内宏没。
二八	一九五三	82	3月「字注訓と字音訓」。4月鶴見女子短期大学国文科長兼国語学教授に就任する。朝日放送の「幼き日の思い出」に出演し「瓦屋町」と題して語る。5月朝鮮学会大会に出席する。10月「出挙の研究」。	4月第二次日韓会談。6・29幣原坦没。6月『歴史学研究』で特集「朝鮮史の諸問題」。7・27朝鮮戦争休戦協定調印。9・3折口信夫没。10・6第三次日韓会談、久保田発言で中断。12・24奄美群島返還協定調印。
二九	一九五四	83	4・1永平寺東京別院内に麻布あけぼの幼稚園が設けられ、初代園長に就任する。同月台東区天理教東大教会で開かれた朝鮮学会幹事会に出席する。この年国学院大学名誉教授の称号を受ける。	1・7米国大統領、沖縄基地の無期限保持を宣言。1・12平城京跡発掘開始。7・1防衛庁・自衛隊発足。

三〇	一九五五	84	10月「日鮮語比較雑考」。11月「神名と地名——日韓上古之研究」。	5月『広辞苑』（岩波書店）刊。
三一	一九五六	85	3月「塩と味噌」	1・1原子力委員会設置。10・19日本とソ連邦、共同宣言で国交回復。12・18国際連合、日本の加盟を決議。
三二	一九五七	86	3月「語原雑考」。9月「朝鮮語と助詞イ」。	8・27東海村原子炉点火。10月韓国で『国語大辞典』刊行。
三三	一九五八	87	3月『新版広辞林』刊行。4・28永平寺護持に功労があったとして本山で褒章される。5・24国学院大学公開講演会で「高麗をコマと訓むことに就きて」を講演。10・31紫綬褒章を受章、銀座三笠会館で祝賀会が催される。	4・15第四次日韓会談。5・7朝鮮近代史料研究会発足。この年朝鮮研究会も発足し『朝鮮研究年報』刊行。
三四	一九五九	88	3月「日鮮文化の交流」。5月夫妻の写真が『主婦の友』に掲載される。	1・31朝鮮史研究会発足。12月在日朝鮮人の北朝鮮帰還開始。
三五	一九六〇	89	1・15米寿祝賀会が催される。金沢庄三郎先生寿像建設会により仏子泰夫が胸像を制作。10・14国鉄創業八十八周年記念にあたり、新橋駅の一日駅長に。12月最後の執筆「日鮮両語の比較につきて」。	1・19日米新安全保障条約調印。10・25第五次日韓会談。
三六	一九六一	90	東京放送テレビの「ポーラ婦人ニュース」で「国語	6・4知里真志保没。朝鮮問題

			と共に九十年」が企画され、多喜夫人と共に語る。	研究所が『朝鮮資料』創刊。10月第六次日韓会談開始。11・11日本朝鮮研究所発足。
三七	一九六二	91		1月『朝鮮研究月報』創刊。3月南で朴正熙が大統領代行に。
三八	一九六三	92		2月韓国で金容燮が「日帝官学者たちの韓国史観」(『思想界』)を発表し、日鮮同祖論を批判。4月大阪外国語大学に朝鮮語学科開設。7・20朝鮮史研究会例会で旗田巍が「「日鮮同祖論」批判」を発表。
三九	一九六四	93	4・28勲三等瑞宝章を受章する。6・20祝賀記念講演会が鶴見女子短期大学で催され、金田一京助と時枝誠記が記念講演を行う。	5~9月『歴史評論』に金錫亨「三韓・三国の日本列島内の分国について」の翻訳掲載。10・1東海道新幹線開業。10・10東京オリンピック開幕。12・3第七次日韓会談。
四〇	一九六五	94		2・7米軍、北ベトナム攻撃開始。6・22日韓基本条約調印。

四一	一九六六	95	3・20多喜夫人が他界する（八九歳）。	5月中国で文化大革命。11月朝鮮史研究会編『朝鮮史入門』刊。
四二	一九六七	96	5・31弟の源之助が愛知県で他界する（九三歳）。6・2午後一時四〇分、金沢庄三郎は東京別院内の自宅濯足庵で生涯を終えた。6・5東京別院で告別式が行われた。	2・11初の「建国記念の日」。2・10～11石田英一郎「歴史としての神話」。4・15美濃部亮吉が東京都知事に当選。

河口慧海　高山龍三
山室軍平　室田保夫
大谷光瑞　白須淨眞
*久米邦武　高田誠二
フェノロサ　伊藤　豊
三宅雪嶺　長妻三佐雄
*岡倉天心　木下長宏
志賀重昂　中野目徹
徳富蘇峰　杉原志啓
竹越與三郎　西田　毅
内藤湖南・桑原隲蔵　礪波　護
岩村　透　今橋映子
*西田幾多郎　大橋良介
*金沢庄三郎　石川遼子
上田　敏　及川　茂
柳田国男　鶴見太郎
厨川白村　張　競
天野貞祐　貝塚茂樹
大川周明　山内昌之
西田直二郎　林　淳
折口信夫　斎藤英喜
九鬼周造　粕谷一希
辰野　隆　金沢公子
シュタイン　瀧井一博
*西　周　清水多吉
*福澤諭吉　平山　洋
福地桜痴　山田俊治

田口卯吉　鈴木栄樹
*陸　羯南　松田宏一郎
黒岩涙香　奥　武則
*吉野作造　田澤晴子
野間清治　佐藤卓己
山川　均　米原　謙
*岩波茂雄　十重田裕一
*北　一輝　岡本幸治
*穂積重遠　大村敦志
中野正剛　吉田則昭
満川亀太郎　福家崇洋
*北里柴三郎　福田眞人
高峰譲吉　木村昌人
田辺朔郎　秋元せき
*南方熊楠　飯倉照平
寺田寅彦　金森　修
石原　純　金子　務
辰野金吾　河上眞理・清水重敦
*七代目小川治兵衛　尼崎博正
ブルーノ・タウト　北村昌史

現代

昭和天皇　御厨　貴
高松宮宣仁親王　後藤致人

*李方子　小田部雄次
吉田　茂　中西　寛
マッカーサー　柴山　太
石橋湛山　増田　弘
重光　葵　武田知己
市川房枝　村井良太
*池田勇人　藤井信幸
高野　実　篠田　徹
和田博雄　庄司俊作
朴正熙　木村　幹
竹下　登　真渕　勝
*松永安左ェ門　橘川武郎
鮎川義介　井口治夫
*出光佐三　橘川武郎
松下幸之助　米倉誠一郎
渋沢敬三　井上　潤
*本田宗一郎　伊丹敬之
井深　大　武田　徹
*佐治敬三　小玉　武
幸田家の人々　金井景子
*正宗白鳥　大嶋　仁
大佛次郎　福島行一
*川端康成　大久保喬樹
*薩摩治郎八　小林　茂

松本清張　杉原志啓
安部公房　鳥羽耕史
*三島由紀夫　島内景二
井上ひさし　成田龍一
R・H・ブライス　菅原克也
金素雲　林　容澤
柳　宗悦　熊倉功夫
バーナード・リーチ　鈴木禎宏
イサム・ノグチ　酒井忠康
川端龍子　岡部昌幸
藤田嗣治　林　洋子
*井上有一　海上雅臣
*手塚治虫　竹内オサム
山田耕筰　後藤暢子
古賀政男　藍川由美
*吉田　正　金子　勇
武満　徹　船山　隆
*八代目坂東三津五郎　田口章子
*力道山　岡村正史
*西田天香　宮田昌明
安倍能成　中根隆行
サンソム夫妻　平川祐弘・牧野陽子
和辻哲郎　小坂国継

矢代幸雄　稲賀繁美
石田幹之助　岡本さえ
*平泉　澄　若井敏明
安岡正篤　片山杜秀
島田謹二　小林信行
前嶋信次　杉田英明
保田與重郎　谷崎昭男
*福田恆存　川久保剛
井筒俊彦　安藤礼二
佐々木惣一　松尾尊兊
*瀧川幸辰　伊藤孝夫
矢内原忠雄　等松春夫
福本和夫　伊藤　晃
*フランク・ロイド・ライト　大久保美春
大宅壮一　有馬　学
今西錦司　山極寿一

*は既刊
二〇一四年七月現在

孝明天皇　青山忠正
*和宮　辻ミチ子
徳川慶喜　大庭邦彦
島津斉彬　原口泉
*古賀謹一郎　小野寺龍太
*栗本鋤雲　小野寺龍太
西郷隆盛　家近良樹
*塚本明毅　塚本学
*月性　海原徹
*吉田松陰　海原徹
*高杉晋作　海原徹
ペリー　遠藤泰生
オールコック　佐野真由子
アーネスト・サトウ　奈良岡聰智
緒方洪庵　米田該典
冷泉為恭　中部義隆

近代

*明治天皇　伊藤之雄
*大正天皇　F・R・ディキンソン
*昭憲皇太后・貞明皇后　小田部雄次
大久保利通　三谷太一郎
山県有朋　鳥海靖
木戸孝允　落合弘樹
井上馨　伊藤之雄
*松方正義　室山義正
北垣国道　小林丈広
板垣退助　小川原正道
長与専斎　笠原英彦
大隈重信　五百旗頭薫
伊藤博文　坂本一登
井上毅　大石眞
*井上勝　老川慶喜
*桂太郎　小林道彦
渡辺洪基　瀧井一博
*乃木希典　佐々木英昭
林董　君塚直隆
*児玉源太郎　小林道彦
*高宗・閔妃　木村幹
山本権兵衛　室山義正
*金子堅太郎　松村正義
高橋是清　鈴木俊夫
小村寿太郎　簑原俊洋
*犬養毅　小林惟司
*加藤高明　櫻井良樹
加藤友三郎・寛治　麻田貞雄
牧野伸顕　小宮一夫
田中義一　黒沢文貴
内田康哉　高橋勝浩
石井菊次郎　廣部泉
平沼騏一郎　堀田愼一郎
宇垣一成　北岡伸一
*宮崎滔天　榎本泰子
*浜口雄幸　川田稔
幣原喜重郎　西田敏宏
関一　玉井金五
水野広徳　片山慶隆
広田弘毅　井上寿一
安重根　上垣外憲一
*グルー　廣部泉
*永田鉄山　森靖夫
東條英機　牛村圭
今村均　前田雅之
蔣介石　劉岸偉
石原莞爾　山室信一
木戸幸一　波多野澄雄
*岩崎弥太郎　武田晴人
伊藤忠兵衛　末永國紀
五代友厚　田付茉莉子
大倉喜八郎　村上勝彦
*安田善次郎　由井常彦
渋沢栄一　武田晴人
益田孝　鈴木邦夫
山辺丈夫　宮本又郎
武藤山治　阿部武司・桑原哲也
西原亀三　森川正則
小林一三　橋爪紳也
大倉恒吉　石川健次郎
大原孫三郎　猪木武徳
*河竹黙阿弥　今尾哲也
イザベラ・バード　加納孝代
*林忠正　木々康子
*森鷗外　小堀桂一郎
*二葉亭四迷　ヨコタ村上孝之
夏目漱石　佐々木英昭
巌谷小波　千葉信胤
樋口一葉　佐伯順子
*島崎藤村　十川信介
泉鏡花　東郷克美
*有島武郎　亀井俊介
永井荷風　川本三郎
北原白秋　平石典子
菊池寛　山本芳明
宮澤賢治　千葉一幹
正岡子規　夏石番矢
高浜虚子　坪内稔典
与謝野晶子　佐伯順子
*種田山頭火　村上護
*斎藤茂吉　品田悦一
*高村光太郎　湯原かの子
萩原朔太郎　エリス俊子
*原阿佐緒　秋山佐和子
*狩野芳崖・高橋由一　古田亮
小堀鞆音　小堀桂一郎
竹内栖鳳　北澤憲昭
黒田清輝　高階秀爾
中村不折　石川九楊
横山大観　高階秀爾
*橋本関雪　西原大輔
小出楢重　芳賀徹
土田麦僊　天野一夫
岸田劉生　北澤憲昭
松旭斎天勝　川添裕
中山みき　鎌田東二
佐田介石　谷川穣
*ニコライ　中村健之介
出口なお・王仁三郎　川村邦光
島地黙雷　阪本是丸
*新島襄　太田雄三
木下広次　冨岡勝
嘉納治五郎　クリストファー・スピルマン
柏木義円　片野真佐子
津田梅子　田中智子
*澤柳政太郎　新田義之

*兼好 島内裕子
重源 横内裕人
*運慶 根立研介
快慶 井上一稔
法然 今堀太逸
慈円 大隅和雄
明恵 西山　厚
親鸞 末木文美士
恵信尼・覚信尼 西口順子
覚如 今井雅晴
*道元 船岡　誠
叡尊 細川涼一
*忍性 松尾剛次
*日蓮 佐藤弘夫
一遍 蒲池勢至
*宗峰妙超 竹貫元勝

南北朝・室町

後醍醐天皇 上横手雅敬
護良親王 新井孝重
*赤松氏五代 渡邊大門
*北畠親房 岡野友彦
楠正成 兵藤裕己
*新田義貞 山本隆志
*光厳天皇 深津睦夫
足利尊氏 市沢　哲
佐々木道誉 下坂　守
円観・文観 田中貴子
足利義詮 早島大祐
足利義満 川嶋將生
足利義持 吉田賢司
足利義教 横井　清
大内義弘 平瀬直樹
伏見宮貞成親王 松薗　斉
山名宗全 山本隆志
日野富子 脇田晴子
世阿弥 西野春雄
雪舟等楊 河合正朝
宗祇 鶴崎裕雄
*満済 森　茂暁
一休宗純 原田正俊
蓮如 岡村喜史

戦国・織豊

北条早雲 家永遵嗣
毛利元就 岸田裕之
毛利輝元 光成準治
*今川義元 小和田哲男
*武田信玄 笹本正治
*武田勝頼 笹本正治
*真田氏三代 笹本正治
*三好長慶 天野忠幸
*宇喜多直家・秀家 渡邊大門
*上杉謙信 矢田俊文
島津義久・義弘 福島金治
長宗我部元親・盛親 平井上総
吉田兼倶 西山　克
山科言継 松薗　斉
*雪村周継 赤澤英二
織田信長 三鬼清一郎
豊臣秀吉 藤井讓治
*北政所おね 田端泰子
*淀殿 福田千鶴
前田利家 東四柳史明
*黒田如水 小和田哲男
*蒲生氏郷 藤田達生
*細川ガラシャ 田端泰子
伊達政宗 伊藤喜良
*支倉常長 田中英道
ルイス・フロイス エンゲルベルト・ヨリッセン
*長谷川等伯 宮島新一
顕如 神田千里

江戸

徳川家康 笠谷和比古
*徳川家光 野村　玄
徳川吉宗 横田冬彦
*後水尾天皇 久保貴子
光格天皇 藤田　覚
崇伝 杣田善雄
春日局 福田千鶴
*池田光政 倉地克直
シャクシャイン 岩崎奈緒子
*田沼意次 藤田　覚
*二宮尊徳 小林惟司
末次平蔵 岡美穂子
*高田屋嘉兵衛 生田美智子
*林羅山 鈴木健一
吉野太夫 渡辺憲司
中江藤樹 辻本雅史
*山崎闇斎 澤井啓一
山鹿素行 前田　勉
*北村季吟 島内景二
貝原益軒 辻本雅史
松尾芭蕉 楠元六男
*ケンペル B・M・ボダルト＝ベイリー
荻生徂徠 柴田　純
*雨森芳洲 上田正昭
石田梅岩 高野秀晴
前野良沢 松田　清
平賀源内 石上　敏
本居宣長 田尻祐一郎
杉田玄白 吉田　忠
上田秋成 佐藤深雪
木村蒹葭堂 有坂道子
*大田南畝 沓掛良彦
菅江真澄 赤坂憲雄
*鶴屋南北 諏訪春雄
良寛 阿部龍一
*山東京伝 佐藤至子
*滝沢馬琴 高田　衛
平田篤胤 山下久夫
シーボルト 宮坂正英
本阿弥光悦 岡　佳子
小堀遠州 中村利則
狩野探幽・山雪 山下善也
尾形光琳・乾山 河野元昭
*二代目市川團十郎 田口章子
与謝蕪村 佐々木丞平
伊藤若冲 狩野博幸
鈴木春信 小林　忠
円山応挙 佐々木正子
*佐竹曙山 成瀬不二雄
葛飾北斎 岸　文和
酒井抱一 玉蟲敏子

ミネルヴァ日本評伝選

上代

*俾弥呼　古田武彦
日本武尊　西宮秀紀
仁徳天皇　若井敏明
雄略天皇　吉村武彦
*蘇我氏四代　遠山美都男
推古天皇　義江明子
聖徳太子　仁藤敦史
斉明天皇　武田佐知子
小野妹子・毛人　大橋信弥
*額田王　梶川信行
弘文天皇　遠山美都男
天武天皇　新川登亀男
持統天皇　丸山裕美子
阿倍比羅夫　熊田亮介
*藤原四子　木本好信
柿本人麻呂　古橋信孝
*元明天皇・元正天皇　渡部育子
聖武天皇　本郷真紹
光明皇后　寺崎保広
孝謙天皇　勝浦令子
藤原不比等　荒木敏夫
吉備真備　今津勝紀
*藤原仲麻呂　木本好信
道　鏡　吉川真司
大伴家持　和田　萃
*行　基　吉田靖雄

平安

*桓武天皇　井上満郎
嵯峨天皇　西別府元日
宇多天皇　古藤真平
醍醐天皇　石上英一
村上天皇　京樂真帆子
花山天皇　上島　享
*三条天皇　倉本一宏
藤原薬子　中野渡俊治
小野小町　錦　仁
藤原良房・基経　瀧浪貞子
菅原道真　竹居明男
*紀貫之　神田龍身
源高明　所　功
*安倍晴明　斎藤英喜
藤原実資　橋本義則
*藤原道長　朧谷　寿
藤原伊周・隆家　倉本一宏
藤原定子　山本淳子
清少納言　後藤祥子
紫式部　竹西寛子
和泉式部　ツベタナ・クリステワ
大江匡房　小峯和明
*阿弖流為　樋口知志
坂上田村麻呂　熊谷公男
*源満仲・頼光　元木泰雄
平将門　西山良平
藤原純友　寺内　浩
空　海　頼富本宏
最　澄　吉田一彦
*空　也　石井義長
奝　然　上川通夫
*源　信　小原　仁
後白河天皇　美川　圭
式子内親王　奥野陽子
建礼門院　生形貴重
藤原秀衡　入間田宣夫
平時子・時忠　元木泰雄
平維盛　根井　浄
守覚法親王　阿部泰郎
藤原隆信・信実　山本陽子

鎌倉

源頼朝　川合　康
*源義経　近藤好和
源実朝　神田龍身
後鳥羽天皇　五味文彦
九条兼実　村井康彦
九条道家　上横手雅敬
北条時政　野口　実
熊谷直実　佐伯真一
*北条政子　関　幸彦
北条義時　岡田清一
曾我十郎・五郎　杉橋隆夫
北条時宗　近藤成一
安達泰盛　山陰加春夫
平頼綱　細川重男
竹崎季長　堀本一繁
西　行　光田和伸
藤原定家　赤瀬信吾
*京極為兼　今谷　明

刊行のことば

歴史を動かすものは人間であり、興趣に富んだ人間の動きを通じて、世の移り変わりを考えるのは、歴史に接する醍醐味である。

しかし過去の歴史学を顧みるとき、人間不在という批判さえ見られたように、歴史における人間のすがたが、必ずしも十分に描かれてきたとはいえない。二十一世紀を迎えた今、歴史の中の人物像を蘇生させようとの要請はいよいよ強く、またそのための条件もしだいに熟してきている。

この「ミネルヴァ日本評伝選」は、正確な史実に基づいて書かれるのはいうまでもないが、単に経歴の羅列にとどまらず、歴史を動かしてきたすぐれた個性をいきいきとよみがえらせたいと考える。そのためには、対象とした人物とじっくりと対話し、ときにはきびしく対決していくことも必要になるだろう。

今日の歴史学が直面している困難の一つに、研究の過度の細分化、瑣末化が挙げられる。それは緻密さを求めるが故に陥った弊害といえるが、その結果として、歴史の大きな見通しが失われ、歴史学を通しての社会への働きかけの途が閉ざされ、人々の歴史への関心を弱める危険性がある。今こそ歴史が何のためにあるのかという、基本的な課題に応える必要があろう。評伝という興味ある方法を通じて、解決の手がかりを見出せないだろうかというのも、この企画の一つのねらいである。

狭義の歴史学の研究者だけでなく、多くの分野ですぐれた業績をあげている著者たちを迎えて、従来見られなかった規模の大きな人物史の叢書として、「ミネルヴァ日本評伝選」の刊行を開始したい。

平成十五年（二〇〇三）九月

ミネルヴァ書房

《著者紹介》

石川遼子（いしかわ・りょうこ）

1945年　満州国奉天市（現・中国瀋陽市）生まれ。

　　　　大阪外国語大学ロシア語学科卒業後，民間会社，中学校勤務，再び同大学の朝鮮語学科・修士課程を経て，奈良女子大学大学院人間文化研究科修了。博士（文学）。

　　　　大学・専門学校非常勤講師，研究団体非常勤職員などを勤めた。

現　在　池田市史編纂専門委員。

共　著　『韓国・朝鮮と向き合った36人の日本人』明石書店，2002年。

　　　　『新修池田市史』第３巻近代篇，大阪府池田市，2009年。

　　　　『植民地期前後の言語問題』韓国ソミョン出版，2012年，ほか。

論　文　「「地と民と語」の相剋」『朝鮮史研究会論文集』35，1997年。

　　　　「大阪中学校・大学分校・第三高等中学校」『大阪の歴史』60，大阪市史料調査会，2002年，ほか。

ミネルヴァ日本評伝選

金《かな》沢《ざわ》庄《しょう》三《ざぶ》郎《ろう》

――地と民と語とは相分つべからず――

2014年７月10日　初版第１刷発行　〈検印省略〉

定価はカバーに
表示しています

著　者　石　川　遼　子
発 行 者　杉　田　啓　三
印 刷 者　江　戸　宏　介

発行所　株式会社　ミネルヴァ書房

607-8494 京都市山科区日ノ岡堤谷町１
電話代表（075）581-5191
振替口座 01020-0-8076

共同印刷工業・新生製本

ISBN978-4-623-06701-5

Printed in Japan

人名索引

あ 行

青山公亮　311
赤峰瀬一郎　68, 69
阿加流比売　227
秋月左都夫　84
秋葉隆　256
浅井魁一　32, 35
浅山顕蔵　28, 29
芦原田鶴子　286
足助直次郎　128, 222, 246
アストン, W. G.　8, 30, 41-44, 69, 83, 85, 119, 120, 134, 137-141, 147, 180, 181, 342, 344
麻生次太郎　32, 34
アッペンゼラー, H. G.　33
姉崎正治（嘲風）　16, 20, 21, 25, 50, 51, 111, 186, 268
阿比留祐作　28, 29, 32, 33
安倍能成　296
阿部正秀　239
阿部守太郎　18, 21, 23, 25, 167-170
阿部吉雄　317
天日矛　227
天野雄之助　155
雨森芳洲　27, 28
鮎貝房之進　32, 34, 84, 155, 156, 198, 318
新井章吾　98
新井白石　59, 60, 74, 201, 229, 253, 299
荒川金助（徳滋）　28
有吉忠一　20, 21, 25, 268
アレン, H. N.　83
アンダーウッド, H. G.　33, 83

安藤英方　239
安藤正次　240, 254
飯田利行　248, 274, 294
井伊直安　96
猪狩幸之助　58, 64
生田耕一　240, 241
池内宏　134, 144, 296
池上禎造　335
池田四郎次郎　240
伊弉諾命　230
伊弉冉尊　230
石井光雄　268
石川岩吉　305
石川啄木　308
石田英一郎　279, 322-325
石田耕造（崔載瑞）　269
石田三成　32
石原六三　209, 210
石母田正　314
伊集院彦吉　168
泉井久之助　281, 282
五十猛神　267
市河三喜　58
市村瓚次郎　134
伊藤小三郎　62
伊東四郎　155
伊東忠太　134
伊藤博文　14, 29, 88, 95
伊東正雄　334
稲葉岩吉　144, 243, 245, 256, 313, 322
井上円了　110
井上角五郎　89
井上毅　53, 137

I

井上哲次郎　55, 64, 90, 99, 110
伊波普猷　58, 59, 110, 117, 240, 241
伊原宇三郎　171, 242
茨木清次郎　100, 195
井原西鶴　6
今泉忠義　112, 240
今西龍　239
伊村正道　283
岩橋小弥太　111, 112, 129, 140, 239, 240, 283
巌谷小波　90
尹泰東　214
尹致昨　88, 103, 107
尹致昊　103
上田常吉　254
上田万年　39, 41, 49–51, 55–58, 65, 73, 80, 86, 100, 110, 113, 118, 119, 134, 148, 172, 182, 183, 188, 190, 212, 225, 245, 254, 260, 284, 308
上原熊次郎　62
内田銀蔵　50, 111, 263
内田康哉　168
内野台嶺　248
宇野哲人　250
梅原修平　96
梅原末治　291
浦瀬裕　28, 29
江上波夫　254, 279, 280, 343
エジソン，T.　79
衛藤即応　303
榎本武揚　89
大木喬任　36
大木安之助　32, 34
大隈重信　80
太田全斎　253
大田為吉　298
大槻文彦　110, 113, 114, 127
大友歌次　32, 34
大友好子　332
大西祝　78, 111
大町芳衛（桂月）　50
大村仁太郎　95
大矢透　68
大和岩男　343
岡倉由三郎　54, 58, 101, 173
岡田正美　113
岡田良平　186, 193, 215
岡野久胤　58, 64
岡部長職　96, 122
岡正雄　279, 280
岡本正文　197
尾川敬二　239, 240
小川尚義　50, 58, 59, 240
荻生徂徠　230
荻原藤吉（井泉水）　58, 240, 241
奥村五百子　150
奥山仙三　104, 158, 221, 239, 256
小倉進平　49, 58, 59, 110, 129, 182, 198, 213, 234, 239, 240, 242, 245, 254, 258, 318
尾崎行雄　91
小沢武雄　126
織田作之助　263
小田省吾　295, 296
落合直文　127
小津安二郎　304
小野雄志　106
折口信夫（釈超空）　111, 112, 129, 171–174, 186, 191, 239–242, 247, 278
折田彦市　11, 13, 15, 21, 23, 24

か　行

香川京子　303
掛下勇　32, 34
梶村秀樹　310–312, 320–322
柏田盛文　91, 98, 99

カスト，R. N.　136
糟谷つたゑ　264
加藤玄智　248, 254
加藤武雄　268
加藤淑子　250, 284, 331
加藤弘之　41, 95-99, 110, 113
加藤増雄　80
金沢源三郎　2, 3, 6, 7, 220
金沢源之助　2, 275, 331, 332
金沢（沢井）多喜　7, 77-79, 132, 190, 272, 274, 284, 287, 306, 307, 327, 330-332
金沢智恵子　2, 3, 7, 20, 220, 337
金沢正美　275, 329, 331
金沢吉野　275, 331
金子二郎　312
嘉納治五郎　8, 102, 113
ガベレンツ　55, 85
亀井孝　281
亀井忠一　127, 182
亀田次郎　110, 117, 118
香山光郎（李光洙）　258, 269
河合酔茗　303
川上立一郎　32, 34, 155, 156
河口隆太郎　58
川端康成　263
韓吉彦　291
韓暁　291
韓植　264
神田乃武　49, 100
韓徳銖　290
菊地謙譲　84
菊地大麓　96
祇樹朴翁　239
喜田貞吉　16, 19, 20, 25, 50, 154, 198, 202, 235, 236, 280, 315, 318, 324
吉備真備　146
魚允迪　88, 203, 214
姜徳相　310
許南麒　291, 317
清原吉洙　209
金綺秀　29
金玉均　43
金元基　290
金午星　291
金錫享　322, 323
金重鉉　264
金重世　214
金守喜　28
金思燁　312
金鐘国　311
金史良　291
金相鳳　209
金素雲　260
金台俊　214, 291
金田一京助　57-59, 62, 77, 78, 109, 110, 112, 129, 182, 239-241, 245, 254, 268, 281, 305, 307, 308, 331, 333
金田一春彦　281
金達寿　290, 291, 343
金日成　276
金容燮　298, 312, 314, 315, 321, 322, 346
クーラン，M.　90, 125, 148
陸実（羯南）　88
屈原　336, 339
熊沢泰禅　273, 285, 303
久米邦武　52, 53, 137, 263, 315
グリフィス，W. E.　8, 83, 85
来留島武彦　304
黒板勝美　50
黒川真頼　41, 59, 60, 110
桑木厳翼　50, 111
桑原隲蔵　20, 25, 50
契沖　114
ケーベル，R.　47, 51, 132
玄櫶　203

権純九　214
権寧旭　310
黄義東　209, 210
高宗　29, 30
幸田成友　50, 63, 263
河野六郎　213, 261, 262, 281, 282, 317, 318, 335
国分象太郎　29, 30, 32, 34, 82, 84, 107, 155, 156
瓠公　149
呉世昌　103, 107
後藤朝太郎　58, 59, 110, 129, 134, 239, 240
後藤新平　144
近衛篤麿　70, 88, 95, 96, 99, 122
小林大次郎　239
小林保民　205, 301, 302
小藤文次郎　134
小室重弘　93, 94
小柳司気太　240, 248
近藤信一　104
近藤真琴　102

さ　行

崔鉉培　209
斎藤助昇　104
斎藤精輔　128, 131, 182
斎藤辰雄　209, 210
斎藤彦次郎　80
斎藤実　209, 212, 252
斎藤勇三　32, 34
榊亮三郎　58, 59
笹川種郎（臨風）　21, 25, 50, 51, 169, 245, 248
笹森儀助　84
佐々政一（醒雪）　21, 25, 50
佐々友房　89
薩埵正邦　24
サトウ，E. M.　8
佐藤春夫　260
佐藤良雄　274
沢井近知　77
沢井廉　78, 79, 190
沢田善朝　209
沢柳政太郎　99, 113
塩川一太郎　32, 34, 84, 155, 156
志賀潔　296
四方博　313
重野安繹　110, 315
幣原喜重郎　7, 20, 21
幣原坦　16, 20, 134, 268, 296
品川弥二郎　88, 95, 128
信夫惇平　84
渋沢敬三　298
渋谷吉雄　239
島崎藤村　7, 260
島田一郎　105
島雄五郎　80
清水兵三　104
下岡忠治　20
下田歌子　78
下田義天類　52
下田次郎　25, 50
下村宏　298
シュミット，P.　179
純宗　30
尚泰　8
昭和天皇　181
ジョーンズ，W.　40, 89
徐基殷　103, 184
徐載弼　88
白鳥庫吉　35, 70, 71, 110, 118, 134, 137, 143, 144, 179–183, 190, 211, 212, 225, 243, 254, 278, 284, 315, 318
神功皇后　323
申健熙　209

神保格　58
神保小虎　60-62, 65
新村出　56, 58, 59, 64, 147, 278, 334, 335
末松保和　311
素戔嗚尊　149, 227, 228, 232, 267
鈴木朖　118
鈴木於菟平　106
鈴木金太郎　171
鈴木武樹　343, 345
鈴木安蔵　291
ステッセル　35
住永琇三　32, 33, 87
住永友輔（辰妥）　28
セイス, A.　57, 64, 72-74, 308, 347
瀬織津比咩　231
瀬川秀雄　111
関野貞　134
関一　80
尺秀三郎　100, 106, 194
関屋貞三郎　257, 268
瀬戸山綱平　209, 210
宗義智　26
副島種臣　88
蘇我稲目　227
園韓神　174, 230
曾富利神　174, 231, 269
孫鵬九　32, 33, 107

　　　　た　行

大正天皇　167, 216
田岡佐代治（嶺雲）　16, 19, 20
高雄謙三　32, 34
高木貞治　80
高楠順次郎　49, 100, 111, 131, 182
高島吾八　80
高田早苗　91, 98
高橋二郎　68

高橋龍雄　240
高橋亨　213, 258, 295, 296
高山林次郎（樗牛）　50, 111
滝川幸辰　252
滝村立太郎　239
田口卯吉　52, 69, 89
武島羽衣　250
竹田鉄仙　240, 241
武田祐吉　111, 112, 240
建部遯吾　50, 80, 111, 212
伊達政宗　32
田中昌太郎　24
田中徳太郎　155, 203
田中直吉　311
田中秀央　58
棚橋一郎　127
谷崎潤一郎　263
ダルメステテール, A.　57, 72, 73
丹下富士夫　264
チェンバレン, B. M.　8, 37, 42, 49, 54, 55, 61, 62, 89, 116, 137, 148
筑紫豊　240
趙重応（趙慶協）　103, 107, 155, 156
趙準永　33
趙潤済　215
知里真志保　62
ツェンカー, E. V.　136
束田喜三郎（伊良）　28
塚本勲　312
辻善之助　263
津田梅子　78
津田三蔵　19
津田仙　8, 33
津田左右吉　144, 252
恒屋盛服　84
坪井九馬三　315

鄭晋和　322
鄭万朝　107, 214
寺内正毅　161, 186
寺川喜四男　275, 283
東郷昌武　126
東条義門　258
東條操　240
藤貞幹　68, 232
頭山満　89
時枝誠記　260, 308, 335
常磐井堯猷　182
戸水寛人　134
外山正一　54, 75, 76, 110, 135, 225
豊田八千代　239, 240
豊臣秀吉　26, 94
鳥居龍蔵　198

な　行

内藤宇兵衛　126
内藤湖南　243
中田薫　182, 315
長谷信篤　96
中西功　291
中野許太郎　28
中原中也　263
那珂通世　315
中村健太郎　155
中村庄次郎　28, 29
中村完　335
中村正直（敬宇）　8, 41, 102
長屋順耳　100, 215, 217, 219
中山正善　207, 208, 296, 297
中山久四郎　258, 268
中山みき　207
夏目漱石　186
新笠姫　299
ニコライ　19
西周　41
西惟徳　80, 84
西田直二郎　263
西村茂樹　78, 111
西村真太郎　104
丹羽廉芳　285, 333
忽滑谷快天　248
乃木希典　35

は　行

パークス，H. S.　43
博多久吉　13
芳賀矢一　49
萩原雄祐　171
橋本進吉　58, 59, 110, 308
羽田清光　241
旗田巍　311, 314-320, 322, 346
バチェラー，J.　61-65, 89
服部宇之吉　21, 67, 111, 212, 253
服部四郎　49, 189, 190, 218, 254, 277, 278, 281
服部正明　325, 326
羽田亨　134
浜田耕作　134
ハメル，H.　115
林権助　83, 84
林英樹　344
林森太郎　19, 21, 25
林泰輔　113
原勝郎　50, 111, 263
ハラタマ，K. W.　13
ハルバルト，H. B.　83
伴信友　146, 238
柊源一　335
日置益　83
東恩納寛惇　112, 241
東山咲実　264, 268
樋口一葉　7
氷室昭長　239

比売語曾神　5
平田東助　96, 134
平林たい子　291
広池千九郎　169
広島まさる　286, 326
広瀬直行　28
フィヒテ　56
フェノロサ　89, 263
福井久蔵　114, 248
福沢諭吉　7, 35, 88, 102
福田徳三　313
福田芳之助　32, 35
福本誠　88
藤岡勝二　49, 58, 59, 64, 190
藤沢衛彦　268
藤田豊八　19
藤田亮策　296
藤戸計太　104, 107, 155
藤波義貫　80, 82, 203
藤原勉　112
仏子泰夫　305, 337
船田亨二　298
船田中　268
プフィツマイアー，A.　62
古田良一　239
フローレンツ，K. A.　47, 49, 55, 80, 90
ベーコン，A.　78
ヘボン，J. C.　8
ペンリー夫妻　263
朴羽揚　103
朴泳孝　33, 84
朴延浚　103
朴義秉　88
朴斉純　83
朴正陽　33
朴哲在　209
保科孝一　57, 113, 245
星野恒　52, 53, 110, 137, 315
穂積重遠　199, 200
穂積真六郎　310
ホフマン，J. J.　41, 42, 119, 139, 170
堀江秀雄　239
堀口慶哉　276, 283, 284, 302
堀越寛介　91-94, 98
堀越儀郎　296
堀竹雄　134
堀秀成　43
本田存　81, 102, 111, 184, 189

ま　行

前島密　113
前田清嗣　90
前田太郎　58, 182
前間恭作　29, 30, 80, 82, 84, 107, 186, 318
松井等　144
松樹素道　289, 304, 306, 326, 330
松村紘一（朱耀翰）　269
松村任三　182
松本信弘　281
馬渕和夫　343
丸山鶴吉　268, 298
三浦梧楼　70, 88
三上参次　259, 263
三上次男　254
三木猪太郎　19, 25
三品彰英　296, 311, 313
水谷八重子　304
三矢重松　112, 203
南次郎　256
美濃部達吉　252
三宅雄二郎　89
三宅米吉　111, 134
宮崎道三郎　113, 114, 134, 137, 182, 315
宮島大八　106
宮武外骨　236
宮田節子　310, 311, 317

宮良当壮　240, 241
宮本小一　43
ミュラー，M.　72, 74, 153
村上直次郎　100, 182, 183, 190, 192-195
村上四男　102
村山正雄　323
明治天皇　19, 167
物集高見　127
本居宣長　224, 232, 237, 245, 249, 253, 264, 297
森有礼　8, 14, 16, 35, 37, 41, 47, 54, 215
森本治吉　283
守屋武文　239

や　行

八杉貞利　57-59, 64
安田喜代門　240
柳文夫　209
柳宗悦　236
矢野道雄　58, 64
八幡一郎　279
矢部良策　263
山家信次　296
山崎直方　21, 80
山崎英夫　87, 88, 101, 103
山田三良　296
山田美妙　127
山本恒太郎　103, 184
山本千代子　275
山本正誠　104
山脇玄　95, 96
愈吉濬　88, 107
弓削幸太郎　258
愈炳文　82
横井時冬　111, 263
与謝野鉄幹　34
吉川万寿夫　209, 210, 214
吉沢義則　112, 240
吉副喜八郎　28
吉田松陰　122
吉田東伍　53, 315
吉村平四郎　28, 29
吉森良宏　274, 294

ら　行

頼山陽　94
ランゲ，R.　90
リース，L.　47, 51, 70
李会九　107
李鶴圭　89
李完応　220
李桓九　107
李完用　107
李熙昇　215
李垠　30
李経方　89
李樹廷　32, 33
李承晩　276
李昌来　209
李進熙　317, 343
李人植　107
李崇寧　215
李東仁　43
李家正文　112
李（梨本宮）方子　30
柳根錫　209
柳津　209
龍胆寺雄　264
柳定秀　88
柳苾根　103, 104, 107, 184, 203
盧泳昌　209, 210
ロニー，L. de　90

わ　行